»Und sie fürchtet sich vor niemandem«

C(

Reihe »Geschichte und Geschlechter«
herausgegeben von Gisela Bock, Karin Hausen
und Heide Wunder
Band 17

Beate Ceranski hat Physik und Mathematik studiert, am Institut für
Geschichte der Naturwissenschaften der Universität Hamburg promoviert
und ist derzeit wissenschaftliche Assistentin am Historischen Institut der
Universität Stuttgart.

Beate Ceranski

»Und sie fürchtet sich vor niemandem«

Die Physikerin Laura Bassi (1711–1778)

Campus Verlag
Frankfurt/New York

Die Deutsche Bibliothek – CIP-Einheitsaufnahme

Ceranski, Beate:
»Und sie fürchtet sich vor niemandem«: die Physikerin
Laura Bassi (1711–1778) / vorgelegt von Beate Ceranski. – Frankfurt/Main;
New York: Campus Verlag, 1996
(Reihe Geschichte und Geschlechter; Bd. 17)
Zugl.: Hamburg, Univ., Diss., 1996
ISBN 3-593-35600-7
NE: GT

Umschlaggestaltung: Atelier Warminski, Büdingen
Umschlagmotiv: © Portraitsammlung Herzog-August-Bibliothek, Wolfenbüttel
Druck und Bindung: KM-Druck, Groß-Umstadt
Gedruckt auf säurefreiem und chlorfrei gebleichtem Papier.
Printed in Germany

Meinen Eltern gewidmet

Inhalt

Kapitel V

Einleitung

Dies ist die Geschichte von Laura Bassi, der Physikerin und ersten Professorin Europas, die im Jahr 1711 zu Bologna geboren wurde und im Jahr 1778 daselbst verstarb.

Es ist die Geschichte von Laura Bassi, die »sich vor niemandem fürchtete«, als sie mit 20 Jahren im Frühling des Jahres 1732 nach einer geheimen Ausbildung philosophische Disputationen mit den Gelehrten ihrer Stadt führte.

Es ist die Geschichte von Laura Bassi, die wenige Monate später die Konfrontation mit ihrem Lehrer nicht fürchtete, als sie andere wissenschaftliche Interessen entwickelte als die, welche er ihr vorgab.

Es ist die Geschichte von Laura Bassi, die sich, als junge Gelehrte mit Auszeichnungen überschüttet und zur Bologneser Minerva erklärt, 1738 nicht fürchtete, einen Bologneser Wissenschaftler zu heiraten und damit die Erwartung der ewigen Jungfräulichkeit zu enttäuschen.

Es ist die Geschichte von Laura Bassi, die sich 1745 nicht fürchtete, sich beim Papst um eine der von ihm jüngst gestifteten Stellen zu bemühen, und so als erste Frau eine bezahlte Akademiestelle erhielt.

Es ist die Geschichte von Laura Bassi, die sich nicht fürchtete, an ihren experimentellen Ergebnissen festzuhalten, obwohl sie dem allgemein für gültig gehaltenem Gesetz nicht entsprachen.

Es ist die Geschichte von Laura Bassi, die sich nicht fürchtete, sich nach langen Jahren der wissenschaftlichen Arbeit 1772 um die angesehene Physikprofessur am Institut in Bologna zu bewerben, und dabei mit anderen Wissenschaftlern zu konkurrieren.

Es ist somit die Geschichte von Laura Bassi, die dank ihrer Furchtlosigkeit, dank günstiger äußerer Konstellationen und dank der Unterstützung durch Freunde und Patrone einen Lebensentwurf verwirklichen konnte, der in der Vielfalt der darin enthaltenen Facetten einzigartig für seine Zeit war.

Dies ist die erbauliche Geschichte von einer höchst bemerkenswerten Frau.

Ansatz und Methodik

Die vorliegende Arbeit versteht sich als *kontextuelle Biographie* der Physikerin Laura Bassi. Chronologische und thematische Eingrenzung sind mithin durch den Bezug zu Bassis Leben vorgegeben.

Chronologisch bedeutet dies die Betrachtung des Zeitraums 1700–1780, wobei der Schwerpunkt auf der Periode 1730–1780 liegt, die Bassis öffentliche Wirksamkeit umschließt. *Thematisch* bedeutet dies die Konzentration auf diejenigen Aspekte der gesellschafts-, mentalitäts-, frauen-, institutionen- und wissenschaftsgeschichtlichen Entwicklungen jener Zeit, die Bezüge zu Bassis Leben haben bzw. für das Verständnis ihrer Biographie von Belang sind.

Die Charakterisierung als *Biographie* stellt diese Arbeit in die Tradition eines Genres, das sich sowohl in der allgemeinen wie auch in der Wissenschaftshistoriographie ungebrochener, oder besser, wieder gewachsener Beliebtheit erfreut. Dies spiegelt sich auch in der Existenz mehrerer neuerer Aufsätze über das Genre Wissenschaftsbiographie.[1]

Die Kennzeichnung als *kontextuell* spiegelt die Überzeugung, daß Bassis Biographie ohne eine Berücksichtigung der angesprochenen Bereiche nicht angemessen zu schreiben sei. Innerhalb des Genres Wissenschaftsbiographie hat sich diese Auffassung seit einigen Jahren durchgesetzt und markiert damit eine merkliche Verschiebung gegenüber den auf das Individuum konzentrierten Biographien früherer Zeiten.[2] Für die vorliegende Studie dienten vor allem drei Arbeiten als Vorbild. Es sind dies die Studie von Manning über den schwarzen Biologen Ernest Just, die von Hibner Koblitz über Sofia Kovalevskaja und die von Weiss über Pierre Prevost.[3] Den beiden erstgenannten ist mit der vorliegenden Arbeit gemein, daß ihre Hauptpersonen sich – durch ihr Geschlecht oder ihre Rasse – von den anderen Personen des wissenschaftlichen Lebens grundlegend unterscheiden und daß dieser Unterschied bezüglich Zugangs- und Partizipationsmöglichkeiten am wissenschaftlichen Leben alle anderen Faktoren überdeckt. Mannings Studie über Just ist zugleich eine Studie über die Lage der Schwarzen in Amerika zu Beginn dieses Jahrhunderts, verliert jedoch über diesem allgemeineren Horizont nie den Bezug zu dem Individuum Just. Hibner Koblitz versteht es in beeindruckender Weise, die verschiedenartigen Facetten von Kovalevskajas Persönlichkeit und Wirken zusammenzufügen, ohne die Widersprüchlichkeit und Komplexität von Kovalevskajas Leben einfach einzuebenen. Weiss' von ihm so genannte »Ökobiographie« über Prevost schließlich vermag in der Untersuchung dieses »Wissenschaftlers der zweiten Reihe« zugleich ein ganzes Milieu mit seinem besonderen Wissenschaftsstil zu charakterisieren. Bassi hat mit Prevost gemein, daß sie von ihren Forschungsleistungen her nicht als eine der großen Wissenschaftler/innen ihrer Zeit zu bezeichnen ist, was sie deutlich von Kovalevskaja unterscheidet. Herausragend ist Bassi eher unter frauengeschichtlichen Gesichtspunkten durch ihre für jene Zeit einzigartige Integration in wissenschaftliche Institutionen. Und doch liefert die Untersuchung Bassis, wie bei Prevost, durch die Einbeziehung ihres wissenschaftlichen Milieus wichtige Erkenntnisse über die wissenschaftliche Entwicklung ihrer Zeit. Dabei steht in Bassis Fall nicht so sehr die Identifizierung eines spezifischen wissenschaftlichen Stils im Mittelpunkt, als vielmehr eine Auseinandersetzung mit historiographischen Konzepten für die Disziplin Physik im 18. Jahrhundert.

Mit der Bezeichnung als *kontextuelle Biographie* ist demnach zugleich der Anspruch verbunden, in der vorliegenden Arbeit nicht nur die Lebensgeschichte Laura Bassis zu deuten, sondern auch zum Verständnis des Bologna des 18. Jahrhunderts, namentlich der dortigen Wissenschaftsentwicklung, beizutragen. Diesem Anliegen, das auch dadurch begründet ist, daß es im außeritalienischen Sprachraum nur wenig Sekundärliteratur über Bologneser Wissenschaftsgeschichte gibt, tragen neben den Exkursen in Kapitel I auch die Darstellung der Akademiereform und die Charakterisierung der wichtigsten Bologneser Wissenschaftler Rechnung.

Die vorliegende Arbeit ist zugleich eine Frauenbiographie, die sich als Beitrag zur (wissenschafts-) historischen Frauen- und Geschlechterforschung versteht. Dies verändert nicht die Konzeption als kontextuelle Biographie, bedingt aber die Einbeziehung einer neuen historischen Kategorie in die Analyse, nämlich der Kategorie *Geschlecht*.[4] Dem Grundverständnis der historischen Frauenforschung folgend, wird *Geschlecht* dabei nicht zum Schluß additiv an eine »normale« Untersuchung angefügt, sondern von Anfang an als gleichberechtigte Kategorie in die historische Analyse einbezogen. Als sozial definierte Kategorie begriffen, steht *Geschlecht* für die historisch veränderlichen, jeweils gültigen Geschlechtstypologisierungen und normativen Geschlechtsrollenzuschreibungen, bezeichnet also die jeweils gesellschaftlich festgeschriebenen Eigenschaften, Fähigkeiten und Begrenzungen der Geschlechter, die in der Gestalt von Erlaubnissen, Pflichten und Verboten in Verhaltensvorschriften umgesetzt werden. Der solcherart gesellschaftlich konstituierte Unterschied zwischen Männern und Frauen (in ihren Eigenschaften, Fähigkeiten, Freiräumen, Einschränkungen usw.) wird in dieser Arbeit als *Geschlechterdifferenz* bezeichnet.[5] In Laura Bassis Biographie lassen sich sowohl die Wirkungen tradierter Konzepte von Geschlechterdifferenz als auch deren Neukonstruktion beobachten. Sie spielen in manchen ihrer Lebensphasen eine entscheidende Rolle, in anderen Kontexten treten sie wiederum in den Hintergrund.

In Anbetracht der Komplexität von Bassis Biographie verlangt eine solcherart umrissene Studie nach einem methodischen Ansatz, der sowohl die Auseinandersetzung Bassis mit ihren Umweltgegebenheiten als auch die Wechselwirkungen zwischen verschiedenen Kontexten zu untersuchen gestattet. Ich habe deswegen für die Deutung von Bassis Biographie das Konzept von verschiedenen *Sphären* entwickelt. Unter einer *Sphäre* verstehe ich eine Gruppe von Menschen, die durch gemeinsame Interessen, Aufgaben, Normen oder Werte sowie spezifische Interaktionsmuster miteinander in Beziehung gesetzt sind. Die Interessen, Normen und Interaktionsmuster werden dabei als konstituierende Merkmale der Sphäre begriffen. Insofern geht dieses Konzept über gängige soziologische Klassifikationen wie etwa den Schichtbegriff hinaus. Es liegt unter Umständen auch quer zu derartigen Differenzierungsmustern, da Sphären nicht unbedingt sozial homogene Gruppen darstellen. Das Konzept der *scientific community* und der sie prägenden Paradigmen kommt meinem Sphärenbegriff noch am nächsten, ist aber auf einen innerwissenschaftlichen Kontext beschränkt. Demgegenüber können Sphären auch Menschen außerhalb der Wissenschaftlergemeinschaft oder auch gemischte Gruppen beschreiben, die durch übergreifende Anliegen und Merkmale charakterisiert sind.

Das Sphärenmodell erlaubt es, die verschiedenen Konzepte von Wissenschaft und von Geschlechterdifferenz, die den Umgang verschiedener zeitgenössischer Kreise mit Bassi und ihre Handlungsspielräume bestimmen, in die Analyse ihrer Biographie einzubeziehen und als konstitutiven Bestandteil der jeweiligen gesellschaftlichen Gruppen zu begreifen. So wird etwa die Begeisterung, die Bassi 1732 mit ihren öffentlichen Auftritten erregte, in meiner Analyse dadurch erklärt, daß Bassi dabei exakt das Gelehrsamkeitsideal der Bologneser Universitätradition erfüllte. Bassis weiterer Lebensweg nach diesen spektakulären Ereignissen hängt hingegen entscheidend damit zusammen, daß es im gelehrten Leben Bolognas eine zweite Sphäre mit einem anderen Wissenschaftskonzept als an der Universität gab. Die Förderung und Einbindung in diese akademisch-wissenschaftliche Sphäre war für Bassis Entwicklung zur Physikerin entscheidend. Allerdings spielte auch jene erste, von mir als öffentlich–repräsentierend bezeichnete Sphäre in ihrem weiteren Leben eine wichtige Rolle, ist doch Bassi gerade durch die Doppelrolle als Wissenschaftsrepräsentantin und als Forscherin zu charakterisieren.

Neben diesen beiden Sphären innerhalb des wissenschaftlichen Lebens bildet die von mir so bezeichnete Patronagesphäre ein weiteres entscheidendes Moment für Bassis Biographie. Sie stellt ein markantes Beispiel für eine sozial heterogene Sphäre dar und zeigt damit die Vorteile des Sphärenkonzepts im Vergleich zu einer ausschließlichen Beschreibung durch soziologische Begriffe wie Schicht, *peer group* oder *scientific community*. Die Bologneser Wissenschaftler (unter ihnen auch Bassi), der Papst und die zugehörigen Vermittler konstituieren eine Sphäre, da sie durch die Interaktionsrituale der Patronagebeziehung miteinander verbunden sind, und auch ihr Handeln in anderen Bereichen durch die Teilhabe an der Patronagebeziehung beeinflußt wird. Der Ansatz, Bassi gleichzeitig als Mitglied der Patronagesphäre und der Sphäre der Bologneser Akademiemitglieder zu begreifen, ermöglicht eine im Vergleich zu bisherigen Analysen wesentlich umfassendere Deutung der Ereignisse von 1745. Insbesondere ermöglicht das Sphärenmodell es in diesem Fall, den Einfluß von (jeweils sphärenspezifischen) Konzepten von Geschlechterdifferenz auf Bassis Lebenswirklichkeit abzuschätzen.

Mit den drei gerade beschriebenen Sphären ist das grundlegende Raster für die Deutung von Bassis Biographie umrissen. Je nach Fragestellung ist es durch weitere oder andersartige Differenzierungen zu ergänzen, die dann auch nur in Hinsicht auf diese spezielle Fragestellung von Belang sind. In diesem Sinn ist das Sphärenmodell ein lokales Konzept. So kann es etwa für die Deutung der zeitgenössischen Rezeption Bassis sinnvoll sein, die »Bologneser Wissenschaftler« als Sphäre gegen die »Auswärtigen Wissenschaftler« abzusetzen. Für die Einordnung Bassis in die Bologneser Wissenschaft hingegen spielt die Unterscheidung zwischen einer mathematisch und einer experimentell orientierten Tradition eine wichtige Rolle. In diesem Fall werden zwei verschiedene Sphären innerhalb der lokalen *scientific community* identifiziert.

Wie alle strukturgeschichtlichen Ansätze wirft auch das Sphärenmodell die Frage nach dem Verhältnis zwischen diesen strukturellen Vorgaben und dem Verhalten des Individuums auf. Laura Bassi wird in der vorliegenden Deutung ihrer Lebensgeschichte als handelnde Person aufgefaßt, die sich mit ihrer Umwelt, besser ihren Umwelten, auseinandersetzt: Sie befolgt oder übertritt Konventionen, sie akzeptiert, verweigert oder prägt typologische Rollenvorgaben. Dies gilt zunächst für sämtliche Aspekte ihres Lebens und sämtliche Sphären, in denen sie sich bewegt. Die Wechselwirkung von verschiedenen Sphären allerdings impliziert für Bassi besondere Möglichkeiten, ihre Rollenvorgaben zu verändern und ihre Handlungsspielräume zu erweitern, da in diesem Fall die verschiedenen Konzepte verschiedener Sphären einander beeinflußen können.[6]

Sinn und Nutzen des Sphärenkonzepts werden sich in der vorliegenden Arbeit darin erweisen, daß es eine überzeugende Deutung auch sehr komplexer Abläufe in Bassis Biographie zu liefern vermag. Über deren Lebensgeschichte hinaus aber versteht diese Biographie der Physikerin Laura Bassi sich auch als Beitrag zur biographischen Methode, gerade in der wissenschaftshistorischen Frauenforschung. Mit dem Sphärenkonzept steht nämlich – so der Anspruch und die Hoffnung – ein Ansatz zur Verfügung, der vergleichende Studien über verschiedene Wissenschaftlerinnen ermöglicht und nahelegt. Die Untersuchung, ob sich in den Biographien von Agnesi, Du Châtelet, Germain, Caroline Herschel, Dorothea Schlözer oder Dorothea Erxleben ähnliche (oder ganz andere) Sphären wie bei Bassi identifizieren lassen, würde nicht nur ein klareres Bild der Einzelbiographien, ihrer typischen oder singulären Strukturen, zeitigen. Sie würde darüber hinaus auch die Voraussetzungen, Formen und Wirkungen weiblicher Partizipation an Wissenschaft auf einer überindividuellen und überinstitutionellen Ebene erkennen lassen und somit, ausgehend vom biographischen Ansatz, tiefere Einsichten über wissenschaftsgeschichtliche und frauengeschichtliche Entwicklungsprozesse ermöglichen.[7]

Quellenlage

Für die Erforschung von Bassis Biographie stellte die Ermittlung von Quellen die erste große Herausforderung dar. Es gab jedoch einige Vorarbeiten, auf die ich zurückgreifen konnte, daneben einige offensichtliche Anknüpfungspunkte für die weitere Suche und schließlich einige Überraschungen. Für eine Auflistung der Bestände verweise ich auf die Bibliographie in Anhang VII.

Mit den Vorarbeiten sind vor allem die gedruckten Quellen gemeint. An erster Stelle stehen Bassis Forschungsarbeiten, die als Aufsätze in den *Commentarii*, den Annalen der Accademia delle Scienze, veröffentlicht worden sind. Daneben sind einzelne Blätter mit Gedichten oder mit Thesen, die sie bei einer öffentlichen Disputation verteidigt hat, erhalten. Biographische Daten sind aus zeitgenössischen Berichten über sie zu entnehmen, die in den *Acta Eruditorum* oder anderen Zeitschriften publiziert wurden. Auch die *Avvisi di Bologna* berichteten mehrfach über Bassi. Bei den in späterer Zeit publizierten Quellen steht Bassis Briefwechsel im Mittelpunkt, der bei meinem Forschungsbeginn ca. 210 edierte Briefe von und an Bassi umfaßte.[8] Zu den vorhandenen Vorarbeiten gehört schließlich auch die Erschließung des Spezialbestandes *(Fondo) Laura Bassi–Verati* der Biblioteca Comunale in Bologna.[9]

Die Untersuchung dieses Bestandes stellte einen ersten Anknüpfungspunkt für die Archivstudien dar. Dabei schälten sich zwei größere Quellengruppen heraus, nämlich einerseits Manuskripte von Bassis Reden und philosophischen Vorlesungen, andererseits eine Reihe (auto-) biographischer Skizzen. In derselben Bibliothek existieren neben dem *Fondo Bassi*, dem Spezialbestand, noch weitere Manuskriptquellen, die Bassi betreffen.[10]

Anknüpfungspunkte waren auch die Archive derjenigen wissenschaftlichen Institutionen, in denen Bassi verankert gewesen war. Die Akademiearchivalien werden als Bestand *Antica Accademia* im Archiv der Accademia delle Scienze di Bologna, einer Nachfolgeorganisation der Akademie des 18. Jahrhunderts, aufbewahrt. Die Bestände sind leider sehr lückenhaft, was zum Teil auf die

Plünderungen der Franzosenzeit zurückzuführen ist[11], zum Teil aber auch auf spätere politische Wirren, in denen die Akademie mehrfach ausgelagert wurde. Namentlich die unpublizierten Vorträge der Akademiemitglieder sind in weiten Teilen verlorengegangen. Auch Bassis Arbeiten sind davon betroffen; im Akademiearchiv existieren heute nur zwei Vortragsmanuskripte Bassis. Fast vollständig sind dagegen die Sitzungsprotokolle aus dem 18. Jahrhundert und die Korrespondenz der Akademie erhalten. Die Unterlagen zur Geschichte des *Istituto delle Scienze* werden ebenso wie die Universitätsarchivalien im Staatsarchiv von Bologna aufbewahrt. Von Interesse waren in beiden Fällen vor allem die Sitzungsprotokolle der entsprechenden Senatsausschüsse.

Eine Überraschung stellte schließlich der Umfang und die Ergiebigkeit der von mir konsultierten Privatkorrespondenzen dar. So konnte die Zahl der bekannten Briefe von oder an Bassi durch Recherchen in Bologna, Modena, Forlì, Rimini, Florenz und Rom auf knapp 320 Briefe erhöht werden. Der wichtigste Einzelbestand war dabei Bassis Korrespondenz mit Giovanni Bianchi aus Rimini, die mittlerweile auch in einer Edition vorliegt.[12] Neben Bassis eigener Korrespondenz fand sich auch eine größere Zahl von anderen zeitgenössischen Privatbriefen, die Bassi betreffen. Der größte Teil dieser Briefe stammt aus dem Jahr 1732, einige weitere von 1745.[13] Gerade diese letzte Quellengruppe hat das Verständnis einiger zentraler Entwicklungen in Bassis Biographie gegenüber dem bisherigen Forschungsstand wesentlich vertieft.

Forschungsstand

Der Nachruf des Bologneser Literaten und Polyhistors Giovanni Fantuzzi auf Laura Bassi aus ihrem Todesjahr 1778 markiert in meiner Aufteilung den Übergang von Quellentexten (Texte, die zu Bassis Lebzeiten über sie verfaßt wurden) zur Sekundärliteratur (Texte nach ihrem Tod). Fantuzzi fügte den Text später seiner monumentalen Bologneser Gelehrtenübersicht ein, die auch für Informationen über Zeitgenossen Bassis einen ersten Ausgangspunkt darstellt.[14] Die nächsten Publikationen über Bassi, die insgesamt allerdings wenig neue Informationen enthalten, erschienen erst etwa 100 Jahre nach ihrem Tod.[15] Einen Meilenstein in der Bassi-Forschung markierte die 1885 publizierte Sammlung mit an sie gerichteten Briefen, der eine ausführliche und an den Quellen orientierte Biographie vorangestellt ist.[16] Die knapp 30 Jahre später erschienene Biographie von Comelli mit dem bezeichnenden Titel *Laura Bassi e il suo primo trionfo* folgt dem Muster aller vorangegangenen Arbeiten: Das Gewicht liegt eindeutig auf Bassis »Triumph« von 1732, jener raschen Abfolge von Ereignis-

sen, die aus dem unbekannten jungen Mädchen binnen eines halben Jahres eine
weithin bekannte Universitätsprofessorin machten.

Ihr Leben hat zwei verschiedene Teile: 1732, das Jahr ihres leuchtenden Erscheinens in der
wissenschaftlichen Welt, und die übrigen 46 Jahre professoralen und famliären Lebens. Dieser letzte Teil hat viel weniger Bedeutung, da er in nichts vom Leben gewöhnlicher Professoren abweicht.[17]

Dementsprechend sind in der Biographie 20 Seiten dem Jahr 1732 und drei
Seiten dem Rest ihres Lebens gewidmet. Comelli publizierte im Anhang seines
Aufsatzes auch einige kürzere Quellentexte und ist als die umfassendste und an-
spruchsvollste der bis dato erschienenen Arbeiten anzusehen. Die Bassi–
Forschung wurde erst 1960, also 50 Jahre später, neu belebt, als eine nach Bassi
benannte Pädagogische Fachschule der Stadt Bologna ihr 100. Jubiläum feierte.
Aus diesem Anlaß wurde nicht nur ein großer Teil von Bassis Briefen ediert,
sondern auch ein Überblick über die vorhandenen Bildquellen veröffentlicht.[18]

An der Universität Bologna wurde 1964/65 von E. Cavazzuti eine Abschlußarbeit über Laura Bassi eingereicht. Darin findet sich auch eine Transskription
der wichtigsten unveröffentlichten Texte Bassis; allerdings erwies sich diese
wegen der zahlreichen gravierenden Fehler bei der Edition als wertlos. Im Gegensatz zu früheren Arbeiten will Cavazzuti nicht nur Bassis Biographie darstellen, sondern sie auch geistesgeschichtlich einordnen.[19] Die Arbeit wurde nicht
veröffentlicht, und bis zur nächsten Publikation zu diesem Thema vergingen 15
Jahre.[20] Neben den oben erwähnten Aufsätzen mit Briefeditionen erschienen
Ende der 1980er Jahre, nun schon im Kontext der historischen Frauenforschung, vier weitere Aufsätze in Sammelwerken und Zeitschriften.[21] Wie schon
die Abschlußarbeit Cavazzutis rücken diese jüngeren Arbeiten das Jahr 1732
nicht mehr so stark in den Mittelpunkt wie die frühere Literatur.

Während meiner Arbeit an der Dissertation sind zwei weitere Aufsätze erschienen, die sich in der Ausführlichkeit der Darstellung und in den erkenntnis-
leitenden Fragestellungen von allen vorhandenen Publikationen über Bassi abhe-
ben.[22] Vor allem der Ansatz Findlens, Bassis Leben in der Begrifflichkeit des
Patronagekonzepts zu fassen, hat meine eigenen Studien wesentlich befruchtet
und mir geholfen, mit dem Sphärenmodell mein eigenes Deutungsmuster zu
entwickeln.

Inhaltsüberblick

Die Gliederung dieser Arbeit ist im wesentlichen chronologisch angelegt. Zur
Periodisierung dienen dabei die Jahre 1732 und 1745, die für Bassi jeweils den
Übergang in einen neuen Abschnitt ihres wissenschaftlichen Lebens bedeuten.

Kapitel I behandelt Bassis Leben bis zum Beginn ihrer öffentlichen Auftritte im Frühjahr 1732, d.h. ihre Kindheit, Jugendjahre und Ausbildung, über die es allerdings nur spärliche Zeugnisse gibt. Dem oben umrissenen Anliegen der kontextuellen Biographie entsprechend, wird außerdem in mehreren Exkursen der politische, bildungsgeschichtliche und institutionelle Hintergrund für die Lebensgeschichte Bassis ausführlich entfaltet.

Bassis fulminanter Aufstieg zu Bekanntheit und Ehren, ihr »Triumph« von 1732, steht im Mittelpunkt des II. Kapitels. Die Schilderung der äußeren Abläufe im ersten Teil wird im zweiten Teil durch eine Analyse der privaten Diskussion von Bologneser Wissenschaftlern über Bassi und den Umgang mit ihr ergänzt. Dadurch entstehen gleichsam ein äußeres und ein inneres Bild der Ereignisse. Das dritte Teilkapitel widmet sich der Auseinandersetzung zwischen Bassi und ihrem Lehrer im Sommer des Jahres, das vierte Bassis philosophischen Thesen und Vorlesungen von 1732.

Die Jahre 1733 bis 1745 in Bassis Biographie sind als Phase einer stetigen und wenig auffälligen, gleichwohl die Weichen für später stellenden Entwicklung anzusehen. Im ersten Teil von Kapitel III wird in Anlehnung an die Analyse von Kapitel II Bassis Engagement in der repräsentierend–universitären Sphäre beschrieben, im dritten Teil ihre Stellung in der akademisch–wissenschaftlichen Sphäre behandelt. Im zweiten Teilkapitel wird Bassis Heirat behandelt und als Durchsetzung eines neuen Lebensentwurfes interpretiert.

Kapitel IV beschäftigt sich wieder nur mit einem einzigen, für Bassis Leben entscheidenden Jahr. Ihre Aufnahme 1745 in die neu etablierte Elitegruppe der Akademie bedeutet für sie die endgültige Verankerung in der Bologneser Wissenschaftlergemeinschaft. Umgekehrt kann ihre Aufnahme aber auch als Brennglas dienen, um Strukturen und Wertvorstellungen der Bologneser Akademiemitglieder, insbesondere bezüglich der Partizipation von Frauen, zu analysieren. Diesem Anliegen wird durch die Identifizierung verschiedener Sphären Rechnung getragen, die in den ersten beiden Teilkapiteln von grundlegender Bedeutung sind. Abschließend behandelt das Kapitel im theoretischen Rahmen des Patronagekonzepts die Akademieförderung von Benedikt XIV.

Nach 1745 wird Bassis Leben so stark durch ihre wissenschaftlichen Aktivitäten dominiert, daß deren Behandlung in Kapitel V mit der Darstellung der Biographie nach 1745 zusammenfällt. Die ersten drei Teilkapitel behandeln ihre Arbeiten zur Mechanik und Pneumatik. Diese sehr detaillierten Analysen werden dann durch einen Überblick über Bassis weitere Forschungsinteressen und ihre Position in der wissenschaftlichen Gemeinschaft der Physiker ergänzt. Aus der Summe dieser Erkenntnisse ergibt sich schließlich ein Gesamtprofil ihrer wissenschaftlichen Interessen, das abschließend zur Geschichte der Disziplin Physik in Bologna in Beziehung gesetzt wird.

Die Schlußbetrachtung in Kapitel VI erfolgt zunächst vor dem Hintergrund der Bologneser Wissenschaft und dann im Vergleich zu anderen Wissenschaftlerinnen der Aufklärung. Sie beinhaltet gleichzeitig die Beschäftigung mit der Rezeption Bassis und, implizit, eine Auseinandersetzung mit der Frage nach den angemessenen Bewertungsmaßstäben für das Leben und Werk von Laura Bassi.

Danksagung

Mit Freude danke ich an dieser Stelle allen, die zum Wachsen und Gedeihen dieser Biographie beigetragen haben. Besonders nennen möchte ich
– Prof. Dr. Andreas Kleinert, der mir das Projekt vorgeschlagen und es über die gesamte Zeit engagiert begleitet hat,
– Dr. Monika Renneberg, die für die Klärung vieler Gedanken und die Überwindung gelegentlicher Krisen eine unersetzliche Gesprächspartnerin von großer Geduld und Kompetenz gewesen ist,
– Anja Wolkenhauer und Kai Handel, die als Lektor/in viel Zeit und gedankliche Mühe in die Verbesserung des Manuskripts gesteckt haben,
– Andreas Wilke, Dr. Skuli Sigurdsson und den Teilnehmenden des *Salon* am IGN der Universität Hamburg für anregende Diskussionen,
– Janine Maegraith für ihre Unterstützung bei der Erstellung des druckfertigen Manuskripts,
– Dott. Stefano Belli, Dott. Susanna Gomez und Dott. Marta Cavazza für großzügige Gastfreundschaft und inspirierenden Gedankenaustausch in Bologna,
– Dott. Paola Delbianco von der BGR, Rimini, und Dott. Anna Maria Scardovi Bonora von der BAB, Bologna, für bibliothekarische Unterstützung in der Handschriftenabteilung, die weit über das Maß des Üblichen hinausging,
– Dott. Massimo Zini für den Zugang zum Archiv der Akademie
– dem Graduiertenkolleg »Textüberlieferung und Wissenschaftsgeschichte« an der Universität Hamburg für das Promotionsstipendium und
– dem Verein der Freunde des Historischen Instituts der Universität Stuttgart und der Hamburger Universitätsgesellschaft für Zuschüsse zu den Druckkosten.

Meine Eltern haben mich all die Jahre in einer Weise mit liebevoller Zuwendung und praktischer Hilfe unterstützt, die sich knappen Charakterisierungen entzieht. Ihnen ist einfach dieses Buch gewidmet.

Kapitel I

Bis 1731
Verborgene Jahre

Über die Kindheit und Jugend von Laura Bassi ist uns nur wenig überliefert. Ausnahmslos wird in den gängigen biographischen Darstellungen nur knapp über Herkunft und Ausbildung berichtet, um sodann ausführlich die spektakulären Ereignisse des Jahres 1732 zu schildern. Neben den direkten Berichten über die Jugendjahre, die in diesem Kapitel ausgewertet werden, spielt jedoch die Kenntnis ihrer Lebenswelt die eigentlich entscheidende Rolle für das Verständnis von Bassis Biographie. Denn sowohl der »Triumph«, den sie 1732 erlebte, als auch ihre spätere Laufbahn lassen sich nur vor dem Hintergrund der spezifischen bolognesischen Bedingungen verstehen und bewerten. Politische und soziale Verhältnisse, Rollenvorbilder und Einschränkungen für gelehrte Frauen, vor allem aber die ganz eigene Wissenschaftskultur Bolognas bilden wesentliche Rahmenbedingungen für Bassis Lebensweg. Ihnen gilt darum in diesem ersten Teil der Biographie mindestens ebensoviel Aufmerksamkeit wie der eigentlichen Lebensgeschichte der Protagonistin.

Formal kommt die enge Verschränkung von Lebenswelt und Lebenslauf in diesem Kapitel dadurch zum Ausdruck, daß den Stationen aus Bassis frühen Jahren jeweils Exkurse zugeordnet sind, in denen wichtige Hintergründe für ihre Biographie entfaltet werden.

1. 1711: Ein Mädchen wird geboren

Laura Maria Caterina Bassi stammt aus einer bürgerlichen, schon seit langer Zeit in Bologna ansässigen Familie. Sie wurde am 30. Oktober 1711 als Kind von Herrn Doktor Giuseppe Bassi und Frau Rosa Cesarei geboren. Ihr Vater ist in beiden Rechtswissenschaften graduiert und hat verschiedene Urteile, Verwaltungsaufgaben und andere angesehene, zu seinem Rechtsberuf gehörende Aufgaben wahrgenommen. Unter seinen Verwandten sind auch andere Doktoren des zivilen und kanonischen Rechts, [Doktoren] der Theologie und der Medizin.[1]

So beginnt Giuseppe Verati, Bassis Ehemann, der Laura Bassis Jugendjahre von allen Quellen am ausführlichsten schildert, seinen Bericht. Ironischerweise ist das von ihm, dem Ehemann, angegebene Geburtsdatum falsch und geht wohl auf die Bassi–Biographie des Bologneser Astronomen Eustachio Manfredi zurück, die dieser 1737 verfaßt hatte, und die Verati über weite Strecken wörtlich übernahm.[2] Das Taufregister der Bologneser Kathedrale San Pietro räumt jedoch jeden Zweifel aus, daß der von anderen Biographen angegebene 29. Oktober das korrekte Geburtsdatum ist, denn aus dem Eintrag unter dem 30. Oktober 1711 geht klar die Geburt am Vortag hervor.[3] Als Taufpate fungierte der Marchese Frangiotto Tanari, ein Mitglied des Senats von Bologna. Die Tochter Laura scheint das einzige überlebende Kind ihrer Eltern gewesen zu sein, die mindestens zwei Söhne im Kleinkindalter verloren.[4] Möglicherweise ist dies auch ein Grund für die – für ein Mädchen ungewöhnliche – Förderung, die ihr zuteil wurde.

Als Juristenfamilie gehörten die Bassis zu einer in Bologna stark vertretenen Schicht, die im städtischen Leben traditionell eine wichtige Rolle spielte, nämlich zu den mit der Universität verbundenen bürgerlichen Lektoren und Doktoren (im folgenden auch als universitäres Bürgertum bezeichnet). Die Familie stammte ursprünglich nicht aus Bologna, sondern aus Scandiano im Gebiet von Modena; Giuseppe Bassi besaß allerdings das bolognesische Bürgerrecht und nahm vor allem Aufgaben in der öffentlichen Verwaltung wahr.[5] Wie die Wahl des Taufpaten für ihre Tochter beweist, verfügten die Bassis auch über Verbindungen zu adeligen Kreisen und damit zu der regierenden Schicht des bolognesischen Stadtstaates. Das Kräftespiel zwischen Adel und akademischem Bürgertum wirkte sich auch auf Bassis Leben aus. Es ist ebenso wie die Grundkenntnis des administrativen Systems von Bologna für das Verständnis ihrer Biographie von Bedeutung und darum Thema des ersten Exkurses.

1. Exkurs
Bürgertum und Adel, Stadtstaat und Kirchenstaat: Zum politischen und sozialen Hintergrund

Das Bologna des 18. Jahrhunderts ist durch ein hochkomplexes politisches Gefüge gekennzeichnet, das durch Laura Bassis ganzes Leben hindurch im wesentlichen unverändert blieb. Es soll hier nur in denjenigen Grundzügen geschildert werden, die für das Verständnis von Bassis Lebenswelt unabdingbar sind.

Bologna war nominell Teil des Kirchenstaates, in der Praxis jedoch im 17. und 18. Jahrhundert weitgehend autonom und genoß einen einzigartigen Sonderstatus als »Staat im Staat«, der sich beispielsweise darin manifestierte, daß die Stadt wie die ausländischen Mächte einen Botschafter am Hofe des Papstes in Rom unterhielt.[6] Bolognas Stärke nach außen, vor allem gegenüber dem Kirchenstaat, hing, wie in vielen anderen italienischen Kleinstaaten auch, eng mit der jeweiligen Situation der lokalen Oligarchie zusammen, d.h. eine geschlossene und starke städtische Oberschicht ging mit einer starken Stellung der Stadt nach außen einher und umgekehrt. Zugleich bedeutete eine starke Position des Adels aber die Schwächung der bürgerlichen Positionen in der ursprünglich republikanischen Stadtverfassung[7]. Die republikanischen Elemente waren dementsprechend im 17. und 18. Jahrhundert auf wenige Bereiche innerhalb der Zünfte und Kaufleute zurückgedrängt.

Die »Oligarchisierung« der Stadt hatte zu Beginn des 17. Jahrhunderts ihren Höhepunkt und Abschluß gefunden. Zwei Daten mögen die genannten Zusammenhänge veranschaulichen: 1592 hatte Clemens VIII. die Stadt in allen finanziellen und fiskalischen Fragen von der Verwaltung durch die Kurie ausgenommen und damit den Sonderstatus Bolognas in den folgenden zwei Jahrhunderten begründet. Nur elf Jahre später, 1603, verfügte eine päpstliche Bulle die Einrichtung eines Senatsausschusses für die Verwaltung der Universitätsmittel, die bis dahin ausschließlich in der Hand der (bürgerlichen) Lektoren gelegen hatte. Zwar waren in dem neuen Senatsausschuß auch Universitätsmitglieder vertreten, ihre bis dahin verteidigte finanzielle Autonomie hatten sie aber ebenso unwiderruflich verloren wie die erhebliche wirtschaftliche Macht, die mit der Verwaltung der gesamten Zolleinnahmen, die die Finanzmittel der Universität bildeten, verbunden gewesen war.

Das administrative System in Bologna war demnach im 17. und 18. Jahrhundert in seinen Grundzügen oligarchisch und erinnert in der sorgfältigen Ausbalancierung der Ämter vor allem an Venedig. Die beherrschende Institution war der Senat, der ausschließlich den städtischen Adelsfamilien offenstand und dessen Mitgliedschaft auf Erbrecht basierte. Die Tagesgeschäfte wurden von einem jeweils für zwei Monate gewählten sog. *Gonfaloniere di Giustizia* aus den Reihen des Senats geführt, der für die Dauer der Amtsführung im Palazzo Pubblico lebte. Ihm standen acht *Anziani Consuli* (»Älteste«) aus den Reihen der Doktoren der Universität, also aus dem Bürgertum, zur Seite. Deren Bedeutung war jedoch zunehmend zurückgedrängt worden, und zu Beginn des 18. Jahrhunderts waren längst »die politisch–sozialen Partizipationshoffnungen der Doktorenwelt enttäuscht worden«. Trotz dieser Verweigerung politischer Beteiligung bot der Senat in dieser Zeit andererseits durch die Nobilitierung von drei Bolognesern aus der akademischen Welt »den Intellektuellen eine ausgestreckte Hand, während man den Gegensatz zu den Geistlichen und der Kurie betonte«.[8]

Die Arbeit des Senats vollzog sich in zahlreichen Ausschüssen, den sog. *Assunterien.* Es gab acht sog. *ordentliche* und zahllose weitere Assunterien;[9] alle Senatmitglieder waren Mitglieder einer ordentlichen Assunteria. Die Zusammensetzung der Assunterien wurde jedes Jahr neu bestimmt, wobei die Senatoren die ordentlichen Assunterien turnusmäßig durchliefen. Die Mitglieder der anderen Assunterien wurden, auch jeweils für ein Jahr, teils gewählt und teils ausgelöst. Das Rotationssystem sollte das Kräftegleichgewicht innerhalb des Patriziats gewährleisten und verhindern, daß eine Familie übermächtig wurde; in der Praxis hatte es auch erhebliche Reibungsverluste für die Verwaltung Bolognas zur Folge. Die Assunterien erarbeiteten in allen größeren Angelegenheiten Beschlußvorlagen, die im Senat zur Abstimmung gestellt wurden. Die Universitätsangelegenheiten wurden von der *Assunteria di Studio* geregelt, an die auch Bassi sich in den 1730er und 1740er Jahren etwa wegen ihres Vorlesungsrechtes zu wenden hatte. Ihre Probleme dabei bieten ein eindrückliches Beispiel für die Unbeweglichkeit, die das Rotationssystem in die Stadtregierung brachte.[10]

Trotz des Sonderstatus und ihrer Bedeutung als zweitgrößte Stadt im Kirchenstaat war die Stadt Bologna seit 1507 endgültig nicht mehr autonom. Der Papst als Landesherr wurde in Bologna durch seinen Legaten vertreten, der jeweils auf drei Jahre entsandt wurde. Der Legat bildete gemeinsam mit dem Gonfaloniere gewissermaßen eine Doppelspitze, wobei das Einvernehmen zwischen den beiden bzw. zwischen dem Legaten und dem Senat stark von der Persönlichkeit des Legaten abhängig war. Neben dem Legaten schließlich spielte auch der Erzbischof von Bologna für das politische Leben eine wichtige Rolle.

Diese Verhältnisse änderten sich im 17. und 18. Jahrhundert so wenig, daß gelegentlich von einem »Zeitalter ohne Geschichte« gesprochen wird. Die »institutionelle Unbeweglichkeit« darf jedoch nicht darüber hinwegtäuschen, daß hinter der starren Fassade erbitterte Auseinandersetzungen um die Macht stattfanden.[11] Adel und Bürgertum kämpften entweder gegeneinander oder gemeinsam gegen die Kurie. Dabei war sowohl im Verhältnis der Aristokratie zum Bürgertum als auch zwischen Stadtstaat und Kirchenstaat nicht eine Erstarkung, sondern eine Schwächung der Parteien der Motor für die Kämpfe. Sowohl am Kirchenstaat als auch am bolognesischen Senat wird dies deutlich.

Der politische Machtverlust der italienischen Staaten war im 18. Jahrhundert vor allem in dem Umstand fühlbar, daß Italien zwar zwischen 1701 und 1748 fast ununterbrochen europäischer Kriegsschauplatz war, jedoch kaum mehr als die Bühne und das Objekt der Kämpfe darstellte.[12] Gerade das Pontifikat von Clemens XII. von 1730 bis 1740 bezeichnet einen letzten massiven Machtverfall des Kirchenstaates, der im europäischen Ausland als Inbegriff der Krise Italiens betrachtet wurde.[13] Clemens XII. war es auch, der in dem Versuch, den Machtverfall Roms aufzuhalten, den Druck auf Bologna massiv verstärkte; er ging sogar soweit, 1734 den Sonderstatus Bolognas aufzuheben. Der Senat verstand sich jedoch, davon unbeeindruckt, als Vertretung der kurialen Administration, und in der Praxis änderte sich nichts; theoretisch jedoch wurde in den 1730er und 1740er Jahren in Bologna das Konzept des *governo misto* entwickelt. Die darin enthaltene Festschreibung der »gemischten Regierung« oder »obligatorischen Kollaboration« von Landesherr – repräsentiert durch den Legaten – und Stadtregierung – repräsentiert durch den Gonfaloniere – sollte die faktische Selbständigkeit Bolognas dauerhaft sichern. Das Konzept wurde nicht nur vom Adel, sondern auch von kirchlichen und universitären Kreisen unterstützt, die sich über alle internen Konflikte hinweg einig waren in ihrem Widerstand gegen eine Bevormundung aus Rom, einem »Antikurialismus, der den stärksten Zement darstellte, der die Patriziergesellschaft mit ihren Gegnern verband«.[14] 1749 wurde der Ausnahmestatus Bolognas durch Benedikt XIV., der selbst aus Bologna stammte, offiziell wiederhergestellt.[15] Die Integrität des Stadtstaates Bologna einschließlich seiner Institutionen blieb bis zum Einmarsch der französischen Revolutionstruppen erhalten.

Der Bologneser Senat konnte somit zwar die Selbständigkeit der Stadt behaupten, geriet jedoch selbst im 18. Jahrhundert in eine tiefe Krise, für die der Niedergang vieler traditioneller Adelsgeschlechter der Stadt sowohl Symptom als auch Ursache war. In den 1730/40er Jahren veränderte sich nämlich die Prägung des Adels merklich. Viele traditionelle Adelsfamilien starben aus, verarmten völlig oder deklassierten sich durch Mesalliancen. Dies beeinträchtigte auch die politische Arbeit des Senats, da sich um die Jahrhundertmitte viele Senatoren aus dem politischen Leben faktisch zurückgezogen hatten, weil sie um die Aufrechterhaltung ihrer Existenz zu kämpfen hatten. Familien, denen das Senatorenamt wegen des Ausscheidens einer alten Familie neu angeboten wurde, schlugen es aus wirtschaftlichen Gründen häufig von vornherein aus. Andererseits entwickelte sich in ungleich stärkerem Maß als zu früheren Zeiten eine »noblesse commerçante«, die, durch Strohmänner mehr oder weniger gedeckt, Geschäften für ihren Lebensunterhalt nachging.[16] Die Ablösung des alten Signorienadels durch diesen jüngeren, dem Bürgertum näherstehenden Adel ging mit der schwierigeren und außenpolitisch bedeutungsloseren Lage der Stadt einher; »hinter der Beschneidung der Aristokratie stand auch die Beschneidung der politischen und wirtschaftlichen internationalen Rolle der Stadt«.[17]

Auch wenn also ein Teil des Adels zunehmend mit den kaufmännischen und universitären bürgerlichen Kreisen sympathisierte, bewirkte der äußere Druck dennoch die Abschottung gegen alle Reformen. Dies trat besonders zwischen 1748 und 1751 zutage, als in Bologna nach den jahrelangen Truppenaufenthalten im Zusammenhang mit dem Österreichischen Erbfolgekrieg und einer Viehpest im gesamten Umland Wirtschaft und Nahrungsmittelversorgung völlig zusammengebrochen waren. Unter dem Druck eines riesigen Schuldenbergs erarbeitete der Legat Giorgio Doria mit dem aufgeschlossenen Teil des Senats einen Reformplan, dessen erster Teil die Reorganisation der Assunterien zugunsten einer effizienteren Stadtverwaltung bildete. Dieser Plan wurde 1748 zwar für eine Probezeit von drei Jahren gebilligt, aber 1751 wurde die Rückkehr zum al-

ten System beschlossen – und das, obwohl durch das Pontifikat eines Bologne-
sers (Benedikt XIV.) der äußere Druck auf Bologna weitgehend verschwunden
war. Der fragilen Lage bewußt, wehrte der Senat sich heftig gegen alle Veränderungen, die seine Autorität auch nur ansatzweise hätten gefährden können.[18]
Es blieb den Franzosen vorbehalten, zusammen mit dem »Staat im Staat« Bologna eine Institution aufzulösen, die sich selbst überlebt hatte.

Laura Bassis Leben vollzog sich demnach vor dem Hintergrund einer äußerlich
stabilen, aber dennoch spannungsreichen Lage, die insbesondere in den
1730/40er Jahren durch Kriege und Wirtschaftskrisen geprägt war. Die Landbe-
völkerung, die durch Verpflegungs– und Transportleistungen besonders hart
belastet wurde, entzog sich den Forderungen der (in diesem Fall spanischen)
Truppen schon ab 1735 durch die Flucht in die Stadt. Vor allem aber der Auf-
enthalt von spanischen und österreichischen Truppen 1742–1745 beeinträchtigte
das öffentliche Leben und die Versorgungslage Bolognas massiv und führte, wie
bereits angesprochen, zu einer ernsten Krise, die durch Kornspekulationen, an
denen auch Adelige beteiligt waren, zusätzlich verschlimmert wurde.[19] Viele der
Hanf– und Seidenmanufakturen, die die städtische Wirtschaft dominierten, wurden geschlossen, und in der Stadt breiteten sich Armut und Hungersnot aus.

Trotz dieser Krisen war Bologna eine vergleichsweise reiche Stadt mit einer
ausgeprägten Textilindustrie.[20] Bürgerliche Schichten wie die Familie Bassis
litten auch in den 1740er Jahren und während der großen Hungerkatastrophe
1764–67 keinen Hunger, aber auch in ihrem Briefwechsel finden sich Hinweise
auf Bemühungen um die Beschaffung bestimmter Lebensmittel.[21] Die Bevölkerungszahl wuchs stetig von 63000 Einwohnern zu Beginn des 18. Jahrhunderts
auf 71000 im Jahr 1791. Damit hatte Bologna etwa zwei Drittel der Einwohner-
zahl von Rom und war auch hinsichtlich der Bevölkerungszahl unangefochten
die zweitgrößte Stadt des Kirchenstaates.

Außerhalb der Krisenzeiten war das »normale« Leben in Bologna wie in anderen italienischen Städten des 18. Jahrhunderts auch durch eine Vielzahl von
Festen, Prozessionen und Ritualen geprägt, die die Hegemonie der aristokratischen Ideale und der kirchlichen Traditionen verdeutlichen.[22] So wurde etwa die
Amtsübernahme des Gonfaloniere regelmäßig mit aufwendigen Festlichkeiten
begangen, die die wirtschaftliche Potenz des neuen Amtsinhabers demonstrieren
sollten. Von solchen Festen profitierten wegen der dabei freigiebig verteilten
Lebensmittel auch die armen Bevölkerungsschichten Bolognas. Der Rhythmus
des Kirchenjahres, der untrennbar mit dem Kalender des akademischen Jahres
verbunden war, prägte mit den Hochfesten Weihnachten und Ostern, mit der
Karnevals– und der Fastenzeit den Lebensablauf. Die lange Sommerpause ver-

brachten die Adeligen und die wohlhabenderen Bürgerfamilien wie die Bassis in ihren Landhäusern außerhalb der Stadt.

An der von den Römern gebauten Via Emilia zwischen Poebene und Appenin gelegen, war Bologna Durchgangsstation für Güter und Reisende aller Art. In den zahlreichen Reiseberichten aus dem 18. Jahrhundert werden neben einigen städtebaulichen Eigenheiten regelmäßig die wissenschaftlichen Institutionen und Zeremonien Bolognas als auffallende Charakteristika der Stadt erwähnt, sie scheinen also die Fremdwahrnehmung der Stadt entscheidend geprägt zu haben. Daß die besonderen Rituale und Einrichtungen des akademischen Lebens in der Tat für die Identität der Stadt Bologna von fundamentaler Bedeutung waren, wird sich sowohl in den weiteren Exkursen als auch im Verlauf von Bassis Biographie immer wieder zeigen.

2. Ab 1718: Ein Mädchen wird unterrichtet

In ihr wuchs mit den Jahren die Begabung nicht weniger als eine einzigartige Weisheit, Mäßigung und Einfalt des Gemüts und, was am meisten zu beachten wäre, eine beachtliche Frömmigkeit und Hingabe, die sie auch in ihrem Erwachsenenalter, als sie zu vielen Gelegenheiten und von so vielen berühmten Personen geehrt und einzigartig ausgezeichnet worden war, immer bewahrt hat.

Sie begann in sehr zartem Alter, eine besondere Neigung zum Studium der *Lettere* zu zeigen, und verbrachte alle Zeit, die ihr neben den Hausarbeiten blieb, damit, begierig alle Bücher zu lesen, die ihr in die Hände fielen. Da sich seit ihren frühesten Jahren die Größe ihrer Begabung gezeigt hatte, wollte ein Verwandter von ihr sie in der lateinischen Sprache unterrichten und versetzte sie in kurzer Zeit in die Lage, es zu verstehen und zu sprechen. In der Zwischenzeit vernachlässigten ihre bedachtsamen Eltern keinerlei Sorgfalt, sie in all den Arbeiten und Angelegenheiten zu üben, die sich für eine Dame aus gutem bürgerlichen Haus gehören; diese hat sie auch niemals vernachlässigt und alle exzellent ausgeführt. Vom Alter von acht Jahren, in dem sie alle grammatikalischen Regeln der lateinischen Sprache erlernt hatte, bis zum Alter von 14 Jahren verbrachte sie die Stunden, die ihr von ihren Hausarbeiten übrigblieben, stets damit, die herausragendsten Autoren zu lesen, die in dieser Sprache geschrieben hatten.[23]

Mit der Unterweisung im Lateinischen überschritt Laura Bassis Ausbildung den Bereich der üblichen Mädchenbildung und folgte dem typischen Muster für Lebensläufe gelehrter Frauen. Da Mädchen keine Institutionen für eine solche höhere Bildung offenstanden, konnte der Zugang nur im Elternhaus selbst, typischerweise durch den Vater oder einen anderen männlichen Verwandten, in Bassis Fall durch Cousins, erfolgen.[24] Das auffälligste Merkmal der (retrospektiven) Darstellung von Bassis Ausbildung im obigen Zitat ist jedoch die mehrfach wiederholte Feststellung, daß weder Laura Bassi selbst noch ihre Eltern ihre Ausbildung und Übung in weiblichen häuslichen Pflichten vernachlässigt hätten. Sie ist ein deutliches Indiz, daß der Lateinunterricht Bassis als ein Akt verstanden wurde, der die Konventionen für Mädchenbildung zwar verletzte, Bassi jedoch nicht über die weibliche (häusliche) Rolle hinaustragen sollte. In der Darstellung klingen demnach der Bruch und die Bewahrung der Geschlechtsrollenzuschreibung gleichzeitig an, ein Motiv, das sich in Bassis Biographie immer wieder zeigen wird. Um jedoch das Ausmaß von Bruch und Bewahrung einschätzen zu können, stellt sich die Frage, ob es für den Unterricht, den Bassis Cousins ihrer kleinen Cousine angedeihen ließen, Vorbilder oder Parallelen gab. Dies betrifft sowohl die Frage nach benennbaren, konkreten Zeitgenossinnen oder Vorläuferinnen als auch die eher strukturelle Frage, ob es für eine solche höhere Mädchenbildung anerkannte Traditionen und Rollenvorbilder gab.

In beiden Fällen ist die Antwort positiv: Es gab gerade in den Jahren, als Bassi ins Lateinische eingeführt wurde, in Bologna ein junges Mädchen aus einer der städtischen Adelsfamilien der Stadt, Maria Delfini Dosi, die wegen ihrer Gelehrsamkeit in juristischen Fragen berühmt war und sich um die Zuerkennung der Doktorwürde bemühte. Dieser Wunsch wurde möglicherweise durch die Promotion der ersten Frau in der Neuzeit angeregt, die 1678 in Padua, der Konkurrenz– und Nachbaruniversität Bolognas vorgenommen worden war. Die historischen Vorbilder, Typologien und Normen weiblicher Gelehrsamkeit, die diese Frauen und später auch Bassi prägten und sie in ihren Entwicklungsspielräumen festlegten, wurden jedoch schon Jahrhunderte zuvor entwickelt und gehen auf die italienische Renaissance, auf die gelehrten Humanistinnen, zurück. Ihnen ist darum zunächst der zweite Exkurs gewidmet.

2. Exkurs
Wunderkinder und Jungfrauen: Renaissance–Humanistinnen als Rollenvorbild für gelehrte Frauen der Frühen Neuzeit

Das Anliegen des Humanismus, Bildung und Studium in den antiken Sprachen, ihrer Literatur und Kultur zu fördern, ermöglichte auch einigen ausgewählten Frauen den Zugang zu diesen Kenntnissen. [25] Sie kamen ausnahmslos aus hoch angesehenen, meist adeligen Familien, die eine enge Verbindung zu humanistischer Bildung und Wissenschaft besaßen. Den ersten Zugang zu den klassischen Sprachen erhielten sie durch männliche Familienangehörige wie Väter und Onkel oder wurden von den Lehrern ihrer Brüder mit unterrichtet. Nicht nur in Italien, sondern auch in anderen europäischen Ländern wurden sie als Wunderkinder bestaunt und vorgeführt, waren sie desto bemerkenswerter, je jünger sie ihre Gelehrsamkeit demonstrierten. Obwohl der Topos des Wunderkindes nicht spezifisch weiblich ist, waren es doch vor allem die jungen Mädchen, die in der gelehrten Welt Aufsehen und Bewunderung erregten und darum nicht selten von ehrgeizigen Familien regelrecht auf ihre Laufbahn hin dressiert wurden. Diese ausschließlich familiäre Einführung bestimmte ebenso wie die Nähe zur Dressur bis ins 18. Jahrhundert hinein den Zugang von Frauen zu Bildung und Wissenschaft.[26]

Die italienischen Humanistinnen der Renaissance verkörperten zudem eine zweite Eigenschaft, die auch für gelehrte Frauen späterer Zeiten prägend wurde, nämlich die keusche Jungfräulichkeit.[27] Mit dem Topos des Wunderkindes hängt sie insofern zusammen, als sie die Schwierigkeit gelehrter Frauen verdeutlicht, als solche einen angemessenen sozialen Platz zu finden. Solange sie jung und noch nicht im Heiratsalter waren, konnten diese Mädchen sich ihrer Gelehrsamkeit widmen und waren sich dafür des Beifalls ihrer Umwelt sicher. Aber die Rolle des Wunderkindes und die damit verbundene Freistellung zum Studium waren per definitionem auf eine recht kurze Lebensphase beschränkt, an deren Ende die Entscheidung *maritar o monacar*, für Heirat oder Kloster stand.[28] Von den betroffenen Frauen wurden Heirat und Studium als einander ausschließende Alternativen empfunden, und in der Tat gibt es nur wenige Frauen, die nach einer Heirat noch humanistische Studien trieben.[29] Aber auch der Rückzug in einen Konvent bedeutete oft genug die Aufgabe der Studien. Die Frauen, die es wagten, sich beiden Alternativen zu versagen und stattdessen weiterhin ledig als Gelehrte lebten, entschieden sich damit auch für die absolute Einsamkeit, da ihnen wegen ihres Geschlechtes die Gemeinschaft mit den Männern ihres Bildungshintergrunds verwehrt war, sie aber auch bei den anderen, nicht gebildeten Frauen auf erbitterte Anfeindungen stießen.[30] Gelehrte Frauen, die diese Identität auch nach ihrer Lebensphase als Wunderkinder aufrechterhalten wollten, gingen als Preis dafür ihrer weiblichen Identität und ihres sozialen Platzes verlustig; entmutigt, verunsichert und verleumdet zogen sie sich dann in die völlige Abgeschiedenheit zurück.[31] Gelehrte Frauen, mit den mythologischen Bildern der Amazonen, Musen oder Göttinnen – vor allem Minerva – beschrieben, waren keine »richtigen« Frauen mehr, sondern auf ewig der Jungfräulichkeit verpflichtet.[32] Die Verbindlichkeit des Keuschheitsideals zeigt sich an der Ausdauer, mit der Frauen für ihre Keuschheit gepriesen wurden, ebenso wie daran, daß Attacken gegen sie stets genau an diesem Punkt ansetzten, sie der Unkeuschheit, schlimmer noch, des Inzests beschuldigten. Mit einer derartigen Prägung weiblicher Gelehrsamkeit, die die Identität der betroffenen Frauen im Kern berührte, war zugleich gewährleistet, daß gelehrte Frauen eine Ausnahmeerscheinung blieben.

Der Fall Delfini Dosi

Gegen Ende des 17. Jahrhunderts griff die besonders in Frankreich geführte Kontroverse um das Recht und die Befähigung von Frauen für Bildung und Wissenschaft auch auf Italien über.[33] Sie war eng mit der aufkommenden Descartes–Rezeption verbunden, da einige Schriften und Konzepte Descartes' als Anerkennung der weiblichen intellektuellen Fähigkeiten begriffen wurden.[34] Darüberhinaus gab es zumindest im oberitalienischen Raum eine ganze Reihe adeliger Frauen, die die französischen Ideale und gesellschaftlichen Formen durch eigene Reisen kennengelernt hatten. Und in Italien erlangten gegen Ende des 17. und zu Beginn des 18. Jahrhunderts gleich mehrere gelehrte Frauen hohe Anerkennung und in Ausnahmefällen sogar die Doktorwürde. Die Gründe für diese in Italien im Vergleich zu anderen Ländern deutlich besseren Zugangsmöglichkeiten von Frauen zu akademischen Institutionen und deren Ehren sind nicht einfach zu benennen. Als Ursache wird oft die stärkere Verschränkung des Universitätslebens mit solchen Bereichen der Gesellschaft genannt, in denen auch Frauen aktiv beteiligt waren.[35] In Frankreich dagegen hätte sich in der stark ausgeprägten Salonkultur eher die strikte Trennung von literarisch–unterhaltender und akademisch–bildender Sphäre zementiert.[36] Ausschlaggebend scheint mir jedoch zu sein, daß es in den oberitalienischen Stadtstaaten anders als in Frankreich möglich war, die Förderung einzelner, herausgehobener Frauen zu einem identitätsstiftenden Anliegen der gesamten Gesellschaft unter Federführung des lokalen Patriziats zu machen, was bereits im Renaissance–Humanismus ein Grund für die Ausbildung und Verehrung von begabten Frauen als Wunderkinder gewesen war.[37]

In Bologna wurde die Frage nach dem Promotionsrecht von Frauen relevant, als sich um 1720, also gerade während Bassis Lateinausbildung, Maria Vittoria Delfini Dosi (geboren 1705) um die öffentliche Verteidigung einer Reihe juristischer Thesen und die anschließende Promotion bemühte.[38] Zu diesem Zeitpunkt gab es schon einen Präzedenzfall: Die Universität Padua hatte 1678 erstmals in der Neuzeit einen Doktorgrad in Philosophie an Elena Cornaro Piscopia verliehen und damit nach einer langen Unterbrechung an die Traditionen des Renaissance–Humanismus angeknüpft.[39] Diese Zeremonie, die in der Paduaner Kathedrale mit gebührendem Aufwand inszeniert wurde und weite Beachtung fand, bildet jedoch keineswegs den Beginn einer kontinuierlichen Reihe von Frauenpromotionen. Vielmehr lehnte die Paduaner Universität nur wenige Monate später das Gesuch einer weiteren Frau ab und beschloß, keine weiteren Frauen zu promovieren. Der Vater von Cornaro Piscopia war wesentlich an dieser Entscheidung beteiligt, da er fürchtete, das neu gewonnene Prestige wieder zu verlieren, wenn seine Tochter nicht mehr die einzige Doktorin wäre.[40] Nicht nur in

Bassis Biographie, sondern auch in anderen Fällen taucht dieses Verhaltensmuster immer wieder auf: Der erstmaligen Aufnahme einer Frau folgt sofort die Abwehr weiterer Frauen; die eine, erste Frau soll kein Präzedenzfall werden, sondern etwas Besonderes bleiben.[41]

Delfini Dosi hatte vermutlich, als sie sich um eine öffentliche Verteidigung ihrer Thesen und einen Doktorgrad bemühte, das Vorbild von Padua vor Augen. Der Wunsch löste in Bologna eine rege Diskussion aus, die außerdem mit politischen Ereignissen verwoben war, da der Senat in der Hoffnung auf Emanzipation von der Kurie eine Annäherung an spanische Kreise gesucht hatte. Die Familie Delfini Dosi gehörte zur Aristokratie und konnte vor diesem politischen Hintergrund 1719 zunächst die Unterstützung der spanischen Regentin Elisabetta Farnese für das Promotionsgesuch gewinnen. Die politische Annäherung scheiterte jedoch 1720 und ließ Delfini Dosi ohne weitere Unterstützung aus dieser Richtung zurück. In den geistlichen und bürgerlichen Kreisen Bolognas aber war man über den aristokratischen politischen Alleingang zutiefst empört und umso weniger gewillt, einer Patrizierfamilie ein so revolutionäres Anliegen wie die Promotion einer Frau zu gewähren. Das Thema wurde heftig diskutiert, juristische und geistliche Stimmen meldeten sich zu Wort. Ein wichtiges Argument war die Frage nach historischen Vorbildern, namentlich, ob die legendäre Juristin Betisia Gozzadini (1209–1261) wirklich studiert, geschweige denn promoviert oder gelehrt hätte.[42] Allein die Bejahung dieser Frage wurde im Kontext der Debatte schließlich zum Zeichen für eine positive Haltung gegenüber Delfini Dosis Ersuchen.

Die Disputation, die in einen aufwendigen zeremoniellen Rahmen gebettet war, fand schließlich im Juli 1722 statt. Zu diesem Zeitpunkt war Maria Delfini Dosi 17 Jahre alt, noch jung genug, um als Wunderkind gepriesen zu werden, zumal sie ihre Thesen schon drei Jahre zuvor vorgelegt hatte. Das Ereignis fand weit über Bologna hinaus Beachtung und wurde, wie Bassis Disputationen zehn Jahre später, in der Stadt mit Empfängen, Gedichtsammlungen und Gedenkmünzen gefeiert. Trotz der erfolgreichen öffentlichen Disputation wurde Delfini Dosi jedoch der Doktortitel verweigert. Die Furcht vor der Emanzipation der Frauen und die Reaktion auf die seit kurzem artikulierten libertinistischen Positionen verbanden sich mit dem Wunsch, die Macht des Adels zu beschneiden und die der Kurie zu festigen, zu einer wenn auch noch so widersprüchlichen Koalition, gegen die Delfini Dosi in Anbetracht der politischen Verhältnisse keine hinreichend mächtigen Verbündeten zu mobilisieren vermochte.

Nach allem, was man weiß, hat Delfini Dosi sich in späterer Zeit nicht mehr mit Rechtswissenschaft beschäftigt, sondern »folgte dem ihrem Geschlecht eigenen allgemeinen Geschick und heiratete einen Jünger des Mars« und verschwand vollständig aus dem Blickfeld der Öffentlichkeit.[43] Dennoch hinterließ

die jahrelange Diskussion um ihre Disputation und Promotion in Bologna und
darüber hinaus ihre Spuren.[44] Eine Frau hatte eine glanzvolle Disputation gehalten und sich, wenn auch erfolglos, um die Auszeichnung mit dem Doktorgrad
bemüht. Dahinter konnte niemand mehr zurück.

3. Ab 1724: Ein Mädchen lernt zu disputieren

Da sie so besagtes Alter von 14 Jahren[45] erreicht hatte, und die Eltern in ihr eine einzigartige
Aufnahmebereitschaft für alles wahrnahmen, was ihr vorgetragen wurde, insbesondere in allem, was die *Lettere* angeht, hatten sie keine Schwierigkeit damit, dem Herrn Gaetano Tacconi, Doktor der Philosophie und der Medizin, und Professor hier an der Universität von Bologna, der das Haus in seiner Funktion als Arzt besuchte, zu erlauben, sie in Logik, Metaphysik und Naturphilosophie zu unterweisen. Die Fortschritte, die sie in allen diesen Fächern im
Verlauf von drei Jahren machte, waren so schnell, daß sie selbst die Erwartungen des Lehrers
übertrafen[...][46]

Mit diesen zurückhaltenden Worten beschreibt Veratis Manuskript die zweite
Ausbildungsphase Laura Bassis, nachdem sie Latein und wohl auch Französisch
durch Familienmitglieder gelernt hatte. Gaetano Tacconi, Medizinprofessor an
der Universität von Bologna und Arzt der Familie Bassi, führt sie in die Inhalte
der philosophischen Universitätsausbildung ein. Was Tacconi dazu veranlaßt
haben mag, Bassi zu unterrichten, geht aus dem Text nicht hervor, wie überhaupt die Erwähnung des Lehrers denkbar knapp und farblos gehalten ist. Man
merkt dem Text an, daß er ein bestimmtes Persönlichkeitsbild von Bassi konstruieren will, das des tugendhaften und begabten (Wunder-) Kindes.[47] Für
Verdienste Tacconis bleibt da nicht viel Aufmerksamkeit. Andere biographische
Texte über Bassi ergänzen dieses einseitige Bild und berichten, daß Tacconi bei
einem ärztlichen Hausbesuch von Laura Bassis Mutter die Begabung der Tochter aufgefallen sei und er sich daraufhin erboten habe, sie zu unterrichten.[48] Die
Inhalte des Unterrichts werden mit Logik, Metaphysik und Naturphilosophie beschrieben, also Inhalte der Universitätsausbildung an der philosophischen Fakul-
tät. Aus dem Umstand, daß Bassi später in Disputationen brillierte, ist zu schließen, daß Tacconi sie mit dieser Form des wissenschaftlichen Streitgesprächs
vertraut machte.

Für Bassi eröffnete sich damit etwas entscheidend Neues. Hatte der Lateinunterricht in der Familie ihr die sprachlichen Grundlagen vermittelt, ohne die
sie gar nicht erst die Möglichkeit gehabt hätte, die Texte zu lesen, die Grundlage jeglicher weitergehenden akademischen Bildung waren, so machte Tacconi
sie jetzt mit den Inhalten vertraut und lehrte sie gleichzeitig, selbst aktiv Wissenschaft zu betreiben, und das heißt: über die Texte in Rede und Gegenrede diskutieren zu können. Nach wie vor war dies die Ausdrucksform schlechthin des

Lebens an der Universität; mehr noch, das Ritual der brillanten Disputation spielte auch im Leben der Stadt Bologna eine wichtige Rolle. Diese Zusammenhänge sollen nun im dritten Exkurs entfaltet werden und bilden eine unverzichtbare Grundlage für das Verständnis von Bassis Biographie. Denn, so meine These, die Begeisterung, mit der Bassis Auftritte in Bologna gefeiert wurden, und die Rolle, die ihr ab 1732 im Stadtleben zugewiesen wurde, sind nur erklärbar vor dem Hintergrund der intensiven und spezifischen Wechselbeziehung zwischen Wissenschaft und Gelehrsamkeit einerseits und der Identität der Stadt Bologna andererseits.

3. Exkurs
Bologna, la dotta: Universität und Gelehrsamkeit im Leben Bolognas

Bologna, la dotta – gelehrtes Bologna – ist seit mittelalterlicher Zeit bis in die Gegenwart eine gängige Charakterisierung der Stadt. *Bononia docet – Bologna lehrt*, dieser Anspruch ist schon um 1130 als Inschrift auf den Münzen der Stadt zu lesen und wirkt identitätsbildend fort bis in die Frühe Neuzeit hinein.[49] Es ist sicher kein Zufall, daß in der zweiten Hälfte des 16. Jahrhunderts die Etablierung des Bologneser Selbstbildes als Minerva, als *alma mater studiorum et magistra artium*, zeitgleich mit der Fixierung der Konzepte von Nobilität und Bürgerrecht (nobiltà–cittadinanza) erfolgte.[50] Nach dem Verlust der Selbständigkeit der Stadt nahm die psychologische Bedeutung der Universität eher noch zu, denn

das Studio[51] mit seiner glorreichen Tradition [...] ist die lebendigste und intakteste der Institutionen aus der alten Kommune, einer Epoche von Macht und Größe, als Bologna sich noch zu Recht jener *Libertas* rühmen konnte, die jetzt nur noch ein nichtiger und ironischer Wappenschmuck war. Deshalb verteidigt die Stadt ihr Studium gegen jede tatsächliche oder eingebildete Gefahr, die es bedroht.[52]

Aber auch für das wirtschaftliche Leben der Stadt spielte die Universität, die über die Zolleinnahmen finanziert wurde und ihrerseits eine der vier Haupteinnahmequellen Bolognas bildete, eine wichtige Rolle.[53] Aus diesen Gründen bemühte sich der Senat aus den genannten Motiven nach Kräften, die Universität zu fördern und ihren Niedergang, der im 17. und 18. Jahrhundert deutlich spürbar wurde, aufzuhalten.

Einige Ursachen für den Bedeutungsverlust der Universität Bologna, der sich vor allem in einem rapiden Rückgang der Studentenzahlen äußerte, betrafen nicht nur Bologna. So verminderten Wirtschaftskrisen in ganz Europa und insbesondere der Dreißigjährige Krieg in Deutschland drastisch die Zahl der ausländischen Studenten. Dagegen wuchs ständig die Konkurrenz anderer norditalienischer Universitäten und Bildungseinrichtungen. Hier versuchte der Senat

durch Protektionsmaßnahmen zu helfen. So wurde 1628 allen Ärzten, die nicht
in Bologna studiert hatten, die Ausübung ihrer Tätigkeit in der Stadt und dem
ganzen städtischen Umland verboten, was den erbitterten, jedoch fruchtlosen
Protest des Magistrats von Ferrara beim Papst hervorrief.[54]

Es gab jedoch auch eine ganze Reihe hausgemachter Ursachen für den Ver-
fall der Universität, wovon die Ernennungspraxis der Lektoren die schwerwie-
gendste darstellt. Von jeher waren die Lektorenstellen – bis auf vier besondere
Stellen, die im 17. und 18. Jahrhundert durchgehend vakant blieben – Bologneser Bürgern vorbehalten, um die einheimische Elite an die Stadt zu binden. Aus
diesem faktischen Ausschluß von Ausländern wurde im 17. Jahrhundert geradezu ein Recht der Bologneser auf eine Lektorenstelle, wobei zunehmend weniger
auf ihre Qualifikation geachtet wurde, sondern bei Ernennungen oft als einziges
noch das Bologneser Bürgerrecht, das seit drei Generationen nachzuweisen war,
überprüft wurde. Dies führte nicht nur dazu, daß unfähige oder desinteressierte
Lektoren ernannt wurden, sondern ihre Zahl schwoll so stark an, daß sie den Fi-
nanzrahmen der Universität sprengte. Die Frage nach der richtigen Anzahl von
Lektoren entwickelte sich zu einer Machtprobe und einem Dauerkonflikt zwischen Senat und universitärem Bürgertum und wurde so heftig diskutiert, daß
sie sogar die ansonsten durch die gemeinsame Forschung eng verbundene
Gruppe der experimentell tätigen Wissenschaftler unversöhnlich spaltete.[55]

Neben diesem gravierendsten Problem wurde der universitäre Betrieb durch
die Kürze des akademischen Jahres und durch die rigiden Vorschriften bezüglich
der Lektionen behindert.[56] Eine 1713 erneuerte Verordnung von 1639 schrieb
methodisch weiterhin die Auslegung eines festgelegten Textkanons vor und un-
tersagte alles, was davon abwich. Gerade in dieser Frage ist allerdings zwischen
der theoretischen Programmatik und der tatsächlich geübten Lehrpraxis zu unterscheiden. Die durch die starre Programmatik motivierte Charakterisierung
der Universitäten, insbesondere der italienischen, als Hort des Aristotelismus bis
ins 18. Jahrhundert hinein wird heute in der Forschung kritisch in Frage gestellt.
Es ist nämlich zunehmend ins Blickfeld geraten, daß

es in der gesamten ersten Hälfte des 18. Jahrhunderts eine inoffizielle Lehrpraxis, eine Beziehung zwischen Dozent und Schülern gab, die einen der wichtigsten und wirksamsten Vermitt-
lungswege der neuen Wissenschaft bildete.[57]

Auch in Bologna war die Privatvorlesung eine weit verbreitete und schon fast
im Regelfall geübte »inoffizielle« Praxis, und gerade die wissenschaftlich aktivsten Mitglieder unter den Universitätslektoren machten davon Gebrauch.

Für all die aufgezählten Mißstände gab es immer wieder Reformbemühungen,
die sich jedoch nicht durchsetzen konnten, sondern in den Auseinandersetzungen zwischen Senat und Lektorenschaft zerrieben wurden.[58] Die Universität

existierte jedoch fast unverändert weiter, nur das Finanzproblem wurde schließlich durch eine strikte Beschränkung der Stellenzahl für Lektoren gelöst.

Neben den Bemühungen um eine Reform und den Protektionsmaßnahmen suchte der Bologneser Senat die Universität aber auch aktiv zu fördern. Dabei kam den akademischen, mit barockem Pomp inszenierten Ritualen, an denen auch die städtische Öffentlichkeit teilnahm, die Schlüsselrolle zu. Öffentliche Disputationen oder feierliche Verleihungen der Doktorwürde verbanden sich ebenso wie die *Teriaca*, die öffentliche Zubereitung einer gleichnamigen Arznei im Innenhof der Universität, mit vergleichbaren Ritualen aus dem geistlichen (Prozessionen) und dem politischen Leben (Amtswechsel des Gonfaloniere) zum öffentlichen Jahresablauf in Bologna.[59] Die ritualisierten Begegnungen zwischen Universität und Stadt boten Gelegenheit, Bolognas Attribut *la dotta* zu bestätigen, und betonten die wechselseitige Verbundenheit. Unter den vielfältigen angesprochenen Ritualen ragt eines besonders heraus, das zugleich auch in besonderer Weise die bolognesische Gelehrsamkeit repräsentierte: die öffentliche Anatomie.[60]

Die öffentliche Anatomie entstand in Bologna ebenso wie in anderen Städten aus Sektionen in den Anatomievorlesungen für die Studenten, die für Bologna seit Beginn des 14. Jahrhunderts bezeugt sind. Gegen Ende des 15. Jahrhunderts erweiterte sich das Publikum der Sektionen um interessierte Laien, Künstler und Gelehrte.[61] Auf Grund des starken Publikumsandrangs wurden in Bologna 1586 Türsteher eingesetzt, die den Zugang in den Saal kontrollieren sollten; gleichzeitig wurde dem vorführenden Anatom die Verpflichtung auferlegt, auf Fragen aus dem Kreis der Scholaren, Lektoren oder anderer Zuhörer zu antworten. Damit wurde der Keim für die Disputation zwischen Anatom und Publikum gelegt, die Bolognas öffentliche Anatomie von den entsprechenden Veranstaltungen in anderen Städten unterschied. Die Professoren für Anatomie wechselten einander turnusmäßig in der Vorführung ab. Der Raumnot wurde 1595 und – wegen des ungebrochenen Andrangs – bereits wieder 1636 durch die Errichtung eines speziellen anatomischen Theaters abgeholfen.

Die Entscheidung für den Bau dieses zweiten anatomischen Theaters ist insofern bemerkenswert, als sie in eine wirtschaftlich schwierige Zeit fiel. Senat und Lektorenschaft waren sich jedoch einig, daß das neue Theater »im Interesse des Ansehens, der Zierde und des Ehrbedürfnisses der öffentlichen Schulen und unserer ganzen Stadt« zu errichten sei.[62] Die öffentliche Anatomie in Bologna, so die Überzeugung oder Hoffnung, sei so ehrenvoll für die Universität und so attraktiv, daß sie das Schwinden der ausländischen Studenten aufzuhalten vermöge. Besondere Bedeutung wurde dabei dem Charakteristikum der Bologneser öffentlichen Anatomie, der Disputation, beigemessen. Dieser Gewichtung ent-

sprach die Gestaltung des neuen Theaters, das im Unterschied zu den anatomi-
schen Theatern in anderen Städten zwei Zentren hatte: den Seziertisch in der
Mitte und das Katheder für die Disputanden auf einer Schmalseite des Saales.
Auf der anderen Seite des Saales, gegenüber dem Katheder, waren Armsessel
für den Legaten und den Gonfaloniere postiert. Wände und Decken waren mit
Statuen und Büsten medizinischer Autoritäten geschmückt, und die Sitzreihen
waren im Vergleich zu anderen Theatern ausgesprochen bequem angelegt.
Damit erfüllte das neue Bologneser Theater nicht so sehr funktionale als vielmehr Inszenierungsbedürfnisse. Die Praxis der Bologneser öffentlichen Anatomie entsprach diesem Design: Die Zeremonie wurde in der Regel zumindest am
ersten und letzten Tag von Legat und Gonfaloniere besucht; das gemischte Re-
gierungssystem der Stadt fand hier einen sinnfälligen Ausdruck. Daneben
drängten adelige und bürgerliche Besucher, Lektoren, hochrangige ausländische
Gäste und auch einfache Menschen in den Raum – viele von ihnen maskiert, da
die Bologneser Anatomie im Unterschied zu anderen Städten in der Karnevals-
zeit stattfand. Dieser Umstand ermöglichte auch Frauen den Zutritt zu der Zeremonie.[63] Mit dieser starken öffentlichen Beachtung wurde das Amt des Anatomen zunehmend unbeliebt und als Last empfunden, da es wegen der involvierten Disputationen und dem Recht aller Anwesenden auf Wortmeldung ein hohes
Risiko für den ausführenden Lektor beinhaltete, sich coram publico zu blamie-
ren. Wegen ihrer Bedeutung für das Prestige der Stadt machte die öffentliche
Anatomie die daran Beteiligten in hohem Maße sichtbar, im positiven wie im
negativen Sinn. Dementsprechend erhöhte sich während des 17. Jahrhunderts
nicht nur mehrfach die Bezahlung, sondern auch die soziale Anerkennung, die
eine gelungene öffentliche Anatomie dem Vortragenden einbrachte. Diese basierte allerdings kaum auf den wissenschaftlichen Verdiensten der öffentlichen
Anatomie, die im 17. und gesamten 18. Jahrhundert immer wieder kritisch in
Frage gestellt wurden.[64] Die Inszenierung der öffentlichen Anatomie feierte die
Präsentation universitärer Gelehrsamkeit, nicht den Erkenntnisgewinn der Wissenschaft Anatomie. Neue Forschungsergebnisse nämlich wurden niemals in einem ähnlichen Maß öffentlich sichtbar, selbst wenn sie mit hoher Anerkennung
durch andere Wissenschaftler, auch im Ausland, geehrt wurden.[65]

4. Um 1731/32: Ein gelehrtes Mädchen wird präsentiert

Die Fortschritte, die sie in allen diesen Fächern im Verlauf von drei Jahren machte, waren so
schnell, daß sie selbst die Erwartungen des Lehrers übertrafen, der sie für fähig hielt, sich der
Prüfung durch Disputationen auszusetzen. Dem stand aber das bescheidene Wesen des Mädchens entgegen, das weit davon entfernt war, die bei ihrem Geschlecht so seltenen Vorzüge
durchschimmern zu lassen, geschweige denn zur Schau zu stellen, weshalb sie für einige Jahre nur ihm allein bekannt waren. Aber es überkam sie eine plötzliche Augenkrankheit, die

lange Zeit dauerte und von einer sehr starken und gefährlichen Darminfektion gefolgt wurde und sie zwang, fast ein ganzes Jahr von jeder Art von Studium Abstand zu nehmen. Als sie sich nun von so schwerer und langer Krankheit erholt und ihre Studien wieder aufgenommen hatte, war sie fast 18 Jahre alt und ihr Lehrer bemühte sich von neuem, daß sie ihren Widerwillen davor überwand, sich hören zu lassen, und daß sie nur von einer ausgewählten und beschränkten Zahl von Professoren gehört würde, um ihr die Gelegenheit zu geben, sich in dem zu üben, was sie gelernt hatte.[66]

Unter Tacconis Anleitung erwarb Bassi solche Fähigkeiten zur Disputation, daß die Möglichkeit eines öffentlichen Auftretens greifbar wurde. Das hieß aber, daß die bisherige Geheimhaltung, die entweder auf den Wunsch der Eltern Lauras oder Tacconis oder beider erfolgt war, aufgegeben werden mußte. Vermutlich hatte um 1724, als der Unterricht begonnen hatte, die erregte Debatte um Delfini Dosis Disputationen zum Entschluß der Geheimhaltung beigetragen. Veratis Text läßt keinen Zweifel daran, daß dem jungen Mädchen selbst das Ansinnen einer öffentlichen Disputation höchst zuwider war und Tacconi sie mühsam überreden mußte. In Veratis Entwurfsfassung zu dem eben zitierten Manuskript ist der letzte Satz noch deutlicher formuliert:

Mehr also, um den Bitten zu genügen, die ihr von Herrn Tacconi ununterbrochen vorgetragen wurden, als um gelehrt in der Philosophie zu erscheinen, die sie sich ausschließlich zum eigenen Vergnügen und um sich selbst eine Freude zu machen angeeignet hatte, begann sie, einigen wenigen Professoren der Universität Proben ihres Wissens zu geben.

Wie schon in den zuvor zitierten Abschnitten betont der Text eindringlich die charakterlichen Tugenden Bassis und wäscht sie mit der extremen Betonung ihrer Zurückhaltung von dem Verdacht der Eitelkeit rein, dem gelehrte Frauen nur zu schnell ausgeliefert waren.[67] Daneben hat die lebhafte Schilderung, wie Bassi nur durch eine lange und gefährliche Krankheit soweit gebracht werden konnte, ihr Talent zu zeigen, noch eine zweite Funktion. Laura Bassi wäre eigentlich, so die Tendenz der Darstellung, schon viel früher in der Lage gewesen, die Öffentlichkeit mit ihrer Gelehrsamkeit in Erstaunen zu versetzen, hätte nicht erst mit neunzehn, sondern schon mit siebzehn Jahren auftreten können. Damit wird auch der Anspruch auf eine Betrachtung Bassis als Wunderkind bekräftigt, der sich schon in den Periodisierungen des Textes gezeigt hatte. Auch die anderen biographischen Texte stimmen damit überein, daß Bassi zunächst nur zu privaten Disputationen im Haus ihrer Eltern überredet wurde. Ob Tacconi schon zu dieser Zeit öffentliche Auftritte Bassis beabsichtigte, ist nicht zu ermitteln, aber auch in diesem Fall diente ihm die private Begutachtung Bassis durch andere Bologneser Gelehrte zur Absicherung gegen eine öffentliche Blamage.[68]

Zu diesem einheitlich entfalteten Bild der Wunderschülerin, die zunächst heimlich unterrichtet und schließlich auf Drängen des Lehrers und der Allgemeinheit öffentlich präsentiert wurde, hat die Suche nach weiteren Quellen Ergänzungen geliefert, die verdeutlichen, daß Tacconi wohl der wichtigste, aber

nicht der einzige Förderer Bassis in Bolognas Gelehrtenwelt war. Aus zwei bislang unbekannten Briefen Bassis aus dem Jahr 1730, also knapp zwei Jahre vor
ihrem ersten öffentlichen Auftreten, geht hervor, daß Bassi auch zu Pier Francesco Peggi[69], Geistlicher und Universitätsprofessor für Logik, Kontakt hatte. Die
Briefe sind zwar kurz, lassen aber in ihrer Terminologie auf eine Patronagebeziehung schließen.[70]

Da Eurer Exzellenz demütige Dienerin aus verschiedenen Motiven ihre Ehrerbietung nicht
persönlich erweisen und ihm devoten Dank für die mit solcher Güte übermittelten [Grüße]
bezeigen kann, bedient sie sich zur Erfüllung dieser Schuld des anwesenden Überbringers,
dem Ihr (wenn es Euch beliebt) die Bücher übergeben könnt, mit denen sie zu unterstützen
Ihr Euch bereit gezeigt habt. Und während sie um Eure fortwährende Protektion bittet, erneu-
ert die Schreiberin die untertänigsten Grüße.[71]

Bassis Beziehungsgefüge war also komplexer und vielseitiger als die Forschung
bislang annahm. Die Kontakte Bassis zu Peggi kamen vermutlich ohne Beteiligung Tacconis, vielleicht über Lauras Vater, zustande. Die Existenz mindestens
einer weiteren Bezugsperson unter Bolognas Gelehrten trägt zur Erklärung von
Bassis »Triumph« wesentlich bei. Denn die schnelle Ausbreitung der allgemeinen Begeisterung für Bassi wird verständlicher, wenn man annimmt, daß dabei
Schlüsselfiguren des städtischen Lebens, die Bassi aus eigener Erfahrung kann-
ten, gleichsam als Multiplikatoren mitwirkten. Peggi zumal war nicht irgendje-
mand, sondern ein angesehener und über lange Zeit der höchstbezahlte Universitätsprofessor. Darüber hinaus war er Geistlicher und ein guter Freund von Erzbischof Prospero Lambertini, dem späteren Papst Benedikt XIV. Es ist nicht
unwahrscheinlich, daß es Peggi war, der seinen Freund Lambertini für Bassi interessierte und so den Grundstein für Bassis wichtigste Patronagebeziehung
legte. Wie sehr Bassi den Geistlichen als Lehrer und wissenschaftliche Autorität
schätzte, wird daraus ersichtlich, daß sie ihm ihre erste Vorlesung an der Universität vorher zur kritischen Durchsicht gab.[72] Damit ist Peggi auch ein wichtiges Bindeglied zwischen Bassis »privater« Existenz vor 1732 und ihrer
»öffentlichen« Position danach, eine Person, der sie sich in beiden Lebenssitua-
tionen anvertrauen konnte.

Peggi war auch einer der ersten Bologneser Gelehrten, die in Bassis Elternhaus zu einer privaten Disputation mit ihr eingeladen wurden. Wer die Auswahl
der Gelehrten bestimmte, geht weder aus den Quellen noch aus der Sekundärliteratur hervor; wahrscheinlich war dies Sache Tacconis, eventuell unter Mit-
sprache von Bassis Eltern. Auffallend ist jedenfalls, daß die fünf oder sechs von
den Biographen immer wieder genannten Persönlichkeiten alle Gruppen reprä-
sentieren, die das Bologneser wissenschaftliche und gelehrte Leben prägten.
Unter den ersten Gutachtern werden neben Peggi übereinstimmend Francesco
Maria Zanotti und Giovan Grisostomo Trombelli genannt, ferner Matteo Baz-

zani und Eustachio Manfredi.[73] Auch der Erzbischof Lambertini war gelegentlich bei diesen häuslichen Veranstaltungen anwesend.[74]

Mit der Protektion durch Francesco Maria Zanotti, einer Schlüsselfigur des geistigen Lebens im Bologna des 18. Jahrhunderts, die im vierten Exkurs noch näher vorgestellt wird, standen Bassi alle gelehrten und kultivierten Kreise offen.[75] Mit Trombelli, der ihr 1735 ein Buch widmete, war ein prominenter Geistlicher unter Bassis Disputanten, der ebenso wie Peggi sowohl den Klerus als auch die Universität vertrat.[76] Der Astronom Eustachio Manfredi hingegen repräsentierte die Akademie und das Institut für Wissenschaften, wo seit 1714 experimentelle Naturwissenschaften gelehrt wurden. Damit kam Bassi erstmals mit jenem anderen Wissenschaftsmodell außerhalb der Universität in Berührung, das das wissenschaftliche Leben Bolognas prägte und im vierten Exkurs vorgestellt wird. Matteo Bazzani schließlich war sowohl Präsident des Instituts als auch des Kollegs der Philosophen, ein lebendiges Beispiel für die personelle Verschränkung beider Einrichtungen.[77]

Als Bassi im Frühjahr 1732 diesen ersten privaten Disputationen zustimmte, erhielt sie von ihrem Lehrer Tacconi das Versprechen, daß diese geheim bleiben würden. Dieses Versprechen aber erwies sich als unhaltbar:

Es war nicht möglich, das Geheimnis länger zu hüten, da sie [die eingeladenen Disputanten] selbst es verrieten, in der Einschätzung, daß es weniger schlimm sei, das Vertrauen zu brechen, als die Vaterstadt im Unklaren über den Schatz zu belassen, den sie besaß, ohne es zu wissen.[78]

In dem Moment, wo Bassi als kostbarer Besitz der Vaterstadt begriffen wurde – und dies geschah offensichtlich sehr schnell –, wurde die Erzählung von ihr zum patriotischen Akt. Alle Biographen betonen die Unmöglichkeit der weiteren Geheimhaltung nach den ersten privaten Disputationen und das öffentliche Interesse an Bassis Gelehrsamkeit. Bassi selbst jedoch mußte nach dem übereinstimmenden Bericht der Biographen auch nach den erfolgreichen Disputationen in ihrem Elternhaus erst mühsam zu einer öffentlichen Disputation überredet werden. Mit dieser ersten öffentlichen Disputation begann Bassis einzigartiger »Triumph«, der Gegenstand des nächsten Kapitels sein wird.

Das Gerücht [von ihren privaten Disputationen] zog viele gelehrte und qualifizierte Persönlichkeiten an, die sich der Tatsache vergewissern wollten; und sobald sie selbst von der Wahrheit überzeugt waren, gaben sie sich daran, sie, die Eltern und den Lehrer anzuregen, weil sie dieses Licht unter dem Scheffel hervorziehen und vor den Augen der ganzen Vaterstadt präsentieren wollten.

Aber die Bescheidenheit Lauras, ihr Genius, der allen Pomp verabscheute, und eine natürliche Scheu davor, sich zum Schauspiel eines ganzen Volkes zu machen, wie Tacconi und die Freunde es verlangten, indem sie sich einem öffentlichen Auftritt unterzog, konnte sich damit nicht abfinden; und an dieser Stelle mußte sie mit ihrer Einwilligung alle Freude, die sie bisher an ihren Studien gehabt hatte, bezahlen. Durch das Drängen und die Bitten schließlich besiegt, wurde festgesetzt, daß sie eine öffentliche Disputation in Philosophie halten sollte.[79]

4. und letzter Exkurs
Das Institut und die Akademie:
Einrichtungen für eine alternative Wissenschaft

Auch wenn die Bologneser Universität für das städtische Selbstbewußtsein und Selbstverständnis eine Schlüsselrolle spielte, war sie dennoch nicht die einzige wissenschaftliche Institution in Bologna. Vielmehr beherrschten im 18. Jahrhundert zwei programmatisch entgegengesetzte, personell jedoch eng zusammenhängende Institutionen das wissenschaftliche Leben in Bologna: die altehrwürdige, wenn auch krisengeschüttelte Universität und das erst 1714 eröffnete Institut für Wissenschaften, das *Istituto delle Scienze*, mit der ihm angegliederten Akademie.[80] Die funktional definierte Komplementarität von Universität – zuständig für Lehre – und Akademie – zuständig für Forschung – ist eine für das 18. Jahrhundert typische Struktur und findet sich ebenso wie die personelle Verknüpfung zwischen beiden auch anderswo.[81] Das *Istituto delle Scienze*, das speziell der *Lehre* der »modernen« experimentellen Wissenschaften gewidmet war, ist allerdings in dieser Zeit einzigartig in Europa. Institut und Akademie hatten nicht nur das Wissenschaftsideal der experimentellen und mathematisierenden Naturphilosophie gemeinsam, sondern auch das Gebäude, den gemeinsamen Sekretär und den größten Teil der dort aktiven Wissenschaftler. Sie werden nacheinander vorgestellt.[82]

Die Ursprünge des Instituts für Wissenschaften wurzeln in einer gescheiterten Universitätsreform. General Luigi Ferdinando Marsili wollte zu Beginn des 18. Jahrhunderts der Universität Bologna seine reiche Sammlung an Naturalien, wissenschaftlichen Instrumenten und Büchern stiften. Die Bedingungen dort boten jedoch keinen passenden Rahmen für eine Nutzung dieser Bestände, weshalb Marsili die Defizite der Universität und die aus seiner Sicht erforderlichen Maßnahmen 1709 in einer größeren Schrift artikulierte.[83] Seine Reformvorschläge griffen weit über eine Behebung der Mißstände hinaus: Marsili wollte nichts weniger als die Rahmenbedingungen für eine ganz neue, empirische Wissenschaft zum öffentlichen Nutzen schaffen, die die Ideale Bacons und das Vorbild der *Académie des Sciences* in Bologna umsetzen sollte.[84]

Eine solch fundamentale Universitätsreform konnte Marsili zwar nicht durchsetzen, war aber doch hinreichend einflußreich (und finanziell vermögend), um dem Bologneser Senat schließlich die Schaffung einer neuen Einrichtung abzutrotzen, die seine Vorstellungen verwirklichen sollte. Das 1711 gegründete Institut für Wissenschaften stellte ein äußerst komplexes Gebilde dar. Es war zugleich Lehranstalt und Museumskomplex mit Sammlungen von Naturalien und Altertümern, daneben waren ihm zwei Akademien, eine für Wissenschaften und eine für schöne Künste, angegliedert. Auch wenn der Senat bereits 1711 die fünf Professoren ernannte, die fortan die empirischen Wissenschaften lehren sollten,[85] nahm das Institut erst 1714 seinen Betrieb auf, und auch dann nur schleppend. Die Verzögerungen waren teilweise durch finanzielle Schwierigkeiten bedingt, teilweise durch interne Auseinandersetzungen im Institut, vor allem aber durch Auseinandersetzungen zwischen dem Stifter und dem Senat bzw. den Professoren. Erst 1726 wurden diese durch einen von der Kurie gesandten Vermittler, Prospero Lambertini, geschlichtet.[86]

Die zu Professoren am Institut berufenen Wissenschaftler waren sämtlich Lektoren an der Universität. Sie wurden jedoch am Institut auf eine Art von Lehre verpflichtet, die alle Ähnlichkeit mit der Universität ausschließen sollte, und zwar zum Wohle beider Institutionen.

Die Professoren haben besondere Sorgfalt darauf zu verwenden, daß sie in den Übungen [des Instituts] keine Untersuchung oder wissenschaftlichen Diskurs veranstalten, der die Form einer Lektion hat oder sich eine wahre Lektion, gerade wie von den Kathedern der Universität, nennen könnte. Die Übungen müssen sich hauptsächlich im Bereich der Praxis von Beobachtungen, Operationen, Experimenten und anderen Dingen ähnlicher Art bewegen. Die Überschreitung dieses Artikels wird als gravierendes Vergehen angerechnet werden.[87]

Obwohl Institut und Universität somit ganz verschiedene Anliegen verfolgten, waren sie personell eng miteinander verflochten – eine nicht ganz einfache, aber für Veränderungen günstige Situation. In der Tat sind einige Universitätsreformen des 18. Jahrhunderts der Existenz des Instituts zu verdanken. So wurden 1737 an der Universität Lehrstühle für Chemie und Experimentalphysik neu eingerichtet, die jedoch wegen ihres experimentellen Charakters am Institut angesiedelt waren. Die Universität blieb hinsichtlich ihrer Ausbildung und ihres Bildungsideals auf Disputationen ausgerichtet. Das Schwergewicht für die Ausbildung der nachwachsenden »Naturwissenschaftler« lag jedoch eindeutig auf dem Institut und wurde noch dadurch verstärkt, daß dort auch die Forschung verankert war, freilich in einer besonderen Institution: der Akademie.

Als der Senat im Dezember 1711 die Gründung des Instituts beschloß, beinhaltete diese Entscheidung in Kapitel XI der *Costituzioni* auch die Angliederung einer Akademie, die explizit der Forschung in den Lehrfächern des Instituts gewidmet war. Die Akademie mußte jedoch nicht neu gegründet werden, sondern eine existierende Akademie, die *Accademia degli Inquieti e delle Scienze*, wurde unter dem geänderten Namen *Accademia delle Scienze dell'Istituto* an das Institut angegliedert.

Dieser Vorgang markiert den Wendepunkt einer langen Akademie–Tradition in Bologna. Bereits seit 1650 hatte es in Bologna Gruppen von Wissenschaftlern gegeben, die sich zum Experimentieren und zum Austausch von Ergebnissen zusammenfanden. Diese Akademien existierten als privater Verbund und waren an eine Führungspersönlichkeit gebunden; wenn dieser Patron starb oder die Stadt verließ, löste sich die Akademie auf, um wenig später unter einem anderen Namen, aber mit vielen der alten Mitglieder wiederzuerstehen.[88]

Auch die *Accademia degli Inquieti* (Akademie der Unruhigen) hatte 1690 als privater Zirkel um den damals 16jährigen Eustachio Manfredi[89] begonnen, zunächst als Debattierklub ohne besondere naturwissenschaftliche oder experimentelle Ausrichtung. Zu dieser Zeit existierte auch eine private Akademie, in der sich führende Bologneser Wissenschaftler trafen. Als deren Patron und Gastgeber Mitte der 1690er Jahre die Stadt verließ, löste sich die Akademie auf, und ihre Mitglieder schlossen sich mangels Alternative den *Inquieti* an. Diese wuchsen damit schlagartig über den Rahmen eines Debattierklubs hinaus, gaben sich erste Statuten und nahmen eine experimentelle Ausrichtung an. Zwischen 1690 und 1710 trafen sie sich in Privathäusern (seit 1705 bei Luigi Ferdinando Marsili, dem Institutsstifter) und waren immer wieder von dem Schicksal ihrer Vorgängerorganisationen bedroht, wenn tragende Mitglieder verstarben oder verzogen. Sie unterschieden sich jedoch durch die 1709 erneuerten Statuten deutlich von ihren Vorgängerakademien, denn diese Statuten orientierten sich stark an den Satzungen der Pariser *Académie des Sciences* und beinhalteten den Übergang von einem privaten Zirkel zu einer öffentlichen Institution.[90] Genau diese neue Orientierung wurde mit der Angliederung an das Institut umgesetzt: Die Akademie wurde unabhängig von einem privaten Patron und wandelte sich in eine öffentlich verankerte Forschungsinstitution. In der Geschichte der italienischen Akademien markiert dieses Geschehen eine deutliche Zäsur.

Dennoch hatte die Akademie wie das Institut eine schwierige Anlaufphase. Erst als 1723 Francesco Maria Zanotti gemeinsamer Sekretär des Instituts und der Akademie wurde, begannen regelmäßige Aufzeichnungen über die Akademiesitzungen und eine regelmäßige Korrespondenz. Auf Zanottis Initiative hin wurde 1726 auch die Veröffentlichung der Geschichte und Forschungsbeiträge der Akademie in Angriff genommen. Der erste Band dieser *Commentarii* genannten Annalen wurde erst fünf Jahre später, 1731, veröffentlicht. Die Länge dieses Zeitraums ist ein Indiz für die Hindernisse, mit denen Zanotti zu kämpfen hatte, von der Trägheit mancher Mitglieder bis zur Behinderung durch die Zensur.[91] Nur dank Zanottis geschickter Strategien und der Protektion durch einflußreiche Freunde in Rom aus den Kreisen der katholischen Aufklärer erhielten die *Commentarii* schließlich das Imprimatur.[92]

Mit der Präsentation der *Commentarii* stellte sich erstmals eine noch arbeitende italienische Akademie der Öffentlichkeit.[93] Die *Commentarii* wurden an die Zentren europäischer Wissenschaft verschickt und dort auch rezipiert, was einen deutlichen Statusgewinn für das Institut und die Akademie bedeutete.[94] Insofern bildet das Jahr 1731 einen wichtigen Meilenstein in der Geschichte der Akademie, bezeichnet jedoch gleichzeitig auch den Beginn einer tiefen Krise, die sich bis in die 1740er Jahre erstreckte.[95] Zanotti selbst war durch die Auseinandersetzungen so tief entmutigt, daß er sich 1732 nach einer anderen Stelle umsah, da er für die Akademie keine Zukunft mehr sah.

Francesco Maria Zanotti (1692–1777) ist zu Recht als der »Fontenelle« oder »Oldenburg der Bologneser Akademie« bezeichnet worden. Seine Bedeutung für die Stabilisierung und internationale Etablierung des Instituts und der Akademie von Bologna kann nicht hoch genug eingeschätzt werden, setzt doch erst mit dem Beginn seiner Amtszeit eine regelmäßige Protokollführung, Korrespondenz und systematische Archivierung der in der Akademie gehaltenen Vorträge ein. Wie alle anderen prägenden Persönlichkeiten des wissenschaftlichen Lebens in Bologna hatte er an der Bologneser Universität studiert und 1716 das Doktorat in Philosophie abgelegt. Ab 1718 bis zu seinem Tod hatte er verschiedene Lehrstühle an der Universität inne. Im gleichen Jahr wurde er auch in die Akademie aufgenommen, 1721 zum Bibliothekar des Instituts ernannt und 1723 schließlich zum Sekretär von Akademie und Institut.[96] Er spielte eine wichtige Rolle für die Rezeption »moderner« physikalischer Theorien in Bologna, indem er als erster um 1720 an der Universität Cartesianische Physik lehrte und sich Mitte der 1720er Jahre gemeinsam mit Algarotti um die Wiederholung der Newtonschen Prismenexperimente in der Akademie bemühte. Seine Akademievorträge beschäftigten sich vorwiegend mit mathematischen Fragen. Er zählte zu den Subskribenten der von Pivati herausgegebenen *Enciclopedia* und gilt als »one of the most important advocates and promoters of 18th-century encyclopedism in Italy«[97]. In seiner Rolle als Sekretär von Institut und Akademie besaß er eine beachtliche wissenschaftliche Autorität, »auch wenn er [...] kein großer Denker oder genialer Wissenschaftler war« und seine Interessen sich eher durch ihre Breite als durch die Tiefe in bestimmten Fachgebieten auszeichneten.[98] Zanottis größte Stärke lag unstrittig in dem für Akademieabhandlungen untypisch hohen sprachlichen Niveau, das er den *Commentarii* verlieh.[99] Er blieb bis 1766 Sekretär und wurde dann zum Präsidenten des Instituts auf Lebenszeit ernannt. Zusammen mit seinem Bruder Giampietro Zanotti (1674–1765), Literat, Bildhauer und Sekretär der Akademie der Künste, bildete er einen Kristallisationspunkt für das kulturelle und wissenschaftliche Leben Bolognas, wozu auch die engen Kontakte der Brüder zu vielen Patrizierfamilien wesentlich beitrugen.

Kapitel II

1732

annus mirabilis

Der Triumph Lauras vollzog sich vollständig in jenem Jahr 1732, das man als das wunderbare Jahr ihres Lebens bezeichnen könnte, und jene Überraschung der Gelehrten, jene Bewunderung der Großen, jene Verblüffung der Stadtbürger, wird für immer eine großartige Episode in der Geschichte unserer Universität darstellen.[1]

Das Jahr 1732 bezeichnet in der Wahrnehmung der Zeitgenossen und der ersten Biographen den absoluten Höhepunkt von Bassis Leben. Das unter Ausschluß der Öffentlichkeit ausgebildete Mädchen, von dem man bislang nur gerüchteweise gehört hatte, wurde für seine brillanten öffentlichen Disputationen mit dem Doktorgrad und sogar einer Professur der Universität Bologna ausgezeichnet. Wie die Analyse der Abläufe im ersten Teilkapitel zeigen wird, nahm die gesamte Stadt an diesem Triumph Anteil. Unterschwellig allerdings, so wird es die Analyse des »inneren Bildes« im zweiten Teilkapitel offenbaren, fragten viele Gelehrte sich, ob dieser Umgang mit Bassi angemessen und gerechtfertigt sei. Bassi selbst stellte mitten in diesem Wirbel von Ereignissen wichtige Weichen für ihre Zukunft: Sie öffnete sich dezidiert gegenüber der Naturphilosophie und erschloß sich, um den Preis eines ernsten Zerwürfnisses mit ihrem Lehrer, in Kontakten zu Wissenschaftlern im Umfeld der Akademie ein ganz anderes Wissenschaftsideal als das scholastisch–universitäre, das Tacconi ihr vermittelt hatte. Dieser Streit und der alternative Wissenschaftsentwurf der Akademie sind Thema des dritten Teilkapitels. Abschließend werden Grundlinien von Bassis Philosophie, wie sie sie 1732 in Disputationen und Vorlesungen vertrat, kurz charakterisiert.

1. Das äußere Bild: Die Ereignisse um Bassi

Apropos Gedichte, man hätte gerne eines von Euch über eine gewisse Signora Laura Maria Caterina Bassi, ein junges Mädchen von 19 Jahren, die sich nach einem Studium, das außer ihrem Lehrer allen verborgen war, als ein Wunder in Philosophie erwiesen hat. Jeden Tag hält sie in ihrem Haus öffentliche Disputationen, wo hingeht, wer Lust hat zu disputieren, *und sie fürchtet sich vor niemandem*, und oftmals kommt, wer sich vor ihr nicht fürchtet, sehr verwirrt und mit abgestoßenen Hörnern zurück. Donnerstag nach Ostern wird sie im Saal der Ältesten eine öffentliche Disputation halten und einige Tage später den Doktor bekommen und ein Katheder in der Universität; ebenso ist sie auch in die Akademie der Philosophen des Instituts aufgenommen worden. Dies ist gewiß eine schöne und einzigartige Sache.[2]

Diese Beschreibung des Bologneser Literaten Giampietro Zanotti faßt die wesentlichen Stationen von Bassis triumphalen Erfolg im Jahr 1732 zusammen: Zunächst im Frühjahr 1732 die Disputationen in ihrem Elternhaus und im März die Aufnahme in die Akademie, dann im April die erste öffentliche Disputation, die ein solcher Erfolg wird, daß man ihr einen Monat später in einer weiteren öffentlichen Zeremonie den Doktorgrad verleiht. Im Juni schließlich hält sie eine weitere öffentliche Disputation, mit der sie sich offiziell um einen Lehrstuhl an der Universität bewirbt, der ihr dann auch Ende Oktober vom Senat verliehen wird; im Dezember 1732 hält sie ihre erste Vorlesung.[3] Diese rasante Folge von offiziellen Ereignissen wird begleitet von einer Unzahl von Empfängen, Lobgedichten, durchreisenden Besuchern, schriftlichen Berichten in andere Teile Italiens und Europas. Das Spektakel, das um die Person Bassis inszeniert wird, läßt sich nicht verstehen, wenn man es nur als die Ehrung einer überragenden jungen gelehrten Frau begreift: In Bassi feiert Bologna vielmehr sich selbst, die *alma mater studiorum*. Dies zeigt sich eindrücklich in der Art, wie alle das öffentliche und gelehrte Leben bestimmenden sozialen Gruppen an der Inszenierung von Laura Bassis Gelehrsamkeit teilnehmen.

Als erste wissenschaftliche Institution zollte die *Accademia delle Scienze dell'Istituto*, die im weiteren Verlauf dieses Kapitels noch näher beschrieben werden wird, der Gelehrsamkeit Bassis Tribut:

Dieser Tag wird der Erinnerung wert sein, weil an ihm mit dem vollen und einstimmigen Einverständnis aller Akademiemitglieder die Sig.ra Laura Bassi, eine Jugendliche von 19 Jahren, in die Reihen der Ehrenmitglieder (*Academici onorarii*) aufgenommen wurde. [Dies geschah] auf Grund der Berichte, die die Sig.ri Eust. Manfredi, Beccari, Padre Abundio Collina[4] und andere der Akademie über die unendliche und unglaubliche Gelehrtheit vorlegten, die von diesem jungen Mädchen über ihr Geschlecht und Alter hinaus demonstriert wurde, in vielen Disputationen, die sie mehrfach über die gesamte Philosophie mit soviel Esprit, Redegewandtheit und Tiefgründigkeit der Lehre abgehalten hat, daß es nicht glauben könnte, wer sie nicht selbst gehört hätte. Die Sig.ri Beccari und Francesco Zanotti wurden beauftragt, sich zur Sig.ra Laura Bassi zu begeben, ihr ihre Aufnahme unter die Akademiemitglieder mitzuteilen und sie zu bitten, diese Bezeugung der hohen Wertschätzung, die die Akademie ihrer Begabung entgegengebracht hat, anzunehmen.[5]

Vorstellungen über Geschlechtsrollenzuschreibungen, die für eine Frau die Mitgliedschaft in einer Akademie ausschlossen, scheinen auf dieser Sitzung im März keine Rolle gespielt zu haben. Dennoch ist die Aufnahme Bassis in die Akademie in Konzepten von Geschlechterdifferenz begründet: Bassis Gelehrsamkeit ist so bemerkenswert und verdient ihre Aufnahme in die Akademie, weil Bassi »über ihr Geschlecht und Alter hinaus« gelehrt ist. Das Außerordentliche, das Sensationelle an Bassi, ist ihr Geschlecht (und ihr jugendliches Alter). Die

Entscheidung der Akademie verrät demnach trotz ihrer scheinbaren Neutralität viel über die Vorstellungen und Realitäten bezüglich des Bildungsstandes von Frauen. Der Aufnahmestop für Frauen, den die Akademie nur wenige Monate später beschloß, dokumentiert darüber hinaus, daß die Akademie sich sehr wohl bewußt war, mit Bassis Aufnahme eine Konvention zu brechen und daß sie eine dauerhafte Änderung dieser Konvention nicht intendierte.[6]

Es ist charakteristisch für das wissenschaftliche Leben in Bologna zu dieser Zeit, daß die Akademie ihre Entscheidung allein auf Grund des Votums ihrer Mitglieder, die Bassis bis dahin ausschließlich private Disputationen besucht hatten, traf. Sie war nicht daran gebunden, daß ein potentielles Mitglied sich etwa erst durch den Doktorgrad qualifizierte und das Akademieleben spielte sich weitgehend autonom und unter Ausschluß der Öffentlichkeit ab.

Das rege öffentliche Interesse am gelehrten Leben manifestierte sich, wie beschrieben, hingegen im Besuch von öffentlich abgehaltenen und – etwa im Fall der Anatomie – geradezu inszenierten Disputationen. Und so ist es kein Wunder, daß auf die Kunde von Bassis brillanten häuslichen Auftritten hin der Wunsch nach einer *öffentlichen* Disputation dieses Wundermädchens laut wurde. Als Bassi schließlich ihr Einverständnis gegeben hatte, wurde der Rahmen dementsprechend sorgfältig vorbereitet: »Die Seltenheit eines solchen Wissens bei einer Frau schien zu verlangen, daß ihre öffentliche Zurschaustellung durch eine besondere Durchführungsweise und besondere Feierlichkeiten herausgehoben wurde.«[7]

Erneut zeigt sich hier der schon oben beobachtete ambivalente Umgang mit weiblicher Gelehrsamkeit. *Dieser* Frau wurde die Möglichkeit zur öffentlichen Präsentation, unbeschnitten von Vorstellungen über die Beschränkung auf das Haus als Wirkungsort, zugestanden; gleichzeitig war die ganze Inszenierung durchdrungen von der Botschaft, in Bassi eine außergewöhnliche Frau vor sich zu haben. Die Überzeugungen bezüglich dessen, was Frauen im allgemeinen tun konnten und sollten, mußten dank dieser Etikettierung Bassis als Ausnahmefrau nicht überprüft werden. Geschlechtsspezifische Rollenzuweisungen wirken hier zwar nicht einschränkend für Bassi, sind aber deswegen noch lange nicht in ihrer Existenz in Frage gestellt. An Bassis Biographie ist zunächst verwirrend, daß sie die Geschlechterdifferenz als historisches Konzept in Frage zu stellen scheint: Für eine wirklich »gute« Frau war es offensichtlich auch im Kirchenstaat des 18. Jahrhunderts möglich, Karriere zu machen! Aber Bassis »Triumph« beruht fundamental darauf, daß das von ihr Erreichte als für Frauen grundsätzlich unerreichbar begriffen wird. Und ihr »Triumph« stößt, wie sich in ihrem weiteren Lebenslauf zeigen wird, trotz der überreichen Anerkennung von 1732 auch auf Grenzen, die eben doch mit Geschlechterdifferenz zu tun haben.

Bassis erste öffentliche Disputation also bekam schnell den Charakter eines wissenschaftlichen Festes, in dessen Vorbereitung alle wichtigen sozialen Gruppen
einbezogen wurden. Als Ort wurde der Saal der Ältesten im Rathaus gewählt,
also ein städtischer, kein universitärer Raum, der dennoch in Beziehung zu der
Universität stand, da die Ältesten ja aus den Reihen der Universitätslektoren
stammten. Daß Bassi eine Frau war, veränderte auch das Protokoll: Aus Gründen der Schicklichkeit wurde sie nicht nur von Tacconi, sondern zusätzlich von
zwei Ehrendamen aus dem Bologneser Hochadel begleitet. Die Contessa Ranuzzi und die Marchesa Elisabetta Ratta galten beide als gebildet, wenn auch
nicht im Sinn einer wissenschaftlichen Ausbildung, und von Elisabetta Ratta gibt
es eine anschauliche Beschreibungen der Zeremonie.[8] Neben dieser privaten
Patronage durch adelige Damen erwiesen auch die städtischen Organe Bassi ihre Reverenz: Zu dieser ersten öffentlichen Disputation Bassis am 17. April 1732
erschienen der Senat und die Ältesten vollzählig, präsidiert von dem amtierenden Gonfaloniere di Giustizia. An dessen Seite nahmen rechts und links der Legat und der Erzbischof von Bologna Platz. Damit waren alle Entscheidungsinstanzen des Bologneser Stadtlebens durch ihre höchsten Amtsträger repräsentiert: die oligarchische Republik durch den Gonfaloniere, der Kirchenstaat durch
den Legaten und die Kirche durch den Erzbischof. Nicht zuletzt wurde der öffentliche, geradezu amtliche Charakter dieser Disputation dadurch betont, daß
Bassi im Prunkwagen des Gonfaloniere vorfuhr.

Auch der Ablauf der Disputation spiegelte die Beteiligung der verschiedenen
sozialen Gruppen des kulturellen und gelehrten Lebens. Gegen die Thesen Bassis, die zu diesem Anlaß formuliert, gedruckt und ausgeteilt worden waren, argumentierten zunächst vier Geistliche, unter ihnen Trombelli, über Themen aus
der Metaphysik und Moralphilosophie. Anschließend ergriffen drei Vertreter aus
dem Umfeld der Akademie das Wort und disputierten mit Bassi über physikalische Themen.[9] Bassis Disputationsfähigkeit beeindruckte die versammelte Zuhörerschaft, wie die Quellen zeigen, über die Maßen. Ein eifriger Hospitant des
Legaten etwa erging sich in heftigen Beschimpfungen über einige beifallklatschende Zuhörer, die dadurch den Fortgang der Disputation unterbrachen. Da
er für seine Tirade ungeschickterweise gerade einen führenden Senator erwischte, den er »in dem Volkshaufen, der sich auf der Galerie des Palastes befand«
nicht erkannt hatte, mußte er sich daraufhin einer formal aufwendigen Entschuldigungszeremonie unterziehen.[10] Randbegebenheiten wie diese veranschaulichen eindrücklich, wie sehr die Öffentlichkeit an Bassis Disputation Anteil nahm. Kein Wunder also, daß praktisch sofort die Forderung laut wurde,
solche Begabung und solches Wissen mit einem Doktorgrad zu honorieren.

Abbildung I:
Portrait Bassis mit Lorbeerkranz
Portraitsammlung Herzog-August-Bibliothek Wolfenbüttel

Am 12. Mai wurde somit ein weiterer Disputationstermin angesetzt, der ebenfalls von allen Würdenträgern der Stadt nebst einem auf der Durchreise befindlichen Kardinal wahrgenommen wurde. Für diese zweite Disputation, die diesmal im Versammlungssaal des Instituts stattfand, scheint Bassi keine Thesen formuliert zu haben. Im Anschluß an die Disputation wurde sie von den versammelten Lektoren nicht nur des Doktorgrades für würdig befunden, sondern auch der Aufnahme in das Kolleg der Lektoren. Die eigentliche Ehrung wurde dann wiederum im Rathaus vorgenommen.[11] Dort erklärte Alessandro Formagliari, Kanzler der Universität, sie offiziell als graduiert, während Bazzani, der Prior des Kollegs, ihr in einer feierlichen Rede die Insignien der Doktorwürde überreichte und erklärte.

Bazzanis Rede ist ein diplomatisches Meisterstück.[12] Nach der Einleitung, in der alle anwesenden Autoritäten hofiert werden, enthält sie eine lange Liste der berühmten und gelehrten Frauen dreier Kulturkreise: zunächst der alten Griechen, dann der alten Römer, und dann – Bolognas und Oberitaliens. Bis in die jünste Vergangenheit der Stadt, nämlich zu den Disputationen von Maria Delfini Dosi Anfang der 1720er Jahre, reicht seine Aufzählung. Damit macht er klar, daß die Ehrung einer Frau mit einem akademischen Grad keine bildungspolitische Eigenmächtigkeit der Bologneser Universität darstellt: Wenn selbst die Griechen und Römer ihre gelehrten Frauen ehrten und besangen, so der Tenor, dann kann für Bologna die Fortsetzung dieser Tradition nicht anders als ehrenvoll sein, zumal Bassi sich auch im Kreis der historischen Vorbilder durch ihre Tugenden und Fähigkeiten auszeichnet. Mit diesem kulturgeschichtlichen Exkurs, der eindeutig apologetischen Charakter hat, – die Debatte um die Verleihung des Doktorgrades an Delfini Dosi ist gerade zehn Jahre her – ist der Hintergrund vorbereitet, vor dem nun Bassis Errungenschaften entfaltet werden[13]: ihre Liebe zur Philosophie und Eifer zu deren Studium, die »die Nacht zum Tag, die Arbeit zur Zuflucht, die Einsamkeit zur Kameradschaft, das Haus zur Bildungsstätte, [und] das Nachdenken, die Lektüre und die Disputation zur Nahrung« gemacht haben.[14] Zum philosophischen Eros gesellt sich die wortreich beschriebene begnadete Begabung, gesellt sich schließlich die charakterliche Tugend und die Versiertheit in den weiblichen Arbeiten, der »Einklang zwischen Geist und Händen, die Eintracht unter den Pflichten«.[15] Die Rede gipfelt in der Aufforderung, die Insignien der Doktorwürde in Empfang zu nehmen: »Surge. Ecce insignia honoris, & argumenta gloriae.« Die überreichten Gegenstände werden gleichzeitig in ihrem Sinngehalt erklärt: ein Buch als Zeichen der Weisheit, ein Ring (als Ausdruck einer symbolischen Eheschließung), ein silberner Lorbeerkranz in Anlehnung an die alten Dichterkrönungen und schließlich einen Umhang mit Pelzbesatz als Zeichen der königlichen Würde der Gelehrten.[16]

Zu dieser so feierlich zelebrierten Gelegenheit wurde eine Gedenkmünze für Bassi geprägt und eine Sammlung mit Gedichten illustrer Bologneser Literaten auf diesen Anlaß herausgegeben.[17] Solche Gedichtsammlungen aus Anlaß einer Hochzeit, eines Doktorats oder eines Amtsantrittes (z.B. als Gonfaloniere) waren in Bologna im 18. Jahrhundert äußerst beliebt und eine wichtige ritualisierte Form für die Aufnahme und Pflege sozialer Beziehungen. Die Veröffentlichung von Gedichtsammlungen zu Bassis Doktorat ist somit mehr als eine Sammlung von Gelegenheitspoesie. Sie markiert Bassis Aufnahme in die nicht im engen

Sinn wissenschaftlichen, aber durchaus kulturell und literarisch interessierten Kreise Bolognas, in der sich alte Patrizierfamilien, niederer Adel und bürgerliche Literaten und Wissenschaftler zusammenfanden. Salons, Kaffeehäuser sowie öffentliche und private Bibliotheken waren die neuen, allen Kreisen zugänglichen Begegnungsstätten dieser Kreise.[18] Die Mitgliedschaft in diesem Beziehungsgefüge, das auch Frauen offenstand, brachte für Bassi bestimmte Pflichten mit sich, bedeutete gleichzeitig aber auch einen sozialen Rückhalt für sie.[19]

Die Disputationen Bassis sowie ihre Promotion erinnern in der Gestaltung des äußeren Rahmens stark an die Disputation von Delfini Dosi aus dem Jahr 1722. Eine Debatte über die Verleihung des Doktorgrades, wie sie zehn Jahre zuvor heftig ausgefochten worden war, scheint jedoch im Fall Bassis überhaupt nicht stattgefunden zu haben. Möglicherweise profitierte Bassi von der Ablehnung Delfini Dosis, falls diejenigen Kräfte, die damals für Delfini Dosis Promotion gewesen waren, hier eine zweite Chance zur Durchsetzung einer Frauenpromotion sahen. In jedem Fall aber waren die politischen Rahmenbedingungen für Bassi ungleich günstiger als für ihre Vorgängerin. Denn Bassi kam nicht aus dem Adel, sondern aus dem der Universität nahestehenden Bürgertum, so daß für die bürgerlichen Lektoren und Gelehrten die politische Motivation zum Kampf gegen ihre Promotion entfiel. Bassis Familie war vielmehr eine von ihnen. Zusätzlich wurde Bassis Lage dadurch begünstigt, daß der Adel in jener Zeit die Annäherung an das Bürgertum suchte, in welchem Kontext die Ehrung und Promotion einer Frau aus bürgerlichen Reihen eine geeignete Geste darstellte. Diese politischen Faktoren verursachten zwar nicht die Begeisterung, auf die Bassi stieß, sie bewirkten aber, daß ihre Auftritte und ihre Promotion nicht behindert wurden.

Nach der Verleihung des Doktorgrades ging der Senat über die bis dahin gezeigte wohlwollende Neutralität hinaus. Zwar hatte er Bassis Auftritten durch die Anwesenheit des Gonfaloniere und anderer Senatoren schon von der ersten Disputation an Glanz verliehen, aber keine weitergehende Gratifikation in Aussicht gestellt. Das Publikum der Disputationen, einschließlich der beteiligten Professoren, scheint hingegen schon sehr früh der Auffassung gewesen zu sein, daß eine so brillante junge Philosophin, wenn sie denn schon den Doktorgrad hätte, als Belohnung und Anerkennung für ihren Studieneifer auch einen Lehrstuhl an der Universität bekommen sollte.[20] Die auch international wahrgenommenen Erfolge Bassis bewogen den Senat im Frühsommer 1732, seine Bereitschaft zur Verleihung einer Professur an der Universität durchblicken zu lassen, »um sich zu vergewissern, daß Müßiggang oder die Mittelmäßigkeit ihrer Anerkennung nicht einen so löblich eingeschlagenen Kurs unterbrächen, und noch vielmehr, damit soviel Mühe und Sorgfalt nicht ohne Belohnung blieben.«[21] Diese Begründung entspricht voll und ganz der Bologneser Wissenschafts- und Bildungspolitik, die die Lehrstühle an der Universität als Belohnung und Motivation zu weiteren Studienanstrengungen an junge Bologneser zu vergeben pflegte. Ähnlich wie bei Bassis Aufnahme in die Akademie sind aber auch hier Konzepte von Geschlechterdifferenz im Hintergrund präsent, da Bassis Ernennung nicht als Ermutigung weiterer Frauen zum Studium gedacht war, sondern vielmehr ihre Ausnahmestellung betonte.

Eine formale Voraussetzung für einen Lehrstuhl war die *Habilitation*, eine öffentliche Disputation in dem Fachgebiet, in dem der Bewerber das Katheder anstrebte. Für diese Disputation wurden Thesen veröffentlicht und fünf Lektoren als Argumentanten ausgelost, die dem Gonfaloniere schwören mußten, den Kandidaten nicht vorher von ihren Einwänden in Kenntnis zu setzen. Auch Bassis Habilitation lief exakt nach diesem Schema ab.[22] Die Thesen Bassis waren diesmal stärker naturphilosophisch zugespitzt und beschäftigten sich mit dem Wasser.[23] Es gibt für diese Disputation keine ausführlichen zeitgenössischen oder späteren Beschreibungen, da alle Biographen und Zeitzeugen sich mit der Aussage begnügen, daß Bassi wie üblich brillierte: Ein Zeremoniell war zur Routine geworden.

Keine bloße Routine und nicht so reibungslos, wie die Biographen es darzustellen pflegen, war hingegen die Entscheidung des Senats, Bassi einen Lehrstuhl für Philosophie zu verleihen. Dabei war das Problem nicht, daß sie die anderen Voraussetzungen, wie etwa das Mindestalter von 25 Jahren und ein fünfjähriges Studium an der Universität nicht erfüllte, denn dies war bei vielen Lektoren nicht der Fall. Probleme bereitete vor allem der Umstand, daß für die Dozentengehälter nur ein bestimmter Betrag zur Verfügung stand und man ihre Zahl deshalb im 18. Jahrhundert streng beschränkt hielt. Andererseits war dem Senat die besondere Lage sehr wohl bewußt, wie aus den Sitzungsprotokollen hervorgeht:

Es wurde der Beschluß gefaßt, der Dottoressa Collegiata Laura Maria Cat. Bassi an dieser Universität einen Lehrstuhl für Philosophie mit einem Gehalt von fünfhundert Liren [...] zu verleihen, um so nach so vielen Zeugnissen ihrer Tugend und Gelehrsamkeit ihre Mühen und Studien zu belohnen und die ehrwürdige Erinnerung an diese Jugendliche an die Nachwelt zu übermitteln; unter der Bedingung aber, daß sie nicht zum Vorlesen in die Universität gehen darf, wenn sie nicht vom Legaten oder Gonfaloniere aufgefordert worden ist [...] Es wurde vorgebracht, daß dies nicht der einzige Lehrstuhl sei, und daß, da die vorgeschriebene Zahl der Lektoren voll sei, es scheine, daß man den Beschluß nicht ausführen könnte ohne vorher eine Teilaufhebung des Gesetzes durchzuführen. [...] Man bedachte, daß es sich um einen so außergewöhnlichen Fall handelte, der auch im Ausland so viel Aufsehen erregt hatte, daß es wenig Beifall fände, wenn man auf Grund von Schwierigkeiten eine solche Jugendliche nicht belohnte.[24]

Daß Bassi die Professur an der Universität schließlich bekam, verdankte sie wesentlich dem Umstand, daß sie unter den Senatoren einige einflußreiche Fürsprecher hatte. Der wichtigste von ihnen war Filippo Aldrovandi, der als amtie-render Gonfaloniere im Mai und Juni 1732 ihren Disputationen beigewohnt hatte und auch bei einer anderen Gelegenheiten als ihr Patron fungierte.[25] Die Befürworter einer Professur konnten sich schließlich durchsetzen und am 29. Oktober 1732 wurde Bassis Ernennung offiziell ausgesprochen. Diese Verlaut-barung stimmt fast wörtlich mit dem im August im Protokoll festgehaltenen Be-schluß überein, jedoch ist näher ausgeführt, warum Bassi nur auf spezielle Order Vorlesungen halten soll. Die Notiz über ihre Ernennung schließt mit der Ein-schränkung, »daß sie *wegen ihres Geschlechtes* nicht öffentlich in der Universi-tät lehren soll, es sei denn auf Geheiß der Obrigkeit.«[26]

Damit ist nun doch eine klare Geschlechterdifferenz in Bassis institutionelle Anbindung eingeführt worden. Mit der Beschränkung von Bassis Vorlesungs-recht wurde der Unterschied zwischen ihr und den männlichen Lektoren betont, wurde ihr Status als Außerordentliche (außerordentliche Frau, außerordentliche Professorin) aufrecht erhalten. Die Folgen für Bassi waren ambivalent. Einer-seits profitierte sie von ihrer Ausnahmestellung, die ihr ein vergleichsweise ho-hes Einstiegsgehalt an der Universität und ein hohes Maß an öffentlicher Sicht-barkeit bescherte. Andererseits wurde sie damit auf die wissenschaftsrepräsen-tative Funktion festgenagelt.

Bassis Talent für Disputationen, jene in Bologna hoch angesehene Demon-strationsform für Gelehrsamkeit, ermöglichte ihr den Aufstieg zur Universitäts-lektorin, die Bolognas Ruf als *Alma Mater Studiorum* wiederbeleben sollte, und verlieh ihr damit eine wichtige Funktion innerhalb des städtischen Lebens. Dazu war sie als Frau wegen der Seltenheit solcher Begabung und Ausbildung in be-sonderer Weise geeignet. Andere Formen für die Partizipation an Wissenschaft und Gelehrsamkeit aber waren für sie nicht vorgesehen.

2. Das innere Bild: Die Diskussion um Bassi

Das Bild der äußeren Abläufe, wie es im vorigen Kapitel gezeichnet wurde, wird in diesem Kapitel durch eine Darstellung der Diskussion unter Bassis Zeit-genossen ergänzt. Es entsteht gleichsam ein inneres Bild des Geschehens, na-mentlich eine Analyse des Meinungsbildungsprozesses unter den Bologneser Wissenschaftlern.

Die Quellengrundlage dieses und des folgenden Kapitels sind Briefe aus den Jahren 1732/33 von Zeitgenossen Bassis, in denen über sie und ihren Triumph in Bologna berichtet, diskutiert, geurteilt wird. Der Umfang und die Provenienz der Texte – etwa 40 Briefe von zentralen Figuren des wissenschaftlichen Lebens

– belegen, daß das Phänomen Bassi die Gemüter 1732 ungemein bewegte, und zwar über Bologna hinaus.[27] In dieser Diskussion lassen sich zunächst zwei Schwerpunkte ausmachen, die zugleich die Gliederung dieses Unterkapitels bestimmen.

– Etwa zwischen März und Juni 1732 gibt es eine relativ neutrale Berichterstattung über Bassi. Korrespondenzpartner werden erstmals oder, nach neueren Entwicklungen, wieder über Bassi in Kenntnis gesetzt. Darüber hinaus werden die Fähigkeiten und das Verhalten Bassis bewertet, d.h. mit anderen verglichen, kritisiert oder verteidigt.

– Mit der wachsenden öffentlichen Begeisterung rückt die Schilderung und Kritik des Umgangs mit Bassi in Bologna in den Mittelpunkt der Diskussion. Dabei geht es nicht so sehr um Bassis Person, sondern um das – oft als unangemessen empfundene – Aufheben, das um sie gemacht wird.

Daneben umfassen die in diesem Kapitel dargestellten Diskussionen über Bassi noch weitere Aspekte. Die darin formulierten Erwartungen und Kommentare über ihr Aussehen, »weibliches« Verhalten oder ihre besondere Brillanz dokumentieren, wie seitens der Wissenschaftler Geschlechterdifferenz perpetuiert oder neu begründet wird. So fügen sich die vielfältigen Stimmen, die an der Diskussion über Bassi beteiligt sind, zu einem komplexen Diskurs, der die im vorigen Kapitel entwickelte These von der Bedeutung Bassis als Symbol der Bologneser Gelehrsamkeit eindrucksvoll unterstreicht.

Berichterstattung und Diskussion um die Person Bassis

Die Berichterstattung über Bassi in Briefen von Bolognesern Zeitgenossen setzt noch vor ihren ersten öffentlichen Auftritten ein, ist allerdings zu diesem Zeitpunkt nicht mehr als ein vager Bericht über das gelehrte Mädchen und die privaten Disputationen in ihrem Haus. Dies verändert sich erst nach den ersten öffentlichen Disputationen Bassis, als es zum einen mehr über die äußeren Abläufe zu erzählen gibt, zum zweiten ihre Gelehrsamkeit öffentlich deutlich geworden ist und zum dritten auch die Inhalte der Disputationen besprochen werden können.

Hinsichtlich Ausführlichkeit und Engagement nimmt der im folgenden zitierte Brief von Jacopo Bartolomeo Beccari eine herausragende Stellung ein. Beccari war als zentrale Figur der wissenschaftlichen Gemeinschaft in Bologna nicht nur wohl informiert, sondern machte sich auch Gedanken um Bassis Zukunft. Der Adressat ist aus dem Brief selbst nicht ersichtlich, jedoch meiner Ansicht nach eindeutig als Antonio Leprotti zu identifizieren, der als päpstlicher Leibarzt in

Rom lebte und durch seine Bologneser Studienzeit und seinen Patron, den Kardinal Davia, mit vielen Wissenschaftlern aus Bologna eng verbunden war.[28]

Hier spricht man von nichts anderem als von unserer höchst liebenswürdigen Philosophin, die das Objekt der allgemeinen Bewunderung ist. [...] Vergangenen Mittwoch war seine Eminenz der Erzbischof da, um sie zu hören, und, soweit ich es verstanden habe, fand er sie so, wie sie ihm von vielen geschildert worden war, und mehr, als er sich vorgestellt hatte. Vielleicht hat er darüber an seine Eminenz Davia geschrieben [...] Man muß sie hören, um sich eine richtige Vorstellung zu machen. Gebe Gott, daß sie gesund bleibe und nicht von den philosophischen Studien geplagt wird. Es scheint, daß es ihr Metier sein muß, sich der gemischten Geometrie oder der guten und gesunden Physik zu widmen; und das ist die Meinung der Verständigsten [...] und worin außerdem ein großes Talent sich viel Ehre verschaffen und der Wissenschaft viel Gutes tun kann. Welcher Meinung seid Ihr? Schreibt es frei heraus; Eure Autorität wird bei nicht wenigen von jenen, die sich in diese Angelegenheit einmischen könnten, viel ausrichten. [...] Aber o jeh, ich habe schon eine Seite damit gefüllt, von diesem benedeiten Mädchen zu sprechen. Aber weniger kann man nicht tun; und einem, der sich dem 50. Lebensjahr annähert, steht es nicht so schlecht an wie einem Jüngling. Die Thesen sind noch nicht heraus; sobald sie zu haben sind, werde ich sie Euch schicken. Ihr werdet darin jedoch ein Gemisch finden, und in einigen Teilen Abweichung von dem, was in den besseren zu hören ist; auch zweifele ich nicht, daß die Schülerin von den Meinungen des Lehrers nicht zurückweichen kann. Der will sich jedes Mal selbst ausgiebigst loben, wenn nicht für anderes, dann dafür, ein Werk begonnen zu haben, welches in der Vollendung bewundernswert sein wird, vor allem wegen des Zusammentreffens so vieler Dinge in ihr wie Scharfsinn im Denken, Präzision der Ideen und Richtigkeit der Beweisführung, verbunden mit einer unglaublichen Umsicht im Unterscheiden, was dazu führt, daß sie in der Darlegung sehr klar und sehr geordnet ist; dem allen kann man die Beherrschung der lateinischen Sprache hinzufügen; eine Beherrschung, wie wir sie nur schwer bei den Professoren selbst finden, auch den geübten. Aber das ist eine weitere Seite über das Mädchen. Ich denke, daß Ihr genug habt, und mehr als genug. [...][29]

Der Brief ist so ausführlich zitiert worden, weil hier fast alle Themen anklingen, die auch in den späteren Briefen diskutiert werden: Bassis Fähigkeiten, Überlegungen darüber, womit sie sich beschäftigen sollte, und leise Kritik an ihrem Lehrer Tacconi. Daß Beccari für Tacconi keine allzu große Bewunderung hegte, läßt sich schon an dem Brief ablesen, in dem er Bassi zum allerersten Mal erwähnt: »Habt Ihr schon von einer gewissen jungen Philosophin gehört, die wir hier haben? Sie ist erst 19 Jahre alt und [...] eine Schülerin von Tacconi, *aber* sie ist ein Wunder.«[30]

Gegenüber späteren Texten fehlen in diesem Brief Betrachtungen über die Reaktionen auf Bassi in Bologna sowie über Bassis Charakter. Hinsichtlich des letzteren versichert Beccari einige Monate später, daß sie zu dem großen öffentlichen Rummel um ihre Person »nicht aus eitler weiblicher Neigung, sondern aus unvermeidlicher Notwendigkeit geführt worden ist«.[31]

Interessant in Beccaris Brief ist auch die Selbstreflexion über sein Verhältnis zu Bassi als Frau, die auch viele andere Briefe von männlichen, älteren Bologneser Wissenschaftlern prägt. Bei Beccari mündet sie in die Erleichterung, daß er in seinem Schwärmen für Bassi nicht so leicht mißverstanden werden kann wie ein jüngerer Mann. Zwischen Giampietro Zanotti und Eustachio Manfredi indes entwickelte sich die Neckerei wegen ihres jeweiligen Alters und der daraus zu folgernden (Un–) Attraktivität für Bassi zu einem regelrechten Ritual:

Im Vertrauen gesagt, es scheint, daß sich dieses gelehrte Mädchen, das ja nicht anders kann als besten Geschmack zu haben, sich etwas in mich verliebt hat. Ich bin jetzt in einem tiefen Labyrinth, weil ich nicht weiß, ob ich darauf zu reagieren habe oder nicht. Ich bitte euch in dieser Sache um Euren Rat.[32]

Darauf Manfredi:

Was für ein schönes Paar! Den Ganymed spielen mit einem so liebenswerten jungen Mädchen, dessen Großvater Ihr sein könntet, und mir dann zu verstehen geben, daß sie es ist, die Euch mag? [...] Die Zusprechung von 100 Scudi jährlich an die S.ra Laura mit dem Titel des Lehrstuhl hat hier allgemeine Zustimmung gefunden, und es ist gut, daß es mit der Höchststimmenzahl ging. [...] Grüßt sie und gratuliert ihr in meinem Namen. Ich halte nichts davon, ihr meine Ehrerbietung durch Euch zu übermitteln, die Ihr zu alt seid.[33]

Darauf Zanotti:

Unsere Bassi, meine Bassi, kann ich auch sagen (weil ich weiß, daß sie keine Männer will, die 59 Jahre auf dem Buckel haben), dankt Euch für die Grüße [...][34]

Diese Zitate belegen, daß Bassi in ihrer doppelten Auszeichnung als Wunder an Gelehrsamkeit einerseits und als Frau andererseits sehr bewußt wahrgenommen wurde. Gelegentlich spielte ihre Gelehrsamkeit dann nur noch eine nachgeordnete Rolle, stand etwa eine ausführliche Schilderung ihres Aussehens im Vordergrund.[35] Eine nach heutigem Empfinden impertinente, in jedem Fall aber besondere Facette bildet dagegen ein Brief von Zanotti, in dem er Beziehungen zwischen Bassis Aussehen und ihrer Identität als Gelehrte herstellt:

Die Landluft hat sie [Bassi] einiges zunehmen lassen, und es scheint mir, daß man jetzt auch Brüste sähe, wo vorher noch nicht einmal ein Anzeichen dafür war, und die Philosophie will diese auch groß haben, da sie es ist, die die Milch für alle anderen Wissenschaften gibt.[36]

In dieser Beschreibung einer realen Frau werden an ihr Aussehen Normen angelegt, die aus der Tradition der Personifikation von Philosophie und Weisheit als weibliche Gestalt und der entsprechenden ikonographischen Tradition stammen.[37] Die Wirkmächtigkeit dieser Tradition ist dabei so stark, daß die reale Frau Laura Bassi dahingehend bewertet wird, wie ihr Aussehen bezüglich der Ausprägung des Geschlechtsmerkmals Brust den Erfordernissen der Nährmutter Philosophie entspricht. Der Schreiber spielt hier offensichtlich mit der Verknüpfung zweier Ebenen, nämlich einer allegorischen und einer personalen. Obwohl dieser Kommentar von Zanotti einzigartig ist, wird uns eine vergleichbare Gleichsetzung abstrakter Konzepte mit der Person Bassis auf ihrer Gedenkmünze und in der Rezeption ihrer Eheschließung wieder begegnen.[38]

Nach Bassis erster öffentlicher Disputation war vor allem deren Durchführung und Inhalt Gegenstand des brieflichen Austausches. Dabei gingen die Meinungen weit auseinander. Beccari etwa beschreibt die Disputation als eine »wie sie ähnlich sehr wenige zu meinen Tagen gehalten haben, und besser sicherlich niemand«, während die Gräfin Laura Bentivoglio Davia von den »lächerlichen Disputationen« und etwas später vom »Doktorat, oder besser Lächerlichkeit der Bassi« spricht.[39] Bei Davia freilich dürfte die Angst vor Konkurrenz einer der Hauptgründe für ihre kritische Haltung sein. Daß das Verhältnis zwischen den beiden Lauras sehr problematisch war, zeigt sich auch an dem Umstand, daß Davia sich noch ein Jahr später weigerte, Bassi in ihrem Haus zu empfangen.[40] Übereinstimmend aber wurden, wie auch Beccaris Brief schon andeutete, die Thesen Bassis sehr viel kritischer bewertet als ihre Fähigkeiten. Die Verantwortung für die darin enthaltene Mischung aus aristotelischer Philosophie, cartesianischen und newtonianischen Elementen wurde von ihr wohlgesonnenen Kommentatoren ihrem Lehrer Tacconi zugeschrieben, von anderen höchst ungnädig beurteilt.

Eine wichtige Funktion der Berichte soll abschließend noch erwähnt werden: die Vergewisserung von Korrespondenzpartnern, die nur aus der Ferne und gerüchteweise von dem Bologneser Wunder an Gelehrsamkeit gehört hatten. Der für die Bassi–Rezeption interessanteste Brief kommt vom Kaiserhof aus Wien:

Diese Nachricht [über Bassi] kam hier vor mehr als zwei Wochen sehr konfus von Venedig aus an, und als sie zum Hof gedrungen war, fragte seine Majestät der Kaiser mich, ob ich darüber Nachricht aus Bologna bekommen hätte, und als ich sagte: Nein, nahm das Wunderbare der Erzählung aus Venedig in der Ansicht des Kaisers sehr ab, und er beschränkte sich darauf zu glauben, daß das ganze Wunder nichts anderes wäre als was man schon mehrmals gesehen hat, das heißt eine große Lebhaftigkeit der Erfindungsgabe mit einer einzigartigen Kraft des Gedächtnisses, was eine bestimmte Rasse von Wissenschaft zeitigt, die ich als rationales Papageientum zu bezeichnen pflege. Aber als ich Seiner Majestät den Originalbrief von Euch vorgelegt hatte und alle Umstände bedacht waren, die darin zu lesen sind, wurde das Staunen und die Verblüffung viel größer. Man reichte ihn zum Flügel ihrer Majestät der Kaiserin und um des Ruhmes des Geschlechtes willen las man den gleichen Brief Ihrer Majestät vor, und sie hörte ihn mit gleicher Verblüffung und Befriedigung an. Daraus ersEht Ihr, welchen Beifall die Sig.ra Laura an diesem Hof verdienterweise erhalten hat, wobei sie viel davon Euch verdankt, durch dessen Bericht all die berichteten Dinge ihre Bestätigung erhalten haben, die an sich etwas Unglaubwürdiges haben. Ich bitte Sie deshalb, Ihren Bericht über das, was seit Anfang Mai geschehen ist, fortzusetzen und bin vor allem neugierig auf den Fortgang dieses Wunders, das zu Recht das ganze gebildete Europa beschäftigen wird, weil man in ähnlichen Fällen viele seltsame Phänomene gelesen und gesehen hat.[41]

Diskussion um den Umgang mit Bassi in Bologna

Mit dem Fortschreiten der »Affäre Bassi« mit allen Ehrungen und Zeremonien in Bologna mehren sich in den Briefen die Stimmen, die das Geschehen in Bologna kritisch betrachten. Dabei ist zwischen zwei Strängen der Diskussion zu unterscheiden. Ein Teil der Quellen offenbart eine äußerst kritische Haltung sowohl gegenüber Bassis Verdiensten als auch gegenüber dem Umgang mit ihr. Dazu zählen namentlich die Briefe von und an den Arzt Giovanni Bianchi aus Rimini aus dem Jahr 1732. Als Nicht–Bologneser hatte Bianchi genug Distanz, um das Geschehen kritisch zu beurteilen, vor allem, da er aus einer Voreingenommenheit gegenüber Tacconi heraus den Berichten über Bassis wunderbare Fähigkeiten nicht recht glaubte. Aber auch Bologneser machten sich Gedanken um den angemessenen Umgang mit Bassi, freilich aus einer anderen Motivation heraus. Männern wie Eustachio Manfredi oder Francesco Maria Zanotti ging es um das Wohlergehen Bassis. Angesichts der Entfremdung zwischen Bassi und ihrem bisherigen Lehrer, der sich in dem Trubel zu kurz kommen sah, angesichts kritischer Stimmen, die Bassi der – »typisch weiblichen« – Eitelkeit bezichtigten und angesichts der Unsicherheit über Bassis weiteren Weg ist es nur zu verständlich, daß wohlmeinende und weitblickende Freunde sie gern etwas weniger im Zentrum des öffentlichen Interesses gesehen hätten. Diese Äußerungen stellen Bassis außerordentliche Fähigkeiten und Verdienste jedoch nicht in Frage und unterscheiden sich damit etwa von Bianchi. Allen Positionen gemeinsam ist die kritische Frage, ob der öffentliche Umgang in Bologna mit Bassi wohl noch angemessen sei.

Daß Bianchis Urteil über Bassi und ihre Rezeption in Bologna äußerst kritisch ausfiel, ist, wenn man die Umstände kennt, nicht allzu verwunderlich. Giovanni Bianchi (1693–1775) war in erster Linie Mediziner, verfügte daneben aber über breite Interessen und Kenntnisse in den Naturwissenschaften und der Altertumskunde.[42] Er hatte von 1717 bis 1719 in Bologna studiert und kannte daher die dortigen Wissenschaftler persönlich. Bianchi war bekannt für seinen streitsüchtigen Charakter; 1744 mußte er etwa eine Anatomieprofessur in Siena nach dreijährigem Wirken wieder aufgeben, weil er sich völlig mit dem Kollegenkreis verfeindet hatte. Er wirkte fortan in Rimini, wo er eine große Zahl Schüler hatte und ein sehenswertes Naturalienkabinett aufbaute. Bianchis Neigung zum Streiten, sein auch von wohlmeinenden Biographen anerkanntes »äußerst heftiges Gemüt, das von sich selbst zu voll und für die Verdienste anderer zu sehr ein Unterdrücker war« zeigt sich in den unzähligen Disputen, in die er zeitlebens verwickelt war.[43] Eine seiner zahllosen Auseinandersetzungen hatte er auch mit Tacconi geführt. Dennoch ist festzuhalten, daß Bianchi ein Mann mit einem außergewöhnlich weiten Wissens– und Interessenshorizont war und einen wichtigen Knoten im wissenschaftlichen Korrespondenznetz Italiens und darüber hinaus bildete. Unter seinen Briefpartnern waren auch deutsche Ärzte, und nach Bologna unterhielt er sowohl mit Ärzten als auch mit Naturforschern rege Kontakte.[44] Seine Korrespondenz mit Leprotti umfaßt über 400 Briefe von jeder Seite, und auch in bezug auf Bassi ist er sein wichtigster Gesprächspartner.

Sie werden gehört haben, wie in Bologna ein gewisses Mädchen namens Bassi, Schülerin von Tacconi, eine öffentliche Disputation in Philosophie abgehalten hat und jetzt gratis als berühmte Frau den Doktorgrad erhalten hat. Die Herren Bologneser machen alle ein großes Brimborium um dieses Mädchen und schildern sie überall als ein Wunder unserer Tage.[...] Ich habe jedoch, nachdem ich die gedruckten Thesen gesehen habe, die sie verteidigt hat, an Sig. Pozzi [...] geschrieben, daß es mir scheint, man habe diesem Mädchen zu sehr den Hof gemacht. Denn wenn sie keine andere Philosophie kennt als die, die sie in den Thesen vorgestellt hat, dann sehe ich nicht, daß sie nur etwas mehr wüßte als unendlich viele junge Leute des gleichen Alters, die ganz normal bei normalen Lehrern studiert haben. Da dieses Mädchen sich angemaßt hat, sich von den anderen Frauen zu unterscheiden, indem sie sich Dingen widmet, denen sich dieses Geschlecht gewöhnlich nicht widmet, hätte sie auch zeigen müssen, daß sie sich ihnen in besonderer Weise gewidmet hat, indem sie nur Thesen würdigen und nützlichen Inhalts präsentierte. Meiner Meinung nach wäre das der Fall gewesen, wenn sie nur eine Folge von Thesen von Descartes oder Newton präsentiert hätte, die die beiden berühmtesten Philosophen unserer Tage sind[...][45]

Interessant an Bianchis Gedankengang ist hier, daß er eine Art kognitiver Geschlechterdifferenz postuliert: Wenn eine Frau schon entgegen den für ihr Geschlecht üblichen Verhaltensmustern studiere, müsse sie auch besonders gut sein. Ob Bianchi sich tiefer mit dem Thema befaßt hat oder seine Forderung hier nur im Zuge seiner Polemik formulierte, ist freilich schwer einzuschätzen. Allerdings hat er sich noch an anderer Stelle mit Geschlechterdifferenz auseinandergesetzt.[46]

Auf diese dezidierte Meinung antwortet Leprotti begütigend mit dem Hinweis, daß Bassi sich ja, wie aus ihren Thesen ersichtlich, durchaus mit Newton befaßt habe und sich neuerdings seines Wissens »ganz den physikalisch–mathematischen Wissenschaften widmet, im Austausch gegen jene Sophistereien und die Theologie, die zu studieren ihr von Fratres vorgeschlagen wurde«.[47] Diese Informationen entstammen wohl den Briefen Beccaris. Bianchi hingegen ließ sich nicht so leicht besänftigen und erhielt in diesem Fall neue Nahrung zur Polemik durch den erwähnten Pozzi, einen Bologneser Korrespondenzpartner. Dieser versicherte Bianchi, ganz seiner Meinung bezüglich Bassis zu sein. Diese Meinung würde auch von allen geteilt, die

nicht von irgendeiner Leidenschaft bewegt und unvoreingenommen [...] über diese Dinge nachdenken. Aber glaubt mir, es ist ein inquisitionswürdiges Verbrechen, in dieser Weise auf öffentlichen Versammlungen nachzudenken; so daß ich mir verkneife, den Mund aufzutun, um nicht einen Krieg gegen Interessierte anzufangen und um mir nicht den Makel eines schlechten Bürgers einzuhandeln.[48]

Pozzis Brief bestätigt eindrucksvoll, wie sehr man in Bologna Bassi als Inbegriff der Gelehrsamkeit und damit als Personifikation der städtischen (Wunsch-) Identität sah: so sehr, daß Stimmen, die das Außerordentliche an Bassi anzweifelten, unterdrückt wurden – und zwar wegen mangelnder Loyalität gegenüber der Stadt. Bassi zu preisen hieß Bologna zu preisen, so wie Bologna in Bassi sich selbst feierte. Bassi zu preisen, und das ist nur die konsequente Umsetzung

dieses Gedankens, war damit zur Bürgerpflicht geworden. Insofern mag die
Furcht vor Ausgrenzung, wie Pozzi sie äußert, real begründet gewesen sein.
Bianchi war die Logik dieser Dynamik allerdings wenig einsichtig. In seinem
nächsten Brief an Leprotti bemerkt er dazu:

Pozzi schrieb mir jüngst, daß er hinsichtlich Bassis auch meiner Meinung sei, und daß sehr
viele dort mit gutem Urteilsvermögen auch dieser Meinung seien, aber daß er und sie sich
hüteten, dies öffentlich zu sagen, um sich nicht den Makel einzuhandeln, schlechte Bürger zu
sein. Worin nur, o Himmel, lassen die Bologneser heute das Guter–Bürger–Sein bestehen!
[...] Wenn sie dieses [newtonianische] System wirklich gut kennte, hätte sie nur darüber Thesen vorgestellt, und nicht jenes öde Zeug, das sie präsentiert hat [...] Kurz gesagt, ich glaube,
daß die Bildung dieses Mädchens nur eine feierliche Chimäre Tacconis ist, wie die jener angeblichen [...] Cistepatici.[49] Diese neue Chimäre hat jedoch einen verblüffenden Effekt gehabt, den ich geradezu für ein Wunder halte: Sie hat den anderen Pozzi, der ein Erzfeind
Tacconis war, dazu gebracht, [...] ein Lobgedicht auf ihn zu schreiben.[50]

Im Fortgang seines Briefes erzählt Bianchi jedoch, welche strategischen Gründe
für diese überraschende Versöhnung verantwortlich waren, und so bleibt von
dem ganzen Wunder an Bassi nichts übrig, noch nicht einmal eine überraschende
Versöhnung zweier verfeindeter Wissenschaftler. Bianchi, in seinen Maßstäben
egozentrisch und kompromißlos, kann Bassi, da sie sich nicht ausschließlich der
modernen Philosophe bzw. Physik gewidmet hat, keine außerordentliche Gelehrsamkeit zubilligen. Leprottis besonneneres Urteil, daß abzuwarten sei, wie
Bassi sich entwickeln werde, wenn sie sich selbst überlassen sei und nicht mehr
von Tacconi bevormundet würde, bewirkt, daß Bianchi seinen Ton etwas mä-
ßigt, in der Sache jedoch bleibt er fest. Auch wenn Bianchi gern behauptet, mit
Leprotti und Manfredi einer Meinung zu sein, haben Manfredis eigene Worte
doch einen anderen Klang.

Über Bassi habe ich gesagt und sage ich, was ich muß, und es scheint mir, daß in allen jegliche gegenteilige Ansicht, die bei nicht wenigen vorhanden war, allmählich vertrieben wird.
Ich würde gern hören, daß sie eine öffentliche Ehrenbezeugung und eine anständige Belohnung mit dem Lehrstuhl bekommt; und dann gäbe ich den Rat, daß man nicht mehr so viel
von ihr redete, daß sie sich nicht mehr so oft hören ließe und daß sie ihre Studien im Verbor-
genen und unter guter Anleitung, möglichst des Dr. Francesco [Maria Zanotti] und des Dr.
Beccari, fortsetzte.[51]

Manfredi hatte eine ganz andere Blickrichtung als Bianchi. Die Frage nach den
bisherigen Verdiensten Bassis interessierte ihn nur insoweit, als er dafür plädier-
te, ihr als Anerkennung eine Professur zu geben. Über die Qualität von Bassis
philosophischer Gelehrsamkeit hatte er sicher keine Illusionen, auch ihm waren
ihre Thesen bekannt. Im Gegensatz zu Bianchi nahm er jedoch auch Bassis
Symbolwert für die Stadt wahr – deswegen die Forderung nach öffentlicher Ehrung durch die Professur. Darüber hinaus sah er vor allem ihr Entwicklungspo-
tential unter anderen Lehrern und von dem Druck der ständigen öffentlichen
Zurschaustellung befreit. Auch Manfredis Briefpartner Giampietro Zanotti äu-

ßerte Erleichterung, als im Spätsommer der Rummel um Bassi abflaute: »Zur Zeit, wenn sie [Bassi] in Bologna ist, gehen nur wenige Personen dorthin, und manchen Abend niemand. Mir scheint, daß die Angelegenheit auf diese Weise in vielerlei Hinsicht besser läuft.«[52]

Der harschen Kritik Bianchis am Verhalten der Bologneser kommt Francesco Maria Zanotti, der im Frühjahr 1732 in Venedig weilte und das Geschehen aus der Ferne kommentierte, noch am nächsten. Als die ersten kritischen Stimmen zu Bassi laut wurden, gab er den Bolognesern selbst die Schuld an der Enttäuschung, weil sie in ihrer Begeisterung völlig maßlos geworden waren.

Wie sehr bedaure ich das mit unserer Laura! [...] Es scheint, daß ihre ersten Schritte nicht den letzten entsprechen; aber so geht es: Selten geschieht es, daß eine Person perfekt ist, und wenn es jemand auch ist, so geschieht es selten, daß sie auch so scheint. Diejenigen, die dieses Mädchen von so seltener Begabung tadeln, müssen verwirrt sein, sie am Anfang in jeder Beziehung so hoch gelobt zu haben, und sich selbst vorwerfen, mehr von ihr erwartet zu haben als jenes Alter verspricht. Kurz gesagt, wenn ich die Wahrheit sagen soll, so wie diese unsere Bologneser mir darin verrückt schienen, wie sie dies Mädchen lobten, so finde ich, sind sie es jetzt im Tadeln. Und wie sie seinerzeit eher die Begabung hätten loben sollen als die Gelehrtheit [...] so sollten sie jetzt eher das Geschlecht und Alter bemitleiden als ihr Hochmut und Eitelkeit vorzuwerfen. An diesen Mängeln haben möglicherweise sie selbst am meisten Schuld, die sie damals so hochjubelten und jetzt so kritisieren.[53]

Auch Francesco Maria Zanotti also bewertete die Begeisterung vieler Bologneser im Frühjahr als völlig überzogen. Zanotti ging es um eine rationale, angemessene Umgangsweise mit Bassi, deren außergewöhnliche Begabung er fraglos anerkannte. Letzeres unterscheidet ihn von Bianchi, der an die Außerordentlichkeit von Bassis Talent nicht glauben mochte.

Im Vergleich der Positionen Bianchis einerseits und Manfredis oder Zanottis andererseits wird somit deutlich, daß ihre Kritik am Umgang mit Bassi denkbar verschieden begründet war. Bianchi hatte für Bassis symbolischen Wert für Bologna als Personifizierung der städtischen Gelehrsamkeit überhaupt keinen Blick. Als Nicht–Bologneser war ihm wohl die Tradition der feierlich inszenierten Disputationen zu fern, wie sie auch im Anatomischen Theater abgehalten wurden, und wo es nicht so sehr auf die präsentierten Inhalte als vielmehr auf Brillanz in der Durchführung ankam. Er beurteilte allein auf Grund der Inhalte und hatte damit andere Maßstäbe als die Wissenschaftler Bolognas, auch die »modernen« unter ihnen, die doch der Tradition ihrer Stadt verbunden waren.

Daß Bassi eine Frau war, spielt bei Bianchi eine untergeordnete Rolle und wirkt sich insofern eher zu ihren Ungunsten aus, als er eine kognitive Geschlechterdifferenz für eine gebildete Frau forderte (wenn eine Frau Philosophie trieb, mußte es »gute«, also cartesianische oder newtonianische Philosophie, sein). Bei Manfredi oder den Zanottis wird Bassis Geschlecht kaum thematisiert. Sie waren sich aber, wie aus ihren Briefen ersichtlich, der Besonderheit Bassis, die durch ihr Geschlecht konstituiert wurde, sehr wohl bewußt.

Einer der wenigen expliziten Hinweise betrifft einen Aspekt, der sich durch Bassis gesamte Biographie hindurchzieht. Es geht um die oben zitierte Meinung Zanottis, Bassi sei eher wegen ihres Geschlechtes zu bemitleiden, als mit Vorwürfen wegen Unbescheidenheit oder Eitelkeit zu konfrontieren. Der Topos von der Eitelkeit der Frauen, der gelehrten Frauen zumal, erweist sich als zählebig und hat für Bassi ambivalente Konsequenzen. Wird er direkt angesprochen, geschieht es durchweg in einem für Bassi positiven Sinn, da sie sich (zur Überraschung vieler Männer) als bescheiden und gegen die typische weibliche Eitelkeit gefeit erweist.[54] Wie sensibel das Thema war, zeigt sich aber gerade in den Vorkehrungen, die Bassi traf, um gar nicht erst in den Verdacht des Hochmuts oder der Eitelkeit zu geraten: In allen ihren Publikationen oder anderen Selbstaussagen über ihre Tätigkeit als Physikerin taucht der Hinweis auf ihre »Schwachheit«, ihre »geringe Begabung« unfehlbar auf. Um dennoch und ohne Verletzung dieses normativen Weiblichkeitsideals einen Anspruch auf wissenschaftliche Anerkennung zu begründen, muß Bassi dann einigen Formulierungsaufwand betreiben und sich auch der Gefahr aussetzen, für ihre Unbescheidenheit kritisiert zu werden.[55] Die einzige Ausnahme scheinen die *Requisiti* gewesen zu sein, die Liste der Meriten, die man einreichte, wenn man sich bei der Universität um eine Gehaltserhöhung bewarb. In diesem Fall war das Herausstreichen der eigenen Verdienste gewissermaßen durch die Textgattung gefordert. Bassis Requisiti unterscheiden sich in ihren Formulierungen nicht von denen männlicher Professoren; in diesem Fall wird der Verstoß gegen das Bescheidenheitsideal gewagt.

Die unterschiedlichen Arten von Kritik am Umgang mit Bassi sind somit im Zusammenhang mit einer Vielzahl von Aspekten zu sehen: ob einer Bologneser Bürger oder Außenstehender war, empfänglich für die traditionelle Inszenierung von Gelehrsamkeit oder nicht, sensibel für symbolische Ehrungen oder nicht, und, nicht zuletzt, ob jemand Bassi persönlich erlebt hatte. Der letzte Aspekt wird durch die Tatsache bekräftigt, daß Bianchi bei seiner Ansicht blieb, bis er im Frühjahr 1733 anläßlich eines Besuches in Bologna Bassi persönlich kennenlernte. Die Begegnung änderte seine Meinung schlagartig, weil Bassi ihm im direkten Umgang weit besser gefiel als ihre Thesen aus dem vergangenen Sommer. Aber auch in der Revision seines Urteils konnte er sich der Polemik nicht enthalten:

Dieses Mädchen hat den Kopf richtig herum und viel Talent, und deshalb hat sie mit Leichtigkeit die Gegebenheiten ihres Geschlechts, ihres Alters und ihrer Ausbildung überschritten und das Gespräch und Disputieren mit ihr ist mir als eine so unendlich viel bessere Sache erschienen als ihre ersten gedruckten Thesen. Und tatsächlich meine ich erkannt zu haben, daß jene, die jetzt um sie sind, und sie selbst es bereuen, daß sie gedruckt worden sind; aber dazu sagte man mir, daß sie jener Zeit dienen und dem Lehrer von damals gehorchen mußte, der wollte, daß sie jenes öde Zeug präsentierte. Er glaubte, daß sie sich damit viel Ehre machte, was sie ja auch tat, aber er täuschte sich insofern, als es ihr genausogut ergangen wäre, wenn sie nur ausgewählte Dinge, und mit mehr System, präsentiert hätte. Wenn ich sage, daß dieses Mädchen viel Talent hat und ihre Gegebenheiten überschritten hat, habe ich nicht vor, sie damit zu empfehlen, als ob sie der beste Philosoph unserer Zeit wäre, wie es einige sagen, die nichts davon verstehen. Aber ich sage, daß sie sich mit den anderen Philosophielektoren vergleichen kann, die dort mit großem Applaus und großer Häufigkeit vorlesen. Es mag sein, daß jemand sagen wird, daß diese schlecht und Männer des Volkes sind, die eben das Wissen, das das Mädchen in jenen Thesen ausgebreitet hat, nicht überschreiten; aber dazu sage ich, daß die Herren Bologneser ja schließlich solchen den Lehrstuhl gegeben haben und damit zufrieden sind, daß sie diese Dinge wissen und lehren. Und so sage ich, daß man auch dieses Mädchen für die gleichen Dinge in der gleichen Weise ehren mußte, wobei sie vielleicht das Verdienst hat, daß sie sie mit mehr Anmut präsentiert und daß man hoffen kann, daß sie mit der Hilfe derer, die jetzt bei ihr verkehren, und mit den Studien, die sie selbst unternimmt, sich eines Tages ein echtes absolutes Lob verdienen wird, welches bislang nur ein relatives ist, wie wahr und berechtigt es auch im übrigen sein mag.[56]

Auch Bianchi anerkennt jetzt Bassis intellektuelles Potential. Die positive Korrektur seines Bildes von Bassi hängt aber sicher auch mit dem von ihm erwähnten Wechsel in den Personen um sie herum zusammen, die der von Bianchi so hartnäckig eingeklagten »modernen« Philosophie deutlich näher standen als Tacconi. Die Beziehung zwischen Bassi und Tacconi nämlich war, wie sich im folgenden zeigen wird, mit dem Ende des Jahres 1732 ebenfalls beendet.

3. Eine Schülerin emanzipiert sich: Bassis Streit mit Tacconi

Das ernste Zerwürfnis zwischen Bassi und Tacconi in der zweiten Jahreshälfte 1732, das von den Biographien eher im Vorübergehen abgehandelt wird, wird erst durch die Hinzunahme der ungedruckten Briefquellen bei der Rekonstruktion des »inneren Bildes« in seiner ganzen Tragweite erkennbar. Die Bemerkungen der Zeitgenossen bilden den einzigen Zugang, um den Ursachen und dem Verlauf dieses Zerwürfnisses näher auf die Spur zu kommen, weil die einzigen Aussagen der Betroffenen ihre Briefe vom Dezember 1732 sind, in denen formell die Aussöhnung vollzogen wird.[57] Letztlich ist es die Geschichte einer Emanzipation, aber auf Grund der Prominenz der involvierten Personen erhält sie eine den privaten Raum überschreitende öffentliche Brisanz, die selbst Eustachio Manfredi, der zu dieser Zeit in Rom weilt, nicht unbehelligt läßt.

Die dabei zutage tretenden Vorbehalte gegen die Inhalte von Bassis Disputationen, die in der öffentlichen Diskussion überhaupt nicht thematisiert wurden, legen es nahe, zwei Sphären zu identifizieren, die versuchsweise als repräsentierend–universitär und wissenschaftlich–akademisch bezeichnet werden sollen.

Die erstere wird durch eine breitere, wenn auch immer noch elitäre, am geistigen Leben teilnehmende Öffentlichkeit konstituiert, deren heute noch sichtbare
Interaktionsmuster durch Disputationen und den Austausch von Gedichten charakterisiert werden können. Personell umfaßt diese Sphäre, die größere von beiden, die Familien des Patriziats und gehobenen Bürgertums, sowie all diejenigen
Bologneser Gelehrten, deren Wissenschaftsideal mit der Universität verknüpft
ist. Auch Tacconi gehört zu diesem Kreis. Die zweite, kleinere Sphäre bilden
diejenigen Wissenschaftler, die im Umkreis von Akademie und Institut »moder-
ne« Naturphilosophie und Naturwissenschaft treiben, und ihre ähnlich gesinnten
Freunde und Kollegen außerhalb Bolognas. Kernfiguren sind Beccari, Francesco
Maria Zanotti oder die Brüder Manfredi. Sofern sie sich in Disputationen enga-
gieren, behandeln sie auch dabei ihre naturwissenschaftlichen Interessen und
sind durch einen engen Gedankenaustausch untereinander verbunden.

Die Differenzierung zwischen diesen beiden Sphären erlaubt zunächst einmal
die Deutung des Zerwürfnisses zwischen Bassi und Tacconi als Bassis bewußte
Abwendung von der einen und Hinwendung zu der anderen Sphäre, wie sie in
diesem Kapitel vorgestellt wird. Aber auch im weiteren Verlauf von Bassis Biographie wird sich die Unterscheidung zwischen einer universitär–repräsentierenden und einer akademisch–forschenden Sphäre als hilfreiches Raster erweisen.

Die Geschichte, soweit sie von den einschlägigen Biographen wie Fantuzzi und
Comelli überliefert wird, ist schnell erzählt. Mitten in ihrem Triumph von Erfolg
zu Erfolg im Sommer 1732 tauchen in Bassis Leben dunkle Wolken auf: Ihr
Lehrer Tacconi, dem sie ihren Erfolg verdankt, hat sich von ihr zurückgezogen
und weigert sich auch auf das intensive Bemühen Bassis und ihrer Eltern hin
hartnäckig, den früheren Kontakt zu ihr wieder aufzunehmen. Der Hintergrund
für die Abkühlung des Lehrer–Schülerin–Verhältnisses bleibt unklar, aber die
Biographen gehen übereinstimmend davon aus, daß Tacconis Überempfindlich-
keit den Hauptgrund bildet. Bassi mag Tacconi gegenüber

»eine freiere und unabhängigere Haltung [als bislang] an den Tag gelegt haben, die dieser als
Abschied verstanden haben wird, und die ihn, in seiner Einbildung noch vergrößert, wahrscheinlich empfindlich getroffen haben wird.«[58]

Oder Bassi konnte sich

»der Zudringlichkeiten [all jener Möchtegern–Lehrer, die sich in ihrem Glanz sonnen und sie
ebenfalls unterrichten wollten,] nicht erwehren und ließ es so an Beachtung für den vereh-
rungswürdigen Wohltäter…fehlen. Der nahm es übel. Er wird etwas übelnehmerisch veranlagt
gewesen sein und stellte – vielleicht zu Unrecht – im Gemüt der Schülerin Keime von un-
dankbarem Hochmut fest und zog sich vom Haus Bassi zurück.«[59]

Comelli weist auf den Trubel um Bassi hin und wiederholt (ohne Kennzeichnung) Zanottis Plädoyer, daß man »eher ihr Alter und Geschlecht bemitleiden
als ihr Hochmut und Eitelkeit unterstellen müßte«. Beide Biographen betonen

das wiederholte Bemühen Bassis und ihrer Eltern um Aussöhnung und zeigen für die starrköpfige Haltung und schließlich sehr kühle und ungnädige Versöhnungsepistel Tacconis wenig Sympathie.

Ich möchte in der folgenden Darstellung zeigen, daß der Bruch zwischen Bassi und Tacconi sich schon früh abgezeichnet hat und letztlich aus der Haltung Tacconis und dem sich entwickelnden Selbstbewußtsein Bassis zwangsläufig folgen mußte. Diese Sichtweise gründet sich vor allem auf Briefquellen und wird methodisch durch das Sphärenmodell getragen.

Daß Tacconi in einigen der zitierten Kommentare nicht gut wegkommt, ist neben persönlichen Animositäten wie im Fall Bianchis durch die inhaltliche Gestaltung von Bassis Thesen begründet. Wissenschaftler wie Beccari, Leprotti oder Eustachio Manfredi legten es Tacconi zur Last, daß Bassis Thesen so viel scholastische und aristotelische Philosophie und so wenig Philosophie von Descartes und Newton enthielten. Ihr Gelehrsamkeitsideal kollidierte mit dem Tacconis, der Bassi ein möglichst breites philosophisches Wissen vermittelt hatte, insofern, als sie nur einen bestimmten thematischen Ausschnitt für vermittelns– und bedenkenswert hielten. Bassi stand auf Grund ihrer Ausbildung durch Tacconi zunächst in seiner Tradition, aber bereits in ihren zweiten veröffentlichten Thesen vom Juni war eine Veränderung spürbar. In der Tat hatte es zwischen Bassi und Tacconi schon im Frühjahr 1732 inhaltliche Differenzen gegeben, die den Eingriff einer Schlichtungsinstanz erforderlich machten. Dies zeigt ein Bericht Beccaris aus der Zeit zwischen den ersten und den zweiten veröffentlichten Thesen, also zwischen April und Juni des Jahres:

Habt Ihr gesehen, was für ein Zeug das ist, das zu studieren die arme Unschuldige verdammt worden ist? Ich versichere Euch jedoch, daß sie sehr wohl die Spreu vom Weizen zu trennen weiß. Aber was würdet Ihr sagen, wenn man ihr zur Krönung des Ganzen weitere zwölf Thesen vorbereitete: worüber? Stellt es Euch nur recht vor: über Ethik. Über Ethik? Ja, über Ethik. Und wißt Ihr, man wird niemals alle Teufeleien erzählen können, die es wegen dieser benedeiten ethischen Thesen gegeben hat, die das arme Mädchen auf keinen Fall in der Universität verteidigen wollte; und der Freund wollte es ihr auf jede Weise hineintreiben. Und der Krach ist so groß geworden, daß er bis zu den Ohren des Kardinals Lambertini gedrungen ist, der, von Mitleid mit dieser armen Patientin bewegt, mit einem ordentlichen Tritt für den Lehrer die Schülerin von dieser Verfolgung durch die Moral befreit hat. Wolle Gott geben, daß sie das machen kann, was sie wollte, und die Angelegenheit zu einem guten Ende führen. Ich versichere Euch, daß man niemals eine ähnliche Komödie gesehen hat, und bevor man, wie Ihr sagt, die versprengte Seele auf die satten Weiden unserer Akademie führen kann, sehe ich voraus, daß es erforderlich ist, daß sie vorher die Gräben des Purgatorio und des Inferno passiert.[60]

Ein deutlicherer Beleg für die inhaltlichen Differenzen zwischen Bassi und Tacconi ist kaum denkbar. Zwei Dinge sind dabei vor allem bemerkenswert. Zum einen hatte Bassi den Mut, ihrem langjährigen Lehrer, auf dessen Loyalität sie zumindest zu diesem Zeitpunkt vor der Verleihung der Professur noch angewiesen war, die Stirn zu bieten. Dies bestätigt eindrucksvoll Zanottis Ausspruch, daß Bassi sich »vor niemandem fürchte«. Zum anderen ist ein solches Aufbegehren der Schülerin aber nur denkbar vor dem Hintergrund einer starken Unterstützung durch Dritte. Hätte Bassi sich der Protektion durch Lambertini und durch die Professoren aus dem Institut (Beccari, Bazzani, Manfredi) nicht so sicher sein können, hätte sie die Konfrontation mit Tacconi wohl nicht durchgehalten. Beccaris Bericht macht deutlich, daß Bassi sich inhaltlich zu der ihr warm empfohlenen Philosophie von Newton und Descartes umorientieren wollte, und daß sie gewiß war, dafür genügend Unterstützung zu finden. Tacconi hingegen verweigerte dies, sicher auch aus der verständlichen Befürchtung heraus, daß Bassi damit endgültig und sehr plötzlich seinem Einfluß entwachsen wäre. Was die Auffassungen über die »richtige« und wahrhafte Philosophie anging, war Bassi nicht länger bereit, sich Tacconis Führung anzuvertrauen. Von den ersten privaten Disputationen an, als sie mit anderen Wissenschaftlern in Berührung gekommen war, stand ihr plötzlich nicht mehr ausschließlich Tacconis Konzeption von Wissenschaft und Philosophie zur Verfügung. Sie lernte vielmehr mit den Wissenschaftlern aus der Akademie Menschen kennen, die auf andere Art und über andere Themen Philosophie trieben als ihr Lehrer, befand sich plötzlich zwischen zwei alternativen Entwürfen für Wissenschaft und Gelehrsamkeit, die beide um sie warben. Ihre Verweigerung gegenüber Tacconis »Verfolgung mit der Moral« und ihre Wahl eines eindeutig naturphilosophischen Themas stattdessen signalisieren den Beginn ihres Wechsels von der einen in die andere Sphäre des Bologneser gelehrten Lebens. Ob sie sich nur um der Freude an der Naturphilosophie willen oder aus pragmatischeren Überlegungen heraus für diesen Übertritt entschied, ist nicht zu ermitteln. Vielleicht ließ sie sich auch von ihren Eltern beraten, die, nach Beccaris Briefen zu urteilen, von Leprotti und anderen die Empfehlung zur Umorientierung Bassis erhalten haben können. Jedenfalls ergriff sie die vermutlich erste Chance, die sie hatte, um sich in der Durchsetzung ihrer Vorstellungen gegen Tacconi zu erproben.

Diese erste Konfrontation zwischen Bassi und Tacconi im Frühjahr 1732 endete mit der Schlichtung durch einen von beiden anerkannten Patron, den Erzbischof Kardinal Lambertini. Dessen Sympathien für das Institut und die dort betriebenen Wissenschaften waren lange gefestigt und seine Wertschätzung Bassis aus eigenem Erleben begründet. Es ist demnach kein Wunder, daß Lambertini zu Bassis Gunsten entschied und Tacconi auf seine Thesen zur Ethik verzichten mußte. Ebenso ist aber zu vermuten, daß gerade diese für ihn offensichtlich demütigende Niederlage die Abkühlung des Verhältnisses zu seiner Schülerin begründete. Diese These wird durch einen Brief Bazzanis an Bassi erhärtet.

So sehr ich mich über Ihren Brief gefreut habe, so sehr schmerzt es mich zu hören, daß Sie sich wegen der Geschehnisse, die Sie dort beschrieben haben, in großer Aufregung des Gemütes befinden. Es schmerzt mich besonders, daß die Maßnahmen, die von Ihnen und Ihren Eltern unternommen worden sind, um die alte Sympathie und Freundschaft des Signor Doktor Gaetano Tacconi wiederzuerlangen, nicht die gewünschte Wirkung gehabt haben, und daß sie statt Erleichterung und Annahme von seiner Seite Herzenshärte und Ablehnung gezeitigt haben. Aber ich wundere mich darüber nicht: denn wenn auch diese Maßnahmen, die von Eurer menschlichen, höflichen und sehr verbindlichen Natur kommen, es nicht verdienen, zurückgewiesen zu werden, so ist es doch, wenn in der Seele des Signor Doktor Tacconi jene erste Verstimmung andauert, die er wegen der Vorkommnisse entwickelt hat, kein Wunder, wenn er sich auf Grund ihrer nicht aufgerafft hat, sie [die Maßnahmen des Entgegenkommens] zuzulassen und zu honorieren.[...] [61]

Im weiteren Verlauf schreibt Bazzani, daß er eine Idee für die Beilegung dieses Konfliktes habe, die er ihr aber nur mündlich mitteilen will. Möglicherweise handelt es sich dabei bereits um die Idee, den Senator Aldrovandi als Vermittler einzuschalten – Lambertini schied dafür natürlich aus, da er mit seiner Entscheidung zugunsten Bassis ja Tacconis Schmollen ausgelöst hatte. Außerdem rät er Bassi dringend, niemandem von der Mißstimmung zwischen ihr und Tacconi zu erzählen.

Die interessanteste Schlußfolgerung aus diesem Brief ist, daß Anfang August, sechs Wochen nach Bassis Disputation über das Wasser, die Verstimmung offensichtlich schon länger bestand. Als Auslöser des Streites scheint Bazzani eine konkrete Begebenheit anzusehen – und zwar neben und unabhängig von möglichen Kränkungen Tacconis durch zuwenig Aufmerksamkeit. Damit scheint mir die Schlußfolgerung plausibel, daß seine Niederlage in der Auseinandersetzung um die Thesen für den 27. Juni dieser ursprüngliche Anlaß war. Seine Mißstimmung schaukelte sich dann hoch, als er sah, wie Bassi zunehmend mit anderen Professoren verkehrte, während er für sie an Bedeutung verlor.

Aus Bazzanis Brief wird aber auch klar, daß der Bruch mit Tacconi Bassi nicht kalt ließ. Abgesehen von ihren Empfindungen hatte sie dazu auch insofern Grund, als zu jenem Zeitpunkt die Verhandlungen um den Lehrstuhl noch liefen und ein Bruch zwischen Tacconi und ihr sie auf jeden Fall belasten mußte. Ihr Verhalten wurde ja, wie auch die dargestellte Diskussion um sie gezeigt hat, genauestens beobachtet und streng beurteilt, denn dem Wunderkind wurde kein Fehltritt verziehen. In der Tat wird sich noch zeigen, daß der Bruch wahrgenommen und als wenig wünschenswert erachtet wurde.

Wenn dem aber so ist, daß der Ursprung des schlechten Verhältnisses zwischen Bassi und Tacconi in der Niederlage Tacconis und Durchsetzung Bassis beim Streit um ihre Thesen begründet war, so ist auch klar, daß dieser Bruch durch jede noch so herzliche Versöhnung nicht vollständig zu heilen war. Die inhaltlichen Differenzen blieben und würden dafür sorgen, daß Bassi niemals wieder Tacconis folgsame Wunderschülerin werden würde. Die Mißstimmung zwischen Bassi und Tacconi, so steht es damit fest, kam nicht durch Bassis Überforderung mit dem Trubel um sie herum zustande, sondern bezeichnet im letzten die unwiderrufliche Loslösung Bassis von ihrem bisherigen Lehrer und dessen Wahrnehmung dieses Prozesses.

Was auch immer Tacconis Einsicht zu jenem Zeitpunkt gewesen sein mag, er verharrte lange in seiner gekränkten Haltung. Erst im Dezember, drei Tage vor Bassis erster Vorlesung als frischgebackene Professorin, gelang die Versöhnung. Um diese starre Haltung gegen alle Versöhnungsversuche Bassis und ihrer Eltern über so lange Zeit durchzuhalten, bedurfte es freilich nicht nur eines entsprechenden Charakters; es bedurfte, in dem Maß wie andere Bologneser davon erfuhren und sich in der Vermittlung versuchten, auch einer stichhaltigen Begründung, die durch eine Entschuldigung Bassis nicht außer Gefecht zu setzen war. Als solche Begründung führte Tacconi einen angeblichen Ratschlag von Eustachio Manfredi an. Damit zog der öffentlich gewordene Konflikt zwischen Bassi und Tacconi den prominentesten Wissenschaftler Bolognas, der zu dieser Zeit in Rom weilte und bereits schwer krank war, in seinen Strudel. Besorgt schrieb Giampietro Zanotti im Herbst 1732 an Manfredi:

Seit einiger Zeit bemüht sich die Signora Laura darum, daß der Doktor Tacconi sie wieder so wie früher behandelt; auch kann die Welt diese monströse Entfremdung nicht mehr übersehen, die man nicht ohne Makel für die eine oder die andere Seite mitansehen kann. Aber der Doktor Tacconi hört auf keine Bitte, und um zu beweisen, daß sein Verhalten schicklich sei, sagt er, daß er sich auf den Ratschlag von Männern mit Urteilsvermögen hin so verhalten habe und so verhalte, und nebst einigen seiner engen Freunde hat er Euch und Sig. Bazzani genannt, und es scheint so, daß er darauf seine Begründung aufbaut. Jetzt wüßte man gerne die Wahrheit, da man nicht glaubt, daß Ihr, auch wenn Ihr ihm, wie er sagt, die häufigen Disputationen und literarischen Konversationen im Haus der Sig.ra Bassi vorgehalten habt, ihm den Rat gegeben habt, sich von ihr so plötzlich und so wenig ehrenvoll für beide Parteien fernzuhalten. [...] Glaubt mir, daß ich um Euretwillen das dringende Verlangen habe, daß man die Wahrheit weiß und auch, wenn möglich, mit Eurer Hilfe diese Angelegenheit flickt. [...] Ich habe Euch so [offen] geschrieben, weil ich von der Signora Laura darum gebeten worden bin, die gerne zur Freundschaft mit ihrem Lehrer zurückkehren würde, um dem tausendfachen Gemunkel ein Ende zu setzen.[62]

Zanotti macht ferner den taktischen Vorschlag, daß Manfredi ihm einen Brief schreibt, den er, Zanotti, Tacconi bei Gelegenheit zeigen könnte, um ihn zum Schweigen zu bringen; dieser Brief soll natürlich nicht verraten, daß Zanotti Manfredi eigens zu einer Stellungnahme aufgefordert hat. Manfredi hält sich genau an diesen Vorschlag und antwortet prompt:

A propos Sig.ra Laura, Ihr sollt in aller Vertraulichkeit wissen, daß ich davon unterrichtet worden bin, daß der Doktor Tacconi, nachdem er sich quasi vollständig von ihrem Haus und ihren Konversationen zurückgezogen hat, auf die Frage nach den Gründen für solches Verhalten geantwortet hat, daß ihm dies von seinen Freunden geraten worden sei, und, was schlimmer ist, daß er mich als einen Urheber eines solchen Rates nennt. Ich kann diese Sache nicht glauben, und möchte deshalb, daß Ihr heimlich zu erfahren sucht, welches Fundament ein solches Geschwätz hat, von dem ich Euch gestehen muß, daß es mich nicht wenig bekümmert, da es mir überhaupt nicht gefällt, als Urheber einer solch weltgrößten Überspanntheit wie dieser zu firmieren. Aber damit Ihr alles wißt, was zwischen dem Signor Tacconi und mir jemals bezüglich der Sig.ra Laura besprochen wurde: wir haben nur ein einziges Mal über sie gesprochen, und das war auf der Straße, ein zufälliges Treffen unter dem Portico des Hauses, wo Bazzani wohnt. Der Dr. Tacconi schüttete mir lang und breit sein Herz darüber aus, daß einige sich seit einiger Zeit einen Anschein von Autorität über das Mädchen angemaßt hatten, indem sie nach ihrem eigenen Belieben bezüglich der Tage und der Art und Weise die Disputationen ansetzten und absetzten, die man damals in ihrem Haus abhielt, und außerdem spontane Vereinbarungen trafen [...] für die öffentliche Disputation, die dann in der Galerie der Ältesten abgehalten wurde, ohne sich untereinander oder mit ihm abzustimmen, woraus nichts anderes entstehen konnte als Verwirrung und Chaos. Ich erinnere mich, daß ich damals sagte, und ich glaubte, recht daran zu sagen, daß man solche Sachen ihm als dem Lehrer des Mädchens allein überlassen müßte und die anderen sich nur einmischen dürften, wenn sie von ihm darum gebeten würden; daß sie aber vielleicht müde würden, wenn er ihnen einige Zeit ließe, sich auszutoben, und sich keine Gedanken darum machte, außer daß er bei den Zeremonien behilflich wäre, wenn die Sig.ra Laura oder die Ihrigen es erbäten, da die Sache so nicht lange andauern könnte und bei so vielen Köpfen und Meinungsverschiedenheiten nicht gut ginge. Das ist alles, was ich mich erinnere, zu ihm in dieser Angelegenheit gesagt zu haben [...] Ich erinnere mich jetzt, außerdem noch, aber nicht allein zu Tacconi, sondern auch zu anderen gesagt zu haben, daß ich glaubte, daß die kontinuierlichen Bitten, die an sie herangebracht wurden, Disputationen zu halten, bald öffentlich, bald privat, bald auf Latein, bald auf Italienisch, bald als Disputation, bald als einfache Konversation, sie so belagerten und ermüdeten, daß sie sie auf längere Sicht umbringen würden, und es kann sein, daß ich zu Sr. Tacconi hinzufügte, auch aus diesem Grund wäre es gut, nicht zu ihr zu gehen, wenn sie nicht selbst darum bäte. Ich hatte dabei im Sinn, sie, indem ich ihr die ständige Präsenz des Assistenten nahm, der Notwendigkeit zu entziehen, jeden Tag und jede Nacht zu disputieren, wie sie es begonnen hatte; und wiewohl ich wußte, daß sie vollständig in der Lage war, dies allein und ohne Assistenz zu tun, wußte ich auch, daß sie das nicht gewollt hätte, oder zumindest einen Vorwand gehabt hätte, um sich dem zu entziehen. Dies ist nun alles, was ich zu diesem Thema gesagt habe.[63]

Manfredis Brief war nicht so entschieden, wie Bassi ihn wohl erhofft hatte, als sie sich mit ihren Sorgen an Giampietro Zanotti gewandt hatte. Dies läßt darauf schließen, daß sie durch Tacconis Behauptung, Manfredi habe ihm zum Rückzug von ihr geraten, zutiefst verunsichert war. Das aber ist verständlich, da Manfredi eine Kernfigur jener Sphäre war, der sie sich zuzuwenden begonnen hatte. Wenn er ihr Verhalten mißbilligte, konnte sie kaum darauf hoffen, von anderen wie Beccari oder den Zanottis akzeptiert zu werden. Damit aber hätte sie alles verloren, wäre nicht von einer Sphäre in die andere gewechselt, sondern zwischen beiden hindurchgefallen. Zanottis Antwort zeigt, daß Bassi sich schließlich doch von Manfredis Wohlwollen ihr gegenüber überzeugen ließ:

Ich habe Euren wunderbaren Brief erhalten, und was die Angelegenheit der Sig.ra Laura angeht, habe ich mit ihr gesprochen und ihr den Brief vorgelesen, habe seine Lektüre aber mit einigen Anmerkungen von mir unterbrochen, die sie dazu brachten, immer mehr an Eure Unschuld in der Entfremdung Tacconis zu glauben. [...] Sie hätte gerne gesehen, daß Ihr an Tacconi schreibt, daß Ihr ihm niemals geraten habt, sich von ihr zu distanzieren, und daß er Eure Worte sehr mißverstanden hat. Dazu sagte ich ihr, daß, wenn Ihr hier wärt und ihm begegnetet, ihm leicht etwas zu dieser Angelegenheit sagen könntet, daß ich es aber als unangebracht sähe, daß Ihr das schriftlich tut. Sie war damit zufrieden, und ihr Priester auch, der bei allem anwesend war. Sie bat mich tausendfach, Euch tausendfach zu grüßen, und auf diese Weise schloß die Sitzung.[64]

Zanotti schließt mit dem Versprechen, Tacconi bei nächster Gelegenheit von Manfredis Brief zu erzählen. Wie aus seinem nächstem Brief hervorgeht, war die Versöhnung zwischen Bassi und Tacconi aber perfekt, ehe er die Gelegenheit dazu gehabt hatte. Der Senator Filippo Aldrovandi aus einer der angesehensten Bologneser Patrizierfamilien hatte als gemeinsamer und von beiden anerkannter Patron eingegriffen und die Abfassung von Versöhnungsschreiben veranlaßt. Wie bereits erwähnt, ist das Schreiben von Bassi sehr unterwürfig abgefaßt und bietet Tacconi auch öffentliche Satisfaktion an; Tacconi hingegen klingt ziemlich herablassend:

[...] Auch er bestätigt, daß er berechtigten Grund gehabt hat, sich zurückzuziehen, und von ihr fernzuhalten; nichtsdestoweniger vergibt er ihr, vor allem um der Bewahrung ihres Ansehens willen, das ihm immer vor allem am Herzen gelegen hat, aus eigenem Antrieb [spontaneamente] alles das und verspricht, in Zukunft gut Freund zu sein.[65]

Vor allem das Wörtchen *spontaneamente* und die Beteuerung der Besorgnis um ihr Ansehen wirken wenig glaubwürdig von einem Mann, der ein halbes Jahr im Schmollwinkel gesessen und sich geweigert hatte, irgendeine Entschuldigung anzuerkennen. Auch hier, wie schon in der Frage der Disputationsthesen, beugte Tacconi sich nur dem Druck von oben.

Tacconis Brief läßt nicht darauf schließen, daß die Versöhnung besonders herzlich gemeint war, was angesichts der unüberbrückbaren inhaltliche Differenzen im Hintergrund des Konfliktes auch nicht zu erwarten gewesen war. So nimmt es nicht Wunder, daß Tacconi in Bassis Biographie nach dem Jahr 1732 nicht wieder erwähnt wird und das Verhältnis zwischen ihnen noch ein halbes Jahr später so angespannt war, daß Bassi erst durch Bazzani bei Tacconi vorfühlen ließ, ob sie ihm eine Einladung zu einer Disputation, die sie im Haus eines Adeligen halten würde, zukommen lassen sollte.[66] Aber auch wenn er in ihrem Leben hinfort keine Rolle mehr spielte, waren Tacconis Verdienste um Bassi und die Aura ihres Erfolges so groß, daß er Jahre später bei der Bitte um eine Gehaltserhöhung darauf verweisen konnte, »der einzige Philosophielehrer der Dottoressa Laura Bassi gewesen zu sein«.[67]

Bassi hingegen legte mit der Loslösung von Tacconi zugleich den ersten Grundstein zur Erweiterung der Rollenvorgabe der Bologneser Minerva, die ihr 1732 zuteil geworden war und sie durch das ganze Leben begleiten sollte. Dieser Prozeß wird Gegenstand des III. Kapitels sein.

4. Bassis philosophisches Denken um 1732

Die Behandlung der Ereignisse von 1732 wird in diesem Kapitel mit der Analyse von Bassis philosophischen Thesen und Vorlesungen abgeschlossen. Der Schwerpunkt der Darstellung liegt dabei auf jenen Aspekten, die auch für Bassis spätere wissenschaftliche Aktivitäten oder ihre Position in der Bologneser Wissenschaftlergemeinschaft relevant sind. Im ersten Abschnitt werden die Disputationsthesen näher besprochen und danach gefragt, inwieweit Bassi zum Zeitpunkt ihrer Disputation als Newtonianerin charakterisiert werden kann. Der zweite Abschnitt beschäftigt sich mit den ersten philosophischen Vorlesungen, die sie 1732/33 im Rahmen ihrer Universitätsprofessur hielt.

Die Disputationsthesen

Von zweien ihrer öffentlichen Disputationen sind die von Bassi verteidigten Thesen gedruckt worden, nämlich die von der ersten öffentlichen Disputation vom 17. April 1732 und die von ihrer Habilitation vom 27. Juni desselben Jahres.[68] Daneben ist noch ein weiterer Satz Thesen als Manuskript erhalten, die sich jedoch keiner Disputation zuordnen lassen.[69]

Bei der Analyse der Reaktionen der Bologneser Wissenschaftler auf Bassi war bereits deutlich geworden, daß ihre ersten Thesen wegen des eklektischen Charakters bei den »modern« orientierten Wissenschaftlern wie Beccari, Manfredi oder Bianchi auf Kritik gestoßen waren. Die Thesen zerfallen in vier Teile: Logik (6 Thesen), Metaphysik (insgesamt 16 Thesen *De Ente, De Causis, De Deo, De Angelis*), Physik (insgesamt 18 Thesen *De Materia, De Motu, De Meteoris*) und 9 Thesen *De Anima*. Die Thesen vereinigen aristotelische, okkasionalistische und mechanistische Ansätze, bringen zum Teil jedoch in ihrer Formulierung auch die Distanz Bassis gegenüber diesen Standpunkten zum Ausdruck. So referiert sie etwa das Konzept der vier aristotelischen Ursachen, läßt aber nur die *causa efficiens* als eigentliche Ursache gelten; Gott wird als Primärursache angesehen, der immer wieder direkt in das Weltgeschehen eingreift.[70] Im gleichen Abschnitt lehnt Bassi für sekundäre Ursachen die Möglichkeit der Fernwirkung ab und folgt somit der cartesianischen Auffassung, die alle Veränderungen auf direkte Stöße zwischen Korpuskeln zurückführt; hingegen distanziert sie sich von der cartesianischen Auffassung, daß die Existenz Gottes eine dem Menschen angeborene Idee darstellte.[71] Bezüglich der Materie definiert Bassi Ausdehnung und Undurchdringlichkeit als ihre primären Eigenschaften und bewegt sich damit im Rahmen der gängigen mechanistischen Konzepte.[72] In den Thesen über die Bewegung unterscheidet Bassi zwischen einer intrinsischen Kraft, die nicht weiter auf Ursachen zurückgeführt werden kann (der

Gravitation), und einer extrinsischen Ursache (Stöße mit den Teilchen des umgebenden Mediums), vereint also cartesianische und newtonianische Denkmuster.[73] Die Thesen zur Bewegung von Flüssigkeiten, die auf deren Schwere zurückgeführt wird, zeigen den Einfluß der hydrodynamischen Schule von Galilei und Torricelli.[74] Den einzigen eindeutigen Bezug auf newtonianische Konzepte stellt Bassis Rekurs auf seine Optik dar, der sich in der Rubrik *De Anima* findet, wo Bassi eine mechanistische Auffassung der Sinneswahrnehmungen entfaltet.[75]

Angesichts der Heterogenität von Bassis Thesen und ihrer eher cartesianischen als newtonianischen Orientierung in den naturphilosophischen Teilen ist in der Forschung die Frage aufgekommen, warum Bassi dennoch bereits im Frühjahr 1732 als Newtonschülerin angesehen wurde. In den Gedichtsammlungen zu Bassis Promotion im Mai 1732 finden sich nämlich zwei Gedichte, eines von Giuseppe Pozzi und eines von Francesco Algarotti, die diese Beziehung zwischen Bassi und Newton herstellen.[76] Während Pozzi daneben auch den Einfluß Descartes' anerkennt, ist in Algarottis Gedicht ausschließlich von der Inspiration Bassis durch Newton die Rede. Da Algarotti sowohl Bassi selbst als auch das Bologneser Umfeld gut kannte, ist seine Charakterisierung Bassis nicht so leicht von der Hand zu weisen, steht aber in einem deutlichen Spannungsverhältnis zum Inhalt ihrer Thesen. Für diese Diskrepanz sind von Cavazza zwei Erklärungen angeboten worden. Die eine, die auch durch das vorige Kapitel erhärtet wird, geht davon aus, daß die Thesen gar nicht Bassis, sondern Tacconis Haltung wiederspiegeln, und daß Algarotti um Bassis eigene newtonianische Ausrichtung wußte. Die andere Erklärung postuliert, daß der Einfluß der kirchlichen Zensur 1732 immer noch so stark war, daß es nicht möglich oder zumindest unklug war, im Rahmen einer so weithin beachteten Gelegenheit wie Bassis Disputation seine Naturphilosophie in den Vordergrund zu stellen. In Anbetracht der Schwierigkeiten mit der Zensur, die Francesco Maria Zanotti kurz zuvor bei der Publikation der *Commentarii* gehabt hatte und angesichts der vorsichtigen Haltung und Selbstzensur etwa von Eustachio Manfredi ist diese Vermutung durchaus plausibel.[77] Andererseits aber hätte die Kirche wohl auch bei explizit newtonianischen Thesen keine Schwierigkeiten gemacht, da Lambertini zu jener Zeit schon Erzbischof und damit oberste geistliche Autorität Bolognas war.

Abbildung II (nebenstehend):
Bassis Thesen zur Habilitation (Einblattdruck).
BAB, Fondo Laura Bassi–Verati.

ÉMINENTISSIMIS ET REVERENDISSIMIS SANCTÆ ROMANÆ ECCLESIÆ CARDINALIBUS

HIERONYMO GRIMALDO'

BONONIAE A LATERE LEGATO

ET PROSPERO LAMBERTINO ARCHIEPISCOPO

ILLUSTRISSIMO ET REVERENDISSIMO

ALBERICO SIMONETTO PROLEGATO

AMPLISSIMIS ATQUE EXCELSIS

CO: PHILIPPO ALDROVANDO JUSTITIAE VEXILLIFERO

ANTIANIS CONSULIBUS ET SENATORIBUS

THESES

DE AQUA CORPORE NATURALI. ELEMENTO ALIORUM CORPORUM. PARTE UNIVERSI

D. D. D.

LAURA MARIA CATHARINA BASSI BONONIENSIS PHIL. DOCT. COLLEG. ET ACAD. INST. SCIENTIARUM SOCIA.

I.

Aqua tripliciter confiderari poteſt, ut corpus naturale, ut pars aliorum corporum naturalium, ut pars univerſi. Ut corpus naturale certas habet affectiones a figura, mole, gravitate, aliiſque particularum eam conſtituentium affectionibus pendentes, quibus a ceteris corporibus diſtinguitur. Et moles quidem minima eſt. Utra vero fit major, aerifne particularum, an aquæ, præfat id planè ignotum fateri, quam incertis conjecturis quoquomodo definire velle.

II.

Sphærica figura, feclufo quovis inteftino motu, & præferim illo, quem turbativum vocant,ad fluidicanti phænomena explicanda videtur accommoda. Sunt vero alia quædam phænomena, vel innumeros poros in aquei ſphæruli, vel interſtitia inter ſphærulas requirentia. At lentor, qui obſervatur in aquæ, nec peculiarem ullam figuram requirit, nec preſſionem hujus craſſiori aeris.

III.

Pori autem illi, aut illa interſtitia, nulla vi comprimente nobis adhuc cognita, arctari poſſunt. Arctantur olim decedente calore, & magis quidem cum aqua in glaciem vertitur. Denſatur enim nevera,ficet molle augeri videatur; eiuſque foliditate non quieti foli, non foli caloris receſſui, fed exiſſimi quibuſdam corpuſculis faline præfertim genetis in eam intruſis, atque infixit tribuenda eſt.

IV.

Longiſſime ab hoc flatu differt aqua cum in vapores refolvitur, tum enim, & rarioriem pene incredibilem, & ſi in elaſticam, quam non habebat, acquirit. Conſtaruque vero agit cum in vapores abit ex minutiſſimi bullulis ab iuclufo intus fubtiliſſimo fluido uſque adeo tumentibus, ut aere hoc noſtro eodant leviores? an humoris particulæ a copia, & impetu illius fluidi a fe metuo diluſta furſum attolluntur, rotem, mum ſatis commodum, & expeditum videtur.

V.

Sive autem liquoris ſpeciem effinget aqua, five in minutiſſimas partes compoſitioem ingreditur; Hæc poſtalſ neque ullum mixtum corpus eſt expers aquæ, neque uſpiam aqua aliena caret mixtura ; quo minus fidendum credimus nonnullorum experimentis de aqua, ut ipſi quidem putarunt, defæcatiſſima ſumpti,quibus aliquorem corpus ſententia noſtra fortaſſe ſimplex, & primigenium, alii tiram, alii alias natura ex aqua prodiiſſe affirmarunt.

VI.

Inter corpora mixta ad quorum conſtituionem aqua concurrit, numeranda ſunt in primis, quamplurima fluida partim aquea, partim non nulla etiam, quæ maxime ab aquæ natura diſtare videntur; Plærique autem ſiridicatem ſuam ipſi aquæ debent, peculiares vero hujus, aut illius fluidi affectiones ab admixta aliorum corporum particulis naſciſcuntur.

VII.

Itaque in ejuſmodi mixtis præcipue vehiculi munus aqua exercet, cum facpe diſſolventi etiam partes ante præſtiterit. Utroque modo admirabiliuern in natura mutationum opificⁱ eſt. Hinc enim fermentationes, atque abert feceſſiones, ſeparationes, accretiones, & alia innumera. Tamquam vehiculum poſſit ſummum ad animalium, plantarumque nutritionem, non tamquam unicam dur materiam concurrere aquam arbitramur.

VIII.

Hoc ipſum aqueum fluidum, quod tam multis corporibus mixtis fluendi tribuit facultatem, & vehementiam in ipſis motionum inſtrumentis eſt, in aliis ſoliditatem, ac firmitudinem ſummopere promovet, mutuum videlicet conaxiſlum particularum, e quibus corpora illa coaleſcunt.

[signatur]

IX.

Terraquei hujus globi, qui Univerſi parteſt longe nobiliſſima, particula collecta ... aqua conſiderit, tum in, immenſa receſ res æſtenuata. Aliquæ aquarum collectioneis alicubi fub terra latere haud difficile concedimus, non facile vero immane illud hydrophylacium, quod nonnulli circa terra centrum collocarunt.

X.

Mare, in quod aquæ omnes ſuper terram fluentes corrivantur, eaſdem terræ, unde fluxerunt, reſtituit. Num vero fubterraneos ductus fingemus, per quos illæ ad præcelſos Montes aſcendant? Num tranfcolatione quodquid habent ſalis deponere ? An potius telluris, in quam late penetraverint, interno calore in vapores extenuatæ, & dulces fient, & ad reſiduam altitudinem evehentur? Prolata quidem hæc ſunt ... graviſſimi Viris, ſed a nemine ſatis demonſtrata.

XI.

Multo igitur veriorem exiſtimamus eorum opinionem, qui fontium originem è pluviis, & liquatis nivibus repetunt, quorum certe ſufficiens copia ad eorum perennitatem e Cælo delabitur. An vero etiam e vaporibus terra interiora permeantibus denſatis, atque collecti aliqui ſaltem fontes oriantur, definire non placet ; neque enim res eſt ſatis lucuẏ lentis obſervaionibus confirmata.

XII.

Itaque perpetuus eſt aquarum in hoc telluris globo circuitus : ex mari, & terra, terreſtribuſque ex orbibus, humore, & aquei particulæ in ambitⁱ bientem atmoſphæram caloriſt elevantur. Contraria vi frigoris, vⁱ aliaⁱ rum concurſione, impactuin Montium obices, copia ipſa ſua, & gravitate auſa, imminuta et adverſoſtatica vi, & denſiate aeris, aliiſque cauſt rurſus in liquoris formam coacta, pluvias, nives, grandines, rorem, pruinam efficiunt. Hinc partim ex terra ſuperficie diabuntur,partim in ejus interiora recabdunt ; fluxuratur per agri diſpoſita ſtrata, partim in vegetantium ullam poreoſam eorum fruſturam penetranteinſumentur.

Diſputabuntur in publico Archigymnaſio, annuente Illuſtriſſimo Domino ANDREA TOSCHI Imlenſ, utriuſque Artiſtarum Univerſitatis Priore digniſſimo. Anno 1732. Die 27. Junii Hora 14.

Meine persönliche Einschätzung geht, abgesehen von der Differenzierung zwischen Bassis und Tacconis Auffassungen, dahin, daß der Gegensatz zwischen Descartes und Newton in Bologna über weite Strecken gar nicht so entscheidend war, sondern daß sich beide Strömungen gemeinsam als Alternativen zur aristotelisch–scholastischen Tradition verstanden. Francesco Maria Zanotti etwa, eine Schlüsselfigur des wissenschaftlichen Lebens, hatte Ende der 1720er Jahre aktiv die Einführung und Ausbreitung der Newtonschen Optik betrieben, obwohl er in den Grundsatzfragen der Physik zeitlebens Cartesianer war. Algarottis Betonung von Bassis Nähe zu Newton wäre in dieser Sicht vor allem ein Ausdruck seines eigenen Interesses, aus dem heraus er Bassi in seinem Gedicht zu einer Repräsentantin für diejenige naturphilosophische Tradition machte, die er selbst favorisierte. Ab dem Ende des Jahres 1732 ist allerdings die Frage, welche Orientierung bei Bassi das stärkere Gewicht hat, klar zugunsten Newtons zu beantworten. Dies ergibt sich aus ihrer philosophischen Antrittsvorlesung, die im nächsten Abschnitt besprochen wird.

Der zweite Satz publizierter Thesen Bassis vom Juni 1732 unterscheidet sich grundlegend von den ersten Thesen. Es handelt sich um zwölf Thesen, die ausschließlich ein naturphilosophisches Thema, nämlich das Wasser, betreffen. Sie gliedern sich in drei Sektionen und charakterisieren das Wasser in jeweils vier Thesen als natürlichen Körper, als Teil anderer Körper und als Teil des Universums. Inhaltlich stehen diese Thesen ganz in der Tradition der zeitgenössischen Hydromechanik und greifen auf Guglielminis Korpuskularmodell zurück, daß die Wasserteilchen als vollkommen glatte, starre sphärische Partikel begreift.[78] Den Ursprung der Quellen und Flüsse sieht Bassi in Anlehnung an diese Position in den Niederschlägen als Schnee und Regen und lehnt Hypothesen über weitere Ursprünge, etwa aus dem Erdinneren, wegen ihrer unzureichenden empirischen Fundierung ab.[79]

Die Philosophievorlesungen

Über Bassis philosophische Vorlesungen, die sie 1732/33 als frischgebackene Professorin gehalten hat, gibt es – abgesehen von den eigentlichen Texten – keine Zeugnisse außer einem kurzen Bericht, den Bassi selbst zehn Jahre später verfaßte, als sie um Informationen zu ihrer Person gebeten wurde.

Der Gegenstand der ersten Vorlesung war die Notwendigkeit der Mäßigung [*moderazione*] in den philosophischen Studien angesichts der Neigung des menschlichen Geistes, sich von Arroganz oder Eitelkeit überwältigen zu lassen, so daß er dazu gebracht wird, über die Grenzen seines Vermögens hinaus nachzuforschen und oft von der Neuheit, dem Spektakulären und dem Schein der Dinge getäuscht wird. Der Gegenstand der zweiten war aus der Logik und mit dem von zwei weiteren Vorlesungen verbunden, die dann nicht gehalten wurden. Er betraf die erste der drei Bedingungen zur Heranbildung eines guten Dialektikers: natürliche Disposition, Vorschriften der Kunst und Übung in ihren Vorschriften und Regeln.[80]

Von Bassis Antrittsvorlesung sowie der ersten und zweiten Vorlesung über die Heranbildung eines Dialektikers sind mehrere Abschriften vorhanden, der Text der dritten Vorlesung hingegen ist nicht aufzufinden und möglicherweise niemals geschrieben worden, da Bassi ja bereits die zweite Vorlesung nicht mehr gehalten hat.[81] Aus Bassis Darstellung geht hervor, daß sie sich mit diesen Themen später im Leben nicht mehr beschäftigt hat. Ihre Antrittsvorlesung jedoch hat wegen ihres programmatischen Charakters auch über die Philosophie im engeren Sinn hinaus Bedeutung und wird deshalb im folgenden in den Grundzügen dargestellt.

Zu den anderen Vorlesungen sei nur soviel gesagt, daß Bassi sich darin mit Logik und Dialektik beschäftigt. Sie unterscheidet zwischen einer natürlichen Logik, die mit der natürlichen, unbewußt regelhaft ablaufenden Art des Denkens verknüpft ist, und einer künstlichen Logik, die sich mit der Aufdeckung gerade dieser Regeln der natürlichen Logik beschäftigt. Den Begriff der Dialektik gebraucht sie synonym für die künstliche Logik und beruft sich bei ihren Ausführungen auf verschiedene antike Philosophen. Auch die Dreiteilung der Voraussetzungen für einen Dialektiker (Disposition, Kunst und Übung) sind in Anlehnung an antike Muster formuliert: sie entsprechen, wie sie selbst sagt, den Voraussetzungen, die Quintilian für einen guten Rhetoriker aufgestellt hat.[82]

Bassis Antrittsvorlesung, die sie am 18. Dezember 1732 hielt, ist über ihren programmatischen Charakter hinaus schon wegen der Einleitung von Interesse, zeigt diese doch, daß Bassi sich ihrer besonderen Stellung auf Grund ihres Geschlechtes deutlich bewußt war. Mehrfach betont sie, daß sie ihre Studien allein um der Studien willen (*sapientiae amore*) betrieben habe und vom Senat dafür über alles Erwarten und über alles Verdienst geehrt worden sei. Auch das Thema ihrer Vorlesung ist insofern biographisch begründet, als, so Bassi, zwar alle, die sich mit der Philosophie beschäftigen, versucht seien, die Grenzen des eigenen Erkenntnisvermögens im Eifer des Gefechts (*ardore philosophandi*) zu überschreiten, daß sie aber als Frau von Beginn ihrer Studien an die Ermahnung besonders ernst genommen habe, da ihrem Geschlecht die für die Studien erforderliche Beständigkeit und Ernsthaftigkeit zu fehlen scheine. Da sie das Thema für zentral für alle philosophische Beschäftigung erachtet, habe sie es zum Gegenstand ihrer ersten öffentlichen Vorlesung gemacht, wolle aber kein fertiges System präsentieren, sondern vielmehr das Urteil der erfahrenen Zuhörerschaft über ihren Ansatz für die philosophische Ausbildung erfragen.[83] Der Verweis auf die besondere Mühe ihres Geschlechtes, sich stetig und konzentriert philosophischen Studien hinzugeben, zeigt, daß Bassi Konzepte ihrer Umwelt über

Geschlechterdifferenz vollständig verinnerlicht hat, obwohl sie selbst gerade ein
Gegenbeispiel darstellt. Die Versicherung ihrer Offenheit für das Urteil der Zuhörer ist hingegen nicht unbedingt geschlechtsspezifisch, sondern stellt in der
Funktion einer *captatio benevolentiae* eine allgemein übliche Floskel zu Beginn
oder Schluß eines Vortrags dar.

Nachdem sie einleitend das Anliegen ihrer Vorlesung benannt hat, entfaltet
Bassi zunächst in einer längeren Passage, daß die Fähigkeit zum Philosophieren
eine besondere Würde des Menschen ist, die ihn über sich selbst hinaushebt und
in einzigartiger Weise zu erfreuen vermag. Gerade weil aber das Philosophieren
solche Glückseligkeit beinhaltet, so Bassi, ist die Gefahr so groß, dabei den Bereich dessen zu überschreiten, was dem Menschen zugänglich ist und damit unweigerlich in Irrtümer zu verfallen. Zwei Hauptursachen werden von ihr für diese Gefährdung des Philosophierenden benannt: die Arroganz und die Eitelkeit
des menschlichen Geistes. Als Arroganz bezeichnet Bassi die Tendenz, sich über
die natürlichen Grenzen der eigenen Erkenntnisfähigkeit hinwegzusetzen. So
komme es dem Menschen nicht zu, mit seiner Vernunft die höchsten Dinge der
Religion und des Glaubens zu beurteilen. Vielmehr sei die Erkenntnisfähigkeit
des Menschen auf das beschränkt, was er mit seinen Sinnen wahrzunehmen
vermöge. Bassi zeigt hier wie schon in den Thesen eine deutliche Distanz zu der
cartesianischen Auffassung, daß der menschlichen Vernunft die Erkenntnis
Gottes möglich sei. Indem sie das menschliche Erkenntnisvermögen auf das ein-
schränkt, was den Sinnen zugänglich ist (wobei in ihrer Konzeption die Sinne
und die Vernunft gleichermaßen am Erkenntnisprozeß beteiligt sind), schließt
sie sich der Erkenntnistheorie von Locke an. Speziell auf die Naturphilosophie
angewendet, bedeutet dieser Ansatz, daß man den Anspruch auf die Ergründung
der Ursachen des Geschehens aufgeben und sich stattdessen auf die Eigenschaften der Körper und auf die Gesetze ihres Verhaltens beschränken muß. Dies
hätten, so Bassi, in der Vergangenheit einige der größten Philosophen auch getan und dabei festgestellt, daß die auf diese Weise gewonnenen Erkenntnisse
nicht weniger nützlich seien als die stets vergeblich gewälzte Frage nach den
Ursachen aller Dinge.[84] Bassi nennt hier keine Namen, aber aus einer Aufzählung weiter unten im Text wird klar, daß sie Hauptgestalten der Wissenschaftlichen Revolution wie Galilei und Boyle im Blick hat. Der menschliche Intellekt
ist also mit Hilfe der Sinne durchaus fähig, so Bassi, die Veränderungen in der
Körperwelt wahrzunehmen und die Gesetze aufzustellen, denen sie folgen, muß
aber an diesem Punkt Halt machen, um nicht im Bemühen um weitere Erklärungen auf so zweifelhafte Konzepte wie Sympathien, Antipathien, Formen,
Schrecken usw. zurückgreifen zu müssen.

Als zweite Gefährdung für die rechte Art des Philosophierens sieht Bassi die
Eitelkeit des menschlichen Geistes an. Diese führe dazu, so Bassi, daß man sich

nicht mit genauen Beobachtungen und einfachen Erklärungen zufriedengebe, sondern nach spektakulären Erklärungen und Mechanismen suchte. Sie führt eine ganze Reihe Beispiele an, wo wissenschaftliche Erkenntnisse auf diese Weise verhindert wurden. Diese reichen von der Frage nach dem Ursprung der Flüsse, die sie in ihren Thesen im Juni bereits einmal thematisiert hatte, über das Beispiel der Linsen (deren fokussierende Wirkung als Brenngläser schon lange bekannt gewesen sei) bis zum Blutkreislauf, den man, so Bassi, durch sorgfältige Beobachtungen und einfache Überlegungen, auch schon früher hätte entdecken können.[85] Die Auswahl ihrer Beispiele zeugt von beachtlicher Wissensbreite und einem scharfen Blick für die wesentlichen naturwissenschaftlichen Erkenntnisse der jüngeren Vergangenheit. Bassi steht hier wie auch in den Thesen vom April ganz deutlich in einer mechanistischen Tradition, die auch die Erklärung physiologischer Vorgänge anstrebt.

Zur Bekräftigung ihrer Ermahnung schließt Bassi ihre Vorlesung mit einem warnenden Beispiel, das ihren eigenen naturphilosophischen Standpunkt zweifelsfrei klärt. Sie kommt nämlich nach ihrem Plädoyer für die einfachen Erklärungen auf die Frage zu sprechen, ob die philosophischen Systeme, die alle Phänomene aus ganz wenigen Grundprinzipien abzuleiten im Stande seien, diesem Kriterium der Einfachheit nicht in besonderer Weise genügten. Was, so fragt Bassi, könnte schöner und einfacher sein, als die beiden cartesianischen Grundprinzipien Materie und Bewegung? Sie entwickelt dann, von diesen Prinzipien ausgehend, Schritt für Schritt die Gedankengänge Descartes' bis zu seiner Wirbeltheorie. Ihre Darstellung wird zunehmend ironisch und führt dem Leser die ganze Absurdität des Unterfangens vor Augen, die Welt mit einem philosophischen System erklären zu wollen. Wenn aber, so die didaktische Anwendung Bassis, selbst ein so großer Geist wie Descartes der Versuchung nachgegeben habe, die Grenzen seines Erkenntnisvermögens zu überschreiten, wieviel mehr sind dann nicht alle anderen gefährdet und bedürfen in ihrem Streben nach Erkennnis der Ermahnung zu Mäßigung und Bescheidenheit.

Bassis Antrittsvorlesung beinhaltet somit eine deutliche Absage an philosophische Systeme, die von der Existenz klarer Ideen ausgehen, und ein schon leidenschaftlich zu nennendes Plädoyer, sich den Sinnen anzuvertrauen und sich auf den ihnen zugänglichen Bereich zu beschränken. Die Gesetze, die das Verhalten der Körperwelt regieren, können und sollen erforscht werden, die Frage nach deren Ursachen aber führt unweigerlich ins Leere. Mit dieser Haltung steht Bassi voll in der Tradition von Newton und Locke, die zu einem empirischen Ansatz verwoben werden. Von der breiteren Strömung der englischen und französischen Aufklärung unterscheidet sie sich allerdings insofern, als sie die Offenbarungsreligion nicht in Frage stellt. Die Frage nach Gott liegt außerhalb des

Gegenstandsbereichs der menschlichen Sinneswahrnehmung und Vernunft; Glaube und Wissenschaft können somit in sauberer Aufgabenteilung zugleich in demselben menschlichen Geist gedeihen.[86] Damit aber steht Bassi mitten in der Hauptströmung der katholischen Aufklärung, von der auch ihr Bologneser Umfeld und nicht zuletzt ihr wichtigster Förderer Benedikt XIV. geprägt waren.

Kapitel III

1733–1745

Entwicklungsjahre

Gegen Ende des Jahres 1732 wurde es nach der vorangegangenen raschen Folge von Ereignissen wieder ruhig um Bassi. Ihre Patrone, Ratgeber und Freunde beobachteten diese Entwicklung mit Erleichterung. Hinsichtlich der Quellenlage ist für die Jahre zwischen 1733 und 1745 ein drastischer Einbruch im Vergleich zu 1732 zu konstatieren. In den Akademieprotokollen wird Bassis Name bis 1745 nicht wieder genannt, und in den Sitzungsprotokollen des Universitätsausschusses sind nur gelegentlich Spuren einer Debatte über ihr Vorlesungsrecht zu finden. Auch die für die Jahre 1732 und 1745 so aufschlußreiche Quellengruppe von zeitgenössischen Privatkorrespondenzen ist für die Jahre dazwischen wenig ergiebig. So bleibt neben solchen vereinzelten Quellen vor allem Bassis eigene Korrespondenz als Zugang zu ihrer Entwicklung zwischen 1732 und 1745.

Nicht nur im Spiegel der Quellenlage, sondern auch in der Periodisierung von Bassis Leben hat die Zeit zwischen 1733 und 1745 den Charakter einer Interimszeit. Eingerahmt von den eindeutig als solchen benennbaren »Karrieresprüngen« von 1732 und 1745 tritt die Eheschließung mit Giuseppe Verati 1738 als einziges Einzelereignis aus dieser äußerlich ruhigen Zeit heraus. Im Gegensatz zu Bassis Leben nach 1745 schließlich kann die hier behandelte Phase auch nicht zutreffend durch nur einen einzigen Lebensbereich, etwa das wissenschaftliche Engagement im weitesten Sinn, charakterisiert werden. Vielmehr soll Bassis Lebensgeschichte zwischen 1733 und 1745, wie sie aus den vorhandenen Quellen zu erschließen ist, in drei Schritten nachgezeichnet werden. Diese drehen sich zunächst um Bassis wissenschaftliche Aktivitäten, und zwar in zweierlei Hinsicht, zum einen im Universitätsbereich und zum anderen in der Akademiesphäre. Der dritte Lebensbereich, in dem sich zwischen 1732 und 1745 wichtige Weichenstellungen vollziehen, betrifft Bassis persönliche Lebensumstände, insbesondere der Rollenwechsel von der Jungfrau zur Ehefrau, der sich mit ihrer Heirat vollzieht.

1. Disputationen und Dichtungen:
Bassi in der öffentlich–repräsentierenden Sphäre

Die unmittelbarste Fortschreibung der 1732 angestoßenen Entwicklungen stellt Bassis fortgesetzte Präsenz in der öffentlich–repräsentierenden Sphäre dar. An dieser Sphäre, die durch die wissenschaftlich interessierte Öffentlichkeit Bolognas und ihre ritualisierten Interaktionsmuster – Empfänge, Disputationen, Gedichtaustausch – konstituiert wird, partizipiert Bassi vor allem durch öffentliche Auftritte, in zweiter Linie auch durch die Abfassung von Gedichten. Sie folgt damit der Rollenvorgabe der *Bologneser Minerva*, die ihr durch die Auftritte und Ehrungen 1732 zuteil geworden war.

Vorlesungen und Disputationen

Der Bologneser Senat hatte Bassi die Professur verliehen, um sich seinerseits an ihrer Ehrung zu beteiligen, ihre Mühen zu belohnen und um zu verhindern, daß sie wieder in der Unsichtbarkeit versank. An eine regelmäßige öffentliche Lehrtätigkeit war dabei allerdings, wie das Vorlesungsverbot zeigt, nicht gedacht. So kam Bassis Vorlesungstätigkeit, die im Dezember 1732 mit ihrer feierlich angekündigten Antrittsvorlesung begonnen hatte, denn auch schnell zum Erliegen. Ihre erste und zweite Vorlesung sind in ihrem Nachlaß überliefert, eine dritte, thematisch dazugehörige hat sie hingegen gar nicht mehr gehalten.[1] Noch 1733 beschloß der Senatsausschuß für Universitätsangelegenheiten, die *Assunteria di Studio*, allerdings, daß Bassi jedes Trimester eine Vorlesung halten sollte, um ihr Talent weiterhin zu üben.[2] Inwieweit diese Anordnung in die Praxis umgesetzt wurde, ist schwer zu beurteilen. Das bei ihrer Ernennung ausgesprochene Vorlesungsverbot wurde erst im Dezember 1739 offiziell aufgehoben.[3] Es scheint jedoch weder vorher noch nachher auf Seiten Bassis oder des Senats Bestrebungen gegeben zu haben, häufigere oder regelmäßige Vorlesungen einzurichten. Jedenfalls wurde im November 1741 erst auf ausdrücklichen Wunsch des gerade in Bologna eingetroffenen Legaten Alberoni eine Vorlesung Bassis angesetzt. Diese fand jedoch niemals statt, weil genau an jenem Tag die spanischen Truppen in Bologna einfielen, der Universitätsbetrieb darauf eingestellt wurde und eine Reihe von Krankheiten des Legaten und Bassis einen weiteren Termin während seiner Legatenzeit nicht mehr zustande kommen ließ.[4] Bassi berichtet 1745, daß der Mathematiker Gabriele Manfredi, der zugleich Senatssekretär war, einen neuen Vorstoß in der Angelegenheit unternommen hatte, die Assunteria jedoch bis zum Ende des akademischen Jahres keine Entscheidung getroffen hatte. In der Tat machte der jährliche Amtswechsel der Ausschußmitglieder, der *Assunti*, verbunden mit der Kürze des akademischen Jahres, jegliche Beschlußfassung in Universitätsangelegenheiten äußerst schwerfällig. Ein letztes Beispiel aus Bassis Biographie ist hier eine eindrucksvolle Bestätigung: Die Assunteria beschloß im Januar 1749 (wieder einmal), daß Bassi einmal im Trimester eine Vorlesung halten sollte und setzte einen ersten Termin auf die Zeit nach der öffentlichen Anatomie fest. Bassi hielt die Vorlesung am 28. März 1749, der endgültige Beschluß betreffs ihrer Aufwandsentschädigung dafür wurde jedoch erst im April 1750 gefaßt.[5] Für die Folgezeit gibt es keine Hinweise mehr auf eigens angesetzte Vorlesungen Bassis an der Universität.

Die Gründe für das Hin und Her um Bassi Vorlesungsrecht sind aus den Quellen nicht zu erschließen. Möglicherweise stand ein Machtkampf zwischen dem Senat und dem jeweiligen Legaten im Hintergrund, wahrscheinlich aber waren eher die Reibungsverluste in den administrativen Abläufen dafür verantwortlich, daß es keine konsequente Regelung gab.[6] Geschlechtsspezifische Argumente wie etwa die von De Brosses 1739 ganz selbstverständlich formulierte Vorstellung, daß es unangemessen für eine Frau sei, vor einem größeren Publikum die Geheimnisse der Natur aufzudecken, sind in den erhaltenen Quellen nicht überliefert, werden aber sicher auch im Hintergrund der wechselnden Beschlüsse gestanden haben.[7] Eine umfangreichere Vorlesungstätigkeit an der Universität wäre für Bassi ab 1739 vielleicht mit entsprechendem Aufwand durchzusetzen gewesen. Genau zu dieser Zeit aber begann sie, zunehmend bei sich zu Hause zu lehren. Das Bemühen um Vorlesungsmöglichkeiten an der Universität hatte damit keine hohe Priorität mehr.

Auch wenn sie an der Universität keine regelmäßigen Vorlesungen hielt, gab es für Bassi genügend Gelegenheiten, wo sie ihre Gelehrsamkeit zur Schau stellen konnte oder mußte. Im Rahmen des universitären Lebens ist vor allem ihre regelmäßige Teilnahme an der öffentlichen Anatomie zu nennen. Bassi disputierte, wie sie selbst bei ihren Gesuchen um eine Gehaltserhöhung angibt, im Rahmen dieser Veranstaltungen regelmäßig mit dem jeweils vorführenden Professor.[8] Die Übereinstimmung in Ablauf und Zweck zwischen den Disputationen Bassis und der öffentlichen Anatomie – nämlich die Inszenierung eines bestimmten Typs von Gelehrsamkeit zur Erhöhung des Ruhmes der Bologneser Universität – macht die Anatomie in der Tat zu einer besonders geeigneten Gelegenheit, um die Gelehrtheit und Brillanz von Bolognas Professorin vorzuführen.[9] Gerade wegen der engen Verwandtschaft zwischen diesen beiden Veranstaltungsformen würde ich Bassis Präsenz bei der öffentlichen Anatomie nicht, wie das gelegentlich geschehen ist, als Inbegriff der im Karneval auf den Kopf gestellten Ordnung begreifen. Zwar kann man Bassis Teilnahme an der Anatomie dahingehend interpretieren, daß sie mit ihrer Gelehrsamkeit ihr Geschlecht gleichsam maskierte.[10] Andererseits aber profilierte sich die Bologneser Anatomie ganz entscheidend dadurch, daß dort selbst eine Frau so brillant war, daß sie in ihrer Eigenschaft als Mitglied des Lektorenkollegs an der Disputation teilnahm. Sowohl die öffentliche Anatomie als auch Bassi selbst wurden gerade erst durch die (wahrgenommene) Geschlechterdifferenz zu etwas Besonderem. Die Berichte über Bassis Teilnahme an den Anatomien betonen stets, daß sie inmitten der anderen Universitätslektoren saß und den Pelzumhang trug, der ihr bei der Verleihung der Doktorwürde überreicht worden war. Damit wird die äußerliche Differenz zwischen ihr und den männlichen Argumentanten minimiert, aber gerade die Minimierung wird betont – und damit der Unterschied zwischen Bassi und den anderen Lektoren. Insofern ist Bassis Teilnahme an der Anatomie tatsächlich ein Spiel mit Identitäten und Differenzen. Auch die anderen von Bassi an der Universität gehaltenen Vorlesungen fanden interessanterweise oft im Anatomischen Theater statt, was den Inszenierungscharakter ihrer Vorlesungen unterstreicht und Bassi noch stärker von ihren männlichen Kollegen unterscheidet.[11]

Neben den regelmäßigen Auftritten in der Anatomie und den gelegentlichen Vorlesungen aus Anlaß illustren Besuches oder auf Wunsch des Legaten gehörte das Disputieren bei privaten oder halböffentlichen Abendgesellschaften, insbesondere in den Palästen der Bologneser Patrizierfamilien, wesentlich zu Bassis Alltag. Diese Tradition hatte sich bereits zu Beginn ihres öffentlichen Auftretens etabliert und bildete ihr ganzes Leben hindurch eine wichtige Facette ihrer Aktivitäten. Der Umfang dieser Auftritte ist schwer abzuschätzen.[12] Aufgrund der häufigen Erwähnungen solcher Anlässe in Bassis Korrespondenz würde ich jedoch davon ausgehen, daß sie bis auf die Sommermonate etwa einmal wöchentlich derartige Termine wahrnahm. Dabei handelte es sich um einen privaten Empfang oder auch um eine von einem Konvent ausgerichtete Disputation.[13] Hinzu kamen die Besuche von mehr oder minder prominenten Besuchern der Stadt, die sie in ihrem Haus ebenfalls mit gelehrter Konversation und später auch mit experimentellen Vorführungen unterhielt.

Daß sowohl Bassi selbst als auch der Senat solche privaten Auftritte als zu ihrem Aufgabenfeld als bezahlte Professorin gehörig betrachteten, läßt sich daran ersehen, daß Bassi sie bei der Beschreibung ihrer Verdienste regelmäßig aufzählte. Schließlich verlangte solches »Schaulaufen« von ihr ein erhebliches Maß an Zeit und Geduld. Daß sie diese Disputationen angesichts der ständig wiederkehrenden Diskussionsthemen und –partner immer mit Freuden durchgeführt hat, ist kaum vorstellbar. Sie bildeten jedoch einen integralen Teil ihres Lebens, und Bassi verfügte zu ihrem Glück wohl auch über die Gabe, sich immer wieder an dieser Art des geistigen Wettstreits zu freuen.[14] Bei den privaten Empfängen hing die Gestaltung und Glorie des Geschehens von dem Rahmen ab, den der

Gastgeber setzte. Charakteristische Elemente für solche Gesellschaften waren die Anwesenheit eines illustren Gastes, oft eines hohen kirchlichen Würdenträgers, ein erlesenes Angebot an Speisen und auch die Anwesenheit von Damen. Bassis Disputation erscheint in einem solchen Bericht eingerahmt von anderen Unterhaltungen wie Musik, Tanz und Spiel und einer üppigen Bewirtung.[15] Diese aufwendigen Empfänge fanden in Bologna nicht nur aus Anlaß eines hohen Besuches, sondern beispielsweise auch bei der zweimonatlich erfolgenden Amtsübernahme des Gonfaloniere statt. Einmal mehr wird in solchen Berichten deutlich, wie organisch Bassis Repräsentationen sich in das politische und kulturelle Leben der Stadt fügten.

Soweit über solche Abendgesellschaften öffentlich berichtet wurde, stand der Inhalt der Disputationen eher am Rande; die Berichte konzentrieren sich auf die Schilderung der äußeren Gegebenheiten. Einen ausführlicheren Einblick in den Ablauf einer Disputation an einem solchen Abend vermittelt hingegen ein handschriftlicher Bericht aus der Sicht Veratis über eine Einladung im November 1739.

Am [ersten] Freitag des Novembers wurde ihr bedeutet, sich um 21 Uhr im Haus Aldrovandi einzufinden, um dort den Kurfürsten zu erwarten, der sie bei seiner Ankunft sehr freundlich begrüßte, und gegen 22 ½ begann [...] eine philosophische Disputation, die bis ungefähr ein Uhr nachts dauerte. Viele Adelige und Literaten nahmen daran teil, außerdem der Vizelegat und zwei andere Prälaten, die zu der Zeit in Bologna waren.

Der erste, der zur Disputation aufgefordert wurde, war der Sig.re Dott.re Beccari. Der Fürst, aufgefordert, ein Thema zu nennen, überließ ihm die Wahl, woraufhin er sich daran machte, über unseren Bologneser Phosphor zu sprechen. Mit Überlegungen und Beobachtungen bewies er, daß das von ihm ausgestrahlte Licht nichts anderes sei als die Sonnenstrahlen selbst, die der Stein geschluckt habe, der ihr für einige Zeit ausgesetzt gewesen ist, also reflektiert[es] und wiedergegeben[es] [Licht], entgegen der von ihr vertretenen Meinung, daß eher eine Flamme leuchtet, die vom inneren Licht in vielen seiner Bestandteile verursacht wird. Darauf disputierte der Sig.re Dec.o Gacosali über die metaphysische Frage, wie Gott mit den menschlichen Handlungen zusammenwirkt, indem er die von ihr [Bassi] behauptete Mitwirkung, gleichsam der göttlichen Vollkommenheit widerstrebend, bestritt. [...] Als letztes kehrte der Vizelegat zurück, um ihr im Namen des Fürsten folgende Frage vorzulegen: ob es auf natürliche oder künstliche Weise möglich sei, daß ein Körper, der längs einer beliebigen Diagonale bewegt wurde und sich weiter an ihr entlang bewegt, schließlich eine Kreisbewegung ausführen könnte. Für diese Frage wurde, da sie vollständig geometrisch war, der Sig.re Dott.re Francesco Zanotti zum Disputieren aufgerufen, der es unternahm, gegen sie zu behaupten, daß eine endliche gerade Linie ein Kreisbogen werden könnte, und zwar mit so subtilen und einfallsreichen Überlegungen, und so graziös und mit Leichtigkeit vorgebracht, daß der Fürst einen außerordentlichen Gefallen daran zeigte und sehr gut erkennen ließ, daß er die Schönheiten der lateinischen Sprache vollkommen wahrnahm und auch als erster dazu applaudierte. Und das beendete, oder krönte sozusagen das Geschehen. Denn als meine Frau die Antwort auf diese Schwierigkeit beendet hatte, erhob der Fürst sich und machte Schluß, und da sie sich an seiner Seite befand, übermittelte er ihr zur Gratulation wahrhaft unerreichbare Ausdrücke von Höflichkeit und Gewogenheit. Auch ich wurde vom Magiordomus gerufen und ihm vorgestellt und erhielt viele Freundlichkeiten, und er notierte auch meinen Vornamen und Nachnamen, und tat das gleiche mit den Professoren, die disputiert hatten, die er rufen ließ und denen er einem nach dem anderen dankte. Er ging dann zur noblen Konversation über, um den Damen für die Mühen um seinetwillen zu danken, und ich erfuhr daß auch dort sowohl er als auch sein Magiordomus höchst vorteilhaft von meiner Frau sprachen, für die er beim Sig.re Sen.re Aldrovandi eine sehr elegant gearbeitete goldene Tabakdose hinterließ, damit er sie nach seiner Abreise überbrächte, was dieser Kavalier den folgenden Sonntag ausführte.[16]

Der Bericht beschreibt die Grundstruktur solcher Disputationen: Der Ehrengast darf die Themen der Disputation vorschlagen, und als Argumentanten werden dann solche Professoren ausgesucht, die in dem betreffenden Gebiet bewandert sind. So war etwa der Phosphor ein Hauptforschungsgebiet von Beccari.[17] Bassis Fähigkeiten hingegen müssen sich auf allen Themengebieten beweisen. Demnach führen diese Auftritte die Tradition von Bassis ersten öffentlichen Disputationen fort, wo die Thesen ja auch ganz verschiedene Themen behandelt hatten. Zum anderen fügen sie sich in die Salonkultur, in der alles behandelt wird, was für Gelehrte und Literaten interessant sein kann. Und nicht zuletzt ähneln diese privaten Disputationen in ihrer Struktur der öffentlichen Anatomie: Ein Hauptdisputant muß auf alle von seinen Gesprächspartnern vorgebrachten Argumente und Themen antworten. Universalität des Disputationsgeschicks ist hier wie dort die geforderte und honorierte Qualifikation.

Mit ihrer Anbindung an die *Accademia* und das *Istituto delle Scienze* ab 1745 wuchsen Bassi auch dort verstärkt Repräsentationsaufgaben zu. Zu dieser Zeit hatte sie aber einen auch institutionell abgesicherten festen Platz in der Wissenschaftlergemeinde, weshalb dieser Teil ihrer Repräsentationsfunktion hier nicht mehr diskutiert wird.[18]

Dichtungen

Einladungen und Disputationen auf Empfängen stellen nicht die einzige ritualisierte Interaktionsform zwischen Bassi und der Sphäre der gebildeten Bologneser Öffentlichkeit dar. Diese direkte und in Diensten der städtischen Repräsentation stehende Begegnungsform wurde ergänzt durch Bassis Einbindung in den stetigen Austausch von Gedichten, der sich innerhalb der literarisch mehr oder weniger gebildeten Kreise vollzog. Den Rahmen bildeten die Gedichtsammlungen, die zu den verschiedensten Anlässen herausgegeben wurden und für die Beiträge gewonnen werden mußten. Typische Anlässe waren Eheschließungen, vor allem der Aristokratie, und das geistliche Pendant, der Eintritt in ein Kloster; daneben Amtsantritte, Todesfälle illustrer Persönlichkeiten und, nicht zuletzt, öffentliche Anatomien und Erwerbungen des Doktorgrades.[19] Ein solches Gedicht zu verfassen war ebenso wie die zu diesem Zweck geschriebenen stark stilisierten Briefe eine ritualisierte Form der Knüpfung und Pflege von sozialen Beziehungen. Einen Hinweis darauf, daß Gedichte auch als Botschaften in diesem Sinn gelesen wurden, ergab schon die Darstellung der Diskussion um Bassi 1732: Bianchi wunderte sich damals darüber, daß der Bologneser Gelehrte Pozzi, ein erklärter Feind Tacconis, ein Lobgedicht auf diesen zu einer der Sammlungen beigesteuert hatte; er wurde darüber belehrt, daß Pozzi Tacconi auf diese Weise ein Friedensangebot machte, um seine eigene im Druck befindliche Arbeit ungehindert herausbringen zu können.[20] Wird die Übermittlung von Gedichten aber als ritualisierte Kommunikation aufgefaßt, so ist folgerichtig, daß Bassi, die 1732 mit den ihr gewidmeten Gedichten gleichsam angesprochen worden war, nun auch zu antworten hatte. Und in der Tat befaßt sich ein nicht unerheblicher Teil ihres frühen Briefwechsels mit poetischen Angelegenheiten.[21] Ihr wichtigster Ratgeber in dichterischen Fragen war der Literat Giampietro Zanotti, Bruder von Francesco Maria Zanotti, der bereits im Sommer 1732 mit ihr zusammen Gedichte verfaßt und begeistert von ihren diesbezüglichen Fähigkeiten geschwärmt hatte.[22] Bassi verfaßte in der Folgezeit etwa ein Gedicht zum Klostereintritt von Imelda Lambertini, der Nichte des Erzbischofs und späteren Papstes, Gedichte für Hochzeiten im Bologneser Patriziat oder Amtsantritte eines Gonfaloniere.[23] Zu einigen Menschen, für die sie Gedichte beisteuerte, hatte sie auch enge persönliche Kontakte.[24] Daneben dichtete sie auch für Anlässe, zu denen sie keinen lokalen oder persönlichen Bezug hatte, für die sie jedoch durch eine Mittelsperson um einen Beitrag gebeten worden war.[25] Solche Verpflichtungen kosteten Zeit und Mühe und kollidierten darum zunehmend mit Bassis konzentrierter Hinwendung zur Physik und Mathematik. Dieser Konflikt war auch denen, die Bassi als Mittelspersonen um ein Gedicht angingen, deutlich bewußt. Namentlich Francesca Manzoni[26], selbst Dichterin, betrachtete Bassis wissenschaftliches Studium als höherwertig als die Dichtung, zumal sie selbst die Verpflichtung der Anthologien auch als Last empfand:

Ich bitte Euch, für wenige Momente zu meinen Gunsten von den edleren und höheren Wissenschaften Abschied zu nehmen und Euch den liebenswerten Musen zuzuwenden, indem Ihr ein Gedicht für [...] macht. Habt für dieses Mal Geduld. Die [Gedicht-]Sammlungen sind auch mir verhaßt, vielleicht mehr als Ihr Euch vorstellen könnt. Aber dieses Mal ist der Sammler einer, dem man es nicht abschlagen kann.[27]

Ähnlich bittet auch Zanotti Bassi zwar um ein Gedicht, relativiert seine Bitte aber im nächsten Satz wieder:

[...] Ich will Euch nicht zu lästig sein, und mir reicht ein Madrigal, und auch gar nichts, wenn Euch das gefällt, da mir nichts mehr am Herzen liegt als Eure Bequemlichkeit [...] Ich will auch nicht, daß Ihr Zeit damit verliert, mir zu antworten; dieser Tage werde ich Euch besuchen und grüßen kommen, und wenn Ihr dann etwas gemacht habt, werde ich Euch sehr verbunden sein, aber das werde ich um Gottes willen nicht weniger sein, wenn Ihr eher nach Euren Plänen als nach meiner Bequemlichkeit gehandelt habt [...][28]

In der Tat identifizierte Bassi sich zunehmend weniger über diese Art dichterischer Aktivität. Sichtbar wird dies an dem merklichen Rückgang in der Zahl der Briefe, die sich damit befassen,[29] aber auch in ihrer 1743 explizit geäußerten Selbsteinschätzung, wo sie sich unter Rekurs auf das Bescheidenheitsideal dagegen wehrt, mehr als Dichterin denn als Gelehrte wahrgenommen zu werden:

Ich hätte befürchtet, den Musen allzu sehr Unrecht zu tun, wenn ich mich als ihre Hausgenossin ausgegeben hätte, wo ich doch kaum die Ehre gehabt habe, sie von ferne und im Vorübergehen gesehen zu haben [...][30]

Sichtbar wird daran auch, daß Bassi sich entschieden hatte, worauf sie ihre Kräfte konzentrieren und in welche Sphäre sie sich vorrangig eingliedern wollte, nämlich in die der wissenschaftlich Tätigen. Nur aus diesem Entschluß heraus konnte sie ihr Engagement im Gedichtaustausch, der ja für die sozialen Beziehungen in der universitär–repräsentierenden Sphäre konstitutiv war, merklich reduzieren. Die Entscheidung, zunehmend weniger Gedichte zu schreiben, ist demnach nicht nur ein Ausdruck dessen, was Bassi gern oder weniger gern tat, sondern dokumentiert zugleich ihre Entscheidung bezüglich ihrer künftigen primären Bezugsgruppe.

2. Jungfrau, Ehefrau, Patronin: Weibliche Rollen

Zu den wichtigsten Entscheidungen in Bassis Leben zählt zweifellos ihre Eheschließung, die nicht nur ihr Privatleben, sondern auch ihre öffentliche Rollenvorgabe veränderte. *Jungfrau* und *Ehefrau* markieren in Bassis Biographie nicht nur zwei Lebensabschnitte, sondern auch zwei grundverschiedene Lebensentwürfe. Als Versinnbildlichung Minervas, als Inbegriff jungfräulicher Gelehrsamkeit hatte Bassis »Karriere« begonnen, als verheiratete Frau mit fünf Kindern und Inhaberin von zwei Professuren starb sie 66jährig. Die Heirat mit Giuseppe Verati bezeichnet gleichzeitig einen Umbruch wie auch eine Fortschreibung von Bassis bis dahin entwickeltem Lebensentwurf. Sie bedeutete zwar die Distanzierung von der Rollenvorgabe der jungfräulichen Gelehrten, beendete aber weder Bassis repräsentative Rolle für das wissenschaftliche Leben der Stadt noch ihre private Beschäftigung mit Mathematik und Physik und fügte ihrem Leben noch eine weitere Rolle hinzu: Für ihren Mann wurde Bassi in der Folgezeit ebenso wie für andere Bekannte zur Vermittlerin von Protektion und Patronage und übernahm damit die typisch weiblichen Rollen der Ehefrau, Mutter und Patronin. Und für die intensivere Partizipation Bassis am wissenschaftlichen Leben im Umkreis von Institut und Akademie bildet die Eheschließung, so meine These, eine wesentliche Voraussetzung.

Jungfrau

Bassi trat 1732 als unverheiratete junge Frau an die Bologneser Öffentlichkeit. Der Status der Jungfräulichkeit stellte sie in die Nachfolge des humanistischen Ideals, das weibliche Gelehrsamkeit und Keuschheit in engem Zusammenhang sah.[31] Als weiterer, eng damit zusammenhängender Aspekt wurde bereits Bassis Bezeichnung als Bologneser Minerva genannt. Auch hier ist die Verknüpfung von Weisheit und Jungfräulichkeit kodifiziert.

Abbildung III:
Gedenkmünze zu Ehren Bassis.
FANTUZZI, *Elogio della Dottoressa Laura Bassi, S. 2.*

Den direktesten, sichtbarsten Ausdruck dieser Stilisierung Bassis bildet die zu ihren Ehren geprägte Gedenkmünze vom Frühjahr 1732. Sie trägt auf der Vorderseite ihr Bildnis und zeigt auf der Rückseite zwei weibliche Gestalten, von denen die eine durch Schild und Eule als Minerva kenntlich gemacht ist, die antike jungfräuliche Göttin der Weisheit und Wehrhaftigkeit. Sie hält in der einen Hand eine Leuchte, deren Licht auf die neben ihr stehende zweite Person fällt, eine lorbeergeschmückte weibliche Figur mit einem Buch unter dem Arm. Diese Figur ist vermittels Buch und Lorbeer als Laura Bassi zu identifizieren. Denn der Lorbeer spielt zusammen mit dem Buch zum einen auf eine Ehrung als Gelehrte an, zum anderen weist er in der lateinischen Bezeichnung *laurea* direkt auf *Laura* Bassi. Aufgeprägt ist das Motto *Soli cui fas vidisse Minervam:* »der es allein zukommt, Minerva gesehen zu haben«. Dieser zweite Teil eines Hexameters von Lucan[32] weist Bassi ebenso wie die bildliche Darstellung als eine von

Minerva direkt erleuchtete und legitimierte Gelehrte aus. Sowohl die Lampe, mit der Minerva Laura erleuchtet, als auch die Eule und das Buch in Lauras Hand sind als Zeichen der Weisheit zu deuten. Laura Bassi wird mit dieser Darstellung also in die enge Nähe zu Minerva gerückt, als deren Schülerin sie gleichsam erscheint. Dieses Motiv wird auch in den Gedichten aus Anlaß ihres Doktorgrades wieder aufgenommen. Mehrfach wird Bassi dort als Minerva oder als von ihr geschickte Vertreterin gefeiert. Gelegentlich wird Laura Bassi auch in die Beziehung zu Daphne gesetzt, die zur Erhaltung ihrer Keuschheit die Verwandlung in einen Lorbeer auf sich nahm.[33] Bassi ist freilich nicht die einzige zu Minerva stilisierte gelehrte Frau der Frühen Neuzeit. Sie teilt sich diesen Ruhm mit Elena Cornaro Piscopia, mit Christina von Schweden und mit Emilie du Châtelet, um nur einige zu nennen.[34]

Die Verbindung von Jungfräulichkeit und Gelehrsamkeit wird aber nicht nur in der Minerva–Stilisierung Bassis offenbar. Mit der Verleihung des Doktorgrades vollzieht Bassi auch eine symbolische Verheiratung mit der Bologneser Universität: Eines der Insignien ihrer Doktorwürde ist der Ring, der ihr von Bazzani angesteckt wird. An den Ringfinger gesteckt, sollte er Bassi dazu ermahnen, »zeitlebens in größter Ehrbarkeit zu tragen, was zu tragen ist, und durch Fleiß die Ehre, durch Eifer die Würde, und durch Pflichttreue den Ruhm aufrechtzuerhalten«.[35] Die virtuelle Heirat beim Eintritt in die akademische Welt wird als Parallele zur virtuellen Eheschließung zwischen Christus und der Novizin beim Eintritt ins Kloster inszeniert. Der Ring wurde zwar in derselben Funktion auch Männern angesteckt, aber für sie war, sofern sie nicht Geistliche waren, im 18. Jahrhundert die Ehelosigkeit keine verbindliche Lebensweise mehr. Stärker noch als bei Bassi findet sich das Heiratsmotiv fünfzig Jahre später bei Dorothea Schlözer, die auf Wunsch ihres Vaters das Doktorexamen in einem brautähnlichen Aufzug absolvierte.[36]

Die hier angerissenen überlieferten Vorgaben und Erwartungen für weibliche Gelehrsamkeit kodifizieren alle eine enge Verknüpfung mit Jungfräulichkeit und Keuschheit. Ein Lebensentwurf für eine verheiratete gelehrte Frau hingegen ist in dieser Tradition nicht enthalten und wird auch nicht durch historische Vorbilder nahegelegt: die in Bazzanis Rede aufgezählten gelehrten Bologneser Frauen waren alle nicht verheiratet bzw. nach ihrer Verheiratung nicht mehr als Gelehrte aktiv.[37]

In Anbetracht der Wirkmächtigkeit dieser Traditionen ist es verständlich, daß Bassi nicht damit rechnen konnte, eine Eheschließung ohne öffentliche Kommentare vornehmen zu können. Aber auch die Aufrechterhaltung des jungfräulichen Status bot ihr keine Gewähr, vor Gerüchten und Verleumdungen gefeit zu sein. Ähnlich wie schon bei den Humanistinnen trafen solche Gerüchte ihre

Legitimität als gelehrte Frau und setzten sie somit unter äußersten gesellschaftlichen Druck. Nicht nur ihre gesellschaftliche Bewegungsfreiheit, sondern auch ihre Möglichkeiten zur wissenschaftlichen Weiterbildung waren damit in steter Gefahr. So kursierten etwa bereits im Frühjahr 1733 Gerüchte von einem Verhältnis und einer bevorstehenden Hochzeit zwischen Laura Bassi und Jacobo Bartolomeo Beccari, von denen dieser selbst nicht ohne Bitterkeit in einem Brief an Leprotti berichtete.[38] Die heftige zeitgenössische Debatte um angemessene Bewegungsformen zwischen Frauen und Männern, die durch die libertinistischen Einflüsse in der Aristokratie ausgelöst worden war, mag ihre Situation noch zusätzlich verschärft haben.[39] Auch die Experimente, die Bassi in Erweiterung ihrer Ausbildung mit der Unterstützung durch andere Wissenschaftler durchführte, konnten Anlaß zu spitzzüngigen Bemerkungen geben. Und schließlich mußte Bassi darüber nachdenken, was sie nach dem Tod ihres Vaters tun wollte, wenn Unterrichts– und Experimentierstunden in ihrem Elternhaus mit anderen Männern von der Etikette her nicht mehr tolerabel waren. Mit ihren eigenen Worten,

[...] obgleich ich damals [1737] in Anbetracht meiner häuslichen Umstände darüber nachdachte, eine Entscheidung zu treffen, war ich dennoch weit weg davon zu wissen, auf wen meine Wahl fallen sollte.[40]

Ehefrau und Patronin

Am 6. Februar 1738 heirateten Laura Bassi und Giuseppe Verati in einer Seitenkapelle von San Petronio, der größten Kirche Bolognas.[41] Die Heirat markiert – nach den obigen Ausführungen nicht überraschend – einen der relativ wenigen Punkte nach 1732, wo Bassis Verhalten ins Blickfeld der zeitgenössischen Öffentlichkeit gerät und auch in den frühen Biographien kommentiert wird. Die Spannbreite der Meinungsäußerungen reicht von vernichtender Kritik bis zu fröhlicher Gratulation, wobei die kritischen Stimmen ausschließlich in zeitgenössischen Reaktionen zu finden sind.

Die Verurteilungen von Bassis Entschluß zur Heirat kritisieren zum einen, daß Bassi damit ihren jungfräulichen Status aufgibt und bestätigen damit die fortdauernde Wirkmächtigkeit des Ideals der keusch und zurückgezogen lebenden Gelehrten:

Diese Heirat [zwischen Bassi und Verati] schien nicht zur Zufriedenheit der Stadt zu sein, die sich unverzüglich darüber lustig machte, nicht so sehr wegen des Bräutigams, der ein verdienstvoller junger Mann war, sondern eher wegen der Braut, von der es schien als täte sie besser daran, irgendwo zurückgezogen als Jungfrau zu leben.[42]

Ein anderer anonymer Kommentator bemängelt, daß der auserkorene Ehemann Bassi an Herkunft, Fähigkeiten und Gelehrtheit nicht ebenbürtig sei, wodurch auch ihre Glorie verdunkelt werde. Er sieht sich veranlaßt, ihr einige Bibelverse zuzurufen, die einst an den ob seiner Weisheit berühmten König Salomo gerichtet wurden, der mit seiner Liebe zu den fremden Frauen den Untergang des Reiches Israel einleitete:

Wie ein Strom ist deine Weisheit und deine Einsicht hat die Erde erhellt. Bis zu den fernen Inseln ist dein Name vorgedrungen. die Lande bewunderten die Lieder, Sprüche, Gleichnisse und Deutungen. Du hast deine Ehre befleckt.

Und er fährt mit dem frommen Wunsch fort:

Daß doch auf ihren Grabstein nicht gehauen werde, was derselbe Prediger in das Grab Salomons eingemeißelt hat: »Und er hinterließ nach ihm aus seinem Samen einen Menschen von törichter Art.«[43]

Schon in Fantuzzis Nachruf dagegen wird Bassis Eheschließung mit dem Hinweis auf ihre schwierige Lage als ledige, kontinuierlich Besuchen ausgesetzte Frau verteidigt. In seiner Darstellung hat Bassi sich aus solchen allgemeinen Überlegungen zur Heirat entschlossen und dann einen ihr zusagenden Kandidaten, nämlich Verati ausgesucht.[44] Damit hält er sich an Bassis eigene Darstellung, die im folgenden noch behandelt wird. Comelli schließlich hält in seiner Biographie von 1912 Fantuzzis Bemerkungen über die Angemessenheit des Heiratens zwar für zutreffend, erklärt aber, daß eine einfachere Rechtfertigung, daß nämlich Verati Bassi gefallen habe, völlig ausreichend gewesen wäre. Für die gerade zitierte zeitgenössische Kritik hat er überhaupt kein Verständnis.[45] Die Veränderung der Positionen im Lauf der Rezeptionsgeschichte Bassis manifestieren damit die nachlassende bzw. verschwundene Wirkmächtigkeit des humanistischen Keuschheitsideals für gelehrte Frauen.

Neben den durch die allgemeinen Konventionen motivierten Vorbehalten gegenüber Bassis Heirat scheint es auch Stimmen gegeben zu haben, die in diesem Schritt eine Absage Bassis an ihre Studien sahen und ihn deswegen kritisierten. Diesen Eindruck erwecken jedenfalls die einzigen von Bassi selbst überlieferten Aussagen über ihre Heirat. Sie sind dem Briefwechsel Bassis mit Giovanni Bianchi aus Rimini zu entnehmen, der eine der wichtigsten Quellen zu Bassi Leben zwischen 1733 und 1745 darstellt.[46] Bianchis Konversion vom unnachgiebigen Kritiker zum Bewunderer und Förderer Bassis war durch einen Besuch Bianchis in Bologna im Januar 1733 ausgelöst worden.[47] Fortan bestand zwischen beiden ein loser brieflicher Kontakt, der von Bianchi im April 1738, also zwei Monate nach Bassis Hochzeit, nach einer längeren Pause mit einem Gratulationsbrief zu ihrer Hochzeit wieder aufgenommen wird. In ihrem Dankschreiben für die Gratulation betont Bassi nachdrücklich ihre Freude darüber, daß Bianchi ihre Heirat gutheißt:

Ich erinnere mich Ihrer Vorhersage [der baldigen Eheschließung Bassis], die Sie machten, als mir vom Kurfürst von Bayern jener Ring geschenkt wurde, eine Angelegenheit, über die ich damals nicht weiter nachdachte, angesichts dessen, daß ich bezüglich dieses Punktes völlig unentschieden war, eher gegenteiliger Meinung. Aber schließlich haben meine häuslichen Umstände mich dazu gebracht, meine Meinung zu ändern, und mich an diese Entscheidung zu klammern, bezüglich derer ich in höchstem Maße froh bin, in Ihnen einen so besonnenen Gutachter [estimator] gefunden zu haben, wie Sie es sind, so daß Sie nicht dazu fähig sind, sie [die Entscheidung] quasi als totale Absage an jene Studien zu bewerten, zu deren Ausübung ich verpflichtet bin, und von denen ich behaupte, daß ich sie auf diesem Wege mit mehr Freiheit ruhig verfolgen kann. *Und deswegen habe ich eine Person ausgesucht, die dieselbe Straße der Gelehrsamkeit [strada delle lettere] wandelt, und von der ich aus langer Erfahrung wußte, daß sie mich nicht davon abbringen würde.*[48]

Bassi formuliert hier eine klare Hierarchie ihrer Prioritäten. Erst habe sie eigentlich nicht heiraten wollen, doch dann hätten ihre »häuslichen Umstände« sie zu einer Meinungsänderung bewegt, woraufhin sie sich einen geeigneten Ehepartner gesucht habe. Geeignet heißt in diesem Fall, daß Bassi mit diesem Gatten sicher sein kann, trotz der Heirat weiter ihrer Beschäftigung mit den Wissenschaften nachgehen zu können, ja dies sogar mit mehr Freiheit und Ruhe als bislang tun zu können. Angesichts der Leichtigkeit, mit der Gerüchte über ein Verhältnis mit dem einen oder anderen Wissenschaftler aufkamen, erscheint Bassis Aussage, daß ihre Heirat der wissenschaftlichen Beschäftigung eher zuträglich als abträglich wäre, durchaus begründet. Und Bianchi selbst liefert Bassi im nächsten Brief einen weiteren Beweis dafür, wie exponiert ihre unverheiratete Stellung gewesen war. Auf Bassis erklärte Absicht, sich erneut mit den optischen Experimenten Newtons zu beschäftigen, erklärt er dies nämlich für überflüssig, weil sie ihr mittlerweile gut vertraut seien,

[...] und außerdem haben Sie jetzt nicht mehr das Motiv, sie im Dunkeln mit der konstanten Assistenz des Sig. Dott. Verati durchzuführen. Dieses Motiv und diese Umstände ließen mich nämlich vergangenes Jahr viel stärker als der Ring des Kurfürsten von einer bevorstehenden Heirat sprechen.[49]

Bassi weist diese von ihr als Unterstellung empfundene Anspielung Bianchis in ihrem nächsten Brief dezidiert zurück und versichert ihm, daß erstens Verati in jener Zeit höchst selten und dann immer in Begleitung anderer mit ihr experimentiert habe und sie zweitens zu jenem Zeitpunkt noch »sehr weit entfernt von dem Wissen war, auf wen meine Wahl fallen sollte«.[50] Ihre Rechtfertigung bewirkt bei Bianchi eine für seine Verhältnisse höchst ungewöhnliche Entschuldigung und Bitte, seine Worte nicht so ernst zu nehmen. Dennoch beharrt er auf seiner Meinung, daß die zarten Bande zwischen Verati und Bassi durch die gemeinsamen optischen Experimente geknüpft worden seien. Zwar sei Bassis Motivation zur Heirat sehr verständlich gewesen, aber sie sei eben doch lange unschlüssig gewesen. Für seine Deutung von Bassis Entscheidungsprozeß rekurriert Bianchi auf ein aus der aristotelischen Philosophie kommendes Konzept von Geschlechterdifferenz:

Es ist hier nicht am Platz, daß ich Sie, die soviel von Philosophie verstehen, hier an den gewöhnlichen Vergleich erinnere, den die neuen peripatetischen Professoren zwischen der [...] Gleichmütigkeit der Materie gegenüber der Form und jener Gleichmütigkeit der Personen des schwächeren Geschlechtes gegenüber denen des stärkeren Geschlechtes herstellen. In Anbetracht dessen sind für die Prägung der Materie durch eine bestimmte Form gewisse Prädispositionen und ein letzter Anstoß notwendig, genauso wie auch in dem anderen Fall. Deswegen wußte ich keine anderen Prädispositionen und keinen anderen stärkeren letzten Anstoß zu benennen als den, daß Sie sich in der Durchführung der Experimente oft im Dunkeln aufhielten.[51]

Die Frage, ob Bianchi Bassi hier Unrecht tut oder nicht, ob Bassi bei der Durchführung ihrer optischen Experimente schon Zuneigung zu Verati entwickelt hatte oder nicht, ist aus den Quellen nicht zu beantworten und ist auch nicht interessant. Aussagekräftiger für Bassis Lebensgefühl um 1737/38 scheint mir die Vehemenz, mit der sie das Primat ihrer wissenschaftlichen Studien betont. In ihrer Darstellung hat sie Verati nicht geheiratet, weil sie sich in ihn verliebt hatte, sondern weil sie sich bei ihm sicher sein konnte, daß er sie nicht von ihren Studien abbringen würde. Ob Bassi damit ihrem Selbstbild oder den Vorgaben ihrer Umwelt folgt; eine spontane Liebesheirat liegt in ihrer Darstellung außerhalb ihres Lebensentwurfes, ist wohl auch zu anfechtbar in der öffentlichen Meinung. Interessanterweise gibt es jedoch durchaus Stimmen, die ganz selbstverständlich den Lustaspekt der Heirat in den Vordergrund stellen. Die Reaktion auf Bassis Eheschließung 1738 ist somit ebenso wie die Reaktion auf ihren »Triumph« 1732 von der Perspektive der Betrachtenden abhängig und von widersprechenden Positionen geprägt. Ausschlaggebend für die Reaktion auf ihre Eheschließung ist, ob Bassi als »normale« Frau mit »normalen« legitimen Bedürfnissen wie dem nach Liebe und Partnerschaft gesehen wird, in welchem Fall ihre Eheschließung begrüßt wird. In diesen Positionen ist die Rolle als Gelehrte mit der der Ehefrau und Mutter problemlos kompatibel, sie werden in dem häufig geäußerten Wunsch einer ehrenvollen und ebenso gelehrten Nachkommenschaft sogar aktiv verschmolzen.[52] Als ein Beispiel für diese Art des Kommentars auf Bassis Heirat sei abschließend ein besonders schönes Gedicht zu diesem Anlaß zitiert.

Unsere Signora Laura ist zu bedauern / sie hat nicht mehr trockenen Mundes bleiben können / Um eine sichere Sache zu sagen: das Leben als Mädchen / läßt sie des Nachts mehr als des Tages leiden.
Sie hat wohl daran getan, einen Ehemann zu nehmen / Denn ohne Not hätte sie sich nicht dazu entschieden / Und mir scheint sie in diesem Fall instruiert / Von der Natur, daß sie es so machte.
Von heute in neun Monaten wünsche ich ihr ein schönes Baby / Das, kaum geboren, ehe es schreit / So wette ich, Latein sprechen wird.

Glaubt, es wird von Wissenschaft durchdrungen sein / Es reicht zu überlegen, von wo es kommt / Es kann nur in eine Toga eingewickelt werden.[53]

Der Wunsch einer großen Kinderschar ging für Bassi und Verati jedenfalls in Erfüllung. Bassi gebar zwischen 1738 und 1753 insgesamt acht Kinder, fünf Jungen und drei Mädchen, von denen zwei Mädchen und ein Junge im frühen Kindesalter starben.[54] Der jüngste Sohn Paolo trat als einziger in die Fußstapfen der Eltern und studierte bei Bassi Physik, bei Verati Medizin. Er war später sowohl als Physikprofessor als auch als Arzt tätig.[55]

Die Heirat mit Verati war für Bassi nicht nur in persönlicher, sondern auch in wissenschaftlicher Hinsicht von maßgeblicher Bedeutung für ihr weiteres Leben. Giuseppe Verati, dessen Familie aus Modena stammte, war 1707 in Bologna geboren worden. Er hatte an der Universität Bologna ein doppeltes Studium in Medizin und (Natur–) Philosophie u.a. bei Beccari, Bazzani und Peggi absolviert und 1734 mit dem Doktorat abgeschlossen.. Im Oktober 1737 hatte er sich für Medizin habilitiert, wofür er von der Bedingung des seit drei Generationen nachzuweisenden Bürgerrechts befreit worden war. Zum Zeitpunkt der Heirat war er also frischgebackener Professor. Seit seiner Aufnahme in die Akademie 1734 war Verati eines ihrer aktivsten Mitglieder, was freilich in den 1730er Jahren nicht viel heißt. Wie Bassi wurde er 1745 in die neu etablierte Elitegruppe der *Accademici Benedettini* aufgenommen und wurde in der Folgezeit vor allem durch seine Forschungen zur Elektrizitätslehre bekannt. Verati starb 1793 im Alter von 87 Jahren, war jedoch vorher einige Jahre krank gewesen.[56]

Da Verati sich ebenso wie Bassi für experimentalphysikalische Forschungen interessierte und daneben eine funktionierende Anbindung an die Akademie hatte, bedeutete die Heirat für Bassi zumindest eine indirekte Partizipationsmöglichkeit am wissenschaftlichen Leben von Akademie und Institut. Eine Auswirkung auf ihre wissenschaftliche Interessenlage ist allerdings nicht erkennbar, da sie ihre Ausbildung in höherer Mathematik auch nach der Heirat noch fortsetzte. Inwiefern erst Verati Bassi dazu ermutigte, eigene Experimente und Forschungen anzustellen, ist leider nicht zu erschließen.

Die Ehe zwischen Bassi und Verati[57] wird im Nachruf Fantuzzis als glücklich beschrieben, was von den Quellen eindeutig gestützt wird. Briefe zwischen Verati und Bassi sind nur vom Ende des Jahres 1746 überliefert, als Verati im Auftrag des Bologneser Senats für einige Monate umherrreiste, um die in der Gegend grassierende Rinderseuche zu bekämpfen.[58] Das Hauptanliegen dieser in sehr innigem Ton gehaltenen Briefe ist es, den Ehepartner jeweils vom eigenen Wohlergehen zu überzeugen und ihn zur Vorsicht und Fürsorge für seine Gesundheit zu ermahnen. Dabei wird auch deutlich, daß der bekannte Mediziner Domenico Galeazzi der Familie Bassi–Verati nicht nur als Arzt, sondern auch

freundschaftlich verbunden war.[59] Sowohl Bassi selbst als auch die kleine
Tochter waren in dieser Zeit gesundheitlich angeschlagen; Bassi nahm dennoch
gesellschaftliche Termine wahr und berichtet etwa von Disputationen und Besuchen bei der Marchesa Mariscotti aus einer der führenden Senatorenfamilien der
Stadt und bei der Marchesa Ratta, die 1732 eine ihrer beiden Ehrendamen gewesen war. Daneben sind für 1744/45 Kontake zwischen Laura Bassi und Laura
Bentivoglio Davia, die sich 1732 so abfällig über Bassis Disputationen geäußert
hatte, bezeugt, so daß auf eine funktionierende Verbindung Bassis, natürlich auf
die Frauen der entsprechenden Familien konzentriert, zu den führenden Adels-
und Senatorenfamilien der Stadt geschlossen werden kann.[60]

Nach ihrer Heirat wurde Bassi, die bis dahin selbst Empfängerin von Patronage von Adeligen und Wissenschaftlern gewesen war, zunehmend selbst zu einer Person, die Protektion und Patronage vermittelte. Der Kontakt zu Scarselli,
an den sie sich mit diesen Anliegen meist wandte, ist für diese Aufgabe bei weitem der wichtigste. Flaminio Scarselli (1705–1776), Literat und Professor für
Poetik an der Bologneser Universität, war von 1742 bis 1760 Sekretär des Bologneser Botschafters am päpstlichen Hof in Rom und wurde für seine dabei
erworbenen Verdienste 1774 nobilitiert. Er verfügte über nicht unerhebliche
Einflußmöglichkeiten und war nicht nur für Bassi, sondern auch für andere Bologneser Wissenschaftler der Ansprechpartner schlechthin für alles, was kirchliche Angelegenheiten betraf. Scarselli hatte intensiven Kontakt mit Leprotti und
damit auch zu den katholischen Aufklärern um den Kardinal Davia. In der Meinung von Benedikt XIV., der ihn hoch schätzte, hatte »der arme Mann keinen
anderen Fehler, wenn man das so sagen kann, als den, eine Frau genommen zu
haben. [...] Denn wenn er im Zölibat lebte, hätte man Maßnahmen ergreifen
können, die für ihn vorteilhaft und für Uns bequem gewesen wären.«[61] Als Ver-
heiratetem aber blieben Scarselli höhere kirchliche Ämter versperrt. Von den
insgesamt 73 erhaltenen Briefen zwischen Bassi und Scarselli sind 23 den Angelegenheiten Dritter (ohne Verati) gewidmet, die mit der Bitte um Hilfe an Bassi
herangetreten waren. Dabei handelte es sich um »kleine Leute«, typischerweise
Verwandte Bassis oder Verwandte von ihren Bediensteten oder andere, in der
Regel arme, Bekannte.[62] Aber auch für ihren Mann setzte Bassi sich bei Scarselli
ein. In den 22 Briefen zu diesem Thema ging es neben Angelegenheiten, die
Veratis Tätigkeit als Arzt betrafen, vor allem um seine Forschungen zur Elektrotherapie und die daraus erwachsene Monographie.[63] Neben Scarselli nutzte
Bassi auch andere Kontakte, um Menschen, die sich an sie wandten, Protektion
und Hilfe zukommen zu lassen. Mit dieser Tätigkeit als Patronin bzw. Vermittlerin von Patronage nahm Bassi eine Rollenzuweisung auf, die seit der Herausbildung der höfischen Kultur eine typische Frauenrolle darstellt.[64]

Sowohl in der zeitgenössischen Wahrnehmung als auch in der Gestaltung der Außenkontakte des Ehepaares war Bassi die bei weitem sichtbarere Person. Die wissenschaftlichen Interessen der Ehepartner überlagerten sich in der Experimentalphysik, waren aber zum Teil auch komplementär (Medizin versus Mathematik). In der Breite und Tiefe ihrer Qualifikationen sind beide als ebenbürtig einzuschätzen. Der medizinischen Kompetenz Veratis stand die mathematische und sprachliche Ausbildung Bassis gegenüber (Verati scheint z.B. Französisch nicht beherrscht zu haben). In dieser Hinsicht ist also keine Hierarchie innerhalb des Ehepaares auszumachen.

Ob es in der Gestaltung der Ehe von Bassi und Verati eindeutige Hierarchieverhältnisse gab, ist aus den Quellen nicht mit Sicherheit zu beantworten. Alle vorhandenen Hinweise deuten jedoch auf eine partnerschaftliche Struktur. Am aufschlußreichsten ist in dieser Hinsicht möglicherweise das, was die Quellen *nicht* sagen. In keinem einzigen Nachruf nämlich wird Bassis Unterordnung unter ihren Ehemann erwähnt, obwohl ihre Sorge um die Familie und die Erziehung der Kinder sowie ihre Frömmigkeit durchaus gepriesen werden.[65] Spätestens im Vergleich zu Luigi Galvanis Nachruf auf seine Ehefrau Lucia Galeazzi Galvani, wo ihrer Unterordnung unter den Ehemann breiter Raum gewidmet wird, zeichnet sich das von Bassi gezeichnete Bild dadurch aus, daß ihre Unterordnung unter Verati *nicht* erwähnt wird.[66] Nicht nur in der Heirat an sich, sondern auch in der Gestaltung ihrer Ehe scheint Bassi sich somit über die zeitgenössischen normativen Rollenvorgaben hinweggesetzt und, »sich vor niemandem fürchtend«, ihren eigenen Lebensentwurf verwirklicht zu haben.[67]

3. Von der Schülerin zur Lehrerin: Bassi in der akademisch–wissenschaftlichen Sphäre

Bassis wissenschaftliche Entwicklung im engeren Sinn ist durch ihr Hineinwachsen in die akademisch–wissenschaftliche Sphäre charakterisiert, die durch die Wissenschaftler an Akademie und Institut sowie deren auswärtige Kollegen konstituiert wird. Gleichzeitig ist dies zwischen 1732 und 1745 wohl der am schlechtesten dokumentierte von ihren Lebensbereichen. Dennoch läßt sich anhand der Quellen herausarbeiten, daß Bassi sich in dieser Zeit mit der Unterstützung verschiedener Wissenschaftler von einer Schülerin zu einer Lehrerin für Mathematik und Experimentalphysik entwickelt. Der kontinuierlichen Ausweitung ihrer mathematisch–physikalischen Kenntnisse und persönlichen Kontakte steht allerdings die Unmöglichkeit gegenüber, eine offizielle, d.h. institutionell abgesicherte Position als mathematische oder experimentelle Wissenschaftlerin einzunehmen, so daß Bassis Position hier als hochgradig ambivalent zu beurteilen ist. Ihre wissenschaftlichen Aktivitäten sind denn auch überwiegend im privaten Umfeld angesiedelt. Namentlich mit der Heirat eröffnet sich die Möglichkeit, in ihrem eigenen Haus in eigener Regie wissenschaftliche Abendgesellschaften, Privatvorlesungen und experimentelle Vorführungen zu veranstalten.

Nach dem Bruch mit Tacconi war Bassi für die Erweiterung ihrer Ausbildung auf die Unterstützung anderer Wissenschaftler angewiesen. In der Tat wußte Bianchi von seinem Besuch in Bologna zu Beginn des Jahres 1733 zu berichten, daß nun ganz andere Leute um Bassi wären als noch im Vorjahr, was er sehr positiv beurteilte.[68] Abgesehen von dem durch einen Brief bezeugten Kontakt zwischen Bassi und Beccari gibt es jedoch für 1733 keine weiteren Belege dafür, daß Bassi von anderen Bologneser Wissenschaftlern unterrichtet wurde. Allerdings ist ihr Bemühen, die Lizenz zur Lektüre der *Libri proibiti*, der von der kirchlichen Zensur auf den Index gesetzten Werke, zu erhalten, ein Hinweis, daß sie sich sehr bald für die Richtung ihrer weiteren Ausbildung entschied. Nicht nur Beccari berichtet Leprotti schon im März 1733 von dem dringenden Wunsch Bassis nach dieser Erlaubnis, auch Bianchi setzt sich nach seinem Bolognaaufenthalt bei Leprotti nachdrücklich für die Erteilung der Lizenz an sie ein.[69] Sowohl Beccari als auch Bianchi übernehmen damit gegenüber Bassi die Rolle von Patronen im Wissenschaftsbetrieb:[70] Sie lassen ihr Schutz und Hilfe angedeihen und werten Bassis Status durch den Einsatz für sie und den Kontakt mit ihr auf. Daneben vermitteln sie die Protektion hierarchisch übergeordneter Patrone wie etwa Leprotti, der im Geistesleben am Papsthof eine wichtige Bedeutung hatte. Durch die Verknüpfung ihres Namens mit Bassis Errungenschaften profitieren auch Beccari und Bianchi selbst von dieser Beziehung.[71] Die Patronagebeziehungen Bassis außerhalb der Wissenschaft zu Aldrovandi, Lambertini oder Scarselli werden durch diese innerwissenschaftlichen Beziehungen ergänzt. Für Bassi waren sie von enormer Bedeutung, weil ihr als Frau der einfache Zugang zu Unterricht, Literatur und geeigneten Lehrern nicht möglich war.

Von Bianchi gibt es einen interessanten Hinweis dafür, daß sein Einsatz für Bassi und andere Frauen wie Laura Bentivoglio Davia einen wesentlichen Bestandteil seines Selbstbildes bedeutete. Bianchi nämlich, dem nicht zu Unrecht wiederholt vorgeworfen wurde, ein intoleranter und leicht erregbarer Mensch zu sein, führt seine Toleranz gegenüber Frauen zu seiner Verteidigung auf:

Wenn ich denn [...] auch den Personen des schwächeren Geschlechts freie Erlaubnis gebe, gegen mich zu argumentieren, so müßte jeder [Mensch] mit Urteilsfähigkeit von der Gefälligkeit und Fügsamkeit meines Wesens überzeugt sein. Nicht geringer Preis wird mir zuteil werden, wenn die Frauen endlich meinem Verhalten Gerechtigkeit angedeihen lassen, wie ich es auch gegenüber ihnen und allen tue, die mir Vernunft zu haben scheinen. Und darin ahme ich meiner Meinung nach nur das Verhalten Gottes nach, der, wie der heilige Paulus an mehreren

Stellen sagt, die Person nicht ansieht. So sind auch mir Männer und Frauen, Große und Kleine, Griechen und Barbaren gleich, wenn sie mit Vernunft reden.[72]

Bianchi offenbart sich hier, wie auch an anderen Stellen, als höchst schillernde Figur. Er behandelt Frauen, wie er sagt, vorurteilsfrei, bildet sich jedoch darauf ungeheuer viel ein und unterstreicht so die allgemeine Meinung von der intellektuellen Minderwertigkeit von Frauen. Er setzt sich gegenüber seinem Freund Leprotti mit der ihm eigenen Vehemenz für die Erteilung der Lizenz an Bassi ein und reagiert auf dessen Hinweis, daß die Lizenz niemandem unter 24 Jahren und Frauen sowieso nicht erteilt werde, äußerst ungnädig. Er verweist auch Leprotti auf das Pauluszitat, daß vor Gott alle Menschen gleich seien, und bemerkt zu der Altersgrenze, daß erstens Frauen dem (kirchlichen!) Gesetz nach jünger heiraten dürften als Männer und daß zweitens auch die Bologneser bei der Verleihung der Universitätsprofessur, für die ein Mindestalter von 25 Jahren erforderlich war, eine Ausnahme gemacht hätten.[73] Wann genau Bassi die Lizenz erhalten hat, ist leider unbekannt, aber aus Briefen der Dichterin Francesca Manzoni an Bassi aus dem Jahr 1740 geht klar hervor, daß Bassi im Besitz der Lizenz war. Manzoni hingegen bemühte sich ebenso wie vor ihr Clelia Borromeo vergeblich darum.[74] Die Altersgrenze von 24 Jahren scheint für Bassi allerdings, da sie die Lizenz sowieso nur mit einer päpstlichen Ausnahmegenehmigung bekam, nicht verbindlich gewesen zu sein. Jedenfalls sind schon vor ihrem 24. Geburtstag wissenschaftliche Aktivitäten nachgewiesen, für die ein Zugang zu den *Libri proibiti* zu vermuten war. Spätestens ab Ende 1734 nämlich beschäftigte Bassi sich unter der Anleitung Gabriele Manfredis mit höherer Mathematik, namentlich mit Descartes, Leibniz und Newton.[75] Das geht aus einem Brief des Bologneser Mathematikers, in dem er eine Unterrichtsstunde absagt, hervor.[76] Wann genau diese Privatlektionen begonnen hatten, ist leider nicht bekannt.

Der mathematische Unterricht bei Gabriele Manfredi ist der erste überlieferte Hinweis auf Kontakte und Aktivitäten Bassis, die der Akademiesphäre zuzurechnen sind. Ihre Bereitschaft, sich mehr als drei Jahre einer Ausbildung in höherer Mathematik, also Algebra, Geometrie und Infinitesimalrechnung zu unterziehen, ist eines der eindrücklichsten Indizien für ihren Willen, sich nicht mit dem bisher Erreichten zufriedenzugeben, sondern größtmögliche Kompetenz in den mathematischen und physikalischen Wissenschaften anzustreben. Ihre gründliche mathematische Ausbildung hebt Bassis spätere Tätigkeit als Physikerin von der ihrer Kollegen denn auch deutlich ab.[77] Mit Gabriele Manfredi (1681–1761), einem jüngeren Bruder von Eustachio Manfredi, der ebenfalls schon seit den Zeiten der *Inquieti* zum Bologneser wissenschaftlichen Leben gehörte, hatte Bassi dabei einen Lehrer, der zur Rezeption und Weiterentwicklung des Infinitesimalkalküls in Italien wesentliche Beiträge geleistet hatte und als einer der wichtigsten italienischen Mathematiker zu Beginn des 18. Jahrhunderts gilt.[78] Neben seiner Unversitätsprofessur hatte G. Manfredi auch eine Vielzahl öffentlicher Ämter inne; er war ab 1708 Sekretär und ab 1726 Kanzler des Senats, berechnete ab 1710 jährlich den Kalender der Stadt und folgte 1738 seinem Bruder Eustachio in dem Amt des *Sopraintendente dell'Acque*. Diese Vielzahl anderer Beschäftigungen bewirkte, daß er sich in seinen späteren Lebensjahren nicht mehr so intensiv mit Mathematik beschäftigte. Im Sozialgefüge der Wissenschaftlergemeinschaft standen die drei Brüder Manfredi an zentraler Stelle. Mit ihrer Unterstützung und Unterweisung im Hintergrund stand Bassis Kompetenz in mathematischen Fragen außer Zweifel.[79] Gabriele Manfredi unterrichtete Laura Bassi aber nicht nur, sondern bemühte auch seinen Einfluß im Senat für sie, etwa in der Frage ihres Vorlesungsrechts an der Universität.[80] Auch er ist somit als ein wichtiger Patron Bassis in der Wissenschaftlergemeinschaft anzusehen.

Die wissenschaftlichen Interessen von Giovanni Bianchi und Laura Bassi waren hingegen zu verschieden, um einen inhaltlichen Austausch zwischen ihnen zuzulassen. Dennoch spielte auch Bianchi eine wichtige Rolle als Patron für Bassi, indem er ihr seine Schriften schickte oder ihr eine englische Grammatik zukommen ließ, als sie den Wunsch äußerte, diese Sprache zu lernen. Durch die Bitte um Weitergabe seiner Schriften oder Briefe an andere Bologneser Wissenschaftler, durch Grüße, die er an sie oder durch sie vermitteln ließ, trug Bianchi nicht unwesentlich zu einer stabilen Einbindung Bassis in das Kontaktnetz der Bologneser Wissenschaftler aus der Akademiesphäre bei. Freilich brachte er Bassi auch in eine nicht unproblematische Situation, als er sie bat, seine beißende Rezension eines physikalischen Lehrbuchs, die er in die Form eines Briefes an Bassi gekleidet hatte, weiterzuverbreiten. Bassi entzog sich dieser Bitte sehr diplomatisch mit dem Hinweis auf ihre noch nicht gefestigte Position in der *scientific community*.[81] Die Briefe zwischen Bassi und Bianchi sind jedoch eine der wenigen Quellen für Bassis wissenschaftliche Aktivitäten zwischen 1733 und 1745. So geht aus ihnen hervor, daß Bassi sich neben der Beschäftigung mit Mathematik auch intensiv der Newtonschen Optik zuwandte, die sie theoretisch und experimentell für sich ausführlich nachvollzog. Auch Bianchis Hinweis, daß sie solche Studien nicht mehr nötig habe, hielt sie nicht davon ab, »mich mit der Anschauung besser über die wunderbaren Entdeckungen dieses berühmten Philosophen zu informieren«.[82] Ihre Ausbildung in Mathematik hingegen erklärte sie 1738 für abgeschlossen.

Die bislang referierten Anstrengungen Bassis zur Erweiterung ihrer Ausbildung zeichnen ein stark auf Mathematik und Physik konzentriertes Bild, das in dieser Ausschließlichkeit jedoch nicht zutrifft. Bassi kaufte und lieh auch in der zweiten Hälfte der 1730er Jahre Bücher zu Philologie und Philosophie.[83] Ihre Umorientierung und Einwurzelung im Umkreis der Akademie vollzogen sich nicht in einem abrupten Bruch mit den bisherigen Interessen, sondern in deren allmählicher Verdrängung und Ersetzung durch andere Themen.

Bassis Heirat, die mit dem Abschluß ihrer mathematischen Ausbildung zusammenfällt, öffnete gleichzeitig auch den Weg für ihre ersten Versuche als Vermittlerin wissenschaftlicher Kenntnisse. Sie begann 1738 zunächst mit einer zweimal wöchentlich stattfindenden *Conferenza Letteraria*, in der über philosophische, geometrische und andere Themen debattiert wurde.[84] Diese Konferenz, die auch von De Brosses 1739 besucht und als Kompensation für Bassis wenige Universitätsvorlesungen bezeichnet wird, ging nach Bassis eigenen Aussagen 1744 in einen regelrechten Unterricht in denselben Fächern über. Etwa um die gleiche Zeit begann Verati zu Hause mit einem Privatkurs in Experimentalphysik, für den er auch die nötigen Geräte anschaffte. Auch Bassi erwähnt 1748 erstmals, daß sie ihre ständigen Besucher nicht nur mit Disputationen, sondern auch experimentellen Vorführungen unterhalte; diese Initiative wuchs zu einem äußerst erfolgreichen Privatkolleg heran. Die letzten Entwicklungen sind freilich ein Vorgriff auf die Zeit nach 1745, als auch Bassi aktives Akademiemitglied war; ihre Wurzeln jedoch liegen eindeutig in jenen Jahren zwischen 1733 und 1745.

Obwohl Bassis fachliche Qualifikation in Mathematik und Experimentalphysik sich somit stetig verbesserte und sie Kontakte zu vielen Wissenschaftlern unterhielt, änderte sich in der Akademiesphäre nichts an ihrer Randposition. Sie war 1732 zwar in die Akademie aufgenommen worden, aber unter die Ehrenmitglieder, von denen man nicht erwartete, daß sie die Sitzungen besuchten. Ihr Name taucht in all den Jahren bis 1745 kein einziges Mal in den Protokollen auf, auch nach der Heirat nicht. Bassi fehlte damit ein Forum für die Präsentation eigener Forschungsergebnisse und die Diskussion der dabei auftretenden Schwierigkeiten – eine experimentierende Minerva war auch an der Akademie nicht vorgesehen. Daß sie in jener Zeit bereits selbständig forschte, erfahren wir erst aus Briefen von 1745, als sie sich um die Aufnahme unter die *Benedettini* bewarb. Den Zwiespalt zwischen guten persönlichen Kontakten einerseits und der Unmöglichkeit eines offiziellen Zugangs andererseits muß Bassi als zunehmend unbefriedigend empfunden haben, je stärker ihre eigenen Forschungsinteressen Gestalt annahmen. Klagen über ihre ambivalente Position sind allerdings erst von 1745, als sie eine konkrete Möglichkeit zur Verbesserung sah, überliefert.

Zusammenfassend gesagt, beinhalten die äußerlich unscheinbaren Jahre zwischen 1733 und 1745 die Basis für den sichtbaren Karrieresprung im Jahr 1745. Es ist eine allmähliche, bewußte Hinwendung Bassis zu den »modernen« Wissenschaften, namentlich zu Mathematik und Experimentalphysik, zu konstatieren, die jedoch nicht zu Lasten derjenigen Repräsentationsaufgaben und Pflichten ging, die sie als Bologneser Minerva zu erfüllen hatte. Obwohl sie also von ihren Interessen her die Sphäre innerhalb des gelehrten Lebens in Bologna wechselte und sich aus den Kommunikationsritualen der repräsentierend–universitären Sphäre zurückzog, verletzte Bassi die fundamentale Rollenzuweisung dieser Sphäre als Personifizierung der Bologneser Gelehrsamkeit nicht. Möglicherweise erlaubte der gesellschaftliche Druck Bassi nicht, die Rollenzuweisung aufzugeben, die allein ihre Stellung als gelehrte Frau legitimierte. Vermutlich aber bedeutete diese Rolle für Bassi selbst einen wesentlichen Teil ihrer Identität, den sie nicht aufgeben, auf den sie aber nicht beschränkt bleiben wollte. In der gesamten Zeit führte sie auch die Amts– und Repräsentationspflichten, die mit ihrer Universitätsprofessur zusammenhingen, ungebrochen fort. Die Sphäre der universitären Gelehrsamkeit, in Bildungsideal und Bildungspraxis eng mit Disputationen verknüpft, stellt damit ein wesentliches Element der Kontinuität in Bassis Biographie dar.

Im Bereich des persönlichen Lebens setzte Bassi sich hingegen über die an sie herangetragenen Rollenerwartungen hinweg, indem sie heiratete. Sie wählte ihren Ehepartner so, daß auch ihre Eheschließung ihr die Fortführung ihrer Studien ermöglichte und setzte damit einen Lebensentwurf um, der in ihrer Zeit und in ihrem Umfeld ohne Beispiel war.

Bassi gab sich mit dem Professorentitel nicht zufrieden, sondern vertiefte ihre in mathematisch–physikalischer Hinsicht mangelhafte Ausbildung durch Unterricht und Kontakte mit ausgewiesenen Mitgliedern der Bologneser Wissenschaftlergemeinschaft. Obwohl mit vielen von ihnen gut bekannt und in regem Kontakt, veränderte sich ihr Status an der Akademie die ganze Zeit über nicht: Sie nahm an den Akademiesitzungen nicht teil und präsentierte auch keine eigenen Arbeiten.

Ende der 1730er Jahre begann Bassi mit der Vermittlung wissenschaftlicher Erkenntnisse in ihrem eigenen Haus, unabhängig von den wissenschaftlichen Institutionen. Der Übergang von der Schülerin zur Lehrerin fällt mit dem Übergang von der unverheirateten zur verheirateten Frau und dem von der bloßen Klientin zur Vermittlerin von Patronage und Protektion zusammen.

Bassis wissenschaftliche Ausbildung wie auch die Herausbildung eines Lebensentwurfes kommen somit erst in den äußerlich stillen Jahren nach 1732 zu ihrer Vollendung. Die Umsetzung dieses Lebensentwurfs und dieser Kenntnisse allerdings war nicht nur von Bassi allein abhängig, sondern bedurfte der Hilfe von außen, um die Spannung zwischen ihrer erweiterten Qualifikation und ihrer unveränderten Randstellung in der Akademie aufzulösen.

Kapitel IV

1745

Entscheidungsjahr

Die Geschehnisse des Jahres 1745 muten zwar von außen betrachtet weit weniger spektakulär an als die von 1732, sind jedoch für Bassis wissenschaftliches und persönliches Leben nicht weniger bedeutsam. Mit der Akademiereform von 1745 wurde nämlich die Struktur und Dynamik des wissenschaftlichen Lebens in Bologna grundsätzlich neu bestimmt. Die Aufnahme Bassis in die im Zuge dieser Reform neu etablierte bezahlte Kerngruppe der *Accademici Benedettini* bedeutete für sie nach der persönlichen nun auch die institutionelle Verankerung in der Bologneser Wissenschaftlergemeinschaft. Umgekehrt dient ihre Aufnahme und Stellung in dieser Gruppe als Brennglas, um Strukturen und Wertvorstellungen der Bologneser Akademiemitglieder, insbesondere in bezug auf die Partizipation von Frauen, zu analysieren.

Im ersten Teilkapitel werden die Akademiereform Benedikts XIV. und Bassis – erfolgreiches – Bemühen um Teilhabe an den Früchten dieser Reform dargestellt. Das zweite Teilkapitel analysiert anhand eines Streites um Bassis Mitgliedsrechte ihre Stellung innerhalb der neu etablierten *Accademici Benedettini*. Der dritte Teil schließlich enthält neben einer Übersicht auch eine Bewertung der Aktivitäten Benedikts XIV. für die Bologneser Akademie. Das Konzept der Wissenschaftspatronage steht bei dieser Analyse im Mittelpunkt.

1. Die Konstituierung der *Accademici Benedettini* als Kernpunkt der Reform von 1745

Die Hintergründe für die Reform

Während die Professoren des Instituts durch Amt und Statuten zu regelmäßigen Vorlesungen bzw. Demonstrationen in ihrer entsprechenden Abteilung verpflichtet waren und von dem zuständigen Senatsausschuß, der Assunteria d'Istituto, zumindest ansatzweise kontrolliert wurden, gab es für die Aktivität der Akademiemitglieder kaum Bestimmungen und erst recht keine äußere Kontrollinstanz. Trotz der Anbindung an das Institut für Wissenschaften war die Akademie unverändert eine private Organisation, insofern als ihr Ergehen ausschließlich von dem aus eigenem Antrieb kommenden Engagement ihrer Mitglieder abhing.[1] Der Substanzverlust in der Tätigkeit der Akademie in den 1730er Jahren zog darum auch keine Eingriffe von außen nach sich. Während in den 1720er Jahren im Schnitt 18 bis 20 *Dissertationen*, Vorträge über eigene Forschungen, präsentiert worden waren, ging ihre Anzahl 1730/31 dramatisch zurück.[2] Interne Bemühungen der Akademiemitglieder um eine Besserung dieses Mißstandes im Herbst 1731, die namentlich von Francesco Maria Zanotti ausgingen, fruchteten so wenig, daß 1735 beschlossen wurde, die Statuten anzuwenden und Mitglieder auszuschließen, die mehr als vier Sitzungen hintereinander verpaßten. Auch dieser Entschluß wurde jedoch nicht umgesetzt, und sowohl die Zahl der Sitzungen als auch die der präsentierten Arbeiten nahm noch weiter ab. Obwohl die Akademiestatuten mindestens zwölf Sitzungen pro Jahr vorsahen, waren es 1739 und 1740 nur sieben, 1741 und 1742 nur sechs und 1744 sogar nur fünf Sitzungen.[3]

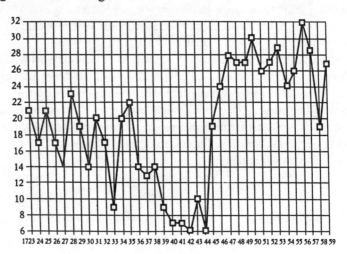

Abbildung IV:
Anzahl der der Akademie vorgelegten Dissertationen zwischen 1723 und 1759
ANGELINI, Istituto, S. 208.

Die Lähmung der Akademie offenbart sich darüberhinaus in dem Umstand, daß nach der Publikation des ersten Bandes ihrer Annalen, der *Commentarii*, 1731 vierzehn Jahre vergingen, bis 1745 der nächste Band erschien. Die geringe Anzahl der vorgelegten Arbeiten fällt umso mehr ins Gewicht, als ein hoher Anteil von ihnen von auswärtigen Mitgliedern kommt, die als Ehrenmitglieder

(*Accademici Onorarii*) gar nicht dazu verpflichtet waren. Die Gründe für die Krise der Akademie werden zum einen in der mangelnden Motivation der Mitglieder und dem Fehlen eines wirksamen Sanktionsmechanismus gesehen.[4] Zum anderen verfügte weder das Institut noch die Akademie über eine ausreichende materielle Basis für eine geregelte Aktivität, sondern war von gelegentlichen Zuwendungen des Senats oder privaten Stiftungen abhängig.[5] Hinzu kommt m.E. als ein psychologischer Faktor der Tod von Eustachio Manfredi im Jahr 1738. Als Begründer der Inquieti, der Vorläuferorganisation der Akademie, hatte er ebenso wie Marsili eine Schlüsselrolle für das Bologneser wissenschaftliche Leben gespielt und stellte auch während seiner langen Krankheit eine Autorität dar, die allein durch ihre Anwesenheit zu wissenschaftlichem Engagement ansporrnte. 1742 scheint dazu auch der Gesundheitszustand von Francesco M. Zanotti, der tragenden Figur der Akademiegeschäfte, angeschlagen gewesen zu sein.[6]

Dauerhafte Hilfe wurde dem Institut und der Akademie durch eine Person zuteil, die gelegentlich auch als »Neugründer«, wenn nicht des Institutes, so doch einzelner seiner Abteilungen, bezeichnet wird, und die auch der Akademie zu einem beständigeren und intensiveren wissenschaftlichen Leben verhalf: Prospero Lambertini, seit 1740 Papst Benedikt XIV.[7] Er ist uns schon 1726 als Vermittler zwischen dem Senat und Marsili und 1732 als Patron Bassis begegnet, damals als Bologneser Erzbischof.[8] In dieser Eigenschaft nahm er regen Anteil am kulturellen Leben Bolognas, was sich auch in seinem Interesse an Bassis Disputationen zeigt. Lambertini bemühte sich erfolgreich um eine Verbesserung des Verhältnisses zwischen Senat und Klerus bzw. Kurie.[9] Als er 1740 nach einem der längsten Konklaven der Kirchengeschichte völlig überraschend zum Papst gewählt wurde, behielt er dennoch bis 1754 das Erzbischofsamt von Bologna inne.[10] Auf diese Weise konnte er in das Leben seiner Vaterstadt nicht nur als Papst, sondern auch als oberste lokale geistliche Autorität eingreifen. Die Kombination beider Ämter, zusammen mit seiner profunden Kenntnis der Bologneser Machtverhältnisse und Verwaltungsstrukturen, ermöglichte ihm die Durchsetzung von Reformen, die kein anderer hätte erreichen können.

Ein wesentlicher Teil dieser Maßnahmen betraf das Institut und die Akademie in Bologna.[11] Benedikts XIV. Motivation dafür speiste sich gleich aus mehreren Quellen: aus einem genuinen Interesse für die Wissenschaften, aus Liebe zu seiner Vaterstadt und aus dem Bemühen, die seit Galilei unterbrochenen Beziehungen zwischen Glaube und Wissenschaft wieder aufzubauen.

Seit den allerersten Jahren seines Pontifikates war es Papst Lambertini klar [...], daß das Institut der Wissenschaften, besser als andere Institutionen, die in dieser Hinsicht wiederholt gescheitert waren, eine günstige Gelegenheit darstellte und das Terrain markierte, auf dem man, direkt im kulturellen Herzen des Kirchenstaates und mit der offensichtlichen Unterstützung des Papstes selbst, eine erneuerte Allianz zwischen dem Glauben und den Wissenschaften aufbauen konnte.[12]

Namentlich in der päpstlichen Korrespondenz mit Bologneser Freunden kommt Überlegungen zur Unterstützung des Instituts und der Akademie immer wieder ein herausragender Platz zu. Ein Hauptanliegen war dabei, dem Institut wenigstens ein Minimum an finanzieller Autarkie zu gewährleisten. Darin kam dem Papst seine Vertrautheit mit den Bologneser Gegebenheiten zugute:

Uns liegt das Institut auf dem Herzen, das ohne Zuwendung ist und es immer sein wird, wenn wir nicht dafür sorgen. [...] Was macht, um der Liebe Gottes willen, jenes Collegio Panolino neben Ihrem Haus, wo wir vor 63 Jahren zur Schule gingen? Wenn wir diesen Ort aufheben und alles dem Institut zuwenden, werden niemandes aktive Rechte verletzt. [...] Der gute Erblasser [...] wird nichts zu beklagen haben, da seine Werke in ein opus magis proximum umgewandelt werden. [...] Sie werden uns also über die Rendite des Collegium informieren können und auch, als weiser Kavalier und unser guter Freund, uns ihre weise Meinung über diese Idee mitteilen [...].[13]

Lambertini erhielt die gewünschten Informationen und verfolgte den Gedanken an eine größere Zuwendung für das Institut stetig weiter. Als Hauptmotivation bricht dabei immer wieder der Wunsch und die Hoffnung durch, mit dem Institut an Bolognas ruhmreiche Vergangenheit als Hort der Gelehrsamkeit anzuknüpfen:

Wenn Gott uns hilft, daß wir ihm [dem Institut] vor unserem Tod eine kleine Zuwendung machen können, ist es imstande, unsere Vaterstadt berühmt zu machen, wie sie zu anderen Zeiten für die Universität berühmt war, für die es nun keine Abhilfe gibt [...][14]

Der Papst hatte die Vorbereitung seines Dekrets, in dem er die Mittel des Collegio Panolini umwidmete, weitgehend delegiert, hielt die Angelegenheit aber »von nicht geringer Bedeutung« und behielt sich selbst die »letzte Hand« vor.[15] Mit der Vorbereitung hatte er den Legaten in Bologna betraut, der seinerseits Paolo Magnani mit der genauen Ausarbeitung beauftragte, jedoch auch bei Beccari als einer zentralen Persönlichkeit in Institut und Akademie Rat einholte. Auch Galeazzi, Anatom und Physiker, wurde von Rom aus in die Überlegungen einbezogen. Damit wirkten die beiden aktivsten und wissenschaftlich profiliertesten Bologneser Wissenschaftler an der Umgestaltung mit. Kernstück des päpstlichen Dekrets war neben der dauerhaften Sicherung einer bescheidenen finanziellen Selbständigkeit des Instituts die Bereitstellung von 20 »Pensionen«, Jahresgehältern, die bestimmten ausgewiesenen und aktiven Akademiemitgliedern zukommen sollten. Beccari und Galeazzi drangen auf einer vom Legaten einberufenen Konferenz darauf, die Zahl der vorgeschriebenen Akademiesitzungen von zehn auf zwanzig zu verdoppeln, so daß jeder der »Pensionari« auf einer Sitzung über seine Forschungen vortragen konnte. Auf diese Weise konnten sie hoffen, beide Hauptkrankheiten der Akademie, die mangelnde Zahl von

Vorträgen und die bloß sporadischen Sitzungen in den letzten fünf Jahren, mit einem Schlag zu kurieren.[16]

Bassis Aufnahme unter die Accademici Benedettini

Die Vorbereitungen für die Reform von Akademie und Institut blieben neben der offiziellen Einweihung Beccaris und Galeazzis natürlich auch den übrigen Bologneser Wissenschaftlern nicht verborgen. Bassi muß erkannt haben, daß sich hier eine einzigartige Gelegenheit bot, ihren Status innerhalb der institutionalisierten Wissenschaftlergemeinde entscheidend zu festigen. Struktur und Hierarchie der professionell mit Wissenschaft befaßten Bologneser wurden auf Jahre hinaus neu festgelegt. Ein solcher Umbruch bot Bassi viel eher als der normale Wissenschaftsalltag die Chance, ihre Partizipation an diesem Geschehen zu vertiefen. Für die Umsetzung ihres Zieles wandte Bassi das Mittel an, das sie in den Belangen anderer nun schon mehrfach und erfolgreich erprobt hatte: Sie schrieb – erstmals in eigener Sache – nach Rom an Flaminio Scarselli.[17]

Die Geschichte von Bassis Aufnahme unter die Accademici Benedettini ist in einem neueren Aufsatz als gelungene Transaktion innerhalb des klassischen Patronagemodells gedeutet worden.[18] Das Anliegen dieses Kapitels wird es hingegen sein, aufzuzeigen, daß eine solche Deutung nur *eine* Seite des Geschehens berücksichtigt. Wohl ist die Patronage–Sphäre, konstituiert durch Benedikt XIV. als Patron, Scarselli als Vermittler und Bassi als Klientin, wesentlich für die Abläufe, aber sie umfaßt nicht die ganze Dynamik des Geschehens. Bassis Erfolg gründet sich nicht nur auf eine erfolgreiche Patronage–Transaktion, sondern verdankt sich entscheidend auch der Fürsprache und Mitwirkung ihrer späteren Kollegen. Diese zweite Sphäre, die den Charakter eines informellen Netzwerkes unter den Bologneser Wissenschaftlern im Umkreis von Institut und Akademie hat, trägt im Frühsommer 1745 wesentlich zu Bassis Aufnahme unter die Benedettini bei. Zwei soziale Sphären mit ihren je eigenen Strukturen und Rollenvorstellungen für Bassi interagieren hier positiv in dem Sinn, daß ihre Wechselwirkung Bassis Handlungsspielräume erweitert und ihr eine neue soziale Rolle ermöglicht. Wie das folgende Teilkapitel noch zeigen wird, konnte die Interaktion genau derselben Sphären auch zu ganz anderen Ergebnissen führen. Bassi also schrieb im April 1745 an Scarselli:

Dieses Mal bewegen mich weder Mönche noch Nonnen, Sie zu belästigen, verehrter Herr Doktor: Das ganze Übel kommt von mir, somit werden Sie auch nur mit mir Ihre Querelen austragen. Kurz, ich muß Sie um einen Gefallen für mich bitten und werde Sie vielleicht in Erstaunen versetzen. Ich, die ich in jeder Weise die allgemeine Desillusionierung hinsichtlich meiner Person wünschen muß, bedarf nun des Wunsches, noch ein wenig die würdigste Person, die es gibt, im Irrtum zu lassen, und mich nun für diese schöne Angelegenheit gerade

Ihrer zu bedienen. Sie werden besser als ich die vorteilhaften Pläne Seiner Heiligkeit für unsere Akademie kennen, worunter auch der ist, eine Anzahl von Pensionären (*pensionari*) zu bestimmen, die jedes Jahr in der Akademie eine Dissertation vortragen müssen. Diese werden, 20 an der Zahl, von Unserem Herrn ernannt werden, doch soll nach dem, was ich höre, die Ernennung sich von hier vollziehen und von Seiner Heiligkeit lediglich bestätigt werden. Ich weiß, daß ich nicht unter den Nominierten bin, und ich freue mich darüber, wenn meine Ernennung die Ausschließung von einem jener hätte kosten müssen, die sich dort befinden, und die so viel mehr als ich eine solche Ehre verdienen. Aber dennoch läge es im Willen Seiner Heiligkeit, mich in jene Reihe aufzunehmen, wie ich außer der Reihe in die Universität gesetzt wurde, also als eine zusätzliche (*per un sopra più*). Das ist also die Täuschung, in der ich Sie mit vollem Vertrauen und Vertraulichkeit bitte, Unseren Herrn zu belassen, d.h. also die gute Meinung, die er aus reiner Güte von mir hatte, da sie mir in dieser Gelegenheit ziemlich nützlich sein kann. Und niemand kann besser als Sie dem Papst eingeben, mir gleichsam aus eigener Intiative darauf eine Bekräftigung zu geben. Ich bin durch berechtigte Gründe gezwungen, Ihnen solche Mühe zu machen, denn seit Jahren finde ich mich wegen der Machenschaften von einigen wenigen in Umständen, die in gleicher Weise meinem Nutzen und meinem Ansehen schädlich sind, wie ich anderweitig besser darlegen werde; und gerade hinsichtlich des letzteren, das jedem unter den weltlichen Dingen das teuerste ist, sehe ich mich verpflichtet, einige besondere Sorgfalt aufzuwenden. Dann kommt hinzu, daß ich zwar Material bereit habe, um der Akademie mehrere Dissertationen zu liefern, es aber in den vergangenen Jahren angesichts der Schwierigkeit, bestimmte Experimente mehrere Male zu wiederholen, die besondere Wetterbedingungen erfordern, nicht habe vollenden können; und ich würde dann nicht wollen, daß ich, indem ich einige Abhandlungen unmittelbar nach der Einrichtung der pensionari machte, auch nur einen Schatten von Gehässigkeit auf mich zöge; aus Angst, daß vielleicht jemand vermuten könnte, daß ich nach einer der ersten Vakanzen dieser Stellen trachtete. Durch diesen Verdacht würde mir auch der geringe Verdienst entrissen, mit dem, was meine Schwachheit erlaubt, meine Schuldigkeit gegenüber der Akademie zu erfüllen.[19]

Bassis Brief zeigt neben einer komplexen, mehrschichtigen Argumentation auch einen inneren Bruch in dem Verhältnis zwischen ihrer Argumentation und der Protektion, um die sie Scarselli bittet.

Das Schreiben beginnt mit der obligatorischen, etwas kokettierenden Bescheidenheitsfloskel, die auch im weiteren Verlauf des Briefes wieder aufgenommen wird: Die Wertschätzung des Papstes für Bassi beruht demnach auf einer »Täuschung«, die sie aber aufrechterhalten möchte, um ein bestimmtes Ziel zu erreichen. Bassi ist sich also, auch durch die rhetorische Verhüllung noch erkennbar, der päpstlichen Gunst bewußt. Diese Gunst möchte sie mit Scarsellis Hilfe in eine konkrete Maßnahme umgesetzt sehen, die Hinzufügung ihres Namens zur Liste der auserkorenen *pensionari*, jener Gruppe von Akademiemitgliedern, die für ihre Zugehörigkeit und regelmäßigen Berichte über eigene Forschungen fortan ein jährliches Gehalt empfangen sollten. Bassi ist bekannt, daß die Vorbereitung der Reform einschließlich der Nominierung der Kandidaten in den Händen des Legaten liegt, und daß sie bislang nicht für eine solche bezahlte Stelle berücksichtigt wurde. Sie bittet Scarselli, auf eine direkte Intervention des Papstes hinzuwirken, der sie in eigener Entscheidung *sopra numero*, zusätzlich zu den anderen, mit einer solchen Pension versehen könnte. Bassis Verweis auf die Universität impliziert dabei nicht nur den Hinweis, daß eine andere Institution ihr schon eine bezahlte Stelle verliehen habe, der Papst sich also auf einen Präzedenzfall berufen könnte. Er stellt vor allem eine Strategie zur Konkurrenzvermeidung bei limitierten Ressourcen dar.[20]

Im Anschluß an ihre Bitte formuliert Bassi ihre Beweggründe. Dabei arbeitet sie sowohl mit auf ihre Person zugeschnittenen spezifischen Argumenten als auch mit Gründen, die jeder andere ebenfalls hätte anführen können. Insbesondere ihre Bemerkung, daß sie um ihr Ansehen bedacht sei, das »jedem unter den weltlichen Dingen das teuerste ist«, rückt sie in eine Reihe mit anderen Akademiemitgliedern, die sich ebenfalls um eine bezahlte Position bemüht haben werden. Etwas dunkel bleibt ihr Hinweis auf die erlittenen Widrigkeiten und Behinderungen, sie macht jedoch unmißverständlich klar, daß sie ihre Lebensumstände als unangemessen für ihre Rolle im Bologneser Leben empfindet. Und ebenfalls unmißverständlich ist der Hinweis auf ihre wissenschaftliche Qualifikation, der in der Andeutung einer möglichen Leistungsverweigerung bei Ablehnung ihrer Bitte gipfelt. Da die Förderung der katastrophal eingebrochenen wissenschaftlichen Produktivität oberstes Ziel der Reform des Papstes war, spielt sie damit die sicherste Trumpfkarte. Daß sie bislang in der Akademie nicht vorgetragen hatte, war mit dem Hinweis auf die langwierige empirische Vorgehensweise und auf die Diskriminierung, die ihr durch einige zuteil geworden war, mehr als hinreichend erklärt.

Bassis Argumentation erweckt den Eindruck eines gefestigten Selbstvertrauens und großer Zielstrebigkeit. Sie weiß, was sie will, und sie weiß, wie sie überzeugend dafür argumentieren kann. In einem gewissen Spannungsverhältnis dazu steht ihre Zurückhaltung bezüglich der von ihr gewünschten Förderung. Sie verzichtet von vornherein auf den Wunsch nach einer Gleichstellung mit den anderen *Pensionari*, gibt sich vielmehr – rhetorisch und statusmäßig – mit einer Appendixposition zufrieden. Diese Strategie ist unter dem Aspekt der Konkurrenzvermeidung wohl verständlich, in Anbetracht ihrer selbstbewußten Argumentation dennoch verblüffend. Daß der Papst schlicht die Zahl der regulären Stellen von 20 auf 21 erhöhen könnte, scheint ihr gar nicht in den Sinn zu kommen. Mit ihrer Bitte um Aufnahme als zusätzliches Mitglied aber transferiert Bassi die geschlechterdifferenzierende Struktur der Universität, wo sie eben auch als Frau *sopra più* aufgenommen worden war, auf die neu zu gründende Elitegruppe. Sie nimmt so in Kauf, daß auch andere Aspekte ihrer Sonderstellung wie etwa das *ratione sexus* ausgesprochene Vorlesungsverbot übertragen werden.

Scarsellis Antwort, die entsprechend dem in dieser Zeit zwischen ihm und Bassi üblichen Korrespondenzrhythmus eine Woche später verfaßt wurde, ist in mehrfacher Hinsicht aufschlußreich. Zum einen ist ihr die wichtige Sachinformation zu entnehmen, daß Bassi zu diesem Zeitpunkt unverändert nur sporadisch, aber nicht regelmäßig Vorlesungen hielt.[21] Zum zweiten versichert Scarselli die Bittstellerin seiner Sympathie und Unterstützung für ihr Anliegen. Die Unterstützung allerdings hat rein unverbindlichen Charakter, verweist Scarselli Bassi doch nach Bologna zurück:

Die Angelegenheit, um die es sich handelt, ist in den Händen des Herrn Kardinal Legaten, der Unserem Herrn seine Meinung mitteilen muß. Nun dürfte aber nichts einfacher sein als das Gemüt Seiner Eminenz, der Sie gut kennt und schätzt, dazu zu bewegen, Ihre Hinzufügung zu den Pensionären vorzuschlagen, als über der Zahl [*sopra numero*], in der Weise, wie Ihnen über der Zahl der 72 der Lehrstuhl für Allgemeine Philosophie zugewiesen wurde. Ein effizienter und ehrenwerter Freund (es kommt Ihnen nicht zu, das zu übernehmen) könnte das tun [...][22]

Scarsellis Hinweis auf den Legaten als Entscheidungsträger ist sachlich korrekt, stellt aber nichtsdestoweniger eine Ablehnung von Bassis Patronagegesuch dar. Denn auch Bassi wußte (und hatte erwähnt), daß der Legat die Liste der erwählten *Pensionari* zusammenstellte. Sie hatte sich trotzdem mit der Bitte um persönliche Intervention des Papstes nach Rom gewandt. Daraus läßt sich schließen, daß sie in Bologna keinen geeigneten Vermittler für Patronage beim Legaten gefunden hatte. Hinzu kommt, daß Scarselli, wenn er die Intervention beim Legaten wirklich für strategisch klüger gehalten hätte, mit der Bologneser Situation vertraut genug war, um ihr konkret einen geeigneten Vermittler zu nennen; wahrscheinlich hätte er auch ohne weiteres selbst den Legaten für Bassi bitten können. Unter Berücksichtigung seiner Vertrautheit mit den Verhältnissen in Bologna und in Rom nimmt sein Ratschlag daher eher den Charakter einer Verweigerung von Bassis Bitte an. Ein Grund dafür läßt sich aus der Quellenlage nicht erschließen.

Daß die Auffindung eines »effizienten und ehrenwerten Freundes« in Bologna durchaus nicht so einfach war, wie Scarselli es in seinem Brief dargestellt hatte, zeigt sich an Bassis Antwortschreiben, entgegen dem üblichen wöchentlichen Korrespondenzrhythmus erst 14 Tage später verfaßt:

Ich habe bisher die Antwort auf Ihren sehr freundlichen Brief hinausgezögert, weil ich Ihnen gleichzeitig vom Ausgang einer Unternehmung bei Seiner Eminenz hinsichtlich der bewußten Angelegenheit berichten wollte. Aber die Schwierigkeit, angesichts des Feingefühls, das ein solcher Schritt erfordert, und des Geheimnisses, das um diese Sache gemacht wird, von der nur wenigen berichtet wird, eine geeignete Person zu wählen, die guten Erfolg verspricht, hat mehr Zeit gebraucht als ich dachte. Und so wollte ich es nicht mehr aufschieben, Ihnen unendlich zu danken für das Interesse, das Sie für meine Sache zu zeigen geruht haben, den weisen Rat, mit dem Sie sie begleiten und die freundliche Bereitschaft, sie bei Gelegenheit zu unterstützen. Ich werde inzwischen jede Sorgfalt aufwenden, damit der Schritt getan wird, solange die Papiere in der Hand des Kardinal Legaten sind, und Ihnen sofort über das Resultat berichten.[23]

Ein solcher Bericht blieb allerdings aus, die Angelegenheit schleppte sich ohne greifbares Resultat dahin. Dann, zweieinhalb Wochen später berichtete Scarselli Bassi über eine direkte Intervention beim Papst von seiner Seite aus:

Die Papiere des Herrn Kardinal Legaten für das Institut sind gekommen. Unser Herr hat geruht, sie mir zu zeigen, und zu meinem größten Mißfallen habe ich gefunden, daß Sie dort nicht erwähnt werden. [...] Aber nachdem es sich glücklicherweise begeben hat, daß Seine Heiligkeit mir nicht nur die Papiere gezeigt hat, sondern mir auch noch die Freiheit gewährt hat, diesbezüglich zu bemerken, was meiner Schwachheit vorzuschlagen angemessen schiene, habe ich neben anderen Bemerkungen auch Ihren Namen genannt. Ich habe ausgemalt, wie angemessen es wäre, Ihnen doch den Bereich offen und frei zu lassen, in dem Sie mit Veröffentlichungen in den Annalen der Akademie auftreten, der Sie schon so lange Zeit angehören, indem man Sie außerhalb, oder über der Zahl der Akademiemitglieder mit Pension, der Benedettini, deklariert, wie es auch mit dem Lehrstuhl [an der Universität] gemacht wurde. Möge es Gott gefallen, daß Seine Heiligkeit diesen meinen Vorschlag, der für Vaterstadt und Institut so ehrenvoll ist, berücksichtigt, wie er es verdient. Und um mir nichts vorwerfen zu müssen, habe ich schon vorgesorgt und habe, wer auch immer um Unseren Herrn herum ist, zu höchster Wohlgeneigtheit überzeugt. Ich bitte Sie sehr, niemanden sonst ins Vertrauen zu ziehen außer Ihrem Herrn Gatten, auf dessen Verschwiegenheit ich vertraue, und sich zufriedenzugeben, wenn nicht mit etwas anderem, so mit meinem guten Willen oder vielmehr dem ehrlichen Wohlgefallen, vermittelst Ihrer tatkräftigen Bemühungen, die Zierde und den Schmuck meiner Vaterstadt und der Akademie der Wissenschaften zu vergrößern.[24]

Scarselli hat also schließlich doch eine Gelegenheit für eine Intervention zu Bassis Gunsten gefunden und wahrgenommen. Dabei hat er sich nicht nur auf die Fürsprache beim Papst beschränkt, sondern auch mit allen, die ständig um den Papst waren und entsprechenden Einfluß hatten, Kontakt aufgenommen. Dies alles spiegelt nichts mehr von der Beschränkung auf gute Ratschläge, die er einen Monat zuvor praktiziert hatte. Seine geänderte Haltung kann jedoch nicht nur durch das fortgeschrittene Stadium der Vorbereitung der Reform bedingt sein. Denn die Kontaktaufnahme mit einflußreichen Personen um den Papst herum wäre auch einen Monat früher schon sinnvoll gewesen, hatte der Papst sich doch die letzte Überprüfung und Absegnung der Pläne ausdrücklich selbst vorbehalten. Bei der Suche nach dem entscheidenden Faktor, der Scarsellis Interventionsfreudigkeit so positiv beeinflußte, tritt ein anderer Brief hervor, den Scarselli nur wenige Tage nach Bassis zweitem Brief (dem Bericht, daß sie bisher nichts erreicht habe) erhalten hatte. Auch dieser Brief warb für eine Aufnahme Bassis unter die Pensionäre. Geschrieben wurde er jedoch weder von ihr noch von ihrem Ehemann, und er beschäftigte sich auch nicht ausschließlich mit ihr. Vielmehr ging es gleich um ein ganzes Maßnahmenbündel, mit dem die päpstlichen Reformpläne aus der Sicht der Bologneser Wissenschaftler noch zu verbessern wären. Diese übergeordnete, über die Belange Einzelner hinausgehende Thematik verleiht ihm umso mehr Gewicht. Der Verfasser ist der bereits vorgestellte Mediziner und Physiker Galeazzi, der ebenfalls einen regelmäßigen Briefwechsel mit Scarselli unterhielt und diese Verbindung für die Vermittlung päpstlicher Gunst und Patronage nutzte.[25] Außerdem aber war er ja zusammen mit Beccari vom Legaten in die Vorbereitung der Reformen einbezogen worden. Dies impliziert eine herausgehobene Vertrauensstellung dieser beiden Wissenschaftler beim Legaten, die ihrer zentralen Bedeutung für die Bologneser Wissenschaftlergemeinschaft voll entspricht. So nimmt es nicht wunder, daß Galeazzi auch in seiner Korrespondenz mit Scarselli die Reformen thematisierte, um die Anliegen, die ihm und Beccari besonders wichtig waren, wirkungsvoll zu unterstreichen. Neben der Anzahl der Akademiesitzungen hatte er im Mai 1745 noch einen anderen, den personellen Aspekt der Reform, im Visier:

Das, was Herr Beccari dem Herrn Kardinal bislang nicht hat ausreichend vor Augen stellen können und weshalb ich Ihnen hauptsächlich, auch von ihm aus, schreibe, ist das offensichtliche Unrecht, das einigen Personen oder Professoren des Instituts oder wohlverdienten [Mitgliedern] der Akademie geschieht, dadurch daß man sie nicht in die Zahl der zwanzig für besagte Dissertationen Vorgesehenen eingeschlossen hat. Ausgeschlossen bleiben Pater Lektor Collina, Professor für Nautik, und Sig.r Vandelli, Professor für Festungsbau, die beide außer dem Verdienst, Professoren am Institut zu sein, auch noch denjenigen haben, daß sie mehrmals Vorträge in der Akademie gehalten haben, [ferner] Sig.r Dr. Laurenti, früherer Professor für Chemie am Institut und einer der Ältesten der Akademie, für die er sich auch wiederholt abgemüht hat, und die Sig.ra Laura Bassi, eine Frau, die durch ihre Tugend ausgezeichnet ist, und durch die Neuigkeiten, die sie zur Zeit für den Vortrag in der Akademie vorbereitet, der sie schon seit langer Zeit angehört, und andere von ähnlichem Wesen.[26] Einer derartigen Unannehmlichkeit könnte man Abhilfe schaffen, indem die Zahl der Erwählten mindestens auf 24 erweitert wird, eine Zahl, die, wenn ich richtig verstanden habe, unter den ersten war, die dort [in Rom] vorgeschlagen wurden. Wenn Sie im Gespräch mit Seiner Heiligkeit [...] Gelegenheit haben, dem Geist Unseres Herrn die Erhöhung auf eine solche Zahl vorzuschlagen, die nicht verschieden ist von dem, was man sagt, daß er selbst erdacht hatte, werden Sie auch die Gelegenheit haben können, die erwähnten Personen vorzuschlagen. Ihr Ausschluß erscheint kränkend für sie und nachteilig für die Akademie, und Sig.r Beccari und ich und die gesamte Akademie (außer den besagten Personen, die von diesem unserem Vorschlag nichts wissen) werden Ihnen sehr verpflichtet sein.[27]

Wie sich an der Liste der ernannten Pensionäre, nach ihrem Stifter *Benedettini* benannt, vom Juni 1745 zeigt, hatte Galeazzi mit seinem Ersuchen Erfolg: Alle vier erwähnten Personen wurden unter die Benedettini aufgenommen, Bassi allerdings *sopra numero*.[28] Dabei war in Galeazzis Schreiben von einer Sonderbehandlung gar nicht die Rede. Galeazzi ging davon aus, daß die Anzahl der Benedettini einfach um vier aufgestockt werden könnte, so daß die vier Genannten den gleichen Status wie die übrigen Benedettini hätten – Bassi eingeschlossen. Explizite Bezüge auf Bassis Geschlecht finden sich hingegen in seiner Argumentationsstruktur, wo er zwischen Bassi und den männlichen Kandidaten unterscheidet. Bei den Männern steht die Verbundenheit mit Institut und Akademie an vorderster Stelle der Argumentation. Aus dieser institutionellen Verwurzelung werden implizit die Verdienste und Qualifikationen im wissenschaftlichen Bereich hergeleitet. Anders bei Bassi: Ihre institutionelle Verankerung ist nicht stark genug, um die Argumentation für sie darauf aufbauen zu können, auf ihre Zugehörigkeit zur Akademie wird nur im Nebensatz hingewiesen. Tragendes Argument ist bei Galeazzi vielmehr die besondere *Tugend* Bassis, wobei er diesen Begriff allerdings nicht weiter entfaltet und auch nicht den Eindruck erweckt, darüber reflektiert zu haben, da er auf die Herstellung jeglichen Bezuges zwischen *Tugend* und wissenschaftlicher Forschung verzichtet.[29] Tragend für die Qualifikation Bassis wird damit ein sachfremdes, aber die weiblichen Verhaltensnormen und Rollenerwartungen beherrschendes Konzept.[30] Dieser Basisqualifikation Bassis nachgeordnet wird dann auch ihre wissenschaftliche Qualifikation aufgeführt, die an ihren laufenden, vor dem Abschluß stehenden Forschungen festgemacht wird. Implizit wird damit, und zwar nur in ihrem Fall, ein Versprechen über zukünftige Vorträge abgelegt. Mit diesem Hinweis auf sicher zu erwartende Vorträge und Forschungen der Kandidatin formuliert Galeazzi das Argument, das beim Papst am meisten zählen mußte. Als vertrauter Freund von Bassi und Verati wußte Galeazzi sicher von Bassis Forschungen und war somit auch ein geeigneter Anwalt in ihrer Sache.[31] Daß er dieses schlagendste aller Argumente aber erst nach der Versicherung der Tugendhaftigkeit anführt, zeugt von der Wirkmächtigkeit der gängigen Normen und Konzepte von Weiblichkeit. Die Wahrnehmung von Geschlechterdifferenz – hier speziell die nur die Frau betreffende Forderung nach *Tugend* – schiebt sich noch vor die Sachargumentation. Bassis Gesuch an Scarselli argumentierte ohne Bezugnahme auf solche Konzepte von Geschlechterdifferenz, jedoch hatte Bassi eine klar geschlechtsdifferenzierende Förderung erbeten. Der Vergleich der beiden Schreiben unter diesem Aspekt liefert somit eine Kreuzstruktur: Bassi begründet ihren Anspruch ohne Rekurs auf Weiblichkeitskonzepte, bittet aber letztlich um die Übertragung der geschlechterdifferenzierenden Universitätsstruktur auf die Akademie. Galeazzi macht keinen Unterschied in der erbetenen Protektion, greift aber für die Begründung an tragender Stelle auf das spezifisch weibliche Tugendkonzept zurück. Bei beiden, Galeazzi und Bassi, sind die Vorstellungen über die Möglichkeiten und Beschränkungen weiblichen Verhaltens so ausgeprägt, daß sie entweder an der einen oder der anderen Stelle in ihre Briefe einfließen.

An Galeazzis Verwendung des »Tugendarguments« ist jedoch noch ein weiterer Aspekt hochinteressant. Eigentlich nämlich ist seine Argumentation als kontraproduktiv einzuschätzen in dem Sinn, daß der Hinweis auf Bassis Tugend ihre Wünsche nach Partizipation am wissenschaftlichen Leben hätte zunichte machen müssen, beinhaltete dieses Konzept doch gerade den Verzicht der Frau auf öffentliches Auftreten und Reden, formulierte es die Beschränkung auf die häusliche Sphäre und die Unterordnung unter den Ehemann, schrieb es die Trennung zwischen weiblichem und männlichem Wirkungsbereich fest.[32] Daß

Galeazzi gerade dieses potentiell restriktive Konzept als Argument *für* Bassis Aufnahme unter die Eliteakademiker verwenden kann, verdeutlicht, daß solche Konzepte und Normen bei aller Präsenz im öffentlichen Diskurs auch den Charakter einer Variablen haben konnten, die je nach Sachzusammenhang in gewünschter Weise gefüllt werden konnte. Konzepte von Weiblichkeit und Geschlechterdifferenz erweisen sich somit als nicht notwendig prohibitiv, sondern – bezogen auf einen konkreten Ort in der Gesellschaft, auf eine Sphäre – als in ihren Auswirkungen gleichsam neutralisierbar.

Bassi selbst scheint von der Unterstützung durch Galeazzis Brief nichts gewußt zu haben. In ihrem Antwortschreiben an Scarselli jedenfalls sieht sie sich in ihrem Vertrauen auf seine Hilfe bestätigt und bedankt sich überschwenglich. Das Vertrauen auf Scarselli habe sie aber nicht abgehalten, versichert sie, seinem Rat gemäß einen Fürsprecher beim Legaten zu suchen, doch seien die Schwierigkeiten sehr groß gewesen. Bassi verwendet viel Sorgfalt darauf, ihren Fürsprecher davon zu überzeugen, daß sie seine Ratschläge ernst nimmt, um die Patronagebeziehung nicht zu gefährden. Scarselli seinerseits wehrt sich in seinem nächsten Brief dagegen, daß ihm

»der ganze Ruhm zufällt, in Ihrer Wahl in die Accademica Benedettina sopra numero die Vorteile meiner Vaterstadt und des Instituts und der Accademia delle Scienze [...] befördert zu haben.«[33]

Er weist sie außerdem darauf hin, daß im päpstlichen Dekret explizit von ihren fertigen Dissertationen (Akademievorträgen) die Rede sei und bittet sie, das in sie gesetzte Vertrauen nicht zu enttäuschen. Bassis Antwort ist ein Zeugnis ihrer auch schon an anderen Stellen deutlich gewordenen diplomatischen Begabung. Sie dankt Scarselli nochmals für seinen Einsatz und fährt fort:

Ich weiß sehr genau, wie ehrenvoll diese Wahl für mich ist, mit der Seine Heiligkeit mich dank Ihrer gewürdigt hat, und ebenso [gut weiß ich], was der dort angegebene Grund von mir verlangt. Aber wie ich mir diese Ehre nicht ohne den Anstrich von Anmaßung hätte verschaffen können, wenn die Ihnen schon bekannten Gründe mich nicht dazu gezwungen hätten, so würde ich mich auch nicht rühmen, der Verpflichtung, die daraus erwächst, voll zu entsprechen, wenn ich nicht hoffte, daß eher der gute Wille als das Werk angesehen werde.[34]

In diesem einzigen Satz läßt sie sowohl die ihr zugefügten Widrigkeiten anklingen (die einen Anspruch auf Kompensation begründen und sie indirekt in diese ehrenvolle Position gebracht haben) als auch die Bescheidenheitsetikette spielen, wobei nicht klar wird, ob sie der Konvention gehorcht oder wirklich die Erwartungen an sich herunterschrauben will. In jedem Fall schiebt sie den Druck, den Erwartungen gerecht werden zu müssen, zu einem guten Teil von sich weg. Auf solches understatement reagiert Scarselli mit einer weiteren Versicherung, ihm habe ausschließlich »der Ruhm meiner Vaterstadt und die Glorie der Akademie vor Augen gestanden« und er sei »gewiß, daß das Werk den guten Willen übertreffen wird«[35]. Damit stellt er die Beförderung Bassis in die Tradition ihrer bisherigen Rollenvorgabe, die Vergrößerung der Ehre Bolognas. Diese Anknüpfung hatte sicher eine apologetische Funktion nach außen hin, sie half aber auch Bassi, die Aufnahme in die Elitegruppe nicht als Ergebnis unbändigen persönlichen Ehrgeizes zu sehen, sondern als Teil ihres Lebens als »Bologneser Minerva«, und sie somit auf den vertrauten und anerkannten Lebensentwurf zurückzuführen.

Bassis Weg in die Gruppe der Benedettini vollzog sich also im Kontakt nicht nur mit der Sphäre ihrer Patronagebeziehungen, sondern auch mit der Sphäre ihrer Bologneser potentiellen Kollegen. Es ist sogar erst der Fürsprache der letzteren zu verdanken, daß Bassis Patronagegesuch zum gewünschten Erfolg führte. Das Verständnis und die Solidarität von Galeazzi und anderen waren Bassi bei der Verwirklichung ihres Lebensentwurfes eine entscheidende Unterstützung. Wie allerdings das nächste Kapitel zeigen wird, hatte diese Solidarität auch ihre Grenzen.

2. Die Kontroverse um Bassis Wahlrecht in der Akademie

Nach Galeazzis Intervention war, wie berichtet, die vorgesehene Zahl von zwanzig bezahlten Akademiestellen um vier erhöht worden. Da neben den anderen Professoren des Instituts auch der Inhaber der von Benedikt XIV. bei dieser Gelegenheit neu geschaffenen Professur für Chirurgie zu den Benedettini gehörte, betrug ihre Anzahl schließlich insgesamt 25. Von diesen kamen 13 bzw. nach der Einrichtung einer Professur für Anatomie 1747 dann 14 kraft ihres Amtes in diese Position, nämlich die Professoren des Instituts – für Physik, Chemie, Naturgeschichte, Astronomie, Festungsbau, Nautik, Chirurgie und später Anatomie –, ihre Stellvertreter, soweit vorhanden – für Physik, Chemie, Naturgeschichte, Astronomie –, der Präsident des Instituts und der Sekretär. Der Papst hatte damit noch ein weiteres Anliegen verwirklicht, das ihn lange bewegt hatte, nämlich eine höhere Dotierung der Institutsprofessuren.[36] Die übrigen Positionen sollten beim Ausscheiden oder Versterben eines Mitglieds von den Benedettini selbst wieder besetzt werden, wobei der Papst ihnen die auch von ihm selbst für die erste Auswahl angewandten Kriterien ans Herz legte.[37] Unter den vom Papst ernannten Mitgliedern waren auch Pier Francesco Peggi, der mit der Akademie nicht verbunden, aber ein enger Freund des Papstes war, sowie, zusammen mit einigen anderen wissenschaftlich aktiven Medizinern, Giuseppe Verati. Der Status von Bassi wurde hingegen im päpstlichen Dekret, einem sog. *Motuproprio*, nicht präzise definiert:

Ihnen allen [d.h. den 24 ernannten Benedettini, die vorher aufgezählt wurden] fügen wir über die Zahl hinaus (*sopra numero*) die Dottoressa Laura Bassi hinzu, öffentliche Lektorin und Akademiemitglied des Instituts, die, wie wir wissen, Material für mehrere Dissertationen bereit hat; und auch ihr soll die Prämie von 50 bzw. 100 Liren[38] gezahlt werden, wenn auch sie ihre Dissertationen abhält, und nicht anders. Und wir erklären, daß wir bei der Nominierung nicht nur die besondere Begabung und Gelehrtheit der Ernannten [Accademici Benedettini] berücksichtigt haben, sondern auch unsere feste Zuversicht bezüglich ihrer zukünftigen Anwesenheit bei den Akademiesitzungen und ihrer öffentlichen Vorträge.[39]

Bassi wird sowohl sprachlich als auch inhaltlich klar von den anderen Benedettini unterschieden: sprachlich dadurch, daß sie der Liste ganz zum Schluß »über die Zahl hinaus hinzugefügt« wird, inhaltlich, da sie die einzige ist, bei der auf das Material für abzuliefernde Dissertationen hingewiesen wird. Sie wird mit dieser öffentlich formulierten Begründung, wie Scarselli schon angedeutet hatte, stärker als die anderen Benedettini in die Pflicht genommen, ihre Vorträge zu halten.[40] Dies ist insofern verständlich, als in ihrem Fall nur die Aussicht auf diese Vorträge und nicht die bisherigen Leistungen ihre Aufnahme unter die Benedettini begründet haben.

Bassis gegenüber den anderen Benedettini herausgehobene Position geht vermutlich direkt auf die von ihr selbst vorgetragene Bitte auf Aufnahme *sopra numero* zurück und ist nicht als Konsequenz der Konzepte von Geschlechterdifferenz innerhalb der Patronage–Sphäre zu sehen. Benedikt XIV. nämlich war gegenüber der Partizipation von Frauen am wissenschaftlichen Leben aufgeschlossen, ja förderte sie aktiv. Sein Engagement beschränkte sich dabei nicht auf die Unterstützung Bassis, sondern er setzte 1750 gegenüber dem Bologneser Senat auch die Ernennung von Maria Agnesi zur Universitätsprofessorin für Mathematik durch.[41] Über die Gründe für diese päpstliche Frauenförderung geben die Quellen keinen direkten Aufschluß, was gelegentlich zur Äußerung höchst unqualifizierter Spekulationen geführt hat.[42] Nun war die Förderung von wissenschaftlich engagierten und produktiven Wissenschaftlern Teil von Benedikts XIV. umfassendem Programm zur Reform des Kirchenstaates, und es tat den wissenschaftlichen Errungenschaften in seinen Augen keinen Abbruch, wenn es sich dabei um Frauen handelte.[43] Am Beispiel Bassis hatte er als Bologneser Erzbischof beobachten können, daß eine Frau in besonderer Weise zum Inbegriff von Gelehrsamkeit und wissenschaftlichem Eifer werden konnte. Seine grundsätzlich positive Haltung gegenüber gelehrten Frauen kann durchaus in dieser ersten persönlichen und äußerst positiven Erfahrung mit Bassi 1732 begründet worden sein.

Daß die Unklarheit über Bassis Status über kurz oder lang zu Auseinandersetzungen führen mußte, ist offensichtlich. Denn alle, die sich insgeheim über diese Frau in ihren Reihen ärgerten oder sie jedenfalls nicht fördern wollten, konnten ihren Einfluß dahingehend geltend machen, Bassis Sonderstatus bei jeder Gelegenheit zu betonen. Bassi hingegen mußte daran gelegen sein, die Differenz zwischen ihr und den männlichen Benedettini möglichst zu minimieren. Die stärkste Dynamik entfaltete diese Konfliktlage in einem erhitzten Streit gegen Ende des Jahres 1745, sie machte sich aber schon früher bemerkbar.

Auf einer außerordentlichen Akademiesitzung mitten in der Sommerpause wurde das päpstliche Dekret den Mitgliedern offiziell bekanntgegeben. Die Inhalte der Reform sind im Protokoll in Anlehnung an das Motuproprio vom Juni festgehalten. Wiederum wird Bassi in der Auflistung der Mitglieder der neugegründeten Elitegruppe deutlich von den übrigen Benedettini unterschieden. Den sichtbarsten Ausdruck findet diese Unterscheidung darin, daß ihr Name bei der im Protokoll enthaltenen Liste der Mitglieder der neuen Gruppe nicht mit auftaucht, weil sie im Text vorher bereits erwähnt wurde. Die sachlich motivierte Differenzierung zwischen Bassi und den übrigen Benedettini drückt sich hier in einer Weise aus, die Züge einer Ausgrenzung annimmt.[44]

Die Akademie setzte auf dieser Sitzung außerdem einen Ausschuß aus sechs erfahrenen Mitgliedern ein, um die päpstlichen Anordnungen konkret umzusetzen. Ihm gehörten u.a. Bazzani, Galeazzi und Beccari an. Auf dem ersten Treffen dieser Kommission drei Tage später ging es um die Festlegung der Vortragstermine für die einzelnen Benedettini, damit der Akademiebetrieb nach der Sommerpause auch wirklich anlaufen konnte. Die Reihenfolge der Vorträge wurde durch das Los festgelegt, die Zahl der abzuhaltenden Sitzungen abweichend von den 23 im Dekret geforderten auf 24 festgesetzt, »in jeder von welchen ein Benedettino vortragen soll«.[45] Ferner wurde beschlossen,

daß die Sig.ra Laura Bassi an einem der Tage vortragen soll, die schon für die anderen Benedettini vorgesehen waren; und das [wurde beschlossen], um die Anzahl der Sitzungen nicht zu erhöhen.[46]

Eine zwiespältige Entscheidung: Einerseits hatte Bassi das Privileg, ihren Vortragstermin frei wählen zu können und nicht dem Los unterworfen zu sein, was ein Akademiemitglied im ungünstigsten Fall zu zwei Vorträgen binnen sechs Monaten verpflichten konnte. Andererseits aber gab es für ihren Vortrag keine eigene Sitzung, wie es bei allen anderen Benedettini der Fall war. Dies beinhaltet eine Abwertung, zumal Bassi auch *nach* einem anderen Benedettini vorzutragen hatte. Zwar waren auch für die anderen Sitzungen weitere Vorträge nach dem des Benedettino vorgesehen, aber eben von Nicht–Benedettini, jüngeren oder weniger ausgewiesenen Mitgliedern der Akademie, die sich dadurch auch qualifizieren konnten.[47] Was auch immer die Absicht der Kommission war – denn der Hinweis, die Zahl der Sitzungen nicht weiter erhöhen zu wollen, wirkt angesichts der soeben beschlossenen Erhöhung von 23 auf 24 nicht überzeugend –, mit diesem unscheinbaren Beschluß konstituierte sie einen grundlegenden Unterschied zwischen Bassi und den männlichen Benedettini.

Falls Bassi diesen Beschluß oder die Abwesenheit ihres Namens von einigen offiziellen Listen als diskriminierend empfand, hatte sie keine wirksame Möglichkeit, sich zu wehren. Sie konnte höchstens privat Männer wie Galeazzi oder Beccari bitten, ihre Rechte zu respektieren, wofür es in den Quellen jedoch keinen Anhaltspunkt gibt.

Die von der Akademie eingesetzte Kommission erarbeitete ferner Vorschläge zur Umstrukturierung der Akademie und zur Beschränkung der Mitgliederzahl.[48] Im November schließlich wurden diese Vorschläge der Akademie unterbreitet und beschlossen. Einer der behandelten Punkte betraf die Modalitäten für die Nachwahl eines Benedettino:

Die einberufene Wahlsitzung ist nicht gültig, wenn daran nicht mindestens 16 Benedettini teilnehmen, und die Wahl muß geheim sein. Auch das päpstliche Dekret interpretierend, verstand man, daß die Sig.ra Laura Bassi von der Stimmabgabe in der Wahl der Benedettini ausgeschlossen werden müßte.[49]

Weder Bassi noch Verati waren auf dieser Sitzung anwesend und konnten Bassis Rechte somit nicht verteidigen. Offensichtlich jedoch war die Akademie sich in ihrer Interpretation des päpstlichen Willens weniger sicher, als das Protokoll erkennen läßt. Galeazzi wurde nämlich beauftragt, im Namen der Akademie nach Rom zu schreiben, um die Meinung des Papstes zu erkunden. Bereits am folgenden Tag schrieb er an Scarselli:

Ich weiß, daß Ihnen mit derselben Post [...] auch der Sig.r Dott. Veratti oder die Sig.ra Laura, seine Gattin, schreiben werden bezüglich der Frage, die in einer bestimmten Sitzung [...] aufgekommen ist. An dieser Zusammenkunft haben die beiden Obengenannten, obwohl vom Sekretär nachdrücklich eingeladen, nicht teilgenommen. Die Frage war, ob kraft des päpstlichen Dekrets, das über die Zahl der 24 Benedettini noch die Sig.a Laura zuläßt, diese nicht nur an den literarischen Übungen teilnehmen und Dissertationen vortragen und die Bezüge genießen kann, die die Güte Unseres Herrn dafür den anderen Benedettini zugestanden hat, sondern [ob sie] auch an allen anderen Zusammenkünften teilnehmen [kann], die die Wahl des Akademiepräsidenten oder von anderen Benedettini [...] etc. betreffen. Der größte Teil, um nicht zu sagen, alle Versammelten waren der Meinung, daß man das aus den Worten des Dekrets nicht ableiten könnte, sondern vielmehr das Gegenteil verstehen müßte, d.h. daß sie nur an den literarischen Übungen teilnehmen kann [...] Aber da die Interpretation des Sinnes des Principe in einer vielleicht nicht ganz klaren Sache den Obengenannten nicht zukommt, wurde es unter allgemeiner Zustimmung für nötig befunden, in dieser Angelegenheit den Sinn und die Absicht Unseres Herrn zu erforschen. Man wandte sich dafür an mich und beauftragte mich, entweder über Sie oder über Mons. Leprotti eine solche Erklärung zu besorgen, um jedem Streit den Boden zu entziehen. Ich bitte Sie, [...] gemeinsam über die Art und Weise und eine günstige Zeit, es vor den Füßen Unseres Herrn auszubreiten, nachzudenken.[50]

Galeazzis Brief ist äußerst vorsichtig formuliert, sowohl in der zur Debatte stehenden Angelegenheit, als auch bezüglich des weiteren Vorgehens der Akademie. Dies ist verständlich, da das Eingeständnis eines Streits innerhalb der Gruppe, die er gerade so großzügig bedacht hatte, gegenüber Benedikt XIV. nicht ohne Risiko war. In reduziertem Maß existierte dieses Risiko auch gegenüber den Vermittlern Scarselli und Leprotti. Um es sowohl für sich als auch für die Akademie möglichst gering zu halten, verwies Galeazzi auf sein Mandat zum Schreiben und warb um Verständnis für die Konfliktparteien.

Bassi, die in der Tat drei Tage später ebenfalls an Scarselli schrieb, läßt in dieser Hinsicht weniger Bedenken erkennen. Sie beruft sich auf Scarsellis Versicherung seiner Gunst und Unterstützung und nutzt damit die Rhetorik des Patronageverhältnisses für die Rechtfertigung ihres neuerlichen Anliegens. Offensichtlich war Bassi nicht gewillt, die Verweigerung ihres Wahlrechts als Bagatelle zu betrachten. Nachdrücklich unterstreicht sie ihr Interesse an diesem Recht und begründet damit ihre Ungläubigkeit, daß Benedikt XIV. ihr gerade dieses habe verweigern wollen:

Letzte Woche fand im Institut eine Sitzung statt, an der wegen des extrem schlechten Wetters weder mein Mann noch ich, die wir im übrigen immer dort hingehen, teilnehmen konnten. Als man zufällig über die Zahl der für Neuaufnahmen nötigen Stimmen sprach, kam Zweifel auf, ob auch ich, wenn anwesend, daran teilnehmen sollte. Den Grund zu diesem Zweifel bildete der Umstand, daß ich von Unserem Herrn den 24 über die Zahl (sopra numero) zugefügt worden bin, weshalb es einigen schien, daß ich in solchen Fällen doch von dieser Gruppe abgetrennt bleiben sollte. [...] Was mich betrifft, scheint mir, daß die rechtmäßige Bedeutung dieses sopra numero die sei, daß mein Platz nicht wieder besetzt wird, und sonst nichts. Und da man mir in der Akademie der Philosophen [...] das Wahlrecht und die anderen allgemeinen Privilegien zugestanden hat, und ebenso im Kolleg bei den Promotionen, sehe ich nichts, was mich von dem ausschließt, was dieser neuen Gruppe der Accademici Benedettini gewährt wird. Auch kann ich nicht glauben, daß die einzigartige Güte Unseres Herrn, nachdem er durch Sie geruht hat, mich als Teilhaberin dessen zu wollen, was seiner obengenannten Akademie zukommt, mich dann kommentarlos ihres schönsten Vorrechts, nämlich der Teilnahme an der Wahl neuer Mitglieder, hat berauben wollen. [...] Wenn die Entscheidung günstig ausfällt, [...] bitte ich Sie, damit die Sache formgerecht vonstatten geht, an Sig. Galeazzi zu schreiben, der mit unserer Meinung übereinstimmt.[51]

Bemerkenswert ist an diesem Brief ferner der Verweis auf Galeazzi als jemand, der auf Bassis Seite stehe. Es ist in der Tat nicht unwahrscheinlich, daß der Vorschlag, die Benedettini sollten nach Rom schreiben und die päpstliche Meinung einholen, auf Galeazzi zurückging, der Bassi und Verati freundschaftlich verbunden war. Wie sein Brief zeigt, wollte er jedoch eine Konfrontation um jeden Preis vermeiden. Beiden Seiten zur Loyalität verpflichtet, mußte er achtgeben, nicht selbst in diesen Konflikt verwickelt zu werden. In Anbetracht seiner heiklen Situation muß Galeazzi die Antwort Scarsellis an Bassi mit größter Erleichterung zur Kenntnis genommen haben, verbindet diese doch die Bestätigung Bassis mit der dringenden Empfehlung, mit Scarsellis Antwort zufrieden zu sein und nicht auf den Papst selbst zu rekurrieren. Rhetorisch wird diese doppelte Botschaft durch starke Mißfallensbekundungen über den Vorfall einerseits und kaum verhüllte Prophezeiungen päpstlicher Ungnade andererseits vermittelt:

Mons. Leprotti und ich sind von dieser außergewöhnlichen Schwierigkeit, für die das Motuproprio sicherlich kein Fundament sein kann, überrascht, um nicht zu sagen angeekelt worden. Ich wünsche übrigens, daß die Angelegenheit freundschaftlich beigelegt wird, und in
dieser Hinsicht wird die [...] Autorität Galeazzis viel ausrichten können. Denn so sehr die Sache für Sie auch offensichtlich ist, wer weiß, wie sehr anderer Leute schlechte Gesinnung sie
zu vernebeln vermag? Sie werden indessen entschuldigen, wenn die Autorität und das Beispiel des Monsignore [Leprotti] mich davon abhalten, darüber mit Seiner Heiligkeit zu sprechen, dem die Petition nicht anders als überflüssig, wenn nicht gar ungehörig scheinen
kann.[52]

Bezeichnend scheint mir, daß Scarselli schon durchblicken läßt, daß mit weiteren Schwierigkeiten zu rechnen sei, gleichzeitig jedoch für seine Verweigerung
einer Intervention direkt beim Papst die Autorität Leprottis vorschiebt. Damit
macht er Bassi unmißverständlich klar, daß es im Fall weiterer Schwierigkeiten
sinnlos sein wird, sich an ihn zu wenden, wo doch auch er sich gewissermaßen
höherer Gewalt beugt. In ihrem Dankschreiben eine Woche später erkennt Bassi
die Entscheidung Scarsellis vollständig an und berichtet, was man ihr als Begründung der Ablehnung verkauft hatte:

Mir wurde gesagt, daß in ihrer [d.h. der gegen ihr Wahlrecht geneigten Benedettini] Meinung
die Vollkommenheit der 16 viel ausgemacht hätte. Diese Quadratzahl hätte sich für die Anzahl der für eine Wahl nötigen Stimmen bei der Zweidrittel–Regel ergeben [...] und würde
von meiner Stimme verdorben, wenn ich hinzugefügt würde. Wenn sie sich in Zukunft mehr
für die Belange einer Zahl als für die meinigen interessieren wollen, wird uns Ihr Vorschlag
als sehr guter Ausweg dienen, daß sie selbst [die anderen Benedettini] sich für die Definition
an Seine Heiligkeit wenden. Sie und Mons. Leprotti haben es mit höchster Klugheit inoppor-
tun gefunden, für den Moment mit Unserem Herrn darüber zu sprechen [...][53]

Bassis Hoffnung, ihre Mit–Benedettini auf einen Rekurs auf Benedikt XIV.
verpflichten zu können, falls sie weiterhin anderer Meinung wären, erwies sich
jedoch als irrig. Galeazzi sah sich zu einem weiteren sorgsam austarierten Brief
an Scarselli veranlaßt, um ihm Bericht über den Stand der Dinge zu erstatten.
Darin setzte er sich auch ausgiebig mit den Argumenten für Bassis Zulassung
zur Wahl auseinander, hatte sie doch gerade ihre mit allen Rechten ausgestattete
Position in anderen akademischen Vereinigungen angeführt:

Ich habe den Inhalt Ihres Briefes den meisten Benedettini [...] mitgeteilt, und wenn auch die
Schwierigkeiten, die seinerzeit [...] aufgetaucht sind, von den von Ihnen vorgelegten weisen
Überlegungen nicht beiseite geräumt wurden, halten sie es dennoch nicht für angemessen, in
dieser Angelegenheit eine formale Berufung bei Seiner Heiligkeit einzulegen [...]
    Übrigens ist die Rede, daß die Accademia Filosofica und das Collegio di Filosofia die Sig.
Laura mit Wahlrecht zugelassen haben, noch kein Faktum, das die zugunsten der Sig. Laura
angeführten Gründe stützt. Denn ins Collegio kann sie nicht gehen, wenn sie nicht gerufen
wird, und das Collegio ruft sie nicht außer anläßlich einer besonderen Promotion [...] Die Accademia Filosofica nun hat sie zugelassen, wie sie alle anderen in den Wissenschaften oder
durch ihre Würde ausgezeichneten Personen zuläßt, aber nicht, damit sie [...] sich dann auf
allen Versammlungen einfindet, sich in alle Angelegenheiten der Akademie einmischt etc.,
wo es doch dem Anstand und der Ehrbarkeit ihres Geschlechtes nicht zuzukommen scheint,

daß sie sich immer alleine inmitten einer Versammlung von Männern befindet und all ihre Reden und Streitigkeiten etc. anhören muß.[54]

Für Galeazzis Position ist es überaus wichtig, Bassis Isolation in dieser Angelegenheit festzustellen, um besser über den eigenen Loyalitätskonflikt hinwegzukommen. Und so führt er eine ganze Reihe angesehener Akademiemitglieder auf, alle in der einen oder anderen Weise Bassis Förderer, die alle überzeugt seien, daß Bassi das Wahlrecht nicht zustünde.

Diese, und andere ähnliche Motive haben fast die ganze Klasse der Benedettini glauben lassen, daß [...] die Sig. Laura [...] nicht an all den anderen [nicht–literarischen] Zusammenkünften teilhaben sollte. Ich habe gesagt, dies sei die Meinung fast der ganzen Gruppe gewesen, weil ich außer von der Sig. Laura selbst und dem Sig. Dott. Verati von niemanden eine gegenteilige Ansicht gehört habe; und nicht nur den Jüngeren [...] sondern auch den Älteren und Besonneneren, wie den Sig.i Bazzani, Beccari, Laurenti, Manfredi, Can. Peggi schien die Interpretation der Absicht Unseres Herrn in diesem Sinn vernünftig und zutreffend. Und diese Personen sind sicher nicht von Feindseligkeit oder Hartherzigkeit gegenüber der Sig. Laura bewegt worden (wo doch alle immer kooperiert haben, um die Gelehrsamkeit und den Ruhm der Sig. Laura aller Welt vorzuführen und in die Augen springen zu lassen), sondern [sie sind bewegt] von der Schicklichkeit und Angemessenheit der Sache: es erscheint ihnen nicht anständig, daß eine Frau, auch wenn sie verheiratet ist, immer, wie ich sagte, in der Mitte aller Streitigkeiten und Unterhaltungen der Männer sein soll, und daß eine Frau, von den Gesetzen ausgeschlossen, an all ihren Versammlungen teilzunehmen hat, wenn es nicht eine explizite Verfügung des obersten Principe gibt, die sie dazu ermächtigt.

Deutlicher kann die Ausgrenzung Bassis aus der Gemeinschaft der Wissenschaftler kaum artikuliert werden. Galeazzi hat recht: Es wäre absurd, den Genannten einfach Böswilligkeit gegenüber Bassi zu unterstellen. Ihre Bereitschaft, Bassis Integration in ihren Kreis zu dulden oder dabei gar zu kooperieren, hat allerdings da eine klar definierte Grenze, wo Bassi nicht mehr nur die Zierde der Stadt und der Akademie sein, sondern gestaltend mitwirken will. Glorreich und herausragend soll Bassi sein – das liegt in aller Interesse –, dabei aber zugleich ausgeschlossen bleiben aus allen Entscheidungsprozessen über die Akademie als solche. Daß es um die Verhinderung von Einflußnahme geht, wird daraus ersichtlich, daß das bemühte Schicklichkeitsargument von der Sache her für die wissenschaftlichen Sitzungen genauso gelten müßte wie für die organisatorischen: In beiden Fällen war Bassi die einzige Frau unter lauter Männern, und in beiden Fällen kam es sicherlich auch zu kontroversen Diskussionen. Daß selbst Männer, die Bassi wesentlich gefördert haben – Bazzani hatte ihr eigenhändig die Doktorwürde verliehen, Manfredi hatte sie in Mathematik unterrichtet, Peggi hatte ihre Vorlesungsmanuskripte Korrektur gelesen – für ihren Ausschluß stimmen, zeigt eindrücklich die Entschlossenheit der Akademie. Unterstrichen wird diese noch durch den Verweis Galeazzis auf die Statuten der Akademie, die Bassi angeblich ausschlössen. In Wahrheit wurden weder in den Statuten der Bologneser Akademie noch in denen anderer Akademien Frauen explizit ausgeschlossen.[55] Und Galeazzi hat noch bessere Autoritäten anzuführen:

Und auch die Eminenzen Legaten dieser Stadt nehmen in der Angelegenheit des Lehrstuhls, wie man sieht, Rücksicht auf diesen Punkt, da sie ihr nicht erlauben, öffentliche Vorlesungen an der Universität zu halten, wenn sie nicht von ihnen dazu aufgefordert ist.

In einem Brief an den Vatikan muß die Haltung der päpstlichen Legaten gegenüber Bassi von besonderem Gewicht sein. Am Rande ergibt sich hier auch die Information, daß die Universitätsreform von 1737 an Bassis eingeschränktem Status durchaus nichts geändert hat.[56] Wie aus dem Duktus des Schreibens zu erwarten, endet der Brief ohne die Andeutung eines Einlenkens. Galeazzi konstatiert lakonisch: »Ich werde die Akademie diejenigen Entschlüsse fassen lassen, die sie für angemessen hält.«

Ich habe diesen langen Brief Galeazzis so ausführlich zitiert, weil er in der Heftigkeit seiner Verteidigung Einblicke gewährt, die in Akademieprotokollen oder anderen offiziellen Quellen nicht zu finden sind. Warum die Benedettini sich so nachhaltig gegen Bassis Teilnahme an der Wahl neuer Mitglieder wehrten, ist kaum noch nachvollziehbar. Daß Bassi die Akademie unterwandern würde, scheint keine realistische Befürchtung, zumal sie keine Schülerin hatte, die sie als weitere Frau in die Akademie hätte integrieren können. Es ging nicht um den Ausschluß einer ganzen Gruppe, sondern einer einzigen Person von der Wahlkompetenz.[57] Somit bleibt nur die Vermutung, daß die Benedettini die Störung ihrer Exklusivität, der Unverletztheit ihrer Männergruppe, vermeiden wollten – und damit auch die Exklusivität ihrer Kompetenzen sichern. Für dieses Ziel war es wichtig, eine Differenz zwischen Bassi und den männlichen Benedettini zu konstruieren, die durch das Geschlecht begründet wurde. Diese These wird durch die Aufdeckung paralleler Mechanismen in amerikanischen Akademien des 19. Jahrhunderts unterstützt. Viele Akademien schufen, nachdem sie die ersten Frauen aufgenommen hatten, neue innere Strukturen, die die Frauen auch weiterhin von einer gleichberechtigten Partizipation ausschlossen und ihnen höchstens eine marginale Position einräumten.[58]

Bassi scheint ihre Niederlage im Dezember 1745 akzeptiert und keine weiteren Versuche unternommen zu haben, ihr Wahlrecht doch noch durchzusetzen. Scarselli hatte ihr in seinem Brief ja bereits die Grenzen ihrer Durchsetzungsmöglichkeiten aufgezeigt und den direkten Rekurs auf den Papst abgelehnt. Dementsprechend ist in der Korrespondenz zwischen Bassi und Scarselli ebenso wie in allen anderen Quellen von der Kontroverse keine Rede mehr. Die Akademie allerdings erinnerte sich sehr wohl an den von ihr gefaßten Beschluß. Das Protokoll der ersten Wahlsitzung nach der Reform vermerkt im Anschluß an die Anwesenheitsliste: »Der Sig.ra Laura Bassi war keine Einladung übergeben

worden.«[59] Sowohl dieser explizite Verweis auf Bassis Ausschluß als auch die
hohe, später für vergleichbare Anlässe niemals wieder erreichte Zahl der Anwesenden stellen noch einen Widerhall auf die weniger als drei Monate zurücklie-
gende Auseinandersetzung dar.[60] In der Folgezeit allerdings verlor das Thema
an Brisanz. Der Ausschluß Bassis vom Wahlrecht wird nicht wieder erwähnt,
und auch ihre erstmalige Beteiligung an der Nachwahl eines Benedettino im Juni
1750 wird nicht kommentiert.[61] Zur jährlichen Wahl des Akademiepräsidenten
eine Woche später erschien sie allerdings, wie schon in den Vorjahren, nicht.
Auch nach 1750 beteiligte Bassi sich öfters an Nachwahlen für Akademiemitglieder, während ihre Teilnahme an einer Präsidentenwahl nur für das Jahr 1768
bezeugt ist.[62] Die Beweggründe Bassis für dieses Verhalten sind leider aus den
vorhandenen Quellen nicht zu erschließen. Möglicherweise war ihr die Präsidentenwahl nicht wichtig genug, um deswegen eine Auseinandersetzung mit ihren
Kollegen zu provozieren, zumal Verati mehrfach zum Präsidenten oder Vize-
präsidenten gewählt wurde, ihr also durch ihren Ehemann eine Einflußnahme
durchaus möglich war.[63] Vielleicht wollte sie mit ihrem Verzicht auch signalisieren, daß sie zu gewissen Kompromissen hinsichtlich ihrer Stellung in der Akademie bereit war. Zurückhaltung ihrerseits und Hinnahme ihrer Beteiligung an
der Nachwahl von Akademiemitgliedern auf seiten der anderen Benedettini
würden damit den modus vivendi beschreiben, den Bassi und ihre Kollegen im
Lauf der Zeit für ihre Position innerhalb der Akademie fanden. Nicht zuletzt die
gemeinsamen Forschungen dürften dazu geführt haben, daß durch Bassis ge-
samtes weiteres Leben hindurch keine Kontroversen um ihre Person und keine
Anspielungen auf ihren Sonderstatus mehr aufkamen, die ihre Rechte in Frage
gestellt hätten. Vielmehr wurde ihr Status später zum Modell für andere Wissenschaftler, über deren Zugehörigkeit oder Nichtzugehörigkeit zu den Benedettini sich der Senat und die Akademie nicht einigen konnten.[64] Damit fiel im
Lauf der Jahre das geschlechtsspezifische Moment von Bassis Position *sopra
numero* weg.

Die Identifizierung verschiedener Sphären in Bassis Biographie hat sich in diesem Kapitel zunächst als geeignet erwiesen, um die Wechselwirkung verschiedener gesellschaftlicher Gruppen und der von ihnen getragenen Wertvorstellungen und Normen zu verstehen. Rolle und Verhalten Scarsellis konnten damit
auch in ihrer Zwiespältigkeit beschrieben werden. Eine ausschließliche Deutung
von Bassis Aufnahme und Stellung in der Accademia Benedettina in den Begriffen des Patronagekonzepts stellt demgegenüber eine verkürzte Deutung dar.
Denn es ist nicht nur möglichen Einflußgrenzen eines abwesenden Patrons
Rechnung zu tragen, sondern auch möglichen Vorbehalten desjenigen, der die
Patronage vermittelt.[65] Das Plädoyer Galeazzis bei Scarselli für die Aufnahme

Bassis unter die Benedettini ist für den Erfolg der gesamten Angelegenheit
ebenso wichtig wie Scarsellis persönliche Intervention bei Benedikt XIV.

Darüber hinaus hat das hier angewandte Sphärenmodell es ermöglicht, den
Einfluß abstrakter Konzepte und sozialer Normen, hier bezogen auf Weiblichkeit und Geschlechterdifferenz, auf die Lebenswirklichkeit der Frau Laura Bassi
abzuschätzen. Erst die Gesamtschau des Verhaltens von Galeazzi und seinen
Kollegen vom Frühjahr bis zum Jahresende 1745 offenbart deren widersprüchlichen Umgang mit Geschlechterdifferenz. Und erst die Betrachtung der Akademiemitglieder als eine *Sphäre*, d.h. als Gruppe von Menschen mit gemeinsamen
Werten, Normen und Anliegen, verdeutlicht, daß normative Vorstellungen von
weiblicher Tugend und weiblichem Verhalten nicht nur auf individueller Ebene,
sondern innerhalb ganzer gesellschaftlicher Gruppen keine absolut verbindlichen
inhaltlichen Fixierungen besitzen, sondern mit Bezug auf eine *konkrete* Frau je
nach Bedarf gefüllt werden können. In den Köpfen von Galeazzi und den anderen Benedettini ändern sich zwischen Juni und November 1745 ganz offensichtlich *nicht* die allgemeinen Vorstellungen von dem, was eine Frau tun und dürfen
soll. In diesem Fall hätten sie nämlich Bassi im Herbst 1745 die Teilnahme an
allen Akademiesitzungen, zumindest wenn sie nicht in Begleitung ihres Ehemannes war, untersagen müssen. Was sich hingegen bei den Akademiemitgliedern ändert, ist ihre Bereitschaft, die von ihnen selbst im Mai 1745 vorgebrachte
deviante, und zwar aufweichende, Deutung der allgemeinen normativen Vorstellungen über Geschlechterdifferenz weiterhin zuzulassen. Für eine bestimmte
Sphäre – hier die Akademiesphäre – war durch die Wechselwirkung mit einer
anderen Sphäre mit anderen Normen und Konzepten für die Kategorie Geschlecht die »Neutralisierung« restriktiver normativer Geschlechterkonzepte
somit durchaus möglich. Aber sobald der Wunsch aufkam, die auf Seiten der
Frau neu gewonnenen Bewegungsspielräume nicht unkontrolliert wachsen zu
lassen, sobald ihre so gewonnenen Möglichkeiten mit den Wünschen der Männer kollidierten, konnte die Hegemonie dieser Konzepte jederzeit wiederhergestellt werden. Da die Patronagesphäre der Kollegensphäre in ihrer relativen
Stärke wegen des entfernten Patrons eindeutig nachzuordnen ist, kann in Bassis
Fall eine weitergehende Aufweichung der Restriktionen in der Akademie nicht
durch die Konfrontation mit den für sie günstigeren Konzepten der Patronagesphäre erreicht werden. Wie die weitere Entwicklung zeigt, wurden die Restriktionen erst durch Bassis jahrelange Teilhabe an dieser Sphäre aufgeweicht.
Durch ihre Partizipation am Akademiealltag, dadurch, daß Bassi gemeinsam mit
den anderen Akademiemitgliedern wissenschaftliche Fragestellungen verfolgte
und Experimente ausführte, wurden die restriktiven Konzepte von Geschlechterdifferenz in der Wahrnehmung ihrer Kollegen kontinuierlich zurückgedrängt.[66] Dieser Prozeß wurde durch die Patronagesphäre möglicherweise un-

terstützt, da der Papst an der Partizipation von Frauen reges Interesse hatte. Da der Einfluß des Papstes auf die Praxis der Akademie von jeher beschränkt war und nach 1745 stetig zurückging, kann er jedoch nicht als Auslöser für die allmähliche Aufweichung der verbliebenen Restriktionen bezüglich Bassis bewertet werden, die sich ausschließlich in der Akademiesphäre abspielten.[67]

3. Benedikt XIV. als Patron der Bologneser Wissenschaft

Mit der Bezeichnung Benedikts XIV. als Patron Bassis bzw. der Bologneser Wissenschaftler wurde ein mittlerweile historiographisch wohletabliertes Konzept übertragen, das ursprünglich für einen anderen Kontext ausgebildet wurde. Da auch in anderen Zusammenhängen der Biographie von Patronage die Rede war, soll an dieser Stelle sowohl das Konzept als solches dargestellt als auch seine Anwendung auf Benedikt XIV. diskutiert werden. Dieses Kapitel versteht sich mithin auch als Diskussionsbeitrag zur Frage nach Erkenntnisgewinn und Anwendungsbereich des Patronagekonzepts in der Wissenschaftsgeschichte. Mit einer Übersicht über die Auswirkungen der benediktinischen Reformen und einer Bewertung der Bologneser Akademie im gesamteuropäischen Vergleich wird schließlich der Übergang zur Darstellung von Bassis wissenschaftlichen Arbeiten vorbereitet.

Das Patronagekonzept in der Wissenschaftsgeschichte

Angestoßen durch andere historische Wissenschaften, ist das Patronagekonzept in der Wissenschaftsgeschichte zur Beschreibung und Deutung frühneuzeitlicher Wissenschaftsentwicklung vor deren Institutionalisierung entwickelt worden.[68] Patronage bezeichnet ein System von feudal strukturierten persönlichen Beziehungen zu gegenseitigem Nutzen zwischen jeweils einem Patron und einem Klienten. Der Patron verspricht und verleiht Schutz, Treue und Status, während der Klient sich zu Treue, Gehorsamkeit und Dankbarkeit verpflichtet. Die Unterstützung eines Klienten ist für einen Patron ein Mittel zur Demonstration und Ausübung von Macht und Reichtum, somit zur Sicherung und Festigung seines Prestiges und Status. Aber auch für den Klienten ist der Status eines Patrons von zentraler Bedeutung, da der Klient selbst in der Regel nur über einen niedrigen sozialen Rang verfügt und diesen durch die Patronagebeziehung aufwerten kann. Die Statuserhöhung verleiht ihm soziale und wissenschaftliche Legitimität und wirkt somit auf seine Identität als Wissenschaftler zurück. Die Pflege von Patronagebeziehungen durch einen Wissenschaftler wie Galilei ist also, so eine

Hauptthese, mehr als das Bemühen um Lebensunterhalt, sie ist vielmehr ein neuer Selbstentwurf, der die eigene Person, soziale Stellung und wissenschaftliche Arbeit gleichzeitig neu definiert. Eine solche Neudefinition erhöht innerwissenschaftlich im Optimalfall entscheidend den Anspruch auf kognitive Legitimität. Als Inbegriff einer solchen Patronagebeziehung ist zum Beispiel das Verhältnis zwischen Galilei und Cosimo II. Medici zu deuten. Die Berufung an den toskanischen Hof als »Erster Mathematiker und Philosoph des Großherzogs« sichert Galilei, der zuvor »nur« als Mathematiker galt, in der Auseinandersetzung mit seinen sich als Natur*philosophen* verstehenden Kollegen und Kontrahenten eine völlig neue Ausgangsposition.[69] Der neue Selbstentwurf und dessen Sanktionierung durch Patronagebeziehungen ist für alle Bereiche und Disziplinen besonders relevant, die traditionell einen niedrigen, mit Handwerk und Technik konnotierten Status innehatten, also neben der Mathematik auch die Anatomie und Chirurgie (im Vergleich zur Medizin) sowie die Ingenieurwissenschaften. Das Potential solcher Beziehungen zu erkennen und die eigenen wissenschaftlichen Leistungen für den Statusgewinn des Patrons verwertbar zu machen, ist in dieser Perspektive integraler und lebensnotwendiger Bestandteil der Wissenschaftlerexistenz und wird als Teil der wissenschaftlichen Leistung begriffen.[70] Als System solcher Beziehungen verstanden, prägt Patronage neben den Einzelbiographien auch die Rituale der wissenschaftlichen Kommunikation und Auseinandersetzung.[71]

Eine wichtige Funktion innerhalb des Systems hatten Personen, die als Vermittler zwischen Patronen und Klienten fungierten. Sie waren ab einem bestimmten Statusgefälle zwischen Patron und Klient notwendig, um einerseits dem Klienten überhaupt Zugang zum Patron zu verschaffen und andererseits dem Patron die Demütigung zu ersparen, mit einem bestimmten Anliegen von sich aus bei einem Menschen mit niedrigem sozialen Rang vorstellig werden zu müssen.

Neben dieser Art von Beziehungen zwischen zwei Individuen etabliert sich im 17. Jahrhundert eine Form der kollektiven Patronage zwischen einem Patron und einer ganzen Gruppe von Wissenschaftlern, die als Gruppe von seiner Protektion abhängig sind und ihre Identität und Legitimation als Einzelne von der Zugehörigkeit zu dieser Gruppe ableiten. Die *Accademia del Cimento* und Leopoldo Medici als ihr Patron stellen den Prototyp dieser Kollektivpatronage dar.[72] Sozialgeschichtlich gesehen markieren sie das Übergangsstadium von einer vorinstitutionellen, ausschließlich durch persönliche Patronageverhältnisse geförderten Wissenschaftsorganisation zu einer patronageunabhängigen öffentlichen Institution.

In Bologna folgten die *Inquieti* und ihre Vorläuferakademien diesem Modell.[73] Die Motivation ihres Patrons L.F. Marsili ist allerdings weniger in dessen Wunsch nach Festigung seines Status zu sehen, als in dem Entschluß, einen weiteren Beitrag zur Verbesserung der Verhältnisse für die Bologneser Wissenschaft zu leisten. Die Förderung der *Inquieti* war bei Marsili nur ein kleiner Teil seines Einsatzes für eine umfassende Reform der Bologneser Wissenschaftslandschaft, die nach dem Scheitern der Universitätsreform in die Gründung des *Istituto delle Scienze* mündete. In den dadurch angeschobenen neuen Institutionalisierungsprozeß wurde auch die Akademie der *Inquieti* mit einbezogen und damit von der Patronage Marsilis unabhängig. Gewissermaßen als letzte Amtshandlung machte der Patron sich selbst überflüssig.

Benedikt XIV. als Patron

Marsilis Bemühungen für die Akademie waren insofern nicht dauerhaft erfolgreich, als diese trotz ihres öffentlichen Status zu Beginn der 1730er Jahre in eine tiefe Krise geriet. Als Wendepunkt gilt die Reform durch Benedikt XIV. im Jahr 1745. In dieser Reform, die vom Akademiesekretär selbst für manche Bereiche als »Neugründung« bezeichnet wird, treten wesentliche Züge der oben dargestellten Patronagebeziehungen zutage.

Die Akademie erlebte 1745 in der starken persönlichen Bindung an Benedikt XIV. gewissermaßen einen Rückschritt in ihrem Institutionalisierungsprozeß Daraus ging sie deutlich gestärkt hervor, da Benedikt XIV. die öffentliche und nicht mehr anfechtbare Verankerung des Instituts und der Akademie zum erklärten Ziel hatte. Mit der finanziellen Absicherung von Akademie und Institut und der dadurch gesicherten Autonomie gegenüber den wechselnden Launen des Senats vollendete der Papst die Initiative Marsilis zur Gründung einer öffentlich verankerten Forschungsinstitution.

Die Sorge um den persönlichen Status war auch bei Benedikt XIV. nicht der Hauptbeweggrund seines Handelns. Wie aus den oben zitierten Quellen hervorgeht, speiste seine Motivation sich aus Liebe und Loyalität zu seiner Vaterstadt, deren Identität als *alma mater studiorum* er wieder beleben wollte. Andererseits aber erhielt die neu gegründete Klasse den Namen *Accademia Benedettina* bzw. hießen die Mitglieder *Benedettini* und bewahrten so die Erinnerung an ihren Gründer, dessen Status als »Philosophenpapst« dadurch für alle Zeiten dokumentiert wird.[74] Die Anspielung an das Attribut »Philosophenkönig« für Friedrich II. ist dabei durchaus beabsichtigt: Ähnlich wie der preußische König die Reform der Berliner Akademie in der ersten Hälfte der 1740er Jahre als einen Bestandteil seines Programms für die umfassende Erneuerung des Staates Preußen durchführte, ist der päpstliche Einsatz für Akademie und Institut in Bologna Teil seines großen Programms zur Erneuerung des Dialogs zwischen Kirche und Gesellschaft, zwischen Glaube und Wissenschaft.[75] In der Namensgebung für die *Benedettini* klang mit der Erinnerung an den päpstlichen Stifter auch der Hinweis auf den offiziellen Segen der Kirche nach. Für die Bologneser Wissenschaftler bedeutete dies eine Erhöhung ihrer (kognitiven) Legitimität und wissenschaftlichen Autorität gegenüber der Kirche, während die Kirche, durch den Papst repräsentiert, mit dieser Geste ihren Status gegenüber den gesellschaftlichen Reformkräften erhöhte, indem sie ihre Bereitschaft und Fähigkeit zum Dialog mit den Wissenschaften nachwies. Die Etablierung der Accademia Benedettina geschah somit in gegenseitiger Abhängigkeit und zum beiderseitigen Nutzen der beteiligten Personen und der Institutionen, für die sie standen.

Benedikt XIV. hatte bereits als Bologneser Erzbischof einzelne Wissenschaftler und Wissenschaftlerinnen mit seiner persönlichen Protektion gefördert. Ab 1740 jedoch lag das Schwergewicht klar auf der kollektiven, auf die Institution bezogenen Förderung. Auch Bassi mußte feststellen, daß die großzügige Unterstützung des Instituts das Aus für eine finanzielle Förderung privater Initiativen bedeutete.[76] Zwar honorierte der Papst rege wissenschaftliche Aktivitäten durch die Gewährung von Bittgesuchen in kirchlichen Angelegenheiten, so daß auch nach 1745 von persönlicher Patronage zu sprechen wäre.[77] Aber der Duktus von Scarsellis Briefen und die Bedingungen für die Pension der Benedettini, insbesondere der jährliche Vortrag, gaben solchen Maßnahmen eher den Charakter von Belohnung und Disziplinierung, erhielten also von den ursprünglichen Charakteristika der Patronagebeziehungen nur die hierarchische Struktur aufrecht.

Für die Biographie Laura Bassis trägt die Einführung des Patronagekonzepts, wie die Analyse der Ereignisse von 1745 zeigt, entscheidend zum Verständnis der Abläufe bei. Offensichtlich ist Scarselli für Bassi und viele andere Bologneser Wissenschaftler eine zentrale und kollektive Bezugsperson außerhalb des Bologneser Umfeldes. Diese Funktion Scarsellis ist eng an seine Verbindung mit dem Papst gekoppelt, dessen Figur im Hintergrund aller Kontakte steht. Die Bedeutung Scarsellis allerdings ist klar durch den vorübergehenden »Rückfall« der Bologneser Akademie in eine engere Patronagebeziehung zum Papst bedingt.[78] Mit der endgültigen Sicherung des Status der Akademie geht sie dementsprechend wieder zurück. Spätestens ab 1758, dem Todesjahr Benedikts XIV. sind Rom, der Papst und mögliche Vermittler für die Geschehnisse um die Akademie unwichtig. Der Senat tritt jetzt als neues Gegenüber an die Stelle des endgültig unnötig gewordenen Patrons.

Auswirkungen und Bewertung der benediktinischen Reformen

Die Förderung der Akademie durch Benedikt XIV. im Jahr 1745 bedeutete mehr als die Einrichtung von zwei Dutzend bezahlter Stellen zur besseren Motivation der Wissenschaftler. Sie bedeutete auch mehr als die Verbesserung der instrumentellen Ausstattung bis zu einem Punkt, an dem namentlich die physikalische Abteilung des Instituts als eine der bestausgestattetsten in Europa galt und in den Reiseberichten anderer Wissenschaftler mit großer Bewunderung beschrieben wurde.[79] Vielmehr hatte der Papst durch die Auszeichnung einer Gruppe von Wissenschaftlern aus der Akademie seine Reform gerade dort angesetzt, wo städtische und kirchliche Einflußnahme am schwächsten und die institutionelle Autonomie am größten war. Seine Hoffnung war, daß die so ausgezeichnete Gruppe zum Ferment und Motor einer Erneuerung des wissenschaftlichen Lebens der Stadt würde.[80]

Neben der oben beschriebenen Reform von 1745 sind Benedikts XIV. Fördermaßnahmen für die Medizin sein wichtigster Impuls für das wissenschaftliche Leben in Bologna. So errichtete er 1742 eine Schule für Chirurgie, deren Ausbildung in das Institutsprogramm einfloß und 1756 in die Etablierung einer chirurgischen Abteilung am Institut mündete. 1747 richtete er im Institut auch eine Abteilung für Anatomie ein, die sich auf eine umfangreiche Sammlung von Wachsmodellen stützen konnte. Eine andere Sammlung von Modellen von Föten in verschiedenen Stadien der Schwangerschaft wurde zur Grundlage der 1757 eingerichteten Abteilung für Geburtshilfe, die ab 1759 auch eine eigene Professur hatte.[81] Mit diesen Maßnahmen dehnte Benedikt XIV. das marsilianische Programm der Unterweisung »mehr durch die Augen als durch die Ohren« auch auf den medizinischen Bereich aus, der bis dahin durch die Kluft zwischen der theoretischen universitären Unterweisung anhand der alten Texte und dem ausschließlich praktischen, handwerksähnlich begriffenen Gebrauchswissen der Hebammen und Chirurgen geprägt gewesen war. In der Abteilung für Geburtshilfe wurde auch – erstmals am Institut – das marsilianische Programm von einem Institut im Dienste der Praktiker umgesetzt.[82] In diesen Maßnahmen erweist Benedikt XIV. sich als ebenbürtiger Nachfolger des Institutsgründers und Vollender seines Werkes.

In den Auswirkungen auf die Arbeit der Akademie nach 1745 sind sowohl Errungenschaften als auch Grenzen der päpstlichen Reform zu konstatieren. Die positiven Auswirkungen der verbesserten instrumentellen Ausstattung wurden bereits erwähnt. Die Vortragsmoral besserte sich bei den meisten Mitgliedern; allerdings scheint bei einigen Bendettini die Vernachlässigung ihrer Pflichten, selbst der Anwesenheit bei Akademiesitzungen, keinerlei Konsequenzen nach sich gezogen zu haben.[83] Ebenso wie Marsili konnte auch Benedikt XIV. eine konstante wissenschaftliche Arbeit auf hohem Niveau nicht erzwingen. Daß die tragenden Figuren der Akademie, Beccari, Galeazzi, Francesco Maria Zanotti, Verati, um nur einige zu nennen, vor und nach der Reform quasi dieselben waren, unterstreicht die Abhängigkeit der Akademiearbeit von einer relativ fest umrissenen, stetig arbeitenden Kerngruppe.[84] Laura Bassi kam nach 1745 als ein Mitglied dieser Kerngruppe neu hinzu, und auch einige andere jüngere Wissenschaftler wie Matteucci und später Galvani wurden produktive Akademiemitglieder. Die regelmäßige Publikation der *Commentarii* hingegen erwies sich als unmöglich, obwohl mit dem Beginn des Pontifikats von Lambertini 1740 Zensurprobleme keine Rolle mehr gespielt haben dürften. Die Ursache lag wohl eher im mangelnden Engagement der Akademiemitglieder.[85]

Für eine differenzierte Bewertung der Tätigkeit der Akademie sind die einzelnen Disziplinen getrennt zu behandeln.[86] In Mathematik, Mechanik und Experimentalphysik werden die Aktivitäten der Akademie als Arbeit an den gängigen Themen und mit den Methoden der Zeit beschrieben. Während Bologna gegen Ende des 17. und Beginn des 18. Jahrhunderts allerdings die führende mathematische Schule in Oberitalien gewesen war, holte in der Folgezeit die Paduaner Universität bezüglich Forschungsqualität und Organisation die Bologneser Mathematik ein.[87] In der Chemie ist die Bologneser Forschung durch das gesamte 18. Jahrhundert hindurch von marginaler Bedeutung.[88] In der Astronomie beschränken sich die Arbeiten der Bologneser Wissenschaftler auf die Wiedergabe von Beobachtungsdaten, während die wenigen Beiträge zu theoretischen Fragestellungen von auswärtigen Wissenschaftlern stammen. Damit lebt ein von Eustachio Manfredi entwickelter Wissenschaftsstil fort, der in der Auseinandersetzung mit der Zensur auf jegliche Hypothese zur Gestalt der Planetenbahnen verzichtet hatte.[89]

Im europäischen Vergleich fällt die Gleichzeitigkeit der Bologneser Reform mit ähnlichen Maßnahmen an anderen Orten wie Berlin, Stockholm und St. Petersburg auf, die eine allgemeine Stärkung der Akademiebewegung ausdrückt.[90] In Anbetracht der Entwicklungen andernorts und der Tatsache, daß Benedikt XIV. sich an der Reform von Friedrich II. ein Beispiel genommen hatte, ist allerdings die äußerst schwache überregionale Einbindung der Bologneser Organisation verblüffend. Zwar nahm das Institut mit seinen Astronomen 1751 und 1761 an internationalen »Großforschungsprojekten« zur Messung der Mond- und Marsparallaxen bzw. zur Beobachtung des Venusdurchgangs teil, veröffentlichte aber nur sehr selten in seinen *Commentarii* Arbeiten von Nichtbolognesern.[91] Im Gegensatz zur Berliner Akademie, die mit der Reform Mitte der 1740er Jahre auch die Ausschreibung von Preisfragen begann und ebenso wie die Petersburger

Akademie gleich mit ihrer ersten Preisfrage weite internationale Aufmerksamkeit und Reputation gewann, veranstaltete Bologna auch nach 1745 keinerlei Preisausschreiben.[92] Umgekehrt ist von keinem Bologneser Wissenschaftler eine erfolgreiche Teilnahme an einem größeren Preisausschreiben bekannt.[93] Meines Erachtens ist der Mangel an dieser Art von Aktivität einer der Hauptgründe, weshalb die Bologneser Akademie in ihrer Ausstrahlung und Wirkung »fairly provincial« blieb.[94] Das Bologneser Institut war nämlich in seiner Einzigartigkeit durchaus eine Sehenswürdigkeit und ein Reiseziel von europäischem Rang, und die Mitgliedschaft im »Institut« von Bologna galt durchaus als prestigereich – die enge Verknüpfung zwischen Institut und Akademie bewirkte, daß man im Ausland etwas unkorrekt von der Mitgliedschaft im Institut sprach.[95] Unter Berücksichtigung all dieser Faktoren ist die Bologneser Akademie deshalb in der Übersicht von McClellan zu Recht unter die Gruppe der »bemerkenswerten regionalen oder provinziellen« Akademien aufgenommen worden.[96] Daß sie diese Stellung aber nach den schwierigen 1730er Jahren weiterhin halten konnte, verdankt sie entscheidend der Förderung und Patronage durch Benedikt XIV.

Kapitel V

1745–1778
Forschungsjahre

Die Aufnahme unter die neu etablierten Accademici Benedettini bedeutete für Laura Bassis Biographie den Eintritt in eine Lebensphase, die bis zu ihrem Tod mehr als 30 Jahre später weitgehend durch ihre Tätigkeit als offiziell anerkannte Physikerin geprägt ist. Schon an der Quellenlage wird dies deutlich: in Bassis Korrespondenz nehmen physikalische Themen ab 1746 deutlich mehr Raum ein, und auch in den Protokollen und Publikationen der Akademie tritt sie nun als Mitglied der wissenschaftlichen Gemeinschaft in Erscheinung.[1]

In diesem Kapitel werden Bassis physikalische Aktivitäten dargestellt, in den zeitgenössischen Kontext eingeordnet und bewertet. Dies wird durch die schlechte Quellenlage zu Bassis Forschungen erheblich erschwert. Zum einen hat Bassi relativ wenig publiziert, nämlich nur vier Aufsätze in den Annalen der Akademie, und davon stammen nur zwei aus Bassis eigener Feder. Bei den beiden anderen handelt es sich um Berichte des Akademiesekretärs über ihre Arbeiten. Zum anderen sind die meisten wissenschaftlichen Manuskripte, insbesondere ihrer jährlichen Akademievorträge, verschollen. Von diesen Vorträgen ist lediglich eine Themenliste erhalten, die in Anhang II reproduziert wird.

Die Darstellung beginnt mit einer Diskussion von Bassis Aufsätzen zu Themen aus der Mechanik. Diese sind ihren pneumatischen Arbeiten zwar zeitlich nachgeordnet, einer Analyse aber am leichtesten zugänglich. Bei einigen von Bassis pneumatischen Vorträgen, die im zweiten und dritten Teilkapitel behandelt werden, kommt nämlich noch eine literarkritische Analyse hinzu, um zwischen Bassis Forschungen und der Stellungnahme des Akademiesekretärs differenzieren zu können.

Obwohl Aufsätze Bassis aus anderen Forschungsgebieten nicht erhalten sind, ermöglicht die Auswertung weiterer Quellen, namentlich ihrer wissenschaftlichen Korrespondenz, im vierten Teil den Zugang zu weiteren Facetten ihrer Tätigkeit als Physikerin. Die Hauptaspekte dabei sind ihr Engagement in der Elektrizitätslehre, das in engem Zusammenhang mit den physikalischen Forschungen ihres Ehemannes steht, ihre Tätigkeit als Lehrerin und ihre Rolle als Bezugsinstanz in der wissenschaftlichen Gemeinschaft der Physiker.

Aus der Summe dieser Erkenntnisse und dem Überblick über die Themen von Bassis Akademievorträgen zwischen 1746 und 1777 ergibt sich so ein Gesamtprofil ihrer wissenschaftlichen Interessen, das im letzten Teilkapitel zur Geschichte der Disziplin »Physik« in Bologna in Beziehung gesetzt wird. Die Frage nach Existenz und Identität der Disziplin Physik wird dabei nicht nur durch die Charakterisierung Bassis und ihrer Bologneser Kollegen nahegelegt. Denn Bassis letzter »Karrieresprung«, ihre Ernennung zur Professorin für Physik am Institut im Jahr 1776, ist eng mit einer Debatte um eine sinnvolle Aufteilung der Professur – und damit der Disziplin – verwoben.

1. Bassis Arbeiten zur Mechanik

Bei Bassis Arbeiten zur Mechanik handelt es sich um zwei Aufsätze, die als Originalarbeiten (sog. *Opuscula*) in den *Commentarii* publiziert wurden, und zwar beide im Band IV von 1757.[2] Sie gehen auf Akademievorträge Bassis Ende der 1740er und Anfang der 1750er Jahre zurück, fallen also in das erste Drittel ihrer Zeit als bezahltes Akademiemitglied. Es handelt sich in beiden Fällen um theoretische Themen. In der einen Arbeit entwickelt Bassi eine Näherungslösung für ein hydromechanisches Problem, in der anderen untersucht sie die Bewegung des Schwerpunktes eines Systems von zwei oder mehr Massepunkten, behandelt also ein klassisches Thema der Mechanik.

De problemate quodam mechanico

Das Opusculum *De problemate quodam mechanico* ist mit Hilfe der Sitzungsprotokolle einem Akademievortrag Bassis vom April 1749 zuzuordnen.[3] Damit beginnt eine längere Phase, in der sich Bassi mit eher mathematisch-theoretischen Fragestellungen beschäftigt.[4]

Im Gegensatz zu den noch zu besprechenden Vortragsmanuskripten der Jahre 1747 und 1748 enthält die Einleitung keine elaborierte Motivation für Bassis Forschungsthema.[5] Dies mag durch den Umstand mitbedingt sein, daß es sich um einen publizierten Aufsatz und nicht um einen mündlich gehaltenen Vortrag handelt, ist aber sicher auch ein Indiz dafür, daß das Thema aus einem wohl etablierten Kontext kommt, dessen Bearbeitung keiner umfangreichen Begründung bedarf.

Eine Einleitung hat Bassis Aufsatz gleichwohl. Bassi formuliert darin den sie interessierenden thematischen Hintergrund, nämlich die Bewegung des Schwerpunkts von zwei oder mehr Massepunkten, sowie die Methode, nach der sie vorzugehen gedenkt. Angesichts der großen Vielfalt denkbarer Bewegungen von Körpern sei es nämlich, so Bassi, kein einfaches Problem, die Schwerpunktsbewegung zu ermitteln. Sie aber habe

dennoch die Hoffnung auf die analytische Methode gesetzt (der gewiß kein einziges Problem der gesamten Geometrie verschlossen ist), so daß ich nicht nur nicht gezögert habe, diese sehr schwierige Untersuchung anzugehen, sondern mich auch entschlossen habe, mit dem Problem eine größere Breite zu verbinden, um jene Frage, die ich zu Anfang stellte, als besonderen Fall eines allgemeineren Theorems zu behandeln.[6]

Auch wenn sie zunächst ein geometrisches Problem zu behandeln scheine, so Bassi, werde sich doch erweisen, daß das Thema aufs engste mit physikalischen Fragestellungen verbunden sei.

Dieser Ankündigung entsprechend, ist das Problem der Schwerpunktbewegung in der Aufgabenstellung, die sie im Anschluß an die Einleitung formuliert, tatsächlich nicht mehr explizit artikuliert, wenn auch im Hintergrund zu erahnen. Das Problem sieht in Bassis verallgemeinerter Formulierung so aus: Gegeben seien zwei Körper, die sich gemäß bekannten Gesetzen in einer Ebene bewegen und zu jedem Zeitpunkt geradlinig verbunden werden. Gegeben sei ferner ein Gesetz, das diese geradlinige Verbindung in einer bestimmten Weise teilt (anders formuliert, zu jedem Zeitpunkt einen Punkt der Verbindungsstrecke nach einem festen Gesetz auszeichnet). Gesucht ist dann die Tangente an die Kurve, die dieser ausgezeichnete Punkt der Verbindungsstrecke durchläuft.[7]

Die Lösung, die Bassi auf den folgenden zwei Seiten entwickelt, ist mathematisch nicht kompliziert, aber durchaus elegant und verbindet verschiedene Ansätze der Geometrie und der Analysis. So bezeichnet sie im Text die Bewegungsgleichungen in Anlehnung an den Sprachgebrauch Newtons mehrfach als *Fluentes*, benutzt aber durchgängig den Differentialkalkül von Leibniz. Von tragender Bedeutung ist ferner das Konzept der infinitesimalen Verschiebung eines Punktes, d.h. sie betrachtet die beiden Massen an den Punkten A und C und anschließend dort, »wo sie im ersten Moment gefunden werden, wenn sie von A und C ausgehen«[8]. Zur besseren Veranschaulichung ist die von Bassi beigefügte Zeichnung mit reproduziert. Gesucht ist eine Gleichung, die die Lage des Punktes T (auf der Senkrechten der Verbindungslinien) beschreibt. Damit ergibt sich die gesuchte Tangente.

Zur Lösung führt Bassi mehrere Hilfsgrößen ein (etwa den Punkt D) und stellt durch die Anwendung von Strahlen– und Ähnlichkeitssätzen sowie durch Ableitungen so vielfältige Beziehungen her, daß sie die Unbekannten nacheinander eliminieren kann. Die geschickte Wahl der Variablen und Auswertung aller Beziehungen verraten einen guten Überblick über das Problem, wenn auch die Einzelschritte nicht kompliziert sind. Die Lösung ist allerdings keine Gleichung, sondern eher eine Art Handlungsanweisung, da Bassi ja bewußt auf konkrete

Bewegungsgleichungen für die Massenpunkte verzichtet hatte. Der solcherart entwickelte allgemeine und entsprechend abstrakte Formalismus wird nun im weiteren Verlauf des Aufsatzes auf verschiedene Beispiele angewendet.

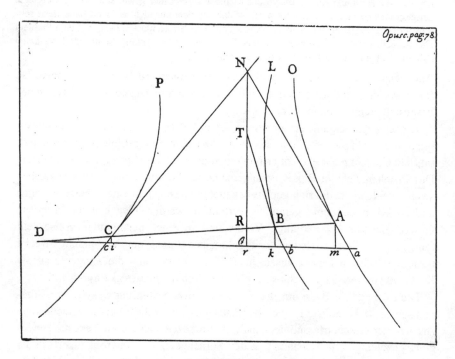

Abbildung V:
Bassis Skizze aus »De problemate quodam mechanico«

Als erstes stellt Bassi den angekündigten Zusammenhang zum Problem der Schwerpunktbewegung her. Geht man nämlich zunächst von zwei sich bewegenden Massenpunkten aus und setzt als Teilungsvorschrift der Verbindungsgeraden konstant das reziproke Verhältnis der Massen ein, so liefert Bassis Verfahren die Bewegungsgleichung des Schwerpunktes – und zwar, wie sie betont, für beliebige Bewegungsgleichungen der Massenpunkte.[9]

In einem zweiten Schritt wird Bassi noch konkreter, indem sie Annahmen über die Bewegung der Massenpunkte macht. Sie betrachtet den einfachsten Fall, daß zwei Massen sich gleichförmig bewegen und ihre Geschwindigkeiten in einem bestimmten Verhältnis zueinander stehen. Sie deutet für diesen Fall an, wie die Gleichungen in das von ihr entwickelte Lösungsverfahren umzusetzen sind, führt es aber nicht vollständig durch. Ohne strengen Beweis macht sie unter Verweis auf die Zeichnung plausibel, daß sich in einem solchen Fall auch der

Schwerpunkt gleichförmig bewegt. Dies sei, so Bassi, der Inhalt des Lemmas XXIII der *Principia* von Newton.[10] Im gesamten Text ist dies der einzige Verweis auf eine andere Arbeit, mit dem Bassi etwaigen Belehrungen, daß dieses Ergebnis schon lange bekannt sei, zuvorkommt.

In einem letzten Schritt führt Bassi aus, wie das Verfahren benutzt werden kann, um die Schwerpunktsbewegung eines Systems von mehr als zwei Massenpunkten zu berechnen. In diesem Fall sei zuerst die Schwerpunktsbewegung für zwei Massen zu ermitteln und das Ergebnis unter Iteration des Verfahrens mit der Bewegung des dritten Punktes zu verrechnen.[11]

De problemate quodam mechanico ist wohl diejenige Arbeit Bassis, die in der Sekundärliteratur das geringste Echo ausgelöst hat.[12] Sowohl das Thema im weiteren Sinn als auch ihre spezielle Fragestellung stellen wohletablierte, klassische und nicht kontroverse Topoi dar. Zwar nimmt in den Bologneser *Commentarii* innerhalb des Themas »Mechanik« die vis–viva–Debatte breiten Raum ein;[13] neben dieser erbitterten Kontroverse um das richtige Kraftmaß etabliert sich aber zunehmend eine Forschungstradition, die alle Spekulationen über die Natur der Kräfte oder der Materie vermeidet. Diese reine Anwendung des mathematischen Kalküls, insbesondere des Infinitesimalkalküls, auf mechanische Probleme ist als theoretische Parallele zu dem rein empirischen, ebenfalls alle Spekulationen vermeidenden Vorgehen der Bologneser Experimentalwissenschaften zu begreifen. Das Programm dieser Forschungsrichtung ist weniger von Descartes, Leibniz oder Newton als vielmehr von Galilei inspiriert, dessen Kinematik vor dem Hintergrund des inzwischen entwickelten Infinitesimalkalküls lückenhaft wirkte und eben durch die Anwendung desselben zu erweitern war. In seiner Themenstellung und strengen Einfachheit der Durchführung ist Bassis Aufsatz als Inbegriff dieser Forschungstradition zu sehen.

Im Hinblick auf Bassis hydromechanische Arbeit und ihr Gesamtprofil als Physikerin sind noch zwei Aspekte von *De problemate quodam mechanico* von Interesse. Zum einen betont Bassi in der Einleitung ganz nebenbei die Leistungsfähigkeit der analytischen im Vergleich zur geometrischen Methode, ein Thema, das in *De problemate quodam hydrometrico* erneut und prononcierter aufgegriffen wird.[14] Zum anderen differenziert Bassi zwischen rein geometrischen Fragestellungen und deren möglichen physikalischen Anwendungen. Dabei hat sie freilich, bei aller mathematischen Allgemeinheit, von vornherein die letzteren im Blick. Sie zeigt darin ein deutliches Bewußtsein für die Grenzen und Verschiedenheiten der Disziplinen Mathematik und Physik, wobei die Mechanik als Teil der Physik begriffen wird. Ihr Umgang mit dem Differentialkalkül ist sicher, denn Manfredis Ausbildung war gründlich gewesen, und pragmatisch zugleich – um die Absicherung ihres Vorgehens macht sie sich keine Gedanken. Ihre mathematische Kompetenz ist allerdings umfassend. Denn auch wenn Bassi immer wieder betont, eine rein analytische Lösung zu präsentieren, greift sie in diesem Aufsatz doch auch auf klassische geometrische Lösungsstrategien zurück; Infinitesimalkalkül und Geometrie tragen gleichermaßen zur Problemlösung bei. Diese umfassende Anwendung mathematischer Methoden wird in der nun zu besprechenden hydromechanischen Arbeit durch eine einseitig numerisch-analytische Lösungsstrategie ersetzt.

De problemate quodam hydrometrico

Daß Bassis Aufsatz *De problemate quodam hydrometrico* auf die Akademievorträge der Jahre 1753 bis 1756 zurückgeht, wurde schon von dem Akademiesekretär Piani, der das Archiv im 19. Jahrhundert ordnete, vermutet. Dies erscheint auch plausibel, da für die Publikation oft die Vorträge mehrerer Jahre zusammengefaßt wurden.[15] Auch bei dieser Arbeit handelt es sich um die mathematische Lösung eines Problems aus einem klassischen Themengebiet der Physik. Stärker aber als in *De problemate quodam mechanico* konstruiert Bassi hier einen Gegensatz von geometrischer versus numerisch-analytischer Tradition in der Mathematik. Darüberhinaus hat die Problemstellung diesmal einen auf die technische Praxis bezogenen Anwendungsaspekt, und so unterscheidet sich der Text im Duktus und in der formulierten Intention merklich von dem gerade besprochenen Aufsatz.

Ein Hauptunterschied fällt gleich in der Einleitung auf: Bassi benennt hier – im Gegensatz zu ihrer klassisch-mechanischen Arbeit – explizit das Forschungsumfeld und seine Protagonisten. In diese Darstellung des bisherigen Forschungsstandes sind seine Bewertung sowie Intention und Anspruch der eigenen Arbeit direkt verwoben. Diese Vernetzung ist sprachlich virtuos durchgeführt und beginnt direkt mit dem ersten Wort des Aufsatzes, welches eine Einschränkung einleitet und das »dennoch« im zweiten Teil des Satzes vorbereitet:

Obwohl die meisten Autoren, die über die Ausströmung von Wassern, die in Gefäßen beliebiger Form enthalten sind, geforscht haben, die Sache endlich dahin gebracht haben, [Benennung einiger gelöster Probleme und der wichtigsten Wissenschaftler] haben sie scheinbar *dennoch* anderen [Forschern] wenigstens nicht jede Gelegenheit genommen, auch einiges *für die Praxis, das keineswegs unnütz ist,* zu ergründen und vorzustellen. Da mir nämlich unter anderem noch nicht genug erforscht schien, auf welche Weise die Gesetze über die aus Öffnungen heraustretenden Flüssigkeiten so *zum Gebrauch anzupassen seien,* daß die Wassermengen, die aus den Kanälen durch Öffnungen verschiedener Größe oder in verschiedener Tiefe ausströmen, leicht untereinander verglichen werden können – *vor allem von jenen, die, weil sie sich der Praxis hingeben, sich um die geometrischen Theoreme in der Regel weniger kümmern* –, habe ich die Untersuchung nicht unwürdig erachtet [...] in welcher Größe und wo unter der Wasseroberfläche Öffnungen angebracht werden müssen, so daß in einer gegebenen

Zeit durch jene dieselbe Kraft des Wassers erhalten wird wie durch eine oder mehrere andere [vorgegebene] Öffnungen verschiedener Größe und Lage.[16]

Dieses Problem, so Bassi weiter, sei bisher für unlösbar gehalten und deswegen übergangen worden. Zu seiner Lösung sei jedoch eine »simplex communis analysis« völlig ausreichend, weshalb sie sich dieses Problems, »meiner Schwachheit bewußt« umso lieber angenommen habe. Außerdem sei diese Arbeit »von einigem Nutzen für all jene Künste [...], die für die Notwendigkeiten oder Annehmlichkeiten des menschlichen Lebens die Hilfe von Wasser benötigen«.[17]

Bassis Einleitung ist sprachlich stark durchgeformt und rhetorisch äußerst geschickt. Bei der Darstellung des Forschungsstandes unterscheidet sie explizit zwischen »unseren sehr berühmten Mitbürgern« und »Auswärtigen« unter den bisherigen Forschern und verdeutlicht somit die besondere Bologneser Tradition dieses Themengebietes. Bezeichnend dafür ist, daß sie neben die drei von ihr aufgezählten Bologneser nur drei Auswärtige stellt, nämlich Hermann, Bernoulli (ohne Nennung des Vornamens!) und Zendrini. Hier fehlt der Paduaner Universitätsprofessor Poleni, der entscheidende Arbeiten geleistet hatte, jedoch nicht der in Bologna dominanten Forschungsrichtung nahestand und außerdem der Liste der Auswärtigen Übergewicht verliehen hätte. Im Gegensatz zu der stark mathematisch orientierten Hydrodynamik der akademischen Tradition in Bologna verkörperte Poleni eine Forschungsrichtung, die den Anwendungsbezug stärker im Blick hatte und beispielsweise auch konkrete Zahlenwerte zu errechnen suchte.[18] In der Schilderung ihrer Errungenschaften klingt bereits die Lücke an, die Bassi füllen will, und die dem einst propagierten, aber nur selten umgesetzten Anliegen von Institut und Akademie in besonderer Weise entspricht: Gemeint ist der Nutzen der Wissenschaft für die Öffentlichkeit, vor allem für die nicht akademisch gebildeten Berufe wie Handwerker, Künstler und Kaufleute.[19] Gekrönt wird diese Präsentation durch den doppelten Verweis auf den dem Problem bislang zugesprochenen hohen Schwierigkeitsgrad und die »einfache gemeine Analysis«, die zu seiner Lösung ausreicht. Auf diese Weise kann Bassi die Brillanz ihrer Lösungsstrategie andeuten und gleichzeitig dem normativen Bescheidenheitsideal genügen.

An die Einleitung schließt sich in Form einer »Gegeben–Gesucht«–Sentenz die explizite Formulierung des Problems. Gegeben seien zwei oder beliebig viele Öffnungen und ihre Position unter der Wasseroberfläche. Gesucht ist die Größe und Position einer Öffnung, so daß die dadurch ausströmende Wassermenge der durch die gegebenen Öffnungen gleich ist oder zu dieser in einem bestimmten Verhältnis steht.

In ihrem Lösungsansatz übernimmt Bassi von Guglielmini und Zendrini die Formeln für die durch eine Öffnung strömende Wassermenge und deren mittlere Geschwindigkeit.[20] Die erstere ergibt sich als Produkt der mittleren Geschwindigkeit mit dem Quadrat des Öffnungsradius, bei ihr mit c bezeichnet. Für die mittlere Geschwindigkeit gibt sie an:

(A)
$$\frac{\frac{2}{3}(a+c)\sqrt{a+c} - \frac{2}{3}(a-c)\sqrt{a-c}}{2c}$$

wobei a der Abstand des Öffnungsmittelpunktes von der Wasseroberfläche ist.[21] Zu bestimmen sind zwei Unbekannte, nämlich der Radius x der gesuchten Öffnung und ihr Abstand (vom Mittelpunkt aus gerechnet) zur Wasseroberfäche y. Das Verhältnis der gegebenen und gesuchten Wassermengen setzt sie zunächst = 1 und erhält durch Einsetzen eine längere Gleichung in x und y, die, so Bassi, zwar für die darin Bewanderten eine geometrische Interpretation zulasse, jedoch keineswegs »ad vulgarem praxim accommodata« sei. Notwendig sei eine »zum Gebrauch geeignetere [Gleichung], vermöge der auch der weniger der Geometrie Kundige durch die alleinige Berechnung von Zahlen den Durchmesser und die Position der gesuchten Öffnung leicht ermitteln kann«.[22]

Zur Vereinfachung, so Bassi, müsse eine Variable verschwinden. Besonders geschickt sei die Festsetzung eines Verhältnisses $y =: px$, da sich die Gleichung dann besonders gut vereinfachen lasse. Die Potenzen von x und y sind nämlich so verteilt, daß nach dieser Variablentransformation eine Gleichung des Typs

$$ax^{10} + bx^5 + c = 0$$

vorliegt, also eine quadratische Gleichung in x^5. Für x^5 ergibt sich daraus

(B)
$$x^5 = \frac{9m^4n^2}{2} \cdot \frac{p^2 3p \pm \sqrt{(p^2-1)}^3}{(3p^2+1)^2}$$

wobei m und n Konstanten sind, die die Daten der vorgegebenen Öffnung(en) beschreiben. Bassi weist darauf hin, daß sich aus der mathematisch zweideutigen Lösung im Fall eines physikalischen Problems durch die natürlichen Gegebenheiten eine eindeutige Lösung ergebe, und widmet sich dann dem eigentlichen Problem, nämlich der praktischen Ermittlung von x. Sie gibt zunächst eine Formel an, mit der Werte für p ermittelt werden können, die gewährleisten, daß p und auch x^5 rational sind, »denn wenn auch eine irrationale Zahl für p eine geometrische Lösung überhaupt nicht stört, erschwert es doch, wenn man zu den Zahlen übergeht, die Arbeit außerordentlich, wenn die Zahl, aus der die fünfte Wurzel zu ziehen ist, irrational ist«.[23]

An diese allgemein gehaltenen Überlegungen schließt sich nun die konkrete Anleitung an, wie ein Anwender zu verfahren hat. Bassi beschreibt dafür zunächst noch einmal in Worten die Berechnung der Wassermenge vermöge der oben angegebenen Formel (A) und kommt dann zur Anleitung für die Ermittlung der fünften Wurzel. Dabei soll zunächst der Bruch (unter Vernachlässigung des Dezimalrestes) in eine ganze Zahl verwandelt werden, weil die Wurzel bei diesem Verfahren nur einmal zu ziehen sei.[24] Mit Hilfe der von ihr mitgelieferten Wertetafel für x^5, $x = 1$ ... 100, sei sodann diejenige Zahl zu ermitteln, deren fünfte Potenz gerade noch kleiner ist als der gegebene Radikand. Diese Zahl bildet das Grundergebnis, das durch weitere Rechnungen – sie leitet zu Intervallschachtelungen an – noch verbessert werden kann.[25] Wenn die Wassermengen durch die gegebene und die gesuchte Öffnung nicht identisch sein, sondern in einem bestimmten Verhältnis h/k zueinander stehen sollen, sei der für x^5 ermittelte Wert zuerst damit zu multiplizieren und dann die Wurzel wie gehabt auszurechnen. Mit Hilfe der von ihr bereitgestellten zwei Tabellen sei also, so Bassi abschließend, nun jeder in der Lage, durch bloße arithmetische Operationen die Größe und Lage einer neuen Öffnung zu finden.

Bassis Aufsatz eröffnet weder in physikalischer noch in mathematischer Hinsicht besonders aufregende neue Horizonte. Allerdings ist er unzweifelhaft elegant, sowohl in sachlicher als auch in sprachlicher Hinsicht.[26] Am interessantesten scheint mir Bassis Beharren auf einer auch für in der Geometrie Unerfahrene nachvollziehbaren Lösungsstrategie. Zum einen rückt sie damit expliziter, als es sonst in der Arbeit der Akademie geschah, den Praxisbezug der Wissenschaften in den Vordergrund; zum anderen konstituiert sie damit noch deutlicher als in ihrer Arbeit zur Schwerpunktbewegung einen klaren Unterschied zwischen zwei verschiedenen Arten, Mathematik zu treiben. Die geometrische Methode einerseits und die arithmetisch–analytische Methode andererseits werden aber nicht mehr gleichberechtigt behandelt, sondern Bassi bezieht eindeutig Stellung, indem sie mehrfach die leichtere Handhabbarkeit des analytischen Kalküls betont. Ihre Arbeit kann damit auch als exemplarisch für den Umbruch von der Geometrie zur Analysis gesehen werden, der sich im 17. und 18. Jahrhundert in der Mathematik vollzieht und auch Teil des wissenschaftlichen Programms des Institutsgründers Marsili gewesen war.[27] Bassis Betonung des Nutzens der analytischen Methode kann als Bekenntnis zu dieser mathematischen Richtung gedeutet werden. Wie *De problemate quodam hydrometrico* mehrfach zeigt, ist Bassi pragmatisch genug, sich nicht von möglicherweise ungeklärten Grundsatzfragen irritieren zu lassen. Ihr Einsatz für eine praxisgeeignete Methode und die Überzeugung, daß die *affectiones naturales corporum* im Fall einer mathematisch nicht eindeutigen Lösung unfehlbar auf die einzig richtige Lösung führen, sind dabei die epistemologischen Grundpfeiler.

Der letztgenannte Aspekt, daß gelegentlich zwischen »mathematischen« und »physikalischen« Lösungen zu unterscheiden sei, nimmt die schon im vorigen Kapitel sichtbar gewordene Differenzierung Bassis zwischen Mathematik und

Physik wieder auf. Es ist keine Frage, daß Bassi sich spätestens ab der Mitte der
1740er Jahre als (Experimental–) Physikerin verstand, und nicht als Mathemati-
kerin. Ihre Kompetenz und ihr Blick für die Mathematik verleihen ihr jedoch innerhalb der Bologneser wissenschaftlichen Gemeinschaft eine besondere Stellung.[28]

Ob das von Bassi hier entwickelte, nach ihrer Einschätzung für die Praxis geeignete Verfahren dort tatsächlich angewandt wurde, wird allgemein bezweifelt.[29]
In der Tat scheint schwer vorstellbar, daß Bassis Arbeit die Zielgruppe der »in
der Geometrie weniger kundigen« Praktiker ausgerechnet über die Publikation
in den *Commentarii* erreicht haben soll. Abgesehen von dem möglichen
Sprachhindernis – zumal angesichts der Komplexität von Bassis Konstruktionen
– ist für solche Belange die Herleitung der Lösung nicht hinreichend von der eigentlichen Anleitung getrennt. Denn die Entwicklung des Verfahrens richtet sich
ganz offensichtlich nicht an das mathematisch weniger versierte Publikum. Hingegen werden sehr elementare Schritte des Verfahrens im letzten Teil der Arbeit
nochmals ausführlich dargestellt, während andere ebenso wichtige und, zumindest für mathematisch unerfahrene Leser, wenig offensichtliche Schritte noch
nicht einmal erwähnt werden.[30] In dieser Inhomogenität des Textes bzgl. seines
Niveaus liegt sicher seine größte Schwäche. Bassi scheint beide Lesertypen, den
versierten Mathematiker und den unkundigen Praktiker, vor Augen zu haben
und widmet beiden Gruppen spezifische Passagen, die für den anderen Leserty-
pus uninteressant sind. Diese Abschnitte sind aber nicht sauber getrennt, sondern gehen durcheinander. Demzufolge ist der Aufsatz für professionelle Mathematiker passagenweise banal und langweilig, für mathematisch Unerfahrene
aber zu komplex, als daß sie sich an einer klar formulierten Anleitung orientieren könnten. Bassis Arbeit scheint daher allenfalls als Textgrundlage für die
Anleitung von Hydraulikern durch einen Mathematiker geeignet. Denkbar erscheint auch, daß Bassi ursprünglich von Praktikern nach einer mathematisch
unaufwendigen Lösung des Problems gefragt wurde und dann beschloß, ihre
Lösung auch als wissenschaftliche Arbeit in der Akademie zu präsentieren.

Daß Bassi sich vor allem aus Profilierungsbedürfnissen heraus für ein hydromechanisches Thema entschied, wie gelegentlich vermutet wurde, halte ich für
unwahrscheinlich, da ihre wissenschaftliche Kompetenz zu Beginn der 1750er
Jahre m.E. längst außer Zweifel stand.[31] Für wahrscheinlicher halte ich, daß
Bassi sich aus anderen Motiven heraus für ihr Thema entschied. Neben der starken Bologneser Tradition in der Hydrometrie mag der Wille, ihrer Stadt durch
ihre Forschungen nützlich zu sein, eine wichtige Motivation gewesen sein.[32]
Angesichts dieses Wunsches ist auch die Wahl eines ganz und gar anwendungs-
orientierten Themas innerhalb der Hydromechanik logisch und verständlich. Die

Inhomogenität ihres Aufsatzes würde sich dann aus ihrem Wunsch erklären, beiden Gruppen, denen sie sich verpflichtet fühlte, gerecht zu werden: einerseits der wissenschaftlichen Gemeinschaft und andererseits den wissenschaftlich unbedarften, mit praktischen Problemen und unpraktikablen mathematischen Lösungen konfrontierten Mitbürgern.

2. Bassis Forschungen zur Elastizität der Luft

Die Pneumatik ist neben Mechanik und Hydrodynamik das einzige weitere Forschungsgebiet, aus dem Arbeiten Bassis, entweder als Manuskript oder als Publikation, erhalten sind. Insgesamt sind vier Texte überliefert: zwei Manuskripte von Vorträgen, die sie in der Akademie gehalten hat, und zwei sog. Kommentare,[33] Berichte des Sekretärs über ihre Forschungen, in den Abhandlungen der Akademie. Einer dieser Kommentare beschäftigt sich mit Bassis Forschungen zum Verhältnis zwischen Druck und Volumen von Luft. Er steht im Mittelpunkt dieses Teilkapitels.

Der unter dem Titel *De aeris compressione* im zweiten Band der *Commentarii*[34] von 1745 veröffentlichte Bericht über Versuchsreihen Bassis zum Verhältnis zwischen Druck und Volumen von Luft wirft gleich mehrere in der Sekundärliteratur bislang nicht berücksichtigte Fragestellungen auf.[35]

Das Hauptproblem im Umgang mit diesem Text ergibt sich aus seiner literarischen Gattung des Kommentars. Im Gegensatz zu den bisher behandelten Texten aus Bassis eigener Hand, sog. *Opuscula*, hat Bassi *De aeris compressione* nicht selbst geschrieben. Vielmehr werden ihre Forschungen aus der Perspektive des Sekretärs beschrieben. Grundsätzlich ist folglich damit zu rechnen, daß die im Text formulierten Bewertungen, Schlüsse oder Beweggründe nicht von Bassi selbst, sondern vom Berichterstatter, also von Francesco Maria Zanotti, stammen können. Von Interesse sind aber natürlich Bassis Motivationen, Schlußfolgerungen usw. und erst in zweiter Linie die des Sekretärs. Die gewünschte Differenzierung zwischen Bassi und Zanotti ist nicht durch einen einfachen Textvergleich zwischen Bassis Vortrag und Zanottis Kommentar durchführbar, weil das entsprechende Vortragsmanuskript, wie so viele andere auch, verloren gegangen ist. Als letzte Möglichkeit für eine Klärung der Positionen bliebe noch, das Verhältnis zwischen Bassis Vortrag und dem entsprechenden Sekretärsbericht für das andere pneumatische Thema, von dem Texte beider Typen überliefert sind, zu untersuchen, und von dort Rückschlüsse über die Struktur des hier behandelten Textes zu gewinnen. Da jedoch zwischen der Publikation der beiden Berichte der Sekretär wechselte, sie also nicht von einer

Hand stammen, ist auch dieser Zugang versperrt. Ob und wie es gegebenenfalls möglich ist, die beiden Stimmen voneinander zu unterscheiden, wird sich somit allein aus einer sprachlichen Analyse und dem Vergleich mit anderen Kommentaren Francesco Maria Zanottis ergeben müssen.

Eine zweite Besonderheit des Textes liegt in seinem Publikationsdatum. Das Imprimatur des Bandes datiert vom 4. August 1745, d.h. er muß der Zensurbehörde im Frühsommer des Jahres vorgelegen haben. Das aber heißt, daß der Bericht über Bassis Forschungen *vor* der Etablierung der Benedettini aufgenommen wurde; zu einem Zeitpunkt also, als sie zwar nominell Akademiemitglied war, jedoch weder in den Sitzungen noch in den Protokollen der Akademie auftauchte. Ein Vortrag Bassis in der Akademie vor 1746 ist mit Sicherheit auszuschließen, da die für die 1730er und 1740er Jahre vollständig erhaltenen Sitzungsprotokolle nichts Derartiges berichten. Damit aber verstößt der Kommentar gegen die Grundregel, daß die auf den Sitzungen gehaltenen Vorträge anschließend und erst nach dem Abschluß der entsprechenden Forschungen in die Abhandlungen einflossen.[36] Ein Bericht über Bassis Forschungen zu diesem Zeitpunkt (1745) verstößt gegen beide Regeln, so daß ein starkes Interesse an ihren Forschungen von einer einflußreichen Seite zu postulieren ist.

Ein »kurzes und einfaches Verhältnis«: Der thematische Kontext

Der Untersuchungsgegenstand des Aufsatzes wird nach einer allgemein gehaltenen Einleitung im zweiten Absatz benannt: jenes »zuerst von sehr berühmten Physikern« zur Erklärung der Elastizität der Luft aufgestellte Gesetz,

daß, wenn die Luft durch ein Gewicht komprimiert wird, sie auf ein Volumen beschränkt wird, das soviel kleiner ist, wie das Gewicht größer ist, so daß die Gewichte den Volumina umgekehrt entsprechen.[37]

Dieses Gesetz, das von Boyle (1662) und Mariotte (1679) unabhängig voneinander publiziert und im 18. Jahrhundert regional unterschiedlich nach einem der beiden benannt wurde, ist heute als Boyle–Mariotte–Gesetz bekannt.[38] Es galt bald als Grundgesetz über die Elastizität der Luft und wurde auf Grund seiner fundamentalen Bedeutung immer wieder überprüft. Besonderes Interesse wurde ihm in der ersten Dekade des 18. Jahrhunderts zuteil, als die Entwicklung des Luftthermometers durch Amontons das Interesse für das Verhalten von Luft unter verschiedenen äußeren Bedingungen (Druck, Temperatur) nochmals verstärkte. So bemerkten die *Mémoires* der *Académie des Sciences* 1708:

Weil des Herrn Mariotte Regel in dieser ganzen Materie von der Erweiterung der Luft fast immer zu einem Grundsatze gemacht wird, so kann man sich von ihrer Wahrheit, oder Falschheit, oder denen Einschränkungen, die sie erfordert, nicht gewiß genug machen.[39]

Die Messungen lieferten mehr oder minder genaue Bestätigungen des Gesetzes; allerdings wurden auch offensichtlich systematisch auftretende Abweichungen nicht unbedingt diskutiert. Bei einigen Autoren wurden jedoch auch die Grenzen für den Gültigkeitsbereich angegeben.[40]

Auch in Bologna hatten sich um 1710 verschiedene Wissenschaftler, allen voran Rondelli und Galeazzi, mit dem Thema beschäftigt.[41] In den 1720er und 1730er Jahren hingegen gab es kaum noch Publikationen zur Beziehung zwischen Druck und Volumen von Luft. Die Forschungen Bassis und der Aufsatz erscheinen damit recht unvermittelt und ohne direkt ersichtlichen Anstoß. Ein Indiz für diese von zeitgenössischen Forschungen relativ unabhängige Themenstellung ist auch der Umstand, daß in der gesamten Arbeit nur einmal auf die Forschungen eines Zeitgenossen oder Vorgängers Bezug genommen wird. Es handelt sich dabei um Galeazzi, der im Januar 1732 in der Akademie über die Verfertigung von Amontons–Thermometern vorgetragen und dabei auf den Einfluß verschiedener »humores« auf die Elastizität der Luft hingewiesen hatte. Diese Dissertation wurde ebenfalls in den *Commentarii* publiziert.[42] Mit ihrer Erkenntnis, wie stark die Elastizität der Luft von verschiedenen Beimischungen und Eigenschaften abhängt, hat Galeazzis Arbeit sicherlich die Beschäftigung mit der Kompressibilität von Luft angeregt; ob sie für Bassi entscheidend war und ob sie allein das hohe Interesse an Bassis Forschungen hervorgerufen hat, wird abschließend nochmals zu diskutieren sein.

Die »Unbeständigkeit der Physiker«: Zanottis Polemik und Bassis Experimente

De aeris compressione ist rhetorisch so konzipiert, daß Bassis Versuchsreihen erst nach einer langen Einführung beschrieben werden und dann als eine dringend benötigte experimentelle Bestätigung des Boyle–Mariotte–Gesetzes erscheinen. Die rhetorische Konstruktion – an eine lange Hinführung und Darstellung des Problems schließt sich die Einführung der Person an, die die Auflösung bringt – erinnert an andere Kommentare Zanottis, namentlich an den berühmten Abriß des Prismenversuchs von Algarotti, der 1727 in Bologna die Richtigkeit von Newtons Optik demonstrierte.[43]

Die mehr als die Hälfte des Textes umfassende Hinführung zum eigentlichen Bericht über Bassis Versuche zeichnet sich durch heftige Polemik gegen die unerschütterte Akzeptanz eines höchst ungesichert erscheinenden Gesetzes durch »die Physiker« aus. Programmatisch wird das Anliegen des Kommentars bereits im ersten Absatz formuliert:

Die Aufgabe der Physiker ist es, Naturgesetze aufzustellen oder zu verwerfen; denn es sind sowohl solche, die den Experimenten entsprechen, aufzustellen, als auch solche aufgestellten, die [den Experimenten] nicht entsprechen, zu verwerfen; davon ist das zweite soviel nötiger, wie es schimpflicher ist, Gesetze beizubehalten, die den Experimenten nicht entsprechen, als gar keine aufzustellen. Laura Bassi, eine Frau mit einem berühmten Namen, konnte, als sie die Elastizität der Luft mit einigen Experimenten untersucht hatte und vor allem die Gesetze ihrer Elastizität entweder aufstellen oder die von anderen aufgestellten bestätigen wollte, keines von beiden [verwirklichen]; sie tat also, was übrig blieb, und verwarf alle. So trieb die höchst scharfsinnige Frau, indem sie alles in Unordnung brachte, höchst vortrefflich Physik.[44]

Erst nach dieser Einleitung, in der Zanotti bereits eine Wertung von Bassis Forschungen vorwegnimmt, wird der Forschungsgegenstand, das Boyle–Mariotte–Gesetz, benannt. Es folgt ein längerer Abschnitt theoretischer Erwägungen, die mögliche Einwände gegen das Gesetz betreffen. Dabei geht es in den ersten beiden Abschnitten um Positionen, die das Gesetz durch Extrapolation auf Grenzfälle ad absurdum zu führen suchen.[45] Diese Einwände werden von Zanotti beiseite gewischt, um dann den eigenen Einwand zu präsentieren. Dieser gründet sich auf die bereits erwähnten Schlußfolgerungen Galeazzis, daß die Elastizität der Luft je nach ihrer Temperatur und ihrem Gehalt an verschiedenen »humores« ganz verschieden sei. Eine solche Vielfalt von Elastizitäten könne, so Zanotti, wohl kaum durch ein und dasselbe Gesetz beschrieben werden; jedenfalls erfordere solch eine seiner Ansicht nach problematische Behauptung einen über alle Zweifel erhabenen empirischen Beleg. Nachdem Zanotti solcherart den Anspruch auf eine »höchst genaue« experimentelle Bestätigung des behaupteten Gesetzes begründet hat, behandelt er die bislang publizierten Messungen, um sie allesamt als völlig ungenügend zu verwerfen. Insbesondere wird moniert, daß bei allen bisherigen Messungen wichtige Randbedingungen, nämlich die Lufttemperatur und eventuelle Veränderungen des äußeren Luftdrucks, nicht berücksichtigt worden seien, und daß von Messungen für *eine* Art von Luft auf alle anderen Arten geschlossen wurde.[46] Nicht ohne Häme kommentiert er schließlich die in seiner Darstellung kontinuierlich fortschreitende Einschränkung des Gültigkeitsbereichs des Gesetzes. Darin zeige sich, so Zanotti, »die Unbeständigkeit der Physiker, daß lieber die Unbeständigkeit des Gesetzes, als vielmehr das Gesetz selbst bezweifelt wird; denn es gibt kein Gesetz, wenn es keine Beständigkeit gibt«.[47] Vor dieser Folie wird nun Bassi eingeführt, die

denjenigen Physikern, die das Elastizitätsgesetz allgemein auf jede Art von Luft übertragen haben, nicht auf der Stelle zu folgen wagte, sondern vorher die Experimente wiederholen wollte und neue hinzufügen und sich besonders vor den Dingen in Acht nehmen [wollte], vor denen jene sich nicht in Acht genommen hatten. [...] Als sie das tat, konnte sie sich manchmal nicht zurückhalten, im Zorn gegen die Physiker zu entflammen, weil sie tatsächlich Gesetze aufgestellt hatten, die weder mit ihren Experimenten noch überhaupt mit der Wahrheit übereinstimmten. Besonders schien sie auf jene zornig zu werden, die obwohl sie zugeben, daß es kein reziprokes Verhältnis von Volumina und Gewichten gibt, wenn die Luft über das halbe Volumen hinaus zusammengedrückt wird, dennoch die Gültigkeit dieses Gesetzes bestätigen, wenn sie [maximal] bis zur Hälfte zusammengedrückt wird.[48]

Wie Zanotti eindringlich schildert, konnte Bassi dieses Verhältnis nämlich auch in wiederholten, sorgfältig und immer geschickter durchgeführten Versuchsreihen weder für Kompressionen auf weniger als die Hälfte des Ausgangsvolumens noch für Kompressionen genau auf die Hälfte bestätigen. Auch das Bemühen, wenigstens in den Abweichungen eine Regelmäßigkeit zu erkennen, blieb fruchtlos. Für Zanotti drängt sich damit die Notwendigkeit auf, im Anschluß an Bassi einzusehen, daß es kein Gesetz gibt:

Wenn also diese Frau alle Experimente gemacht hat, die sie bis dato in ihrem Geist bewegte, und überall Unbeständigkeit auftrat, nirgendwo aber irgendein Gesetz, wer wird noch zögern, alle Physiker zu verlassen und dieser einen Musenjüngerin zu folgen?[49]

Nach der Schilderung des Gesamtergebnisses werden nun einige Einzelergebnisse aufgeführt, die die Unbeständigkeit der experimentellen Befunde illustrieren. Dabei wird zwar darauf hingewiesen, daß die Abweichungen von den dem Gesetz nach erwarteten Werten an einem heiteren Tag geringer zu sein schienen, und daß die Luftfeuchte die plausible Ursache für eine sehr große Abweichung an einem anderen, regnerischen Tag war, aber der Text enthält noch nicht einmal andeutungsweise den Hinweis, daß es sich dabei um die von Bassi gesuchte »Regelmäßigkeit in den Abweichungen« handeln könnte. Die Befunde für die einzelnen Tage bleiben isoliert nebeneinander stehen, eine Gesetzmäßigkeit wird nicht konstatiert.[50] Der experimentelle Aufbau wird nicht weiter beschrieben, so daß davon auszugehen ist, daß Bassi den für solche Messungen üblichen Aufbau mit einem J-Rohr verwendet hat, in dessen kürzerem, abgeschlossenen Schenkel das Luftvolumen eingeschlossen wird, während in den längeren, offenen Schenkel immer mehr Quecksilber eingefüllt werden kann.[51] Bassi führte ihre Messungen aber nicht nur in dem sowieso als problematisch geltenden Bereich von Kompressionen auf weniger als die Hälfte des Ausgangsvolumens durch:

Fast die gleiche Unbeständigkeit habe sie gefunden, sagte sie, nicht nur, wenn sie die Luft bis zum halben Volumen, sondern auch, wenn sie sie weniger als zur Hälfte komprimieren wollte. Denn auch in diesen geringeren Kompressionen mußte sie bald mehr, bald weniger Gewicht anwenden, als die Regel der Physiker es erforderte.[52]

Auch für diesen Fall werden konkrete Werte angegeben und der Befund nochmals artikuliert; er mündet in die Feststellung, daß »diesem Experiment keine Art von Unbeständigkeit abgehe«.[53] Nur am Rande sei vermerkt, daß Bassi das Boyle–Mariotte–Gesetz offensichtlich nur für höhere Drücke als Atmosphärendruck überprüft hatte. Sie folgte damit dem Vorgehen Boyles, der auch erst in einem späteren Schritt Messungen für Unterdrücke angegeben hatte.[54] Die Schlußfolgerungen Bassis werden mit sehr emotionalen und vorsichtigen Formulierungen ausgebreitet:

Diese Wechselhaftigkeiten [...] bewegten Laura bis jetzt so, daß *sie* sich den Physikern nicht anzuvertrauen *wagte* noch jenen zuzustimmen [wagte], die, indem sie ein dauerhaftes Verhältnis zwischen Gewichten und Volumina konstituieren, für eine unsichere Sache ein sicheres Gesetz aufstellen. *Sie räumt* also *ein, daß* die Elastizität der Luft so beschaffen sein kann, daß [...] zwischen den Gewichten und Volumina irgendein konstantes Verhältnis bestehen kann; *sie fürchtet* jedoch sehr, *daß* so viele Dinge mit eingemischt werden, die das Gesetz verwirren, daß, auch wenn es eines gibt, es mit einem Experiment trotzdem nicht erkannt werden kann. Denn so sehr auch die Gewichte und Volumina bisweilen umgekehrt proportional zueinander zu sein scheinen, kann das geschehen, nicht weil die Elastizität der Luft diesem Gesetz folge, sondern weil sie, obwohl sie einem anderen folgt, zu diesem hin abweicht. Wie kommt das nämlich, daß dieses Verhältnis den Physikern zuerst bei jeder Komprimierung der Luft zu gelten schien; danach nicht bei jeder, sondern nur bei der, die die Luft nicht über den dritten Teil des Ausgangsvolumens zusammendrängt? Selbst dies mußte man später, als die Experimente nicht paßten, wiederum ändern und das Verhältnis nur auf die Hälfte des Volumens beschränken. Und die Experimente Lauras ergeben noch nicht einmal das.

Von solchen *Zweifeln* wurde die berühmte Frau bis jetzt, als ich dies schrieb, *festgehalten*; in diese [Zweifel] wäre sie niemals geraten, wenn sie, wie man es zu tun pflegt, den Physikern hätte vertrauen wollen. Aber *sie wollte* lieber im Festhalten an ihren Experimenten der Sache selbst folgen als den Physikern.[55]

Den Schluß des Textes habe ich so ausführlich zitiert, weil er gute Ansatzpunkte für die Differenzierung zwischen Bassis und Zanottis Position bietet. Wie in der gesamten Abhandlung fällt nämlich auf, daß Zanotti dort, wo er von Bassis Forschungen spricht, sie auch grammatikalisch als Subjekt, als Handelnde einführt und ihre Schlüsse und Überlegungen sprachlich als solche kennzeichnet. Von den dabei immer wieder auftauchenden Charakterisierungen ihrer Gemütsbewegungen wird noch die Rede sein. Auf das letzte Zitat bezogen fallen die Prädikate *einräumen* und *fürchten* auf; die folgenden Sätze hingegen enthalten weder Bassi als Subjekt noch indirekte Rede, in der ihre Positionen referiert werden. Sie nehmen hingegen Argumentationen und Überlegungen Zanottis (etwa zu der progressiven Einschränkung des Gültigkeitsbereiches des Gesetzes) wieder auf, die er bereits in seiner Einführung geäußert hatte. Die im gesamten Text stringent durchgehaltene Differenzierung zwischen direkter Rede Zanottis und indirekter Rede, sobald Bassi eingeführt wird, und die stets klar artikulierten Bezugnahmen auf sie gestatten m.E. die Schlußfolgerung, daß es sich bei allen sprachlich nicht ausgezeichneten, in direkter Rede formulierten Überlegungen um Zanottis eigene Gedanken handelt. Damit folgt dieser Kommentar dem gleichen Differenzierungsmuster wie etwa die Präsentation von Algarottis Experimenten zur Newtonschen Optik. Auch dort unterscheidet Zanotti zwischen den Worten und Taten dessen, über den er berichtet, und den von ihm selbst formulierten Erläuterungen oder Schlußfolgerungen.

Die Differenzierung zwischen Bassi und Zanotti wird im Text ferner durch die starke Polarisierung unterstützt, die mittels der immer wieder polemisch zugespitzten Formulierungen an Stellen, wo es nicht um Bassis Überlegungen geht, und den äußerste Vorsicht ausdrückenden Verben zu ihrem Verhalten (sie räumt ein, sie fürchtet, sie gerät in Zweifel, sie wagt nicht, den anderen Physikern einfach zu folgen) erzeugt wird. Zanotti hat, das ist vom zweiten Absatz des Textes an ersichtlich, ein ganz klares Anliegen, nämlich die Demontage des nur empirisch und dort seiner Meinung nach höchst ungenügend belegten Boyle–Mariotte–Gesetzes. Dieses Anliegen bricht von der Einleitung bis zum Schluß immer wieder in den Polemisierungen gegen »die Physiker« durch, die entgegen aller Logik und allen Experimenten weiterhin an einem bequemen, einfachen Gesetz festhalten. Daß der Anspruch auf Vergewisserung hinsichtlich der Gültigkeit des Gesetzes hingegen mit unangenehmen, unbequemen Gemütszuständen verbunden ist, vermittelt Zanotti seinen Lesern durch die Beschreibung von Bassis Motivation und Vorgehen. Die dabei konstant durchgehaltene Beschreibung ihrer Gemütszustände, die in einem Forschungsbericht eigentlich keinen Platz hat, betont die Andersartigkeit Bassis im Vergleich zu »den Physikern«. Die Konstruktion von Bassis Andersartigkeit arbeitet stark mit der Konstitution von Geschlechterdifferenz und der gängigen Kopplung von Weiblichkeit und Emotionalität. Sprachlich wird dies etwa dadurch umgesetzt, daß Bassi im Gegensatz zur normalen Praxis nicht mit ihrem Nachnamen, sondern mit dem Vornamen bezeichnet wird. Formulierungen wie »Das weiß ich gewiß, daß sie [die nachlässig experimentierenden und voreilig schließenden Physiker] Laura Angst machten;«[56] betonen das Mädchenhafte, leicht zu Verängstigende, darum aber auch Aufmerksame an Bassis Persönlichkeit. Mit der die emotionalen Aspekte betonenden Beschreibung Bassis verstärkt Zanotti den Kontrast zwischen ihr und den Physikern, wohl auch zwischen ihr und dem Publikum. Freilich ist Bassi nicht nur der Angst, sondern, angesichts unredlicher wissenschaftlicher Arbeit, auch des Zorns fähig. Durch Angst und Zorn und Zweifel hindurch wird Bassi im Verlauf des Textes zum leuchtenden Vorbild und zur Identifikationsfigur für diejenigen (Experimental–) Physiker stilisiert, die sich ebenfalls nicht mit Halbwahrheiten zufrieden geben wollen. Dafür muß neben ihren Gemütsbewegungen freilich auch ihre wissenschaftliche, und das heißt hier experimentelle, Kompetenz erwähnt werden. Zanottis Schilderung von Bassis Motivationen und Aktivitäten durchläuft somit eine klare Entwicklung und ist für die Stilisierung Bassis als Schlüsselpassage zu sehen:[57] Von ihrer Angst ausgehend, berichtet der Text von ihrem Zorn, versichert den Leser ihrer Kompetenz und gipfelt schließlich in der Aufforderung, Bassi (statt »den Physikern«) zu folgen. Im Zusammenhang mit dieser Aufforderung wird dann allerdings nicht mehr Bassis Andersartigkeit betont, sondern mit der Bezeichnung *Musarum alumna*, Musenschülerin, ein Begriff verwendet, zu dem eine gebräuchliche männliche Parallelbildung als Bezeichnung für Dichter, Philosophen und Wissenschaftler (*Musarum alumnus*) existiert. »Musenschülerin« drückt ein deutlich höheres Maß an Kompetenz und kognitiver Legitimität aus als die sonst verwendete Bezeichnung als »ausgezeichnete Frau«. Daß Zanotti diese Bezeichnung für Bassi dort, und nur dort, verwendet, wo er die Leserschaft direkt auffordert, sich ihren Schlußfolgerungen anzuschließen, ist gewiß kein Zufall, sondern Ausdruck seiner Präsentation Bassis als Vorbild.

Zanottis von einem klaren eigenen Interesse motivierte Darstellung kann dennoch nicht verbergen, daß Bassi selbst (noch) keine endgültigen Schlußfolgerungen aus ihren Untersuchungen gezogen hat, sondern nach wie vor von »Zweifeln« geplagt wird. Nimmt man Bassis spätere Äußerungen als Korrektiv, so hat sie auch nach ihrer eigenen Aussage aus ihren Experimenten keine Schlußfolgerungen gezogen, hat also insbesondere das Gesetz auch nicht verworfen. Noch eineinhalb Jahre später formuliert sie vielmehr die Durchführung weiterer Messungen zum Boyle–Mariotte–Gesetz in einem Vortrag vor der Akademie als Desiderat und als Projekt, dem sie weiter nachgehen wolle.[58]

Die aus der Textanalyse plausibel gemachte These, daß in dem vorliegenden Text zwischen der polemisch formulierten Position Zanottis und den vorsichtigen, nicht endgültigen Schlußfolgerungen Bassis zu unterscheiden sei, wird durch weitere Vergleichstexte aus Zanottis Feder noch erhärtet. Daß Zanotti das Boyle–Mariotte–Gesetz so heftig attackiert, paßt nämlich einerseits zu seiner generellen Abneigung gegen vorschnelle Urteile bei der wissenschaftlichen Forschung und andererseits zu seiner herablassenden Haltung gegenüber der experimentellen Methode. Seiner Meinung nach war nämlich »die Arbeit der Experimentatoren eine Anstrengung, die vermieden werden konnte«.[59] So lobt er etwa bei einem Bericht über Experimente Veratis dessen Unvoreingenommenheit, so macht er sich über die Physiker lustig, denen

es oft passiert, vor allem denen, die mit der Hand, wie ich es nennen möchte, ihre Philosophie ausarbeiten und alles mit Experimenten behandeln, daß sie, wenn sie sich bemühen, irgendeine Sache zu erklären, in eine andere hineingeraten, die schwieriger zu erklären ist.[60]

Angesichts des Umstandes, daß im Text keine an der Fragestellung ebenfalls interessierten Akademiemitglieder als Mitarbeiter genannt sind, und angesichts Zanottis konsequent durchgehaltener Polemik scheint mir der Schluß plausibel, daß es Zanotti selbst war, der ein so starkes Interesse an Bassis Untersuchungen hatte, daß er darüber publizierte, ohne den Abschluß der Arbeiten oder einen Bericht in der Akademie abzuwarten. Für Bassi selbst scheint mir eine durch solche Polemik bedingte Motivation auszuschließen zu sein. Ich vermute vielmehr, daß die Experimente Teil ihrer theoretischen und experimentellen Beschäftigung mit dem großen Thema »Luft« waren, in deren Rahmen sie u.a. eben auch das bekannte und wichtige Gesetz zur Elastizität der Luft nachvollziehen und bestätigen wollte. Mit dieser Interpretation fügen ihre offensichtlich nicht durch eine aktuelle wissenschaftliche Diskussion motivierten Untersuchungen sich in das Gesamtbild ihrer wissenschaftlichen Arbeit. So ist etwa auch für die Optik die experimentelle Nachvollziehung als Bassis Methode der persönlichen Aneignung bezeugt.[61]

Daß Bassi zu ihren von der gängigen Forschungsmeinung abweichenden eigenen Resultaten steht, zeugt von großem Vertrauen in die eigene experimentelle Kompetenz und von dem von Zanotti so geschätzten Entschluß, die ganze Autorität der empirischen Befunde, notfalls zu Ungunsten der bestehenden, ebenfalls empirisch begründeten Theorie, sprechen zu lassen.[62] Andererseits darf nicht verkannt werden, daß sie in Zanottis Präsentation ihrer Ergebnisse auch eine einzigartige Rückendeckung hatte. Nur mit seiner Unterstützung, die im Rahmen der Bologneser Akademie als Autorität völlig genügte, konnte sie sich die Bekanntgabe abweichender Messungen leisten, ja, erhielt sie überhaupt den Zugang zur Publikationsmöglichkeit ihrer Resultate. Die in diesem Fall vorliegende Interessenkonstellation ist als für Bassi einzigartig günstig einzuschätzen und führt zu einem sonst völlig untypischen Interaktionsmuster zwischen Bassi und der Akademie: als eine persönlich relativ gut, institutionell aber nur sehr lose verankerte Wissenschaftlerin nahm sie zwar (noch) nicht am Akademiealltag teil, partizipierte aber aktiv an der öffentlich sichtbar gemachten Forschungsleistung der Akademie.

3. Bassis Forschungen über die in Flüssigkeiten gelöste Luft

Die Arbeiten Bassis über Luftbläschen im Wasser stellen nicht nur die anschaulichsten, sondern unter vielen Aspekten auch die eigenwilligsten Arbeiten dar, die von ihr überliefert sind. Das beginnt schon bei den Texten zu diesem Thema: Neben den Akademievorträgen aus den Jahren 1747 und 1748, die als Manuskript erhalten sind und im Anhang erstmals publiziert werden, gibt es noch einen Kommentar aus den Abhandlungen der Akademie.[63] Dieser wurde allerdings erst 1792, also 14 Jahre nach Bassis Tod und 45 Jahre nach ihren Vorträgen (!), veröffentlicht. Diese große zeitliche Differenz geht mit einer erheblichen inhaltlichen Abweichung zwischen den Manuskripten und dem Kommentar einher, was die Einordnung dieser Arbeiten zusätzlich erschwert. Auch in der Sekundärliteratur ist gerade dieses Forschungsgebiet Bassis bislang nur oberflächlich bearbeitet worden.[64] Im folgenden werden zunächst die beiden Originalvorträge Bassis analysiert und in den zeitgenössischen Forschungsstand eingeordnet; anschließend wird ihnen der Bericht des Akademiesekretärs gegenübergestellt.

Ein nützliches und ergötzliches Thema:
Bassis Vorträge von 1747 und 1748

Die Betrachtung der Luft sei »oft mit nicht geringem Nutzen, immer aber mit Ergötzen verbunden« und habe daher den Scharfsinn und Fleiß einer langen Reihe von Physikern angestachelt.[65] So beginnt Laura Bassi 1748 ihren jährlichen Akademievortrag. Es ist nach 1747 der zweite Vortrag, den sie zu diesem Thema hält. Daß die einzigen erhaltenen Manuskripte gerade aus zwei aufeinander folgenden Jahren stammen und dasselbe Thema behandeln, ist ein Glücksfall und ermöglicht einen tieferen Einblick in Bassis Forschungspraxis, als es sonst möglich wäre. Dabei sind sowohl die Unterschiede als auch die Gemeinsamkeiten der Texte erhellend. Die Differenzen gehen zu einem großen Teil auf die unterschiedlichen Ausgangspositionen zurück. 1747 ist das Thema eher aus der Not geboren, der Vortrag dementsprechend kurz und fast ohne Bezugnahme auf die Forschungen anderer Wissenschaftler; 1748 hingegen beginnt Bassi mit einer elaborierten Motivation ihres Themas, präsentiert wesentlich mehr Versuche und verfolgt in stärkerem Maß als im Vorjahr eine zentrale These. Aus dem Vorjahresvortrag übernimmt sie hingegen die Passagen, die ihre Experimente und Beobachtungen betreffen. In deren Schilderung stimmen die Vorträge somit über weite Strecken nahezu vollständig überein.[66] Für eine Veranschaulichung dieser Parallelen und Differenzen sind die Texte in der Edition nebeneinander angeordnet.

Die Einleitungen reflektieren deutlich die verschiedenen Situationen Bassis in den Jahren 1747 und 1748. Aus der ersteren geht hervor, daß sie zunächst über ein anderes Thema hatte berichten wollen. Eigentlich nämlich, so Bassi, verlangte ihr Vortrag vom Vorjahr (1746) nach weiteren Experimenten zur Überprüfung der Gültigkeit des Boyle–Mariotte–Gesetzes, und zwar mit anderen Methoden und unter anderen Witterungsbedingungen als bisher. Diese Experimente habe sie jedoch aus verschiedenen, u.a. witterungsbedingten Gründen noch nicht durchführen können, sie werde dies aber tun, sobald sich die Gelegenheit ergebe. »Inzwischen will ich, damit ich nicht den Eindruck erwecke, meine Pflicht [zum jährlichen Vortrag] völlig zu versäumen, ganz kurz einige kleine Beobachtungen darstellen, die auch mit Luft zu tun haben.«[67] Auffällig ist hier die Reihung von verkleinernden Formulierungen – *brevissime, observatiunculas, plane deesse* –, mit denen sie zum einen die Erwartungen des Publikums herunterschraubt, zum anderen den obligatorischen Bescheidenheitstopoi Genüge tut, die für sie als Frau besondere Verbindlichkeit haben.[68]

Aus dieser Einleitung ergeben sich auch zwei Hinweise für die Ausführungen im vorigen Teilkapitel. Zum einen betrachtet Bassi ihre Forschungen zur Gültigkeit des Boyle–Mariotte–Gesetzes auch zwei Jahre nach der Publikation von *De aeris compressione* und ein Jahr nach ihrem Akademievortrag darüber noch nicht als abgeschlossen, zum anderen stützt ihre Wahl eines anderen Gegenstands aus der Luftforschung die These, daß sie sich systematisch und umfassend mit diesem Forschungsgebiet beschäftigt und in diesem Kontext auch ihre Experimente zum Boyle–Mariotte–Gesetz durchgeführt hatte.

In deutlichem Kontrast dazu steht die Einleitung zu dem Vortrag von 1748. Die Themenwahl, die 1747 noch etwas zufällig wirkte, wird hier nicht mehr durch den Verweis auf widrige Umstände und die Pflicht zum Vortragen begründet. Vielmehr entfaltet Bassi in einigen, auch sprachlich sehr elaborierten Sätzen die Relevanz und Schönheit des Forschungsgebietes und die illustren Namen, die sich mit ihm verbinden. Damit nimmt der Text einen sehr viel »professionelleren«, den Regeln der Wissenschaftlergemeinschaft genügenden Charakter an als die entschuldigende Einführung von 1747.[69] Auf den Vorjahresvortrag verweist Bassi nicht, da sie ja einen völlig neuen Begründungszusammenhang konstituiert hat, in dem sie die wichtigsten Forscher zum Thema Luft aufzählt. Ihr Überblick über das Thema und ihre sprachliche Virtuosität erweisen sich bei ihrer Charakterisierung der Luft, als

jenes universale Agens, durch das die nahezu unendlichen Veränderungen in der Natur geschehen; sei es, daß sie [die Luft] in den Körpern verborgen und ein Teil von ihnen ist, sei es, daß sie überall um alles herum ist und die meisten Dinge ungehindert durchdringt, so daß sie bei einigen, quasi den Geist [Gottes] nachahmend, wie das Lebensprinzip betrachtet werden kann, bei anderen hingegen, indem sie wechselseitige Schwingungen hervorruft, die Ursache für die Bewegung der kleinsten Teilchen; kurz, in allen Fällen gilt sie als der Urheber unzähliger Effekte [...].[70]

Bassi breitet in diesem Satz für einen kurzen Moment das ganze naturphilosophische Spektrum aus, von vitalistischen bis zu mechanistischen Konzeptionen von Luft, von verborgener, fixierter bis zu freier, äthergleich alles durchdringender Luft, um es im nächsten Moment sofort wieder auf den einen Punkt zusammenzuziehen, auf den es ihr ankommt: In allen nur denkbaren Konzepten ist die Luft fundamentales Agens und verdient darum wahrhaft die Erforschung. Daß sie die verschiedenen Konzepte nicht gewichtet, sondern neutral referiert, mag ein erster Hinweis sein, daß die Frage nach dem Wesen der Luft nicht im Mittelpunkt ihrer Untersuchungen stehen wird.

Ungleich stärker als 1747 erhebt Bassi 1748 Anspruch auf eigene wissenschaftliche Kompetenz. Sie läßt nicht nur erkennen, daß sie auf der Höhe des Forschungsstandes ist, sondern reiht ihre eigenen Beobachtungen unter die in der Literatur berichteten ein. Auf diese Weise beansprucht sie, während sie 1747 nur ihre persönliche Freude über die Entdeckung ausgedrückt hatte, nun explizit wissenschaftliche Legitimität als Physikerin:

Als ich einmal jene Experimente durchführte, die von den Physikern gemacht zu werden pflegen, daß ich die verborgene Luft aus Flüssigkeiten herauszöge, gelang mir zu beobachten, was ich als Beobachtung auch bei anderen gelesen hatte, nämlich Luftteilchen in der Form von Blasen, die alle vom Boden oder den Seiten des Gefäßes aufstiegen.[71] Dieser Überleitungssatz zwischen Einleitung und Bericht über die Experimente enthält bereits die grundlegende Beobachtung und markiert zugleich das vorläufige Ende der Textdifferenzen.[72]

Im folgenden beschreibt Bassi den Ablauf der Ereignisse etwas genauer. Ein Gefäß wird mit Wasser oder einer anderen Flüssigkeit gefüllt, in den Glaskolben einer Luftpumpe gestellt, und die darüberliegende Luft wird mittels einer Luftpumpe entfernt. Daraufhin bilden sich, von Boden und Wänden des Gefäßes ausgehend, Bläschen, die immer größer werden, nach oben steigen und schließlich zerplatzen. Bassis erste Fragestellung betrifft nun die Herkunft der Luft. Stammt sie nur aus den Flüssigkeiten, oder haftet sie auch den Gefäßwänden an? Indem sie die Versuchsgefäße vor dem Füllen ganz oder teilweise sorgfältig mit Leinwand abreibt und dann beim Evakuieren in der Tat weniger Bläschen an den Gefäßwänden beobachtet, kann sie diese Frage schnell beantworten.[73] Von einem anderen Versuch, die dem Gefäß anhaftende Luft abzutrennen, nämlich durch Auskochen desselben, berichtet Bassi nur 1748; das Ergebnis entspricht jedoch nicht ihren Erwartungen (sie beobachtet nämlich mehr Bläschen), und sie beginnt zu überlegen, was für eine Kraft wohl die Luftbläschen von den Flüssigkeitsteilchen zu trennen vermag.[74]

Damit schneidet Bassi die Fragestellung an, die im Zentrum aller weiteren Überlegungen und Experimente stehen wird: die Frage nach der auf die Luftteilchen wirkenden Kraft. Die Antwort findet sie vermöge einer Analogie, und zwar zum Licht. Den Luftteilchen widerfahre dasselbe Schicksal wie den Lichtkorpuskeln in einem bestimmten Medium, die an der Grenzfläche zweier Medien verschiedener Dichte anziehende oder abstoßende Kräfte erfahren und dadurch reflektiert, gebeugt oder gebrochen würden.[75] Eine Grenzfläche zwischen Medien verschiedener Dichte liegt offensichtlich in den Oberflächen der Gefäßwände vor, womit erklärt ist, daß die Luftteilchen sich gerade dort sammeln und Bläschen bilden. Bassi übernimmt aus der Optik auch die Vorstellung, daß dichtere Medien die Luftteilchen stärker anziehen als Medien geringerer Dichte. Die Luftteilchen können dieser Anziehung jedoch nur folgen, wenn »mit dem verminderten Luftdruck auch die Berührungen vermindert werden, die sie mit den Flüssigkeitsteilchen haben, wodurch sie leichter aus dem Verband mit ihnen herausgelöst werden«.[76]

Bassi hat damit ihre grundlegende These formuliert, die sie im weiteren Verlauf ihres Vortrags in zahlreichen Experimenten entfalten und beweisen wird. Im Zentrum ihrer Aufmerksamkeit stehen dabei Grenzflächen zwischen Medien verschiedener Dichte, die sie auf verschiedene Arten herstellt.

In ihrer ersten Versuchsreihe erzeugt Bassi eine Grenzfläche zwischen Medien verschiedener Dichte, indem sie in einem Gefäß nicht mischbare Flüssigkeiten übereinander schichtet und dieses Gefäß dann evakuiert. Erwartungsgemäß beobachtet sie die Luftbläschen nun nicht nur an Wänden und Boden des Gefäßes, sondern auch an der Grenzfläche zwischen den Flüssigkeiten. Die verschiedene Emissionsfreudigkeit der verschiedenen Flüssigkeiten bleibt dabei erhalten und wird von Bassi berücksichtigt, indem sie sowohl Kombinationen wählt, bei denen diejenige Flüssigkeit, die zuerst und mehr Luftbläschen emittiert, unten ist (Olivenöl über Wasser), als auch solche, bei denen sie oben ist (Weingeist über Weinsteinöl).[77]

Nach einem weiteren Schichtungsexperiment (Wasser über Quecksilber) berichtet Bassi in der Arbeit von 1748 über zwei Beobachtungen, die auf »Zufälle« beim Experimentieren zurückgehen, ihre These aber nachdrücklich stützen. So bot sich bei einem Gefäß mit einer kleinen Materialinhomogenität am Boden der »schöne Anblick«, daß praktisch alle Luftbläschen von genau dieser Stelle aufstiegen.[78] Im zweiten Fall füllte Bassi Wasser in ein Gefäß, das zuvor Olivenöl enthalten hatte, und erhielt folglich kleine Öltröpfchen auf der Wasseroberfläche. Beim Evakuieren beobachtete sie zum einen Luftbläschen um die Öltröpfchen herum, zum anderen wurden die vom Boden aufsteigenden Bläschen eindeutig von den Rändern der Öltröpfchen angezogen, »wodurch jene Meinung, daß die Grenzen von Medien verschiedener Dichte eine anziehende Kraft besitzen, umso stärker bestätigt worden zu sein scheint«[79]. Dieses Verhalten erinnerte Bassi an »jene Eigenschaft, die nicht nur dem Licht, sondern auch der Elektrizität eigen ist, daß sie [die Luft] nämlich zu den äußersten Enden und Ecken der Körper gezogen und wie sie [Licht und Elektrizität] dort angehäuft zu werden pflegt«[80].

Schließlich fragt Bassi, welchen Einfluß das Gefäßmaterial auf das Experiment hat, und verwendet dazu Gefäße mit Böden aus verschiedenen Materialien. Sie konstatiert eine Abhängigkeit der Bläschenentwicklung vom Material, hält aber weitere Versuche mit verschiedenen Stoffen für notwendig, ehe ein Gesetz formuliert werden kann.

Abschließend verläßt Bassi den Bereich der Vakuumexperimente, auf die sie sich bislang beschränkt hatte, konstruiert zwei Experimentalsituationen, in denen auch im Plenum Luftbläschen aus Flüssigkeiten aufsteigen, und findet auch hier die Anziehungskraft von Grenzflächen bestätigt. Zunächst erinnert sie an die Auflösung von Metallblättchen in Salpetersäure, wo die entstehenden Bläschen auch vor allem an der Grenzfläche zwischen Metall und Flüssigkeit zu finden seien. In ihrem letzten Experiment schließlich füllt sie Salpetersäure über Weinsteinöl und beobachtet Bläschen an der Grenzfläche, die sich, als sie ein Thermometer in das Gefäß stellt, vorzugsweise dort ablagern. Auch hier ist also, so Bassi, die Anziehungskraft der Grenzflächen – zunächst zwischen den Flüssigkeiten, dann auch gegenüber dem Thermometer – erwiesen.

Im Schlußsatz, der wiederum nahezu identisch in beiden Arbeiten ist, bittet Bassi um Kommentare und betont nochmals, daß sie kein fertiges System habe präsentieren wollen, sondern daß alle Ausführungen noch weiterer Experimente und Korrekturen bedürften. Sie drückt damit ihre Anerkennung der Akademie als Autorität über ihre Forschungen aus und spielt ihre Leistungen und Ambitionen, den Erfordernissen der Etikette entsprechend, herunter.[81]

Ein klassischer Kontext und eine eigenwillige Fragestellung: Einordnung und Bewertung von Bassis Vortrag von 1748

Bassis Ausgangsbeobachtungen sind, wie sie ja auch selbst sagt, nicht neu. Sie selbst nennt einleitend Boyle, die Mitglieder der Académie des Sciences, Hales und Boerhaave als Forscher und umreißt damit die wichtigsten Forschungstraditionen. Und in der Tat lassen sich ihre Fragestellungen, Konzepte und Experimente in den Kontext einordnen, der durch die Experimentalphysik Boyles – und der Pariser Akademie – und die Theorien Newtons und seiner Schüler umrissen ist. Dies gilt sowohl für das Thema *Luft* als auch für das Konzept *Attraktion*.

Die Beobachtung von Luftbläschen bei der Evakuierung eines mit Wasser gefüllten Gefäßes geht auf Boyle zurück, der auch schon eindeutig klärte, daß die Luft aus dem Wasser stammte. Auch bemerkte bereits Boyle Luftbläschen, wenn er Nägel in *aqua fortis* (Salpetersäure) auflöste, Bassi greift also auch darin auf ein lange bekanntes Phänomen zurück.[82] Boyles grundlegende Forschungen wurden durch den newtonianisch geprägten Boerhaave wesentlich erweitert. Boerhaave fing die beim Evakuieren aus dem Wasser heraustretende Luft auf und beobachtete, daß sie sich bei der Aufhebung des Vakuums wieder vollständig im Wasser löste, ferner, daß verschiedene Flüssigkeiten verschiedene Luftmengen freisetzten und daß Luft in einer Flüssigkeit nur bis zu einer bestimmten Sättigungsgrenze gelöst werden konnte. Alle Prozesse führte er auf die durch gegenseitige Attraktion hervorgerufene Bewegung kleinster Teilchen zurück. Der Attraktion hinwiederum sprach er, ganz in der Nachfolge Newtons, den Rang eines nicht weiter zu erklärenden Grundprinzips zu.[83] Das von Newton in den *Queries* angedeutete Programm, Phänomene wie Elektrizität, Magnetismus, Adhäsion, Kapillarität usw. auf eine einheitliche Nah–Wechselwirkung zwischen den kleinsten Teilchen zurückzuführen, beeinflußte entscheidend die gesamte chemische Forschung in der ersten Hälfte des 18. Jahrhunderts: neben Boerhaave und den anderen niederländischen Newtonianern auch den von

Bassi erwähnten Hales bis zu den englischen Chemikern der Mitte des 18. Jahrhunderts.[84]

Das Konzept der Attraktion spielte darüber hinaus in der Diskussion um Kapillarität eine wichtige Rolle, die sowohl in den *Philosophical Transactions* als auch in den Pariser *Mémoires* geführt wurde, und wozu Clairaut 1743 ein umfassendes, auch mathematisch ausgeführtes Konzept vorlegte, das freilich keine Aussagen über das Kraftgesetz enthielt.[85]

Einfluß und Rezeption Newtons wirkten natürlich auch in der Optik selbst nach. Bassis Analogie zwischen den Kräften, die an der Grenzfläche zweier verschieden dichter Medien auf das Licht ausgeübt werden, und denen, die an einer Grenzfläche auf die Luftteilchen wirken, basiert auf der klassischen Projektiltheorie des Lichtes von Newton-Epigonen wie 'sGravesande oder Musschenbroek.[86] Mit diesen Konzepten war sie mit Sicherheit durch ihre Beschäftigung mit den *Opticks* und den niederländischen Newtonianern vertraut.

Dieses in vielfältigen Zusammenhängen verfolgte Grundprinzip der Attraktion spielt auch in Bassis Aufsatz die entscheidende Rolle, um die Ausbildung der Luftbläschen zu erklären. Sie interessiert sich nicht für die Frage nach der Herkunft, Menge oder Eigenart der Luft an sich. Dieser Umstand führt, von heute aus gesehen, zu einem Denkfehler in ihrer Argumentation zu den Plenumsversuchen. Denn da die »Luft«[87] in diesem Fall nicht aus dem Wasser, sondern aus der von ihr selbst herbeigeführten chemischen Reaktion stammt, müssen sich die Bläschen notwendig an den Grenzflächen zwischen den zwei Flüssigkeiten bzw. zwischen Metall und Säure bilden. Auch für das Verhalten verschiedener Flüssigkeiten interessiert sie sich nur insofern, als sie daraus bei den »Schichtungsexperimenten« Schlußfolgerungen hinsichtlich der auf die Luftbläschen wirkenden Kräfte ziehen kann, die Frage nach der Gesamtmenge der Luft etwa bleibt unbeachtet. Hingegen untersucht sie – und das ist meines Wissens einzigartig – den Einfluß des Gefäßmaterials auf die Bläschenbildung. Ebenso wie die Gesamtkonzeption ihrer Versuchsreihen entspringt dies der konsequenten Verfolgung einer einzigen These: daß nämlich die Luftteilchen von den Grenzflächen zwischen verschieden dichten Medien so stark angezogen würden, daß sie sich – bei Verminderung des Luftdrucks – aus dem Verband der Wasserteilchen zu lösen vermögen und sich schließlich an den Grenzen zu Bläschen sammeln. Auch den Einfluß von Materialinhomogenitäten sieht sie ausschließlich als Bestätigung für die attraktive Kraft von Grenzflächen, da ihr für die sich heute aufdrängende Wahrnehmung als Kondensationskeim die Konzepte des thermodynamischen Gleichgewichts und der Oberflächenenergie fehlen, die zu jener Zeit noch nicht entwickelt waren. Daß die von Bassi zusammengetragenen Beobachtungen vor einem solcherart erweiterten Hintergrund heute sehr heterogen und zusammengewürfelt erscheinen, sollte nicht darüber hinwegtäuschen, daß sie in sehr eigenständiger Weise alte Beobachtungen, Zufallsbeobachtungen und neu entwickelte Experimente auf eine von ihr entwickelte erkenntnisleitende Fragestellung hin zuspitzt. Methodisch bedient sie sich dabei neben der Empirie auch der Analogie (einmal zum Licht, einmal zur Elektrizität) und arbeitet voll im Rahmen newtonianischer Forschungstradition. Darüberhinaus ist ihre nur nebenbei erwähnte Beobachtung von der Häufung der Elektrizität an Ecken und Kanten zu diesem Zeitpunkt (1748) nicht trivial, sondern stellt bereits in sich eine Forschungsleistung dar.[88]

Bassis Forschungen über die zwischen den Materieteilchen wirkenden Kräfte laufen somit auf einer experimentell und phänomenologisch angebundenen Ebene ab und unterscheiden sie damit von anderen Forschern, die, mehr oder weniger newtonianisch inspiriert, eher spekulativ an die Fragestellung herangingen und mathematische Kraftgesetze formulierten.[89] Mit ihrem Verzicht auf weitergehende Spekulationen hält sie sich demnach an die Maximen für naturphilosophische Forschungen, die sie 1732 in ihrer programmatischen Antrittsvorlesung selbst aufgestellt hatte.[90] Ihr geht es nicht um die mathematische Bestimmung der auftretenden attraktiven Kräfte, sondern um den (experimentellen) Nachweis, daß es eben jene Anziehungskräfte zwischen den kleinsten Teilchen sind, die ein bestimmtes Phänomen (hier die Luftbläschen) bedingen. Auch Clairauts Theorie der Kapillarität, die mit ihrer Untersuchung der Anziehungskräfte, die etwa eine Gefäßwand auf Wasserteilchen ausübt, ein Gebiet beschreibt, das Bassis Beobachtungen eng benachbart ist, spielt meiner Ansicht nach darum für ihre Gedankengänge keine Rolle.[91]

Bassis ausschließliche Konzentration auf die Frage nach der Anziehung bedingt andererseits, daß sie sich der zu jener Zeit in lebhafter (auch empirischer) Entwicklung befindlichen pneumatischen Chemie nicht wirklich zuwendet. Sie interessiert sich gerade nicht dafür, wieviel Luft wohl aus den verschiedenen Flüssigkeiten herauszuziehen oder in ihnen zu lösen sei. Die Antwort auf die Frage nach der Ursache der Bläschenbildung sucht sie nicht in einem chemisch orientierten Konzept von veränderlichen Löslichkeiten unter verschiedenen äußeren Bedingungen, sondern in dem demgegenüber als mechanistisch zu klassifizierenden Konzept anziehender Kräfte, die von den verschiedenen Grenzflächen auf die Luftteilchen ausgeübt werden. Mit diesem ganz eigenen Forschungsinteresse knüpft sie wohl an verschiedene Stränge des zeitgenössischen wissenschaftlichen Diskurses an, läßt sich jedoch in keinen von ihnen so recht einordnen und bleibt letztlich in einer isolierten Position.

Vielleicht empfand Bassi diese Isolation auch selbst und ging deshalb weiteren Untersuchungen, trotz des explizit artikulierten Bedarfes und Interesses, nicht mehr nach.[92] Vielleicht empfand sie die Frage nach der Ursache der Bläschenbildung mit dem experimentellen Nachweis attraktiver Kräfte und der hergestellten Analogie zur Optik und Elektrizität ja auch befriedigend beantwortet. In diesem Fall hätte ihr Schlußsatz mit der Ankündigung weiterer Experimente eine rein strategische Funktion, nämlich einerseits als Rückversicherung gegen den möglichen Vorwurf vorschneller Schlüsse und andererseits als rhetorische Figur, mit der sie die Akademie als Autorität anerkennt.

Daß andererseits sowohl sie selbst als auch ihre Kollegen die 1748 vorgetragenen Experimente und Erkenntnisse als wichtiges Forschungsergebnis empfanden, wird durch den Umstand nahegelegt, daß Bassi 1754, also sechs Jahre später, bei der einmal jährlich stattfindenden öffentlichen Sitzung der Akademie »eine physikalische Dissertation über die Bläschen, die sich bei verschiedenen Gelegenheiten in den Flüssigkeiten bilden und aufsteigen [vorgetragen hat]. Auf der Suche nach ihrer Ursache hat sie die Attraktion vorgeschlagen.«[93] Da Bassi 1754 ihren jährlichen Vortrag bereits im April über ein hydromechanisches Thema gehalten hatte, ist stark zu vermuten, daß sie für die öffentliche Sitzung, zu der auch die städtischen und kirchlichen Würdenträger erschienen, den schon länger zurückliegenden Vortrag über die Luftbläschen wählte, weil er von seiner Thematik her besser zur Präsentation geeignet war als ihre recht mathematisch–technische Arbeit aus der Hydromechanik. Da in den öffentlichen Sitzungen sowieso niemals neue Vorträge präsentiert wurden, sondern solche, die im Lauf des akademischen Jahres bereits gehalten worden waren – der Vortrag bei der öffentlichen Akademie bedeutete demnach für die beteiligten Mitglieder keine Mehrarbeit –, ist es auch unwahrscheinlich, daß Bassi 1754 noch neue, über den Stand von 1748 hinausgehende Erkenntnisse referierte.

Trotz dieser öffentlichen Präsentation ist Bassis Ansatz, der ja eigentlich ein ganzes Forschungsprogramm für die Untersuchung mikroskopischer Phänomene hätte anstoßen können, innerhalb der Bologneser Akademie nicht wieder aufgenommen worden. Dabei hätte es mit Beccari und Verati zwei ihr auch persönlich nahestehende Mitglieder gegeben, die sich für Chemie oder physikalisch–chemische Fragestellungen interessierten. Verati allerdings beschäftigte sich ab 1748 für mehrere Jahre ausschließlich mit Elektrizität, während Beccari seinen traditionellen Themen, dem Bologneser Phosphor und der Analyse von Mineralwässern, treu blieb. Falls es in der Akademie überhaupt eine Diskussion über Bassis Thema gab, hat sie jedenfalls keine Spuren hinterlassen. Dies wird aus dem Kommentar Canterzanis über ihre Arbeiten nur zu offensichtlich.

Canterzanis Rezeption von Bassis Forschungen

Der Kommentar zu Bassis Arbeiten erschien 1792 in Band VII der *Commentarii*. Es handelt sich dabei um den zweiten Band, der unter der Ägide Canterzanis als Akademiesekretär herausgegeben wurde.[94] An dem Kommentar Canterzanis ist sowohl sein großer zeitlicher Abstand als auch seine erhebliche inhaltliche Differenz zu Bassis eigenen Vorträgen bemerkenswert. Im Anschluß an einen Kommentar über Forschungen Veratis fährt der Sekretär fort:

Der [obigen] Abhandlung waren nicht wenige Seiten beigefügt, auf denen die Gattin Veratis, Laura Bassi, vieles aufgeschrieben hatte, was sie einst in der Akademie vortrug, das sich auf diejenige Luft bezog, die in Flüssigkeiten eingemischt ist, und, wenn diese einem Boyleschen Vakuum unterworfen werden, hinausgedrängt wird. Die Überlegungen einer solchen in der Physik höchst versierten Frau sind nicht zu vernachlässigen, denn wenn sie auch kaum irgendein Naturgesetz formulieren, können sie doch gewiß anderen dazu den Weg ebnen, damit diese es formulieren.[95]

Canterzani referiert daraufhin Bassis Ausgangsbeobachtung sowie ihre These, daß die Bläschen größtenteils aus der Flüssigkeit stammten, da verschiedene Flüssigkeiten zu verschiedenen Ergebnissen führen. Auf ihre zweite Frage, warum die Luft vor allem vom Gefäß angezogen werde,

fand sie keine passendere und bessere Antwort als die Attraktion. Sie glaubte nämlich, daß es durch die Attraktion der Gefäße geschehe, daß die Luft [...] sich zu den Seiten und dem Boden bewege [...] Diese vernünftige Auffassung bestätigte sie mit, wie ich urteile, nicht unbedeutenden Experimenten.[96]

Bei den fraglichen Experimenten handelt es sich um die beiden Schichtungsexperimente, die recht ausführlich geschildert werden. Daß nicht nur die Wände, sondern auch die Grenze zwischen den verschieden dichten Flüssigkeiten anziehende Kräfte ausübt, wird von ihm allerdings nicht erwähnt, d.h. Bassis zentrale These von der Attraktion durch Grenzflächen wird gar nicht formuliert. Das Versuchsergebnis kleidet er vielmehr in eine Art Affinitätsreihe: Luft werde stärker von Glas als von Wasser als von Öl angezogen.[97] Und als er die Attraktion durch Grenzflächen schließlich doch erwähnt, geschieht es im Kontext einer negativen Aussage: Die Anziehung folge nicht immer dem Verhältnis der Dichten, sondern sei bei manchen Körpern größer als das Dichteverhältnis es postuliert, »worin der Luft Ähnliches widerfährt wie dem Licht, von dem die Newtonianer lehren, daß es durch manche Körper stärker angezogen werde, als die Dichte zu bewirken vermag.«[98] Abschließend erwähnt Canterzani noch, daß nach Bassis Beobachtungen die Luft stärker von den Ecken und Kanten der Körper angezogen werde als von den glatten Oberflächen, und daß eine solche stärkere Anziehungskraft auch bei der Elektrizität festzustellen sei.

Canterzanis Kommentar gibt somit alles andere als einen zutreffenden Eindruck von Bassis Forschungen. Vielmehr ist seine Darstellung so verkürzt, daß weder Bassis zentrale These noch die Breite ihrer Experimente noch die Aussage ihrer Analogien vermittelt werden. So hatte Bassi ja quantitative Aussagen über die Stärke der Anziehungskräfte vollständig vermieden und die Analogie zur Optik lediglich für die *Existenz* von Anziehungskräften an Grenzflächen verschieden dichter Medien beigebracht. Canterzani hingegen bemüht sie für die Erklärung einer quantitativen Abnormalität. Bassis Analogie zur Elektrizität mit dem impliziten Hinweis auf deren Konzentration an Ecken und Spitzen geladener bzw. leitender Körper wird von Canterzani 1792 zwar noch für berichtenswert gehalten; ihr argumentatives Gewicht kommt aber, da Canterzani die Grenzflächenthematik unterschlägt, nicht recht zum Tragen.

Angesichts der Verzerrungen und abweichenden Gewichtungen von Bassis Aussagen stellt sich natürlich die Frage, ob zumindest ein Teil der Unterschiede durch Canterzanis Textvorlage bedingt ist. Die bei Canterzani referierte Analogie zur Elektrizität, die in Bassis Dissertation erst 1748 auftaucht, zeigt jedenfalls, daß ihm nicht der knappere und weniger kohärent aufgebaute Text von 1747 als Vorlage gedient haben kann, was viele Weglassungen des Kommentars erklärt hätte. Wahrscheinlich jedoch war der dem Sekretär vorliegende Text weitestgehend mit der 1748er Dissertation identisch.[99] Die plausibelste Erklärung ist somit, daß Canterzani an Bassis Abhandlung so wenig Interesse hatte, daß er sich nicht die Mühe machte, sie sorgfältig zu lesen, geschweige denn zu referieren. In der Tat macht seine Einleitung den Eindruck, daß er Bassis Arbeit eher aus Pflichtgefühl vorstellt, weil ihm der Text nun mal in die Hände geraten war und ihre Forschungen ja doch nützlich sein könnten. Canterzani verzichtet auch völlig auf die Herstellung eines Forschungskontextes, auf den in den *Commentarii* üblicherweise viel Wert gelegt wird. Der Kontext wird allein durch die Beziehung zwischen Bassi und Verati konstituiert. Zur Rechtfertigung Canterzanis muß freilich gesagt werden, daß schon Veratis Arbeit aus den Jahren 1769/70 länger zurücklag als die anderen in diesem Band enthaltenen Forschungen – vermutlich war sie irgendwo liegengeblieben –, und er sich nun mit einer noch älteren, fast 50 Jahre zurückliegenden Abhandlung konfrontiert sah. Auch die inzwischen eingetretene wissenschaftliche Entwicklung wird ihn kaum zu deren ausführlicher Präsentation motiviert haben, da sich sowohl in der Chemie – Affinitätsreihen, Gasforschung, Phlogiston– vs. Oxidationstheorie – als auch in der Physik – Elektrizität, andere Fluida, mathematische Ausarbeitung der Mechanik – andere Forschungsfelder in den Vordergrund geschoben hatten.

Ironischerweise statuiert gerade Canterzanis Bericht seinerseits ein Exempel dafür, wie ein Text durch eine Zusammenfassung entstellt werden kann. In dem ansonsten sehr verdienstvollen Regestenband zu den *Commentarii* wird nämlich berichtet, daß Bassi mit verschieden geformten Gefäßen, u.a. auch Kapillargefäßen, experimentiert und in engeren Gefäßen mehr Luftbläschen beobachtet habe.[100] Dies habe für sie aber, so die Zusammenfassung, keinen Widerspruch bedeutet, da auch im Bereich der Elektrizität die Ecken und Kanten besondere Anziehungskräfte besäßen. Damit ist die Elektrizitäts–Analogie inhaltlich zwar richtig beschrieben, zur Entkräftung eines möglichen Widerspruchs zu bestehenden Theorien hatte Canterzani jedoch die *optische* Analogie bemüht, während bei Bassi selbst überhaupt nicht von möglichen Widersprüchen die Rede war, von Kapillargefäßen ganz zu schweigen. Aus den durch diese Zusammenfassung eingeführten Kapillargefäßen wird dann in einer anderen Arbeit eine Motivation Bassis durch die Arbeit von Clairaut über Kapillarkräfte.[101] Und angesichts einer derart dynamischen Rezeptionsgeschichte erscheint dann auch Canterzanis Zusammenfassung von Bassis Text nicht mehr so erstaunlich weit von ihrem Originaltext entfernt...

Zusammenfassende Bewertung der mechanischen und pneumatischen Forschungen

Die vorgestellten, heute inhaltlich bekannten und durch Publikationen bzw. Manuskripte belegten Forschungen Bassis sind sowohl hinsichtlich ihrer Themenstellungen als auch in ihren Rezeptionsgeschichten sehr unterschiedlich. Die beiden mathematisch orientierten Arbeiten haben über die Publikation in den *Commentarii* zumindest theoretisch das europäische gelehrte Publikum erreicht, und zwar in der von Bassi gewollten und verantworteten Fassung. Für ihre hydrometrische Arbeit heißt das freilich nicht, daß sie auch das ursprünglich von Bassi ins Auge gefaßte Publikum erreicht und dort gewirkt hätte. Thematisch – Hydromechanik – und methodisch – Differentialrechnung im Formalismus von Leibniz – steht Bassi mit diesen Arbeiten im Hauptstrom der Bologneser Tradition und beweist ihre Kompetenz auf mathematisch–physikalischem Gebiet.

Diffiziler gestaltet sich das Resumée zu ihren anderen Arbeiten. Das liegt zum einen an der komplizierteren Überlieferungsgeschichte der Texte und an der durch die Kommentarform vorgegebenen Notwendigkeit zur Unterscheidung zwischen den Positionen Bassis und des jeweiligen Akademiesekretärs. Zum anderen sind diese eher experimentell ausgerichteten Forschungen Bassis nicht so eindeutig dem lokalen Forschungskontext zuzuordnen. Die eigene Überprüfung eines anderswo gefundenen Gesetzes ist freilich eine in Bologna stark verbreitete Praxis des wissenschaftlichen Arbeitens, entweder um eine neue Theorie zu verbreiten und durchzusetzen oder schlicht, weil man gerade keine eigenen Ideen für Experimente hat. So ist die Demonstration der Auffächerung des Lichtspektrums durch ein Prisma und anderer Schlüsselexperimente von Newtons Optik durch Algarotti in den 1720er Jahren ein Beispiel für eine apologetisch–wissenschaftspolitisch motivierte Nachstellung bekannter Experimente; daß die wissenschaftlichen Unternehmungen »sehr viel öfter der Wiederholung und Verbreitung anderswo erdachter Experimente als der Suche nach eigenen Lösungen« gewidmet waren, ist ein allgemein gültiges Urteil über die

Physik in der Bologneser Akademie.[102] Daß Bassi im Zug ihrer Beschäftigung mit dem Thema Luft das Boyle–Mariotte–Gesetz mit eigenen Messungen zu bestätigen sucht, ist somit, wenn nicht inhaltlich, so doch von der Vorgehensweise her ganz im Einklang mit ihrer Prägung durch die Bologneser Wissenschaft.

Es bleibt die Frage, warum gerade das Thema Luft für Bassi Anfang der 1740er Jahre, nach einer umfangreichen Ausbildung in höherer Mathematik und Experimentalphysik – bezeugt ist ja speziell die Newtonsche Optik – attraktiv war. Die folgenden Überlegungen skizzieren eine Antwortmöglichkeit.

Handelte es sich bei der Optik Newtons noch um ein Thema, das im Medium der populären Literatur auch dem weiblichen Publikum besonders gern nahegebracht wurde, was Bassis Tätigkeit zunächst in einen Zusammenhang mit typisch weiblichen Partizipationsmöglichkeiten an naturwissenschaftlichen Inhalten stellen würde, so wächst Bassi mit der Beschäftigung mit dem Thema Luft über solche, gängigen Klischees folgenden Verhaltensmuster weit hinaus.[103] Zwar galt auch die Pneumatik als zugleich belehrend und unterhaltend, was die Luftpumpe seit dem 17. Jahrhundert bis zur Entwicklung leistungsfähiger Elektrisiermaschinen zum bevorzugten Instrument für Demonstrationsexperimente, auch vor weiblichem Publikum, gemacht hatte. Wichtiger aber scheint mir, daß die Luftpumpe im 18. Jahrhundert ein »symbol of the new experimental philosophy« geworden war.[104] Da alle Arbeiten Bassis zum Themenkreis Luft nicht durch einen aktuellen Forschungskontext motiviert waren, ist die Hypothese möglich, daß sie mit Luft, Vakuum und Luftpumpe gerade wegen deren expliziter paradigmatischer Funktion so ausführlich experimentierte. Ihre Themenwahl wäre dann als ein weiterer Ausdruck ihrer bewußten Hinwendung zur modernen Naturphilosophie zu deuten, die sich bereits 1732 und dann später in ihrer Ausbildung angedeutet hatte. Ab der Mitte der 1740er Jahre geht es jedoch nicht mehr um die Aneignung theoretischer und experimenteller Fertigkeiten, auch nicht mehr nur um deren Vermittlung in privaten Vorlesungen, sondern um eigenständige Forschungstätigkeit, mit der sie sich aus tiefster Überzeugung noch enger in den Kreis der Experimentalphysiker hineinbegibt. In der ersten Darstellung, die wir von ihren Forschungsarbeiten haben (*De aeris compressione*), avanciert sie dabei sogar zum Vorbild aller Experimentalphysiker. Daß ihre – ihrer eigenen Einschätzung nach nicht eindeutigen – Ergebnisse dort so ausführlich und nachdrücklich präsentiert werden, liegt allerdings weniger an ihr als an dem persönlichen Interesse Francesco Maria Zanottis.

Zweifelsohne stellen Bassis Zweifel an der universellen Gültigkeit des Boyle–Mariotte–Gesetzes ein bemerkenswertes Ergebnis dar; ob es sich allerdings, wie gelegentlich geäußert, dabei um ihre wichtigste wissenschaftliche Leistung handelt, scheint mir vor dem skizzierten Hintergrund doch fraglich.[105] Meiner Einschätzung nach ist der Akademievortrag von 1748 Bassis interessanteste Arbeit, auch wenn er weder in der Akademie noch sonstwo eine Rezeption erfuhr. Bassi beschäftigt sich dort mit einem Thema, das als Gegenstand der sich etablierenden Chemie galt.[106] Wie keine andere ihrer Arbeiten offenbart Bassis Vortrag von 1748 ihre Verwurzelung in der newtonianisch geprägten Experimentalphysik und ihren selbstverständlichen Umgang mit deren Konzepten und Methoden. Daß Newtons Attraktionsprinzip in seiner paradigmatischen Leitfunktion zum Zeitpunkt von Bassis Forschungen bereits durch die Elektrizität – allgemeiner Fluidumskonzepte – abgelöst war, tut Bassis Selbständigkeit und Originalität keinen Abbruch, zumal in Italien sowohl die Newton–Rezeption als auch die Elektrizitätsforschung um etwa 30 Jahre verzögert einsetzte.

4. Weitere Aspekte von Bassis Forschungen

Laura Bassi hat sich in den mehr als 30 Jahren ihrer Laufbahn als Physikerin neben den erhaltenen Arbeiten zur Mechanik, Hydromechanik und Pneumatik, die Gegenstand der letzten Kapitel waren, auch mit vielen anderen Themen und Aspekten der Physik und Naturwissenschaft ihrer Zeit beschäftigt. Aus Briefwechseln und anderen Quellen lassen sich Zeugnisse dafür mosaikhaft zusammensetzen. Drei Hauptaspekte ihrer wissenschaftlichen Tätigkeit stehen im Zentrum dieses Kapitels: ihre und ihres Mannes Forschungen zur Elektrizitätslehre, ihre Tätigkeit als Lehrerin und ihre Rolle in der Wissenschaftlergemeinschaft.

Bassi, Verati und die Elektrizität

Neben der Hydromechanik bildet die Elektrizitätslehre eindeutig das wichtigste Forschungsgebiet Bassis. Zwar hielt sie erst 1761 erstmals einen Akademievortrag über elektrische Experimente, beschäftigte sich dann jedoch, u.a. in sechs weiteren Vorträgen in den Folgejahren, sehr intensiv mit diesem Gebiet.[107] Nimmt man die Zahl der Vorträge als Maßstab, steht die Elektrizitätslehre damit nach der Hydromechanik auf Platz 2 ihrer Interessenskala. In Bassis wissenschaftlicher Korrespondenz nimmt sie sogar den ersten Platz ein, und zwar nicht nur der Häufigkeit, sondern auch der Begeisterung nach, mit der Bassi sich diesem Thema widmet. Bei der Analyse von Bassis pneumatischen Arbeiten hatte sich darüberhinaus ergeben, daß sie Ende der 1740er Jahre bereits mit dem Forschungsstand in der Elektrizitätslehre vertraut war.[108] Demnach hatte ihre gedankliche Beschäftigung mit dem Thema lange vor ihren eigenen Vorträgen dazu begonnen. Den Anstoß dazu lieferte ihr Ehemann, der sich ab 1747 intensiv mit der Elektrizitätslehre beschäftigte.

In Bologna setzt die Beschäftigung mit elektrischen Themen erst nach der päpstlichen Akademiereform von 1745, in deren Zuge leistungsfähige Elektrisiermaschinen und als neueste Errungenschaft eine Leydener Flasche angeschafft werden, intensiv ein. Damit hat die Bologneser Forschung gegenüber England und Frankreich etwa 20 Jahre Verspätung.[109] Die Elektrizitätsforschung in Bologna ist von Anfang an durch die intensive Beschäftigung mit physiologischen und medizinischen Aspekten, die um 1790 mit der Entdeckung der »tierischen Elektrizität« durch Galvani gipfelt, charakterisiert. Bologna ist daneben im Jahr 1752 auch Schauplatz der ersten Demonstration von Blitzableitern in Italien. Und in Bologna erscheint 1748 eine Monographie über Elektrizität, die sich an ein eigenständiges Deutungsmodell innerhalb eines newtonianischen Denkhorizontes heranzutasten sucht. Alle drei genannten Entwicklungen hängen zentral mit Bassis Ehemann Giuseppe Verati zusammen, dem eindeutigen Protagonisten der Bologneser Elektrizitätsforschung bis ca. 1780.

Giuseppe Verati wird, namentlich in der außeritalienischen Literatur, ausschließlich mit der Kontroverse um die sog. medizinische Elektrizität, an der er wichtigen Anteil hatte, in Verbindung gebracht. Es ging dabei um die Frage therapeutischer Anwendungen der Elektrizität, genauer gesagt um die Behauptung einiger Wissenschaftler, Kranke geheilt zu haben, indem sie ihnen ein Glasgefäß mit dem entsprechenden Medikament in die Hände gaben und sie dann elektrisierten. Das Medikament, so die Behauptung, sei auf diese Weise ohne direkte Einnahme von den Kranken aufgenommen worden und wirksam geworden. Aber auch die bloße Elektrifizierung, so dieselben Forscher, habe purgierende und heilsame Erfolge erzielt. Den Anstoß zu derartigen therapeutischen Experimenten hatte die Beobachtung gegeben, daß Wasser unter dem Einfluß der Elektrizität schneller aus Kapillarröhren herausfloß als gewöhnlich. Damit lag die Folgerung nahe, daß sie auch die Blutzirkulation und Reinigungsvorgänge im menschlichen Organismus positiv beeinflußte.[110] In Italien führte der venezianische Enzyklopädist Pivati als erster solche Therapien durch, über die er 1747 in einem Brief an Zanotti berichtete. Da die Akademie hinsichtlich der Stellungnahme zu diesen Berichten sehr unschlüssig war, erbot Verati sich, die Berichte Pivatis durch eigene Forschungen zu überprüfen. Dies war der Ausgangspunkt umfangreicher Therapien und Experimente, die Verati zu einem überzeugten, wenn auch im Vergleich zu seinen Mitstreitern relativ vorsichtigen und zurückhaltenden Verfechter der medizinischen Elektrizität machten.[111] Die Ergebnisse seiner Forschungen wurden in der Akademie mit großer Spannung erwartet und in der Akademiesitzung vom 28. März 1748 präsentiert.[112] Noch im selben Jahr publizierte Verati eine 140 Seiten starke Monographie über diese Untersuchun-

gen. Nach einem kurzen Bericht über den Anlaß seiner Forschungen beschreibt
er darin sehr präzise verschiedene Krankheitsfälle, die von ihm angewandte The-
rapie und die Erfolge. Das Spektrum der behandelten Fälle reicht von Kopf-
und Gliederschmerzen über Arthritis und Rheuma bis zu tränenden Augen und
Herpesinfektionen, wobei er die Patientinnen und Patienten teilweise nur elek-
trisierte, teilweise auch auf die beschriebene Art mit Medikamenten in Glasgefä-
ßen therapierte.

Veratis Untersuchungen beschränken sich allerdings nicht auf die medizinischen Aspekte der Elektrizität. Die Monographie schließt mit einem Abriß über
die »physikalischen Eigenschaften der elektrischen Kraft«, als deren grundle-
gendste Verati die Anziehungskraft hervorhebt, die die »elektrische Materie«
auf leichte Körper ausübe. Mit dem Hinweis, daß die Anziehungskraft als einzige Eigenschaft der Elektrizität schon in der Antike bekannt gewesen sei, unter-
mauert Verati seine Auffassung bezüglich der Fundamentaleigenschaft der elektrischen Kraft noch mit einem historischen Argument.[113] Er wendet sich dann
gegen die gängigen Theorien, in denen die Weitergabe der durch Reibung in einem Körper erzeugten Elektrizität als bloßes Laufen derselben von einem zum
anderen Körper gedeutet werde. Darin steckt eine implizite Kritik des Zwei-
Fluida-Modells von Nollet, dem führenden französischen Experimentalphysiker
und Elektrizitätsforscher der Zeit.[114] Verati setzt dagegen seine eigene Deutung:

Ich glaube jedoch, daß das von einer anderen Primärursache kommt, die heute als generelle
Quelle bekannt und etabliert ist, von der die wichtigsten Phänomene der Natur ihren Ursprung haben, nämlich der Attraktion. Durch sie wird die elektrische Materie veranlaßt, sich
zu bestimmten Körpern hin zu bewegen [...]. Dieser Meinung bin ich umso stärker, als durch
viele Experimente heute bewiesen worden ist, daß die Elektrizität, genau wie die Attraktion,
allgemein verbreitet und in der ganzen körperlichen Natur zu finden ist.[115]

Unverkennbar kommt hier die newtonianische Prägung von Veratis Denken
zum Ausdruck. Er übernimmt aus den *Optics* Newtons Paradigma von der universellen Attraktion und koppelt es an die Elektrizität.[116] Ohne die Natur der
Elektrizität näher zu beschreiben – er spricht sowohl von Fluidum als auch von
elektrischer Materie als auch von elektrischer Kraft – klingt in Veratis Vermu-
tungen hier das Programm an, vermöge der Elektrizität zu einer umfassenden
Deutung der Eigenschaften und Gesetze der gesamten materiellen Welt zu
kommen. Obwohl ein derart umfassender Erklärungsanspruch zu keiner Zeit
realistisch war, ist er über weite Strecken kennzeichnend für die innerwissen-
schaftliche Stellung der jungen Elektrizitätsforschung.[117]

Verati stellt dann eine Reihe gängiger Beobachtungen über anziehende und ab-
stoßende Wirkungen der Elektrizität zusammen, arbeitet jedoch kein explizites
Gegenmodell der Elektrizität aus, da er sich vorgenommen habe, sich in seiner
Abhandlung

auf den Rahmen zu beschränken, den die einfache und bloße Beobachtung vorgibt, und für den Moment nichts anderes hinzuzufügen, als daß sich die Vermutung zu bestätigen scheint, die schon von vielen Physikern unserer Tage angestellt worden ist, daß zwischen dem elektrischen Fluidum und dem des Lichtes große Analogie und Ähnlichkeit besteht, so daß die Meinung vieler nicht abwegig erscheint, daß die beiden Substanzen ein und dasselbe seien. Und ist es nicht nach den wunderschönen Entdeckungen des unvergleichlichen Newton offensichtlich, daß unter den primären Eigenschaften des Lichtes diejenige ist, sich zu einigen Körpern hingezogen zu fühlen [...], sich dagegen von anderen abzuwenden und so eindeutig zu erklären, wie die Lichtstrahlen an den Grenzen verschiedener Medien reflektiert, gebrochen oder gebeugt werden?[118]

Die Formulierungen und epistemologischen Konzepte, die Verati hier verwendet, entsprechen haargenau denen aus Bassis Vortrag in demselben Jahr. Beide arbeiten mit der Attraktion als universalem Grundprinzip und setzten Licht und Elektrizität als Substanzen, deren Verhalten durch die Attraktion bestimmt wird, in eine enge Beziehung zueinander. Obwohl die Forschungsgegenstände ganz unterschiedlich sind und keine Hinweise auf eine Zusammenarbeit existieren, legt diese Übereinstimmung in Denkweise und Vorgehen eine gegenseitige Beeinflussung und eine intensive Kommunikation miteinander über die Forschungen zwingend nahe. Es sei auch nochmals darauf verwiesen, daß Bassi bei ihrer Analogie zwischen Luft und Elektrizität auf experimentelle Ergebnisse zurückgreift, die keineswegs Allgemeingut sind, sondern dem aktuellen Forschungsstand in der Elektrizitätslehre zuzurechnen sind. Möglicherweise hat sie, die sich so ausführlich mit Newtons Optik beschäftigt hatte, Verati erst auf die mögliche Analogie zwischen Elektrizität und Optik aufmerksam gemacht.[119]

Veratis Buch wurde nicht nur in Bologna, sondern auch im übrigen Italien und Europa intensiv rezipiert und auf Veranlassung des Genfer Physikers Jean Jallabert schnell ins Französische übersetzt.[120] Nollet, der die Ergebnisse Veratis und anderer Elektrisierer nicht nachvollziehen konnte, wohl auch seine Autorität auf dem Gebiet der Elektrizitätslehre gefährdet sah, führte 1749 eine groß angelegte Forschungsreise nach Italien durch, in deren Verlauf er die Demonstrationen der italienischen medizinischen Elektriker einer kritischen und gelegentlich unfairen Prüfung unterzog.[121] Trotz Nollets nicht sehr wohlwollender ausführlicher Berichterstattung blieb die Popularität Veratis und seiner Elektrotherapie ungebrochen. Dies hängt sicher mit Veratis Zurückhaltung gegenüber allzu weitgehenden Spekulationen zusammen, ist aber m.E. auch in seiner festen Verankerung in der Bologneser *scientific community* begründet, die ihm, dem geachteten Physikomediziner, ein höheres Maß an wissenschaftlicher Legitimität verlieh als einem Außenseiter wie dem Rechtsgelehrten Pivati. Berichte und Anfragen erreichten Bassi und Verati aus dem In- und Ausland. Bei der Bewältigung dieser Korrespondenz unterstützte Bassi ihren Mann intensiv und betreute auch die Verbreitung seiner Monographie. So berichtete z.B. Francesco Algarotti aus Berlin, nicht ohne einen Seitenhieb auf Nollet, von deutschen Therapieergebnissen, die Verati bestätigten.[122] Bassi erhielt über Scarselli in Rom als Mittelsmann Anfragen aus Frankreich. Überhaupt wird die Korrespondenz zwischen Bassi und Scarselli zwischen Herbst 1748 und Ende 1749 durch Veratis Forschungen und die aufwendigen organisatorischen Einzelheiten für den Vertrieb seiner Monographie dominiert.[123] Bassi selbst scheint keine Experimente zur Elektrotherapie ausgeführt und sich auch sonst zu dieser Zeit noch nicht aktiv an den Forschungen zur Elektrizitätslehre beteiligt zu haben. Ihre Teilnahme an der Kontroverse geschieht nur indirekt und kommt ihrem Mann zugute, folgt also in diesem Fall typischen Mustern für weibliche Partizipation an wissenschaftlicher Forschung.[124]

Aus dem bislang Gesagten dürfte deutlich geworden sein, daß Veratis Beschäftigung mit Elektrizität weit über sein Engagement in der medizinischen Elektrizität hinausging. Eine angemessene Würdigung seines Schaffens steht freilich noch aus.[125] Nur wenige Jahre nachdem die Elektrizitätsforschung in Bologna durch die Elektrotherapie auf furiose Weise Eingang gefunden hatte, engagierte Verati sich erneut in einer äußerst kontrovers diskutierten, die Elektrizität betreffenden Angelegenheit. Zusammen mit Tommaso Marini (1726–1767) veranlaßte er im Sommer 1752 die Errichtung eines Blitzableiters auf dem Dach des Observatoriums des Instituts, die erste Einrichtung dieser Art in Italien.[126] Die Bologneser Bevölkerung war dadurch jedoch zutiefst beunruhigt, so daß der zuständige Senatsausschuß Beccari und Zanotti zu einer Sitzung bestellen ließ, um über die Sicherheit bzw. Gefährdung des Gebäudes und seiner Umgebung Auskunft zu erhalten.[127] Das Gutachten der beiden Wissenschaftler war sehr zurückhaltend, da es in Italien noch keine anderen Erfahrungen gab, und unter dem öffentlichen Druck ordnete Zanotti schließlich die Demontage des Blitzableiters an. Marini brachte daraufhin einen Blitzableiter an seinem eigenen Haus an und setzte dort seine Experimente fort. Ablauf und Ergebnisse dieses rege diskutierten Geschehens fanden in den *Commentarii* und in kurzen Publikationen der Protagonisten ihren Niederschlag.[128] Laura Bassi hat sich in dieser Debatte zwar nicht öffentlich zu Wort gemeldet, wird aber gewiß ihrem Mann den Rücken gestärkt haben. Sie selbst beklagt sich noch 1774 bitter darüber, daß die Ängstlichkeit der Leute die Elektrizitätsforschung behinderte. Als Abhilfe richtete sie in ihrem Landhaus ein »Observatorium« ein, wo sie und Verati im Sommer die Experimente in Ruhe durchführen konnten.[129]

Ging es bisher um Kontroversen und Theorien, an denen vor allem Giuseppe Verati beteiligt war bzw. sichtbar wurde, so sind aus späteren Jahren deutlichere Zeugnisse einer Zusammenarbeit von Bassi und Verati überliefert, die auch in der wissenschaftlichen Gemeinschaft als solche wahrgenommen wurden. Eine der überlieferten Episoden betrifft wiederum eine wissenschaftliche Kontroverse im Umfeld der Bologneser Elektrizitätsforschung, diesmal aus dem Bereich der physiologischen Elektrizität: Tommaso Laghi (1709–1764), ein anerkannter Medizinprofessor, hatte in einem Akademievortrag von 1756 die Theorien Hallers zur Erregbarkeit und Sensitivität von Muskel– und Nervenfasern heftig attackiert. Auf der Seite der hallerianischen Theorie fochten zwei jüngere Wissenschaftler, Fontana und Caldani, die ihre Experimente zur Widerlegung der Angriffe Laghis bei Bassi und Verati zu Hause mit deren Geräten ausführten. Bassi und Verati dienten dabei gleichzeitig auch als Autoritäten, die die Ergebnisse Fontanas und Caldanis beglaubigten.[130]

Leopoldo Marc–Antonio Caldani (1725–1813), in Bologna geboren und als Mediziner ausgebildet, war einer der wichtigsten Anwälte der Theorien Hallers über die Erregbarkeit der Muskelfasern in Italien. In Bologna machte er sich damit so unbeliebt, daß er die Stadt 1761 schließlich verlassen mußte und nach Padua ging. Verati, der ebenfalls die hallerianischen Theorien vertrat, scheint in der Kontroverse innerhalb der Akademie keinen Versuch gemacht zu haben, Caldani beizuspringen.[131] Immerhin konnte Caldani später die Früchte seiner Arbeit ernten, als er in Padua 1772 die Nachfolge des berühmten Morgagni auf dem nicht minder berühmten Lehrstuhl für Anatomie antrat. Sowohl Bassi als auch Verati waren mit Caldani freundschaftlich verbunden und erhielten nach seinem Fortgang aus Bologna den Kontakt brieflich aufrecht.

Den stärksten Eindruck einer kontinuierlichen Kollaboration zwischen Bassi und Verati vermittelt ihrer beider Korrespondenz mit dem Turiner Physiker Beccaria, den sie bei seinem Besuch in Bologna 1755 persönlich kennengelernt hatten. Giambattista Beccaria (1716–1781) ist als die zentrale Gestalt der italienischen und damit auch der europäischen Elektrizitätsforschung vor Volta zu bezeichnen.[132] Er war seit 1748 Professor für Experimentalphysik an der Turiner Universität, wo er sich engagiert für die newtonianische Physik einsetzte und deswegen unter seinen cartesianisch geprägten Kollegen beträchtlichen Aufruhr auslöste. Auch der Patron Beccarias, Marchese Morozzo, geriet dadurch unter Druck. Als Morozzo von den neuen elektrischen Entdeckungen und Theorien des Amerikaners Franklin und den Kontroversen darum hörte, forderte er Beccaria auf, sich mit diesem Thema zu beschäftigen und zu profilieren. Das Resultat von Beccarias Bemühungen machte ihn auf einen Schlag in ganz Europa bekannt und berühmt: Schon 1753 erschien in Turin sein *Elettricismo artificiale e naturale*. Beccaria präsentiert darin eine systematisierte und mit vielen eigenen Experimenten angereicherte Version der Franklinschen Elektrizitätstheorie, die im Gegensatz zu Nollet von einem einzigen Fluidum ausgeht. In Beccaria hatte Franklin gewissermaßen seinen Apologeten gefunden und konnte sich somit aus den Auseinandersetzungen um seine Theorie weitgehend heraushalten. Er wußte die Leistungen Beccarias zu schätzen und veranlaßte 1774 eine Übersetzung von Beccarias 1772 erschienenem Werk *Elettricismo artificiale*. Auch von Priestley wurde Beccaria enthusiastisch gelobt.

Bassi und Verati bildeten gemeinsam das Bindeglied Beccarias zur Bologneser Akademie, namentlich nach dem Tod von Jacobo Bartolomeo Beccari, an den Beccaria seine 1758 publizierten Briefe über Elektrizität gerichtet hatte.[133] Beide waren von Beccarias Programm und Theorie stark beeinflußt worden und hielten auch an seinen Theorien fest, als das Franklinsche System 1759 durch Beobachtungen des Engländers Symmer, die eine Zwei–Fluida–Theorie nahelegten, in Bedrängnis geriet.[134]

Die Korrespondenz zwischen Bassi und Beccaria, die relativ vollständig erhalten zu sein scheint, ist für die inhaltliche Entwicklung von Beccarias Theorien wenig interessant. Aufschlußreich ist sie allerdings für den Forschungsalltag beider Korrespondenten. So beklagt Beccaria sich, wie viele andere Briefpartner Bassis auch, mehrfach über die vielfältigen praktischen Aufgaben, mit denen er neben seinen Lehrverpflichtungen betraut wurde. Bassi hingegen berichtet von einer neuen Elektrisiermaschine, die sie bestellt hatte, und beklagt bitter die lange Wartezeit.[135] Ein immer wiederkehrendes Motiv ist auch die Einladung Bassis an Beccaria, den Sommer mit ihr und Verati gemeinsam zu forschen. Beccaria verspricht immer wieder neu seine Besuche, kann diese Versprechen jedoch nicht halten. Bassi und Verati fungieren darüber hinaus als Bologneser Sammelbesteller und Verteiler für Beccarias Publikationen. Ein großer Teil der Briefe befaßt sich mit den technischen Aspekten der Büchersendung und –bezahlung und vermittelt den Eindruck, daß in Italien auch in der zweiten Hälfte des 18. Jahrhunderts noch viel Zeit und Mühe für Literaturbeschaffung aufgewendet werden mußte.

Für Bassis Selbstverständnis als Physikerin ergeben sich ebenfalls wichtige Aufschlüsse aus dieser Korrespondenz. Auffallend ist zunächst die Begeisterung, die sie immer wieder angesichts der Arbeiten Beccarias äußert, und die das Maß der Höflichkeit weit überschreiten. Aus ihren Formulierungen, insbesondere den wiederholten Einladungen, wird vielmehr ersichtlich, daß die Beschäftigung mit der Elektrizität für sie selbst eine beglückende Tätigkeit ist: »Wir denken jetzt daran, uns [zur Forschung] in mein kleines Observatorium auf dem Land zu begeben, und werden diesen Sommer dort wahrhaft für uns glücklich sein.«[136] Aufschlußreich auch, wie Bassi das Verhältnis zwischen sich und Beccaria bestimmt:

Tausend Dank für die freundliche Mitteilung Ihrer neuen Entdeckungen. Wie sehr wird Mr. Franklin sich freuen, sein System so gut bestätigt und erweitert zu sehen! Ich werde mir unterdessen das Vergnügen bereiten, diese systematischen Wahrheiten in Ihren Spuren zu erforschen.[137]

Das eigene Nachvollziehen der anderswo erdachten Experimente und Systeme ist somit auch nach über zwanzig Jahren eigener Forschungen eine wichtige

Komponente in Bassis Alltag als Physikerin geblieben. Schließlich sei noch erwähnt, daß Beccaria einer der wenigen freundschaftlich verbundenen Briefpartner ist, der auf Bassis Geschlecht explizit anspielt. Nach einer langen Unterbrechung des Briefwechsels fragt er nach: »[...] ich glaube nicht, daß ich Sie irritiert habe; und möge Gott mich vor dem Zorn besonders hochgelehrter Frauen, wie Sie es sind, bewahren.«[138]

Die Frage nach dem Verhältnis von eigenständigen und gemeinsamen Forschungen des Ehepaares Laura Bassi und Giuseppe Verati ist klar zugunsten der Eigenständigkeit der beiden Partner zu beantworten. Beide bewegen sich in einem newtonianisch geprägten Denkhorizont, und in ihren Methoden und Schlußweisen lassen sich weitgehende Parallelen und eine intensive Kommunikation aufspüren. Diese starke Wechselwirkung ist jedoch auf Forschungsgebiete begrenzt, mit denen sich beide beschäftigen, und konzentriert sich auf die Elektrizitätslehre im weitesten Sinne.[139] Neben diesem gleichberechtigten Miteinander übernimmt Bassi Ende der 1740er Jahre für ihren Ehemann in der Öffentlichkeit unsichtbare, aber wesentliche Dienstleistungen, was vorübergehend bzw. partiell eine hierarchische Kooperationsstruktur impliziert. Die grundsätzliche Gleichberechtigung beider Ehepartner wird dadurch jedoch nicht in Frage gestellt. Vielmehr – dies sei im Vorgriff auf das nächste Kapitel gesagt – verdankt Bassi in nicht unerheblichem Maße ihre Berufung auf die Physikprofessur des Instituts im Jahre 1776 der Loyalität Veratis. In der Debatte um diese Berufung werden Bassi und Verati in hohem Maß als Einheit wahrgenommen und gerade als Ehepaar mit dem Gebiet der Elektrizitätslehre assoziiert.[140]

Andere Forschungsinteressen Bassis

Neben ihren dominierenden Forschungsgebieten – Mechanik, Hydromechanik, Pneumatik, Elektrizitätslehre – beschäftigte Bassi sich auch, freilich weit weniger intensiv, mit vielen anderen Themen. Obwohl es für diese Aktivitäten oft nur kleine Hinweise gibt, trägt ihre Berücksichtigung in der Summe doch zur Verdichtung des Bildes der Physikerin Laura Bassi bei.

Bassis umfassende Ausbildung in der *Optik* schlug sich auch in den Themen ihrer Akademievorträge und Korrespondenzen nieder. So schickte Nollet ihr 1753 auf ihre Bitte hin mehrere Prismen und eine Lupe.[141] Auch Beccaria ließ Bassi und Verati 1765 mehrere Prismen zukommen. Er hatte in einem Brief an Verati und Bassi 1761 ausführlich über seine Untersuchungen zur Doppelbrechung an einem Prisma aus sog. isländischem Glas berichtet.[142] Vermutlich wurde Bassi durch diesen Brief zur Beschäftigung mit dem Thema angeregt, die 1762 in einen Akademievortrag »Über das isländische Glas« mündete. Im Rah-

men dieser erneuten Beschäftigung mit der Optik präsentierte sie dann im Folge-
jahr in der einmal jährlich stattfindenden öffentlichen Sitzung der Akademie ihre
Überlegungen zur Korrektur chromatischer Aberrationen in Teleskopen.[143] Als
Kontrahent fungierte dabei Sebastiano Canterzani.[144] Dieser Vortrag ist ein Beispiel dafür, daß Bassi den neuesten Forschungsstand verfolgte, da die Herstellung eines Achromaten erst 1761 in London erstmals gelungen war.

In ihren letzten Lebensjahren beschäftigte Bassi sich intensiver mit Themen,
die wir heute der *Chemie* zuschreiben würden. Dies läßt sich sowohl aus ihrer
Korrespondenz als auch aus ihren Vorträgen erschließen. Briefe des Florentiner
Arztes Targioni bezeugen für 1775 die Lieferung von Schwefelsäure an Bassi,
während Alessandro Volta ihr 1777 von seinen Experimenten über die Ent-
flammbarkeit verschiedener Gase berichtete, ein Thema, das auch Bassi sehr interessierte, die 1776 »Über die Beziehung zwischen der Flamme und der fixen
Luft« in der Akademie vorgetragen hatte. Zu den von Volta beschriebenen Experimenten ist sie aber vermutlich nicht mehr gekommen.[145]

Ein Hinweis auf chemische Untersuchungen Bassis aus der Frühphase ihrer
wissenschaftlichen Tätigkeit ist durch eine Veröffentlichung des bereits erwähnten Tommaso Laghi erhalten. In seinem auf einen Akademievortrag vom April
1747 zurückgehendem Opusculum *De rubentibus lignorum cineribus* über die
chemische Untersuchung zweier Arten Holzasche erwähnt er, daß sich auch
Laura Bassi mit einer dieser Aschen beschäftigt hatte, wobei allerdings keine
Ergebnisse ihrer Untersuchungen angegeben werden.[146] Die Bezugnahme auf
Bassi unterscheidet sich rhetorisch nicht von der auf männliche Kollegen und ist
damit nicht nur ein Indiz für Bassis weitgespannte Interessen, sondern auch für
ihre Akzeptanz als Mitglied der Bologneser wissenschaftlichen Gemeinschaft.

Namentlich in Fragen der *Pneumatik* hatte Bassi sich durch ihre Meßreihen
und Zanottis Kommentar den Ruf experimenteller Kompetenz erworben. So ist
ihre Mitwirkung als Ratgeberin und Zeugin, übrigens gemeinsam mit Verati, bei
zwei weiteren Forschungsprojekten belegt. Es handelt sich dabei um Arbeiten
von Casali.[147] Er trug 1757 über Untersuchungen zur Wirkung des Schießpul-
vers vor, bei denen naturgemäß die Elastizität der Luft eine wesentliche Rolle
spielte. Sowohl Bassi als auch Verati, der umfangreiche Versuchsreihen zur
Rolle der Elastizität der Luft bei Atmungsvorgängen angestellt hatte, hatten sich
mit Forschungen zu diesem Thema profiliert. Im anderen Fall hatte Casali Untersuchungen über Lebensdauer und Porösität verschiedener Gläser angestellt.
Bassi und Verati wirkten in diesem Fall mit, weil die Versuche die Kontrolle der
Thermometer– und Barometerstände erforderte. Auch hier floß somit die bei
beiden vorhandene und anerkannte experimentelle Kompetenz ein.[148]

Zur Beschäftigung mit anderen, der Physik ferner stehenden Themen, wurde
Bassi durch Schüler veranlaßt. So ließ sie sich im Frühjahr 1769 von ihrem

ehemaligen Schüler und Cousin Lazzarro Spallanzani (1729–1799) in die fachgerechte Fütterung, Haltung und Operation von Salamandern und Schnecken einweisen.[149] Der Hintergrund war die 1768 von Spallanzani publizierte Behauptung, daß bei Schnecken, denen er die Köpfe abgeschnitten hatten, diese wieder nachwuchsen. Spallanzanis Experimente wurden heftig bezweifelt und von anderen Wissenschaftlern wiederholt. Der Briefwechsel mit Bassi erweckt den Eindruck, daß Bassi auf Spallanzanis Bitte hin ebenfalls Kontrollversuche durchführte. Ihre Ergebnisse wurden von ihm in seinen Publikationen trotz gegenteiliger Versprechungen nicht erwähnt.[150]

Von Spallanzani, der sich erst unter Bassis Einfluß entschlossen hatte, sein Jurastudium aufzugeben und sich ganz mit den Naturwissenschaften zu beschäftigen, ist ein Text überliefert, der in Anbetracht von Spallanzanis starker Prägung durch Bassi auch als Quelle für Bassis Epistemologie gewertet werden kann. Es handelt sich dabei um ein Schreiben Spallanzanis an die Akademie in Bologna aus dem Jahr 1765, das er anläßlich der Übersendung eines der Akademie gewidmeten Werkes verfaßt hatte. Er bezeichnet die Akademie darin als eine der distinguiertesten Stätten wissenschaftlicher Forschung. Die Wissenschaften aber, so Spallanzani, namentlich die Physik

war, solange sie der Tyrannei der Autoritäten untertan war, eher ein Haufen Phantastereien und leerer Vokabeln als eine Sammlung jener wunderbaren Sinneswahrheiten, durch die sie den Namen Naturweisheit [natural sapienza] verdient. [...] Sie begann erst, in ihrem einfachen natürlichen Schmuck zu erscheinen, als die Menschen die alten Texte beiseite ließen, sich der Einbildung [immaginazione] enthielten und sich daran machten, die Geschehnisse und Phänomene des Universums mit der untrüglichen Lenkung der Sinne zu erforschen [...].[151]

Hier klingt in einem der wichtigsten Schüler Bassis jenes Programm wieder an, das die Bologneser Wissenschaft im Umfeld von Akademie und Institut prägte, und das Bassi nun seit mehr als dreißig Jahren verkörperte: die entschiedene Abkehr von Aristotelismus und spekulativer Naturerkenntnis und die gewisse Zuversicht, vermöge der Sinneswahrnehmungen die Natur zu erkennen. Lockeanismus und Newtonianismus sind hier, wie in Bassis Vorlesung von 1732 und anderswo, in enger Verbindung zu finden.[152]

Spallanzani ist wohl der bekannteste Schüler Bassis geworden. Auch als voll ausgebildeter, selbständig arbeitender Wissenschaftler hielt er den Kontakt zu Bassi aufrecht, sicher auch wegen der verwandschaftlichen Beziehung, aber wohl auch, weil er Bassis Rat und Urteil sehr schätzte. Bassi begleitete seine Forschungen mit Begeisterung und mit weiterführenden Fragen, in denen sich ihre eigene Interessenlage widerspiegelt.[153]

Bassi als Lehrerin und Bezugsinstanz der Experimentalphysik

Laura Bassis umfangreiche Lehrtätigkeit macht einen wesentlichen Bestandteil ihrer Wirkung und Tätigkeit als Physikerin aus. Seit 1749 hielt sie kontinuierlich Vorlesungen über Experimentalphysik bei sich zu Hause ab, die große Beachtung durch die Bologneser Öffentlichkeit und durch ausländische Besucher fanden und sich regen Zulaufs von Schülern erfreuten, umso mehr, als die Vorlesungen am Istituto zu jener Zeit wohl nur einen medizinisch–physiologisch orientierten Ausschnitt aus der Experimentalphysik anboten.[154] Als Bassi 1776 zur Physikprofessorin des *Istituto delle Scienze* ernannt wurde, setzte sie somit eine bereits seit langem geübte Tätigkeit lediglich in einem anderen, öffentlichen Rahmen fort. Die jahrzehntelang gehaltenen Vorlesungen förderten mit Sicherheit Bassis Prestige und festigten so ihren Status in der Bologneser wissenschaftlichen Gemeinschaft. Sie kosteten Bassi aber auch erhebliche finanzielle Aufwendungen, da sie die benötigten wissenschaftlichen Instrumente selbst finanzieren mußte. Zwar konnte sie bei ihren Bewerbungen um Gehaltserhöhungen auf den öffentlichen Nutzen und die Kosten dieser Einrichtung verweisen, hatte damit jedoch nur bedingt Erfolg.[155] Sie bezifferte die von ihr getätigten Aufwendungen um 1755 auf das Dreifache ihres Jahresgehaltes bei der Universität. Vergeblich bemühte sie sich auch bei Scarselli um eine Zuwendung Benedikts XIV., da dieser, wie Scarselli klarstellte, nach seiner großzügigen Unterstützung des Institutes keine weiteren, privaten Projekte mehr zu fördern bereit war. Bassi sah sich durch die recht schroffe Absage Scarsellis wohl unter Legitimierungszwang für ihre Bitte. Ihr Antwortschreiben fügt den traditionellen Bologneser Topos des Wohles der Universität und den baconianischen Topos des öffentlichen Nutzens zusammen und verrät ein klares Bewußtsein dessen, was ihre Kurse für die Stadt bedeuteten. Gleichwohl ist es auch als persönliches Bekenntnis zu lesen.

Die Experimentalphysik ist doch in unseren Tagen eine so nützliche und notwendige Wissenschaft geworden; und wir, die wir, als das Institut eröffnet wurde, die ersten in Italien waren, die sie kultivierten, müssen heute zu unserer Schande und zum Schaden unserer Universität sehen, daß man überall mehr als hier mit jener Methode und in jenem Umfang unterrichtet, die der Nutzen der Jugend erfordert, indem man an mehreren Orten ganze jährliche Kurse darin gibt. Da man diese Sache im Institut wegen der wenigen Lektionen, die dort auf Grund seiner Statuten gehalten werden, nicht durchführen kann, habe ich mich daran gemacht, meine wenn auch sehr geringe Fähigkeit daran zu setzen, der Öffentlichkeit mit diesen Studien zu dienen. Da ich jedoch erkannt habe, daß die öffentliche Würde mehr verlangte, als ein Privatmensch vermag, und da ich in dieser Sache mehr aufgewendet habe, als meine Kräfte erlauben, sehe ich mich gezwungen, das Unternehmen entweder aufzugeben [...] oder auf jene zurückzukommen, die helfen können. Deshalb fragte ich, ob es möglich wäre, eine Unterstützung zu erhalten, die in jenen jährlichen Kursen dauerhaft zum öffentlichen Wohl diente.[156]

Bassi betont in dieser Begründung ihrer Privatvorlesungen das wissenschaftliche Wohl und Ansehen Bolognas in einer Weise, die ihre Rolle und Rezeption als *Bologneser Minerva*, als Personifikation und Anwältin wissenschaftlicher Bildung, von der ursprünglichen universitären Sphäre der 1730er Jahre nahtlos in die Akademiesphäre fortschreibt.

Bassis Bekenntnis, daß ihr die physikalische Bildung der Jugend am Herzen liege, findet seine Bestätigung in der Beständigkeit und Sorgfalt, mit der sie ihre Aufgaben als Lehrerin wahrnahm, und die sie auch von ihren Schülern erwartete.[157] Ein sehr persönliches Zeugnis dieses Engagements ist in einem Brief Bassis an Marc–Antonio Caldani erhalten.

Der von Ihnen hierher empfohlene junge Dott. Carnielli [...] begann, meine Physiklektionen zu besuchen, aber nur für wenige Wochen. Danach kam er einige Tage [pro Woche], dann ein paarmal im Monat. Er versteht viele Dinge sehr gut, wenn man darüber spricht, aber er scheint mir nicht sehr eifrig. [...] Man sieht ihn nie mit einem Buch in der Hand zu Hause, und er frequentiert in einer Weise das Café, daß dafür wenig Zeit bleibt. Es ist wirklich ein höchst übler Brauch, daß die Jugend immer einen Ort zur Zerstreuung parat hat, wo einer den anderen ablenkt. Leider ist es mit vielen so gegangen, die eifrig und voll guten Willens hierher gekommen sind, und in wenigen Monaten den Lebensstil gewechselt haben.[158]

Die Bedeutung Bassis als Lehrerin verdeutlicht auch der hohe Anteil an ihrer Korrespondenz, in der sie um die Aufnahme von bestimmten Schülern in ihre Lektionen gebeten wird. Dabei handelt es sich oft um Vermittlungen durch andere Wissenschaftler, mit denen Bassi in Kontakt steht, mehrfach durch Spallanzani. Mir ist übrigens kein Fall bekannt, in dem eine Frau an Bassi empfohlen oder von Bassi unterrichtet worden wäre.

Zusammen mit anderen Empfehlungsschreiben konstituieren diese Briefe eine Quellengruppe, die zwar keine Informationen über Bassis Forschungsaktivitäten bieten, wohl aber ihre Stellung in der Wissenschaftlergemeinschaft illustrieren. Ab den 1760er Jahren ist Bassi eine feste Bezugsgröße für oberitalienische Experimentalphysiker, die ihr manchmal ungefragt, oft auch über die Empfehlung anderer Wissenschaftler, ihre Schriften übersenden. So schickt Carlo Giuseppe Campi aus Mailand ihr seine Übersetzung einiger wissenschaftlicher Abhandlungen Benjamin Franklins; Alessandro Volta übermittelt ihr, wie bereits erwähnt, eigene Publikationen und bittet um ihr Urteil.[159] Der Mailander Physiker Marsilio Landriani, eifriger Verfechter des Franklinismus und der Blitzableiter, läßt ihr gleich ein ganzes Barometer eigener Erfindung zukommen.[160] Sein Blick gilt allerdings, wie der Brief zeigt, der Akademie, in die er aufgenommen werden möchte, und als deren Repräsentantin er Bassi anspricht. Damit ist ein Aspekt angesprochen, der in Bassis Korrespondenz mehrfach auftritt und eindeutig mit Geschlechterdifferenzen und Geschlechtsrollenerwartungen zusammenhängt. Nicht nur Landriani, sondern z.B. auch der franzöische Philosoph Voltaire wendet sich mit der Bitte um Aufnahme in die Akademie nicht nur an den Sekretär, sondern gleichzeitig auch an Bassi.[161] Da beide vorher keinen wissenschaftlichen oder persönlichen Kontakt zu ihr haben, drängt sich der Schluß auf, daß sie in Bassi wegen ihres Geschlechts eine besonders geeignete Fürsprecherin sehen.[162] Namentlich Voltaires Dankschreiben nach seiner Aufnahme in die Akademie, das ebenso wie sein Bittbrief in einem sehr galanten Ton gehalten ist, nimmt die Stilisierung Bassis als Minerva auf und krönt sie noch – darin ist der französische Philosoph einzigartig – durch die Bezeichnung Veratis als Apoll.[163]

Eng verwandt mit der Attraktivität Bassis als Patronin und Fürsprecherin für die Aufnahme in die Bologneser Akademie ist ihre Beliebtheit als Empfehlungsadresse für durchreisende auswärtige Wissenschaftler oder Bildungsreisende. Dies hängt natürlich mit Bassis herausgehobener Stellung im Wissenschaftsbetrieb zusammen: Sie stellt gewissermaßen ein Muß auf der Liste der »Sehenswürdigkeiten« dar und wird in Reiseberichten oft in einem Atemzug mit Plätzen, Denkmälern und Bauten, namentlich dem Palast, in dem das Institut untergebracht war, beschrieben.[164] Daneben enthalten solche Empfehlungsbriefe aber gelegentlich die Bitte, den Besucher ihrem Mann weiterzuempfehlen, damit dieser ihm das Institut zeigen und ihn mit weiteren Bologneser Wissenschaftlern bekanntmachen möge.[165] Bassi ist in diesem Fall nur die erste Anlaufadresse, von der aber die Einführung in die Bologneser Wissenschaftlergemeinschaft nicht selbst erwartet wird. Ihre Funktion ist nur die einer Fürsprecherin bei ihrem Ehemann. Zu den prominentesten Überbringern von Empfehlungsschreiben gehören Beccaria, Lalande und De Saussure, wobei die letzteren beiden von Beccaria empfohlen wurden. Bassi selbst hat beispielsweise 1757 einem Florentiner Bekannten Mme du Boccage weiterempfohlen, die einer ihrer Experimentalvorführungen beigewohnt hatte.[166]

Schließlich ist Bassi auch Teil des Kreises bekannter zeitgenössischer Wissenschaftler, denen der Genfer Physiker Lesage sein auf eigene Kosten gedrucktes und nur privat vertriebenes Werk mit dem Entwurf einer eigenen Gravitationstheorie unterbreitete.[167] Bassi geht mit lebhaftem Interesse auf seine Arbeit ein, da sie sich, wie wir aus ihrem Akademievortrag von 1748 wissen, ebenfalls für die Mechanismen und Gesetze der Nah–Wechselwirkung von Teilchen interessierte. Sie betont in ihrem Brief auch Veratis Interesse an den Aussagen Lesages zu Affinität und Kohäsion. Ein echter wissenschaftlicher Austausch allerdings findet in der Korrespondenz nicht statt.

Aus den in diesem Kapitel zusammengetragenen Aspekten entfaltet sich das Bild einer in vielfältige Bezüge eingebundenen und nachgefragten Physikerin, die als Lehrerin und Patronin, als anerkannte wissenschaftliche Autorität oder als Gesprächspartnerin über die verschiedensten wissenschaftlichen Themen fungiert. Manche dieser Kommunikationen und Kontakte rekurrieren auf spezifische Geschlechtsrollenzuschreibungen für die Frau Laura Bassi in der Wissenschaftlergemeinschaft, andere nivellieren die Geschlechterdifferenz völlig. Die »großen Namen« zeitgenössischer Wissenschaftler wie etwa Frisi oder Boscovich, die in sämtlicher Literatur über Bassi von Fantuzzis Nachruf an ungebrochen aufgezählt werden, fehlen: Die Briefe sind entweder verloren gegangen oder, was ich für wahrscheinlicher halte, nie geschrieben worden. Desungeachtet vermittelt Bassis Korrespondenz einen intensiven Eindruck von der Vielfalt ihres Alltags als Wissenschaftlerin und ihres Interesses und Engagements für die Physik.

5. Bassi, die Physik und die Physikprofessur

Nach den teilweise recht detaillierten Analysen der letzten Kapitel bleibt die Frage, ob und inwiefern sich über die Anhäufung von Einzelaspekten hinaus in Bassis Forschungsinteressen eine Systematik oder chronologische Entwicklungen ausmachen lassen, und wie diese sich zu den Interessenprofilen ihrer Bologneser Kollegen verhalten. Eine solche Fragestellung impliziert die bislang nicht erfolgte Diskussion der Disziplin »Physik« im Bologna des 18. Jahrhunderts, die es schließlich ermöglicht, Bassis wissenschaftliches Profil noch prägnanter zu charakterisieren. Die dabei gewonnenen Erkenntnisse fließen in die Untersuchung von Bassis letztem Karriereschritt ein, ihrer Berufung 1776 – mit 65 Jahren – auf die Professur für Experimentalphysik am Institut. Diese Berufung ist nämlich eng mit einer Debatte über die Aufteilung der Professur, und damit der Disziplin Physik, verwoben. Pragmatische, wissenschaftliche und personelle Gesichtspunkte fließen in einem komplexen, sich über vier Jahre hinziehenden Besetzungsverfahren zusammen.

Das Interessenprofil Bassis

Wie das letzte Kapitel gezeigt hat, schlugen sich praktisch alle Forschungen Bassis früher oder später in ihren Akademievorträgen nieder. Für ein Gesamtprofil ihrer Forschungstätigkeit kann darum eine Zusammenstellung der Vortragsthemen als Ausgangspunkt dienen.[168] Die Zuordnung der Themen zu physikalischen Forschungsgebieten bestätigt die mehrfach aufgestellte Behauptung, daß Hydromechanik und Elektrizitätslehre die beiden wichtigsten Interessengebiete Bassis darstellen. Sie werden durch pneumatische, mathematische, optische und chemische Themen ergänzt, die Bassi oft über zwei aufeinanderfolgende Jahre verfolgte.[169] Im einzelnen ergibt sich folgendes Bild:

1746–1748:   Pneumatik
1749:   Mechanik[170]
1750:   unbekannt
1751:   Hydromechanik
1752:   Mathematik
1753–1756:   Hydromechanik
1757–1758:   Mathematik
1759–1760:   Hydromechanik
1761:   Elektrizitätslehre
1762–1763:   Optik
1764–1767:   Hydromechanik
1768:   Elektrizitätslehre
1769:   Technik
1770–1771:   Elektrizitätslehre
1772–1773:   Hydromechanik
1774–1775:   Elektrizitätslehre
1776:   Chemie
1777:   Elektrizitätslehre

Die Liste dokumentiert ferner eine zunächst fast unmerkliche, in der Kontinuität aber doch bedeutsame Schwerpunktverschiebung von mathematischen zu experimentellen Themen, die freilich nicht so abrupt verläuft, wie es in der Sekundärliteratur gelegentlich gesehen wurde. Denn die Identifizierung eines »clear break around 1761«, der durch Bassis Kooperation mit Verati und durch ihre experimentalphysikalische Privatvorlesung verursacht worden sei, [171] steht nicht nur in der Gefahr, die komplexe wissenschaftliche Biographie Bassis zugunsten einer einfachen Entwicklungslinie glattzubügeln. Auch betrachtet sie allzu selbstverständlich Bassis Forschungsinteressen als Spiegelbild derer ihres Mannes, obwohl, wie im Zusammenhang mit der Elektrizitätsforschung Veratis gezeigt, eine gegenseitige Beeinflussung anzunehmen ist. Auch wenn Bassi sich ab 1761 intensiv der Elektrizitätslehre widmete, beschäftigte sie sich daneben in der zweiten Hälfte der 1760er Jahre noch mit Hydromechanik und den Arbeiten auf diesem Gebiet.[172] Andere Vorträge hängen mit aktuellen Themen zusammen, die sie manchmal gleichzeitig mit Verati aufgriff; so trugen 1776 beide über »fixe Luft« (heute: Kohlendioxid) vor, ein Thema aus der sich in dieser Zeit sprunghaft entwickelnden pneumatischen Chemie. Leider sind beide Vorträge nicht erhalten, so daß über die Beziehungen zwischen ihnen nur spekuliert werden kann. Bemerkenswert ist schließlich Bassis Vortrag von 1769, der völlig aus ihrem sonstigen Themenspektrum herausfällt: Die »Vorrede über eine Reihe von Experimenten, auszuführen für eine Verbesserung der Färbekunst« zeigt ein

Bemühen um den öffentlichen Nutzen der Wissenschaft, wie es sich so ausgeprägt sonst kaum in den Akademievorträgen findet, lebte Bologna doch hauptsächlich von seiner Textilindustrie.[173]

Für die Physik der Frühen Neuzeit ist von Thomas S. Kuhn ein mittlerweile klassisch gewordenes dichotomisches Modell entwickelt worden.[174] Kuhn unterscheidet zwischen sog. klassischen Gebieten, die bereits vor der wissenschaftlichen Revolution eine Forschungstradition hatten, etwa Astronomie, Optik, und Hydromechanik, und sogenannten baconianischen Wissenschaften, namentlich Elektrizität und Magnetismus. Bei letzteren handelt es sich um empirische Forschungsgebiete, die im 18. Jahrhundert noch keine mathematische Bearbeitung erfahren hatten, während die ersteren stark mathematisiert waren.

Wendet man Kuhns Modell auf Laura Bassi an, so finden sich bei ihr beide Forschungsstränge, der klassische und der baconianische, wohl repräsentiert; daß sie in der frühen Phase eher mathematisch–theoretische und in der späten Zeit ihrer Laufbahn eher baconianische Themen verfolgte, hebt diese universelle Ausrichtung nicht auf. Dies legt die Frage nahe, ob Bassis Profil typisch für die Forschungstradition in Bologna ist. Der folgende Abschnitt untersucht darum, wie die Physik in Bologna innerhalb des gerade skizzierten begrifflichen Rahmens zu charakterisieren ist.

Die Bologneser Physik vor dem Hintergrund wissenschaftshistoriographischer Konzepte

Ein Vergleich mit den Dissertationsthemen anderer Bologneser Wissenschaftler, die im weitesten Sinn der Disziplin Physik zuzurechnen sind, zeigt auf den ersten Blick, daß Bassis breite Orientierung keineswegs typisch für Bologna war.[175] Verati arbeitete wohl über Themen aus Elektrizitätslehre, Magnetismus, Chemie, Pneumatik und Medizin, bei ihm fehlen jedoch die Gebiete Mathematik, Optik, Hydromechanik und Theoretische Mechanik. Ähnlich ist es bei den anderen Bologneser Physiko–Medizinern Beccari und Galeazzi.[176] Zusammengenommen bearbeiteten die drei zwar praktisch alle Gebiete der Experimentalphysik (einschließlich nach heutigem Verständnis chemischer Themen), aber keine mechanischen oder gar mathematischen Themen, für die ihnen die Ausbildung fehlte. Beccari und Galeazzi hatten zusammengenommen fast 60 Jahre lang die Institutsprofessur für Experimentalphysik inne und prägten gemeinsam mit Verati die Disziplin mit der zum Bologneser Charakteristikum werdenden Verknüpfung zwischen Physik und Medizin, namentlich Physiologie.[177] Diese neue Forschungstradition fand in den Arbeiten Galvanis zur tierischen Elektrizität ihren Höhepunkt. Auf der anderen Seite gab es eine Reihe Wissenschaftler, die sich intensiv mit mechanischen, hydromechanischen und mathematischen Problemen beschäftigten. In erster Linie sind hier Petronio Matteucci, Francesco Maria Zanotti, dessen Neffe Eustachio Zanotti und Zanottis Nachfolger als Akademiesekretär, Sebastiano Canterzani, zu nennen.[178] Bei ihnen fehlen hingegen ausnahmslos die Themengebiete Elektrizitätslehre, Magnetismus und Chemie.

Anhand ihrer Vortragsthemen können die Bologneser Wissenschaftler somit exakt nach der Kuhnschen Dichotomie in zwei Gruppen, eine klassisch-mathematische und eine baconianisch–experimentelle, aufgeteilt werden. Damit stellt sich die Frage, ob diese Zweiteilung auch unter anderen Gesichtspunkten als den Akademievorträgen sichtbar wird, ob man also durchgängig von einer »mathematischen« und einer »experimentellen« Sphäre in den Bologneser Wissenschaften sprechen kann.[179] Dies wird im folgenden anhand der disziplinären Aufteilung in Institut und Akademie untersucht.

Zunächst einmal fällt auf, daß die disziplinären Differenzierungen in Bologna nicht sehr stark ausgeprägt waren. Die Neuordnung der Akademie im Gefolge der Reform durch Benedikt XIV. hatte die alten Klassen, die zum Teil eine disziplinenorientierte Binnenstruktur hatten, abgeschafft.[180] Nach 1745 stellen die 25 bezahlten Accademici Benedettini die einzige herausgehobene Gruppe dar. Da die Professoren des Instituts und ihre Stellvertreter qua Amt zu den Benedettini gehörten, gab es in dieser Elitegruppe für jede am Institut gelehrte Disziplin automatisch ein »Mindestkontingent« von ein bis zwei Mitgliedern – nicht für alle Professoren gab es einen Stellvertreter. Die von den Benedettini selbst zu wählenden übrigen Mitglieder waren hingegen in ihrer fachlichen Zugehörigkeit völlig unbestimmt. Die nachrangige Bedeutung disziplinärer Zuordnungen in der Akademie wird ferner durch den Umstand unterstrichen, daß nicht die hohe Spezialisierung, sondern die enzyklopädische Ausrichtung das wissenschaftliche Ideal darstellte.[181] In der Tat hatten einige Bologneser eine doppelte Ausbildung oder bewegten sich zumindest in ihrer Wissenschaftlerlaufbahn in verschiedenen disziplinären Umfeldern. Freilich war diese Zuordnung oft genug ausschließlich durch Versorgungsgründe motiviert.[182] Eine Häufung mehrerer Ämter war am Institut allerdings nicht möglich.[183]

Die untergeordnete Bedeutung der disziplinären Grenzziehungen für die Arbeit der Akademie findet in den Commentarii auch ihren öffentlich wahrnehmbaren Ausdruck. Nur der Bericht des Sekretärs unterscheidet nach den einzelnen Disziplinen, während die Opuscula, also die Originalaufsätze der Akademiemitglieder, einander in bunter Mischung folgen. Und obwohl viele Aufsätze vorweg bereits durch den Sekretär angesprochen und damit auch einer bestimmten Disziplin zugeordnet worden waren, gibt es keinerlei redaktionelle Bearbeitung, die diese Zuordnung deutlich machte. Die Einteilung, nach der die Arbeit der Akademie vom Sekretär referiert wird, bleibt vom ersten bis zum letzten Band der *Commentarii* unverändert und trägt die Handschrift Zanottis, ist es doch Inbegriff der ureigenen Aufgabe des Sekretärs, die vielen einzelnen Forschungen zu einem durchgehenden Diskurs zusammenzusetzen. Von gelegentlichen Schwankungen abgesehen, beginnt Zanottis Darstellung bei dem Mineralreich, behandelt dann die Tiere und Menschen und schließlich das Reich der Himmel, impliziert also für die Disziplinen die Reihenfolge Naturgeschichte, Chemie, Anatomie, Medizin, Physik, Mechanik, Arithmetik, Geometrie, Astronomie.[184] Daß für Zanotti weniger die Zergliederung, sondern die Synthese der in der Akademie berichteten Arbeiten das Ziel ist, zeigt sich an den Vorbehalten, die er in einer Art *Discours préliminaire* zu Beginn des ersten Bandes äußert.[185] Er betont darin die Unmöglichkeit, alle Arbeiten eindeutig einzelnen Gebieten zuordnen zu können, will sich jedoch mangels besserer Alternativen an die konventionelle Gliederung halten.[186]

Angesichts dieser Relativierung disziplinärer Grenzen ist umso bemerkenswerter, daß die Trennung zwischen Mechanik und Physik bis auf eine Ausnahme strikt durchgehalten wird. Die mechanischen Arbeiten orientieren sich dabei weniger an der galileianischen Kinematik, was einen Bezug zu experimentellen Untersuchungen herstellen würde, sondern an den zeitgenössischen europäischen Debatten, in denen es um die Anwendung des mathematischen Kalküls und u.a. um die korrekten mathematischen Ausdrücke für Kräfte und Bewegungen geht. Herzstück dieser Diskussionen ist die zwischen Cartesianern und Leibnizianern erbittert geführte Kontroverse um das rechte Maß der Kraft (vis–viva–Kontroverse). Sie findet auch in den Bologneser *Commentarii* ihren Wiederhall und geht bezeichnenderweise mit der wohl explizitesten Konfrontation zwischen theoretischen und experimentellen Physikern einher. Während die »Mechaniker« die Aussagekraft von experimentellen Überprüfungen ihrer Gesetze leugnen, erklären die »Experimentalphysiker« die Ignoranz der »Mechaniker« gegenüber der Empirie für unzulässig. Francesco Maria Zanotti und sein Neffe Eustachio Zanotti als Theoretiker einerseits und Galeazzi, der amtierende Physikprofessor am Institut, als Experimentalphysiker andererseits sind die zentralen Repräsentanten dieser zwei scharf abgegrenzten Lager mit inkompatiblen epistemologischen Grundsätzen.[187] Aus dieser durchgängigen Opposition folgt, daß »Physica« als Disziplinzuweisung in den *Commentarii* immer »Experimentalphysik« bedeutet.

In der wissenschaftlichen Gemeinschaft Bolognas ist also, soweit sie sich mit Physik beschäftigt, auf allen Ebenen ihrer Aktivitäten eine klare Trennung zwischen zwei Sphären, einer mathematisch–mechanischen und einer experimentalphysikalischen, festzuhalten. Laura Bassi ist die einzige Figur, die sich nicht eindeutig der einen oder anderen von ihnen zuordnen läßt. Von den Experimentalphysikern unterscheidet sie sich durch ihr Interesse an theoretischen Themen und ihre mathematische Kompetenz, von den Mechanikern durch ihre intensive Beschäftigung mit empirischen Untersuchungen, insbesondere auch solchen, die zu dieser Zeit keiner Mathematisierung zugänglich sind.[188] Positiv formuliert, treffen in ihrer Person die beiden Prägungen zusammen, wird in ihren Forschungen und Interessen die Synthese der Physik, die institutionell noch lange nicht in Sicht ist, antizipiert. Auf Bassi trifft somit in hohem Maße zu, was als Charakteristikum der Physik des 18. Jahrhunderts definiert worden ist:

The unity and distinction of eighteenth century physics must be sought in precisely what makes it most difficult to grasp: in its process of redefinition, in its changing scope and technique.[189]

Inwiefern diese Zugehörigkeit zu beiden Sphären in Bassis Vorgehensweisen eine Integration der Methoden und Intentionen bedingt, muß wegen der schlechten Quellenlage leider Spekulation bleiben. Einen Hinweis darauf, daß die Verbindung von mathematischem und experimentellem Vorgehen in der Elektrizitätslehre bei ihr auf sehr reges Interesse stieß, findet sich in einem Brief an Beccaria aus dem Jahr 1774. Bassi fragt dort nach einem ihr von Beccaria angekündigten Kalkül zur Wirkung der »elektrischen Atmosphäre«, den er ihr mit der Aussicht auf einige vergnügte Stunden »gemeinsamen Geometrisierens und Experimentierens« ein Jahr zuvor versprochen hatte.[190]

Erst der Mathematisierungsschub in den baconianischen Wissenschaften gegen Ende des 18. Jahrhunderts schaffte jedoch die Voraussetzung für eine echte Verknüpfung der klassischen und baconianischen Themen zu einer einzigen Disziplin Physik.[191]

Die Besetzung der Physikprofessur am Institut, 1772–1776

Im Frühjahr 1770 wurde Galeazzi nach 35jähriger Amtszeit als Physikprofessor am Institut im Alter von 84 (!) Jahren emeritiert. Zu seinem Nachfolger wurde der bisherige *Sostituto* (Stellvertreter) Paolo Battista Balbi bestimmt, während Verati neuer Sostituto wurde.[192] Als Balbi im Dezember 1772 starb, übernahm Verati als Stellvertreter die Vorlesung und war auch der kanonische Nachfolgerkandidat. Gegen seine Berufung muß es aber Widerstände gegeben haben, da der erste Vorschlag zur Neuregelung vom Januar 1773 die Emeritierung Veratis und die Berufung des bisherigen Nautikprofessors Palcani vorsah.[193] Dieser Beschluß wurde jedoch nicht in die Tat umgesetzt und nie wieder erwähnt, was möglicherweise auch mit einem Wechsel in der Besetzung der Assunteria zusammenhängt. Verati wurde im Juni 1773 als Vertretung für die Professur bestätigt, in den Vorlesungsankündigungen blieb der Name des Professors frei, und in den Sitzungsprotokollen der Assunteria d'Istituto wurde die Angelegenheit drei Jahre lang nicht erwähnt.

Erst im April 1776 fand eine Sitzung der Assunteria (deren Besetzung inzwischen turnusgemäß mehrfach gewechselt hatte) statt, die eigens der Physikprofessur gewidmet war und deren Protokoll den festen Willen der Mitglieder zur Klärung der Lage verrät. In dieser Sitzung wurden zwei Namen genannt, nämlich wiederum Palcani und Laura Bassi, die in der Vergangenheit als Kandidaten im Gespräch gewesen seien. Aber »es wurden verschiedene Überlegungen angestellt, und einige Schwierigkeiten, sowohl bei der Wahl Bassis, als auch beim Transfer Palcanis in besagtes Zimmer, gesehen.«[194] In dieser Sitzung wurde auch erstmals die Möglichkeit angedacht, die Elektrizität vom Rest der Physik abzutrennen und an Verati zu übertragen, der dann »der Kompagnon desjenigen wäre, der zum Professor gewählt würde.«[195] Da man aber zu keinem Entschluß kommen konnte, wurde eine aus drei Senatoren bestehende Kommission zur Ausarbeitung weiterer Vorschläge gebildet.

Zwei Wochen später präsentierte diese Kommission ihren Vorschlag, der die Wahl Veratis zum Professor vorsah, jedoch mit Canterzani als »Koadjutor« und einem gewissen Lorenzo Bonacorsi als gemeinsamen Stellvertreter.[196] Von Laura Bassi war nicht mehr die Rede. Die von der Kommission eingereichte schriftliche Fassung des Vorschlags gibt etwas mehr Aufschluß über die Hintergründe dieses neuen Vorschlags, der sich von allen bisherigen völlig unterscheidet.[197] Die Nominierung Veratis wird mit seinem Interesse und Anrecht begründet. Die Ergänzung durch Canterzani wird nur mit dem Hinweis auf dessen profunde Gelehrsamkeit und Beliebtheit bei der Studentenschaft begründet, gibt also keinen Aufschluß über die Gründe für die Einführung eines Koadjutor. Am aufschlußreichsten ist die Begründung für Bonacorsi, der als Stellvertreter kraft dieses Amtes

einen Posten als Accademico Benedettino bekommen wird, den er so sehr ersehnt, und der ihm bisher wegen der Einmischung Veratis als erster Adjutant verwehrt blieb. Dies hat in ihm viel Bitterkeit und wenig Engagement gegenüber der Physikabteilung hervorgerufen, umso mehr, als Verati es immer unterlassen hat, ihn zu rufen und mit ihm die auszuführenden Experimente zu besprechen.[198]

Bonacorsi hatte sich bereits dreimal vergeblich um die Wahl als Benedettino beworben und hatte offensichtlich im Senat Patrone, die ihm auf diese Weise die Aufnahme unter die Benedettini verschaffen wollten.[199] Falls diese Patronage stark genug war, ist das schlechte Verhältnis zwischen Verati und Bonacorsi möglicherweise der Grund gewesen, warum Verati 1773 nicht als Nachfolger für Balbi in Betracht gezogen wurde.

Die Kommission, die offensichtlich kein Risiko eingehen wollte, versicherte sich vor der Unterbreitung ihres Vorschlags an den Senat der Zustimmung der Betroffenen zu dieser Lösung und stieß bei Canterzani und Bonacorsi auf Dankbarkeit und Zustimmung, während Verati, »von Sig.r Lambertini gefragt, ihm jene Antwort gab, die der genannte Senator den [...] Senatoren bestellen wird.«[200] Diese ominöse Ankündigung klärt sich durch das Sitzungsprotokoll der Assunteria, das nach der Vorstellung des Vorschlags vermerkt:

Es wurden viele ernste Überlegungen über besagten Plan angestellt. Insbesondere wegen der Antworten, die Sen. Lambertini mündlich berichtete von Dr. Verati erhalten zu haben, von dem er geradewegs die Meinung über einen solchen Plan ausspioniert hatte, sich vielleicht nicht völlig darein zu fügen, weshalb kaum zu hoffen ist, unter den Personen jenes Zimmers die notwendige Ruhe zu erreichen.[201]

Veratis Weigerung, dieser Lösung zuzustimmen, mag darin begründet gewesen sein, daß er keine Lust hatte, den Professorenstatus mit Canterzani zu teilen oder mit Bonacorsi als Stellvertreter zu leben. Andererseits war er lange Zeit gar nicht mehr für die Professur im Gespräch gewesen und hätte daher froh sein können, zum Professor ernannt zu werden. Mir scheint daher der Schluß plausibel, daß er nicht deswegen ablehnte, weil ihm die Rahmenbedingungen für ihn selbst nicht gefielen, sondern weil diese Lösung jede Berücksichtigung Bassis ausschloß. Dies war in der Tat eine ironische Situation, wenn man bedenkt, daß Canterzani kaum Interesse für Experimentalphysik hatte und Bonacorsi offensichtlich nicht durch Arbeitseifer aufgefallen war, während Bassi seit mehr als 25 Jahren höchst erfolgreiche Privatvorlesungen zur Experimentalphysik abhielt. Für die Deutung von Veratis Motivation als Loyalität zu seiner Frau spricht auch der Umstand, daß in der weiteren Diskussion, neben Canterzani und Bonacorsi, Verati *und Bassi*, und zwar letztere als Professorin, berücksichtigt werden. Den Senatoren war aufgrund von Lambertinis Bericht zu jenem Zeitpunkt offensichtlich klar, daß eine Lösung ohne Bassi nicht durchzusetzen wäre. Das Protokoll fährt nämlich fort:

Schließlich wurde an den Vorschlag erinnert, der früher schon einmal gemacht worden war, das Physikzimmer in zwei aufzuteilen, indem man eines aus der Elektrizität bildet und eines aus dem Rest, und bei dieser Aufteilung dann für die Elektrizität die Dottoressa Bassi, und als Stellvertreter Dr. Verati aufzustellen, und Canterzani an die Spitze der Physik, und Bonacorsi als sein Stellvertreter.[202]

Der Senator Aldrovandi wurde beauftragt, die Zustimmung von Bassi und Verati zu diesem Vorschlag einzuholen.[203] Er scheint ein äußerst engagierter Senator gewesen zu sein, denn am 6. Mai wurde nicht nur das Ergebnis dieses Gesprächs, sondern auch eine Reihe weiterführender Überlegungen mitgeteilt, die ebenfalls schriftlich festgehalten wurde.[204] Bei Verati und Bassi nämlich stieß Aldrovandi zwar auf Wohlwollen, mußte dann jedoch im weiteren Gespräch feststellen, daß der Vorschlag eine ganze Reihe von Problemen in sich barg.

Neben den erforderlichen Investitionen für die Anschaffung der Instrumente war
nämlich, so Bassi und Verati, auch die Gefahr diplomatischer Verwicklungen
zwischen den beteiligten Professoren nicht gebannt, da man mit der Elektrizität
auch Phänomene erklärte, die eigentlich in den Bereich der übrigen Experimentalphysik fielen, so daß möglicherweise beide Professoren ein und dasselbe Experiment darbieten könnten. Der Erklärungsanspruch der noch jungen Elektrizitätslehre für einen breiteren Phänomenbereich wird hier zum Hindernis einer
disziplinären Neuordnung, weil er die engen Zusammenhänge zwischen der
Elektrizität und der übrigen Physik betont. Was die Senatoren nämlich aus per-
sonalpolitischen Gründen um jeden Preis anstrebten, war eine Aufteilung der
Professur, die jegliche Interferenz zwischen beiden Teilen ausschließen würde.
Schließlich äußerten Bassi und Verati ihre Bedenken, weil eine solche Abtrennung der Elektrizität bisher an keiner Universität praktiziert würde und auch für
das Institut (das bekanntlich vor allem Experimente präsentieren sollte) aus di-
daktischen Gründen nicht in Frage käme. Die Elektrizität allein böte nämlich nur
Stoff für ein Jahr und hätte damit eine ständige Wiederholung des Lehrangebo-
tes zur Folge. Offensichtlich schätzten Bassi und Verati die Wachstumspotentia-
le der Elektrizitätslehre nicht so hoch ein, als daß sie einen vollständigen Kurs
hätte tragen können.

Aldrovandi, von den Argumenten Bassis und Veratis beeindruckt, suchte
daraufhin den Rat Canterzanis, der ihm das Gehörte bestätigte. Um einen eigenen Vorschlag für eine Aufteilung der Physik gebeten, schlug Canterzani eine
Abtrennung der Optik vor, da in diesem Fall eine Interferenz zwischen den beiden Professoren in jedem Fall ausgeschlossen wäre.[205] Auch von dieser Lösung
nicht überzeugt, akzeptierten die Assunti schließlich den Vorschlag Aldrovandis, fortan im Institut nicht einen, sondern zwei Kurse pro Jahr anzubieten, die
von zwei Professoren abgehalten und thematisch so abgestimmt werden sollten,
daß sie sich jeweils nicht überschnitten. Diese Lösung wurde offiziell durch die
starke Zunahme von Umfang und Bedeutung der Experimentalphysik begründet, die nach einem umfassenderen Unterricht als bisher verlangte. Auf diese
Weise konnte der Anspruch aller vier Kandidaten befriedigt werden: Bassi bekam die eine der beiden Stellen, und Verati wurde ihr Stellvertreter. Die andere
Professur erhielt Canterzani, und auch Bonacorsi kam mit dessen Stellvertre-
tung an das Ziel seiner Wünsche. Eine thematische Binnendifferenzierung zwischen den beiden Stellen wurde indessen nicht festgeschrieben.

Für die Wahrnehmung Bassis ist ein letzter Aspekt von Aldrovandis Vorgehen
von Interesse. Er stellt in seinem Vorschlag die Ziele der Assunteria bei der
Neubesetzung zusammen. Das erste dieser Ziele ist die Beförderung Veratis,
entweder in der Physik oder einem anderen Zimmer des Instituts, das zweite ei-

ne derartige Förderung Bonacorsis, daß sich ihm der Weg in die Accademia Benedettina öffnet,

das dritte schließlich, wenn es irgend möglich ist [wenn man das jemals kann], die Bitten [Forderungen] der Sig.ra Laura Bassi zu erfüllen, die, obwohl sie kein Recht hat, unter die Professoren des Instituts zugelassen zu werden, dennoch die geneigten Gedanken der Assunteria zu verdienen scheint, da sie es seit gut drei Jahren erbittet [verlangt] und ihr mehr als einmal einige Hoffnung gemacht wurde. Dann ist sie auch eine berühmte Frau, die in der ganzen Gelehrtenrepublik bekannt ist und der Vaterstadt wirklich viel Ehre bereitet.[206]

Aldrovandis Überlegungen decken zum einen ein wichtiges Informationsdefizit, insofern als sie das aktive und aussichtsreiche Bemühen Bassis um die Professur bezeugen. Zum anderen dürfte seine Bemerkung, daß Bassi kein *Recht* auf die Zulassung als Professorin habe, sich auf ihr Geschlecht beziehen, da absolut kein anderer Grund gegeben war, aus dem Bassi als Kandidatin auszuschließen gewesen wäre. Diese in einem Nebensatz erwähnte und sogleich durch andere Aspekte wieder relativierte Überlegung stellt das einzige geschlechterdifferenzierende Moment in der gesamten Berufungsdebatte dar. Seine marginale, für den Ausgang letztlich bedeutungslose Stellung ist ein starkes Indiz für den hinsichtlich der Geschlechterdifferenz neutralisierenden Charakter von Bassis Lebensperiode als »professionelle«, in die Akademie eingebundener Physikerin. Insbesondere im Vergleich mit der Kontroverse von 1745 um ihr Wahlrecht in der Akademie wird hier deutlich, daß sie in der institutionellen Bologneser Wissenschaftlergemeinde nicht mehr als zu isolierender Fremdkörper galt, sondern im Gegenteil als hochgeachtetes, selbstverständlich anerkanntes und verdienstvolles Mitglied der Gelehrtenrepublik. Damit ist natürlich nicht ausgeschlossen, daß einzelne Stimmen sich einer solchen Beförderung widersetzten, aber diese konnten auf keinen breiten Konsens mehr bauen.

In der Berufung Bassis zur Physikprofessorin am Institut wird damit nicht nur ihre Qualifikation anerkannt und ihre jahrzehntelange private Initiative honoriert. In der Zuweisung einer prestigereichen und befriedigenden professionellen Position feiert auch die Furchtlosigkeit Bassis, die sie ihren Lebensentwurf gegen alle Widerstände und mit aller Unterstützung, die sie mobilisieren konnte, verwirklichen ließ, eine gegenüber 1732 zwar unspektakuläre, aber nicht minder triumphale Anerkennung.

Für die Geschichte der Disziplin Physik in Bologna stellt das Berufungsverfahren für die Physikprofessur am Institut eine Wegscheide dar. Die Anstöße zur Teilung der Professur, und damit der Disziplin, wurzeln nicht in der nicht mehr angemessen zu behandelnden Stofffülle und dem daraus resultierenden Druck zu Binnendifferenzierung und Ausgliederung von Teilgebieten.[207] Vielmehr sind sie in Ursprung und Durchführung von personellen Gesichtspunkten motiviert. Insofern liefert diese Episode wichtige Einsichten für die Untersuchung von disziplinären Entstehungsprozessen und statuiert ein warnendes Exempel dafür, diese als ausschließlich durch sachinhaltliche Entwicklungen motiviert zu betrachten.

In Bologna rückt die Elektrizitätslehre als Fokus der disziplinären Identität der Experimentalphysik innerhalb der *scientific community* und als Fokus der Sichtbarkeit der Disziplin nach außen (Blitzableiter, medizinische Elektrizität) zwar zunächst als möglicherweise auszugliederndes Teilgebiet in den Blickpunkt. Sie wird dabei explizit benannt, während die Physik als Residualdisziplin der übrigen Gebiete in der Bezeichnung unspezifisch bleibt. Die Querverbindungen und Erklärungsansprüche der Elektrizitätslehre für andere Gebiete und Phänomene der Physik, die innerwissenschaftlich gerade ihre Autorität begründen, werden jedoch angesichts der spezifischen – personell bedingten – Ausgangsposition zum wichtigsten Argument gegen ihre Autonomisierung. Die abratenden Äußerungen von Laura Bassi und Giuseppe Verati zeigen darüberhinaus, daß sie über kein Konzept für eine solche disziplinäre Verselbständigung verfügen. Ihr Hinweis, daß die Elektrizität nur den Stoff für ein Jahr biete, offenbart deutlich die Verunsicherung angesichts einer möglichen Ausgliederung. Die etwa gleichzeitig publizierte Vision Priestleys von einer Verselbständigung der Elektrizität, die sowohl durch eine Entlastung der ständig wachsenden Disziplin Physik als auch durch eigene Emanzipationswünsche motiviert ist, wird in Bologna nicht entwickelt und auch nicht rezipiert, obwohl die spezifische Prägung der Experimentalphysik hier besonders gute Voraussetzungen für diesen Prozeß geboten hätte.[208] Die Angst der beteiligten Wissenschaftler vor einem Orientierungsverlust, mangelnde materielle Möglichkeiten und eben die Überordnung der personellen Aspekte führen stattdessen dazu, daß die Professur zunächst nur verdoppelt wird.

Wohl erst in der Absprache zwischen Bassi und Verati einerseits und Canterzani andererseits und dann vor allem in der Darstellung der Institutsgeschichte in den *Commentarii* wird aus dieser pragmatischen, personell bedingten Entscheidung eine Teilung der Disziplin entlang der vorgeprägten Grenze zwischen einer eher mathematischen gegenüber einer experimentellen Orientierung.[209] Damit wird die Dichotomie zwischen »Mechanik« und »Experimentalphysik«, die den Charakter der physikalischen *Forschung* in Bologna prägt, in die *Lehre* der Experimentalphysik hinein perpetuiert, bewirkt damit aber auch eine Neufassung des Begriffs der Physik. Denn mit der Umfunktionierung eines Teils der experimentalphysikalischen Ausbildung zu einem Kurs in theoretischer Physik halten Gegenstandsbereich und Methodik des Forschungsgebietes »Mechanik« Einzug in die am Institut gebotene Ausbildung. Beide Richtungen, die mathematisch–mechanische und die experimentelle, werden in der Benennung als *physica generalis* bzw. *physica particularis* unter dem Oberbegriff *Physik* gefaßt, womit die Integration von Mechanik und Physik vollzogen ist, die sich aber ausschließlich auf die Lehre bezieht.[210]

Die beiden Institutsprofessuren wurden mit der Emeritierung Veratis 1786 wieder zu einer einzigen Physikprofessur zusammengefaßt, was die personelle Motivation der Teilung von 1776 nochmals bestätigt. Zwei Stellvertreter, je einer für die »allgemeine« und die »besondere« Physik, unterstützten Canterzani fortan in seinen Amtspflichten.[211] Im gleichen Zeitraum lebt indessen in der Berichterstattung über die Akademieforschungen die Aufteilung zwischen Mechanik und Physik unverändert fort. Die Konstituierung der Disziplin Physik aus Experimentalphysik und mechanisch–mathematischer Tradition verläuft also in Forschung und Lehre in voneinander vollständig entkoppelten Prozessen. Was die Lehre betrifft, wurde das 1776 begründete Konzept von Umfang und interner Gliederung der Physik durch alle personellen und institutionellen Änderungen der Folgejahre durchgehalten und war bei der Neuordnung der Bologneser Universität 1803 Grundlage der Lehrstühle für *Fisica generale* und *Fisica sperimentale*.[212] Bezüglich der Forschung wurde die Arbeit der Akademie 1803 durch das *Istituto Nazionale* abgelöst, dem praktisch alle bekannten italienischen Physiker angehörten.[213] Dessen Publikationen wären in eine noch ausstehende umfassende Untersuchung des Disziplinbildungsprozesses der Physik in Italien einzubeziehen.

Kapitel VI

Schlußbewertung

Laura Bassi starb am 20. Februar 1778 plötzlich an Herzversagen, nachdem sie am Tag zuvor noch die Akademiesitzung besucht hatte. Sie wurde am folgenden Tag in einer feierlichen Zeremonie beigesetzt, wobei ihr der Pelzumhang und der silberne Stirnreif, die sie zur Promotion erhalten hatte, als Grabbeigaben mitgegeben wurden.[1] Die Insignien der Doktorwürde prägten somit über den Tod hinaus ihre Identität. Dieser Tod wurde als schmerzlicher Verlust für das wissenschaftliche Leben der Stadt empfunden, zumal Francesco Maria Zanotti nur wenige Monate zuvor gestorben war.

Gegenstand dieses letzten Teils der vorliegenden Arbeit ist eine Einordnung und Bewertung[2] der Physikerin Laura Bassi, die die bisherigen Ergebnisse aufnimmt und mit einigen ausgewählten Beispielen aus der Rezeptionsgeschichte Bassis zusammenfügt. Als Hintergrund für diese Bewertung dient einerseits das Bologneser Umfeld, andererseits der Vergleich mit anderen zeitgenössischen Wissenschaftlerinnen.

1. Bassis Bedeutung in der Bologneser Wissenschaft

Bei der Untersuchung von Bassis wissenschaftlichen Aktivitäten wurde – abgesehen von der Geschlechtsidentität als Frau – eine Sonderstellung Bassis in der Bologneser Wissenschaftlergemeinschaft offenbar, die darin begründet liegt, daß sie als einzige in ihren physikalischen Forschungen sowohl mit mathematischen als auch mit experimentellen Methoden und Fragestellungen arbeitete. Diese Vielseitigkeit, die sie zu einer besonderen Integrationsfigur in der Bologneser Physik machte, hatte jedoch zur Folge, daß sie keine Monographien oder längeren Arbeiten publizierte, mit denen sie sich in einem bestimmten Gebiet als Autorität etabliert hätte. Vermutlich kamen hier Bassis Interessen und ihre Forschungsbedingungen zusammen, denn angesichts der mannigfachen Repräsentions– und familiären Verpflichtungen ist kaum denkbar, daß Bassi Kraft und Zeit für ein längerfristiges umfassendes Forschungsprojekt gehabt hätte. In der zeitgenössischen Wahrnehmung stand eindeutig Bassis Identität und Kompetenz als

Experimentalphysikerin im Vordergrund. Namentlich ihre experimentalphysikalischen Privatvorlesungen waren sehr gefragt und hatten entscheidenden Einfluß auf jüngere Wissenschaftler wie Fontana und Spallanzani.

Bereits in Fantuzzis Nachruf unmittelbar nach Bassis Tod wurde die Spannung zwischen ihrer herausragenden Position in der Wissenschaftslandschaft Bolognas und dem geringen Umfang ihrer Publikationen konstatiert und auch in der späteren Literatur immer wieder kommentiert.[3] Als Gründe führte Fantuzzi Bassis familiäre Verpflichtungen, ihre vielen Krankheiten und Geburten sowie ihre Privatvorlesungen an, die ihr keine Zeit zum Nachdenken gelassen hätten. Zu Recht wurde jedoch in einem neueren Aufsatz darauf hingewiesen, daß Bassi im Vergleich zu anderen Bologneser Wissenschaftlern durchaus nicht wenig publiziert hat, sondern mit zwei *Opuscula* und zwei Berichten über ihre Forschungen im Bereich des Durchschnitts liegt.[4] Sicherlich haben andere Bologneser Zeitgenossen wie Beccari, Galeazzi, Verati, Francesco Maria Zanotti und Eustachio Zanotti deutlich mehr publiziert. Dabei ist jedoch zu bedenken, daß die bloße Anzahl der Publikationen noch kein Maßstab ist, da etwa Verati und Galeazzi mehrfach kleine medizinische Fallgeschichten veröffentlicht haben, während Eustachio Zanotti in seiner Eigenschaft als Astronomieprofessor regelmäßig die Beobachtungen des Bologneser Observatoriums publizierte.

Ein Indiz dafür, daß weitere Vorträge Bassis jedenfalls zur Publikation vorgesehen waren, ergibt sich aus den Vorbereitungen zur Publikation des sechsten Bandes der *Commentarii*. Dazu wurde 1768 ein Ausschuß eingesetzt, der die mittlerweile angesammelten Vortragsmanuskripte sichten sollte. Die Akademiemitglieder erhielten ihre für die Publikation vorgesehenen Vorträge dann üblicherweise zur Überarbeitung zurück. Aus den Quellen geht hervor, daß Bassi nicht nur um die Verschmelzung ihrer beiden hydromechanischen Vorträge von 1766 und 1767 zu einem Aufsatz gebeten wurde, sondern von der Vorbereitung des vorhergehenden Bandes her noch Manuskripte zu Hause liegen hatte, zu deren Überarbeitung sie aber nicht mehr rechtzeitig vor der Publikation des fünften Bandes (1766/67) gekommen war.[5] Selbst wenn sie 1768/69 die Gelegenheit zur Überarbeitung ihrer Vorträge gefunden hat (was aus den Quellen nicht zu erschließen ist), hätte sie deren Publikation nicht mehr erlebt, da der sechste Band der *Commentarii* erst 1783 erschien. Ihre Manuskripte, deren Existenz 1778 sowohl von Fantuzzi als auch von Verati bestätigt wird, gingen ebenso wie die meisten Manuskripte ihrer Zeitgenossen in den politischen Wirren der Franzosenzeit und der italienischen Staatswerdung verloren. Es sind also nicht alle zur Publikation vorgesehenen Vorträge Bassis auch wirklich veröffentlicht worden, was teilweise an den Umständen, teilweise auch an ihr selbst lag. Über alle äußeren Hindernisse hinaus scheint Bassi allerdings in der Veröffentlichung ihrer Arbeiten grundsätzlich sehr zögerlich gewesen zu sein.[6]

Fantuzzis Verweis auf Bassis zahlreiche Krankheiten und Geburten ist berechtigt, auch wenn Bassi Hauspersonal zur Verfügung stand, welches sie von den unmittelbaren Haushaltspflichten entlastete. Mehrfach entschuldigte sie in ihrer Korrespondenz die Verspätung ihrer Antwort nicht nur mit der Erwähnung eigenen Unwohlseins, sondern auch mit dem Hinweis auf Krankheiten Veratis oder ihrer Familie, wo sie als Ehefrau und Mutter gefordert gewesen war.[7] In solchen Zeiten erhöhter familiärer Belastung mußte die wissenschaftliche Tätigkeit zurückstehen. Eine Vernachlässigung ihrer familiären Pflichten hätte Bassi, selbst wenn sie das gewollt hätte, sich auch kaum leisten können, da ihre gesellschaftliche Legitimität als Wissenschaftlerin und ihre weibliche Identität entscheidend davon abhingen, daß sie ihre weiblichen Pflichten ungeachtet ihres wissenschaftlichen Engagements perfekt erfüllte. Dieser Aspekt wird auch in der Rezeption Bassis immer wieder aufgegriffen.[8] Das Lob Bassis kann auf diese Weise auch zu einer Festschreibung der häuslichen Pflichten der Frauen dienen, die untrennbar mit ihrer geschlechtlichen Identität verbunden sind:

Es stehet freylich hüpsch, wann man ein Frauenzimmer über den Büchern antrifft: alleine, man muß doch auch in der Küche, im Keller, und bey andern zum Hauß–Wesen gehörigen Geschäfften, sich finden lassen. Eine gelehrte Frau, die keine gute Suppen kochen kan, taugt gar nichts, und wann sie so spitzfindig wäre, als *Scotus* und *Thomas d'Aquino*. Ich glaube auf dergleichen hat *Balzac* gezielet, wann er gesagt: Er wolte lieber eine Frau mit einem Barte haben, als eine, die Gelehrsamkeit hätte. Aus zwey Übeln ist das kleinste zu erwählen![9]

Andererseits bietet die Rezeptionsgeschichte Bassis auch ein Beispiel dafür, daß die Verknüpfung von Wissenschaft und Familie in Bassis Biographie nicht notwendig dazu dienen mußte, die Frauen auf das bürgerliche Weiblichkeitsideal zu verpflichten und zu beschränken, sondern auch emanzipatorischen Charakter annehmen konnte. Rund 100 Jahre nach ihrem Tod diente Bassi nämlich in der Abwehr der zu dieser Zeit gängigen Theorien zur Geschlechterdifferenz – namentlich von Herbert Spencer – als Beispiel dafür, daß geistige Betätigung eine Frau keineswegs gebärunfähig machte.[10] Die Rezeptionsgeschichte Bassis ist so zugleich ein Stück Frauengeschichte und legt unweigerlich die jeweiligen Intentionen und Weiblichkeitsideale der Rezipierenden offen.[11]

In die Bewertung von Bassis wissenschaftlichen Leistungen sind schließlich auch ihre Repräsentationspflichten einzubeziehen, die zeitlebens einen wichtigen Platz in ihrem Alltag einnahmen. Denn Bassis Name und Leistung sind zwar nicht mit einem bedeutenden Forschungsergebnis verknüpft, dafür aber mit ihrer Rolle als Repräsentantin der noch jungen Disziplin Experimentalphysik. Bassi übernahm nämlich nach 1745 die Repräsentationsaufgaben, die sie für die Bologneser Wissenschaft seit 1732 innehatte, auch für die Experimentalphysik. Die Rolle der Bologneser Minerva wurde von der Universitäts– auf die Akademiesphäre ausgeweitet. Ihr besonderer Wert als Repräsentationsfigur wurde von

den Kollegen offensichtlich wahrgenommen, da sie Bassi gezielt entsprechende
Aufgaben übertrugen. So trug sie überproportional häufig in den einmal jährlich
abgehaltenen öffentlichen bzw. halböffentlichen Sitzungen der Akademie vor.[12]
Daneben war sie auch die bevorzugte Kandidatin, um auswärtigen Besuchern
die physikalische Abteilung des Instituts, auch mit Experimenten, vorzuführen,
obwohl diese Aufgabe eigentlich dem Physikprofessor zukam.[13] Der Auftritt
Bassis jedoch stellte der einzigartigen Institution die einzige weibliche Professorin
Europas an die Seite und erhöhte damit, wie die Reiseberichte bezeugen,
beträchtlich die Wirkung auf die Besucher. Wie die Ernennung Bassis zur Physikprofessorin
des Instituts 1776 gezeigt hat, wurden solche Tätigkeiten Bassis,
die für die Stadt ehrenvoll waren und von denen auch alle anderen Bologneser
Wissenschaftler, namentlich die am Institut engagierten, indirekt profitierten, als
Teil ihrer wissenschaftlichen Verdienste wahrgenommen.[14]

Zusammen mit Francesco Maria Zanotti war Laura Bassi wohl die wichtigste
Repräsentantin des wissenschaftlichen Lebens in Bologna. Aber auch andere
Bologneser Professoren nahmen neben ihren wissenschaftlichen Forschungen
öffentliche Aufgaben wahr, die einerseits zwar eine Minderung ihrer Forschungsleistung
zur Folge hatten, andererseits aber für die gesellschaftliche Anerkennung
der Wissenschaften eine entscheidende Rolle spielten. Vielleicht das
deutlichste Beispiel ist Bassis Mathematiklehrer Gabriele Manfredi, der wegen
seiner Tätigkeit als Senatssekretär in seiner späteren Lebensphase kaum noch
wissenschaftlich produktiv war. Man tut ihm meiner Ansicht nach Unrecht,
wenn man ihn in der wissenschaftshistorischen Literatur dafür rügt, »durch gesellschaftliche,
mitunter prestigeträchtige Ämter davon abgehalten worden zu
sein, sich mit Freude und Ausdauer der eigenen Arbeit zu widmen«.[15] Eine solche
Bewertung verkennt, daß zur Absicherung und Aufrechterhaltung sowohl
der individuellen als auch der kollektiven Wissenschaftlerexistenz mehr vonnöten
war als wissenschaftliche Forschungsarbeit, zumindest solange der Institutionalisierungs-
und Autonomisierungsprozeß der Wissenschaften in vollem
Gange war. Bei der Frage nach den Errungenschaften einer bestimmten Person
sind demnach über ihre Forschungs- und Vermittlungsleistungen hinaus auch
solche Aktivitäten als integraler Bestandteil ihrer wissenschaftlichen Leistungen
zu begreifen, die der Herausbildung und Absicherung eines sozialen Platzes für
die Wissenschaften und die wissenschaftlich Tätigen dienen. Dies gilt zum einen
für individuelle »Karrierestrategien« wie im Fall Galileis, die vor allem gefordert
waren, bevor institutionelle Rahmenbedingungen für ein Leben als »professioneller«
Wissenschaftler existierten.[16] Die auf das Wissenschaftlerkollektiv bezogenen
repräsentativen und administrativen Leistungen Bassis, Zanottis und
Manfredis hingegen fallen in eine Zeit, in der die institutionellen Rahmenbedingungen
sich änderten, und sind als Beitrag zu deren Stabilisierung zu begreifen.

Eine noch andere Anforderung schließlich ergibt sich für solche Personen, die aus bestimmten Gründen, z.B. Rasse oder Geschlecht, zunächst keinen Zugang zu einer ansonsten gesellschaftlich akzeptierten wissenschaftlichen Betätigung hatten. In diesem Fall wird die Umsetzung einer »normalen« Wissenschaftlerexistenz zu einer besonderen Errungenschaft. Beispielhaft ist hier der Fall des schwarzen Meeresbiologen Just, dessen Biograph eine Vortragseinladung Justs an eine renommierte Universität mit einem Satz kommentiert, der auch auf viele Aspekte von Bassis Leben als Wissenschaftlerin zutrifft: »The real importance of Just's invitation lay less in its specialness than in the fact that it was general practice.«[17]

Für ambitionierte wissenschaftlich aktive Frauen im 18. Jahrhundert bedeutet die Aufnahme und Aufrechterhaltung ihrer wissenschaftlichen Tätigkeit entgegen den normativen Weiblichkeitskonzepten bereits an sich eine Errungenschaft und eine Kraftanstrengung, die nicht unterschätzt werden dürfen. Ihrem Leben und Wirken wird man demnach nicht gerecht, wenn man, wie es gelegentlich geschieht, die Kreativität in der wissenschaftlichen Theoriebildung zum alleinigen Bewertungsmaßstab für wissenschaftliche Größe macht.[18] Unter einem solcherart eingeschränkten Blickwinkel hätte Bassi, die in vielerlei anderer Hinsicht Bedeutendes erreicht hat, in der Geschichte der Naturwissenschaften keine Spuren hinterlassen. Betrachtet man aber wie in dieser Studie auch andere Aspekte, nämlich die Leistungen in Vermittlung und gesellschaftlicher Repräsentation von Wissenschaft, in der Überwindung restriktiver Rollenvorgaben und der Eroberung gesellschaftlicher Akzeptanz für die eigene wissenschaftliche Tätigkeit, so kommt Bassi und ihrer Lebensleistung eindeutig eine herausragende Stellung in der Wissenschaftsgeschichte des 18. Jahrhunderts zu.

Die Auffassung, daß die Beschäftigung mit Bassis Biographie der Mühe wert ist, wird noch gefestigt, wenn man in Anlehnung an Söderqvist die Wissenschaftsbiographie als ein »edifying genre« begreift, das der Erbauung der Lesenden und ihrer Selbstfindung und -vergewisserung als Wissenschaftlerinnen und Wissenschaftler dient.[19] Bassis Biographie nämlich ist ein Zeugnis dafür, wie eine kluge und furchtlose Frau dank einiger Unterstützung und trotz einiger Widerstände einen Lebensentwurf als Wissenschaftlerin zu gestalten vermochte – einen Lebensentwurf zumal, der in gleicher Weise wissenschaftliche Aktivitäten und Familienleben, öffentliche Sichtbarkeit und mitmenschliche Kontakte beinhaltete. Gerade in ihrer Komplexität und Ausgewogenheit lädt Laura Bassis Lebensgeschichte zur Betrachtung, Identifikation und Auseinandersetzung mit dem je eigenen Lebensentwurf ein.

2. Nicht nur Laura Bassi ...
Lebensentwürfe für weibliche Partizipation an Wissenschaft

So außergewöhnlich Bassis Lebensgeschichte auch sein mag, ist sie gleichwohl nicht die einzige Frau im Italien des 18. Jahrhunderts, die an Bildung und Wissenschaft partizipierte.

Maria Agnesi (1718–1799) ist die naheliegendste Zeitgenossin für einen Vergleich mit Laura Bassi, weil ihr Leben nicht nur in vergleichsweise enger räumlicher und zeitlicher Nähe, sondern teilweise auch nach den gleichen Mustern wie Bassis verlief. Während Bassis Biographie im Rückblick an die eines Wunderkindes angeglichen wurde, war Agnesi, sieben Jahre jünger als Bassi, von ihrem gesellschaftlich ambitionierten Vater zusammen mit einer musikalisch hochbegabten Schwester gezielt zum Wunderkind aufgebaut worden.[20] Ihre sprachliche und philosophische Ausbildung war wesentlich umfassender als Bassis, und ihre mathematische Ausbildung begann bereits in ihren Teenagerjahren. Wie Bassi hielt Agnesi in ihrem Elternhaus Disputationen ab; im Gegensatz zu Bologna aber gab es in Mailand keine Initiative, die Förderung des Wunderkindes zu einer öffentlichen Angelegenheit der ganzen Stadt zu erklären. Zwar war auch Agnesi stadtbekannt und ihr Elternhaus in den 1730er Jahren eine obligatorische Station für Mailandbesucher, aber letztlich blieb ihre Ausbildung und Gelehrsamkeit eine Privatangelegenheit. Doch auch bei Bassi war die Vertiefung ihrer Ausbildung nach ihren öffentlichen Auftritten von 1732 ihre private Initiative. In einer bestimmten Lebensphase wohnten somit beide als unverheiratete Frauen und jeweilige gesellschaftliche Mittelpunkte in ihrem Elternhaus und beschäftigten sich ohne eine institutionelle Anbindung unter der Anleitung von Mentoren mit Mathematik und Naturwissenschaften. Diese Lebensphase wurde bei Bassi mit 26 Jahren durch ihre Heirat abgeschlossen, während Agnesi ihrem Vater mit 22 Jahren erklärte, sie wollte in ein Kloster eintreten. Dieser verweigerte seine Zustimmung, erlaubte seiner Tochter aber, sich weitestgehend aus dem gesellschaftlichen Leben zurückzuziehen und sich nur noch mit Mathematik und karitativen Werken zu beschäftigen. Damit erinnert Maria Agnesi an die italienischen Humanistinnen, die in klosterähnlicher Abgeschiedenheit ihren Studien nachgingen, greift also einen Lebensentwurf auf, für den es wenigstens in fernerer Vergangenheit historische Vorbilder gegeben hatte. Bassi hingegen brach mit ihrer Heirat aus dieser Rollenvorgabe der gelehrten Jungfrau aus, erhielt aber durch die Eheschließung mit einem ebenfalls wissenschaftlich engagierten und ihre Studien bejahenden Mann eine Anbindung an die lokale *scientific community*. Trotz dieses förderlichen persönlichen Umfelds trat aber auch bei ihr die Wende zu einem sozial anerkannten Leben als Wissenschaftlerin erst 1745 mit der Ernennung auf eine bezahlte Akademiestelle durch Benedikt XIV.

ein, die mit einer funktionierenden institutionellen Verankerung einherging. Fünf Jahre später erhielt Agnesi nach der Veröffentlichung ihres Analysis–Lehrbuchs mit dem Ruf auf eine Mathematikprofessur an der Bologneser Universität die gleiche Chance zu einer Integration und Partizipation am wissenschaftlichen Leben Bolognas wie Bassi. Sie hatte jedoch zu diesem Zeitpunkt ihren inneren Rückzug von der Mathematik bereits vollzogen und trat die Professur niemals an. Die unterschiedlichen Lebensformen von Bassi und Agnesi – in gelehrter Zurückgezogenheit lebend die eine, in Ehe mit einem Wissenschaftler stehend die andere – münden somit beide in die Förderung durch Benedikt XIV., stellen zwei mögliche Zugangsweisen zu einer öffentlichen Rolle als Wissenschaftlerin dar, die beide entscheidend von der Existenz eines starken Patrons abhängen. Durch ihre persönlichen Lebensumstände wird jedoch bestimmt, ob und wie Bassi und Agnesi aus dem Förderungsangebot des Papstes Nutzen zu ziehen vermögen. Bassis Stellung als verheiratete Frau, die Sicherheit in der Ehe mit Verati und die persönliche Bekanntschaft mit den Bologneser Akademiemitgliedern ermöglichen es ihr, die Förderung des Papstes in einen für sie befriedigenden Lebensentwurf umzusetzen. Für Agnesi hingegen scheint die Partizipation am wissenschaftlichen Leben zum Zeitpunkt ihrer Ernennung zur Professorin keine befriedigende Lebensaufgabe mehr dargestellt zu haben. Über ihre Motivation für den völligen Bruch mit der Wissenschaft gibt es lediglich Spekulationen und keinerlei Quellen; einer der Faktoren dürfte jedoch gewesen sein, daß ihr ein persönlicher Rückhalt fehlte, um dauerhaft den psychischen Druck auszuhalten, den die Hinwegsetzung über Vorurteile und restriktive Geschlechterrollen mit sich brachte – zumal die Beziehung zu ihrem Vater alles andere als glücklich war.[21]

Deutlicher noch als im Verlauf ihrer Lebensgeschichten unterscheiden Bassi und Agnesi sich in ihren Wirkungsweisen: Agnesi hat vor allem durch ihr 1748 publiziertes großes Lehrbuch *Istituzioni analitiche* gewirkt. Es war das erste italienische Lehrbuch der Analysis und wurde auch international stark beachtet und rezipiert. Daneben stand sie in brieflichem Kontakt zu anderen Mathematikern, die sie auch wiederholt um ihre Meinung zu eigenen Arbeiten baten. Hingegen hat sie zeitlebens keinen Unterricht erteilt, weder privat noch öffentlich. Bei Bassi ist es genau umgekehrt: Sie hat keine Monographie verfaßt, sondern lediglich einige Aufsätze zu verschiedenen physikalischen Themen. Demgegenüber hat sie durch ihre privaten und in den letzten Lebensjahren auch öffentlichen Vorlesungen über Experimentalphysik ganze Generationen von oberitalienischen Wissenschaftlern geprägt. Ihre Tätigkeit als Lehrerin und Akademiemitglied ähnelt insofern stärker den Rollen anderer – männlicher – Bologneser Wissenschaftler wie Francesco Maria Zanotti oder Beccari, als der Wirkungsweise Agnesis.

Gabrielle–Émilie Le Tonnelier de Breteuil (1706–1749), die Marquise *du Châtelet*, hat im Gegensatz zu Bassi und Agnesi in ihrer Kindheit keine besondere wissenschaftliche Sozialisation erfahren, sondern sich als erwachsene verheiratete Frau bewußt den Wissenschaften zugewandt.[22] Als Zugang diente ihr dabei ihre Patronage– und Liebesbeziehung zu Voltaire, dem sie wichtige Hofkontakte und Zuflucht auf ihrem Landgut Cirey im Austausch gegen den Zugang zu seinen Freundeskreisen anbieten konnte. Durch diesen Zugang zur gelehrten Welt waren sowohl die Möglichkeiten als auch die Grenzen ihrer wissenschaftlichen Aktivitäten vorgezeichnet. Zwar lernte sie Wissenschaftler wie Clairaut, Maupertuis und Algarotti und durch sie auch newtonianische Naturphilosophie kennen, war aber gleichzeitig auch auf deren Unterstützung und Integrität angewiesen. Außerdem mußte sie darauf achten, nicht in Konkurrenz zu Voltaire zu treten, und schrieb deswegen ihre Abhandlung für das Preisausschreiben der Pariser Akademie von 1737 über die Natur des Feuers heimlich des nachts. Sie lebte völlig ohne institutionelle Anbindung und publizierte ihre Schriften anonym, damit sie inhaltlich ernst genommen würden. Wegen ihres frühen Todes hat sie die Wirkung ihrer Übersetzung von Newtons *Principia* ins Französische nicht mehr erlebt. Auch sie wirkte somit durch ihre Monographien, die wie bei Agnesi im Dienst der Wissenschaftsvermittlung standen. Während Agnesi vorgab, ihr Lehrbuch für ihre Brüder zu schreiben, erklärte du Châtelet, sie hätte ihre *Institutions de physique*, eine eigenständige Darlegung von newtonianischer Physik und leibnizianischer Metaphysik, für ihren Sohn geschrieben. Bei beiden Frauen haben diese artikulierten Intentionen jedoch eindeutig eine Rechtfertigungsfunktion. Indem sie ihr Lehrbuch gewissermaßen in den Rahmen ihrer familiären Erziehungspflichten stellen, entgehen sie dem Vorwurf der Anmaßung und schließen an gesellschaftlich anerkannte Rollenvorgaben an.[23]

Der Lebensentwurf der Marquise du Châtelet unterscheidet sich hinsichtlich ihrer persönlichen Lebensumstände grundlegend von dem Bassis oder Agnesis und hat in der Art ihrer wissenschaftlichen Wirkung mehr mit Agnesi als mit Bassi gemein. Diese drei Frauen stehen somit für drei grundverschiedene Zugangsmöglichkeiten und Partizipationsformen am wissenschaftlichen Leben des 18. Jahrhunderts. Allen Unterschiedlichkeiten zum Trotz läßt sich dennoch bei allen dreien die Wirkung der tradierten Konzepte von Geschlechterdifferenz ausmachen. Sie alle, Bassi, Agnesi und du Châtelet, hatten trotz ihrer bemerkenswerten Erfolge mit einer tiefsitzenden existentiellen Unsicherheit bezüglich ihrer Identität und ihres Wertes als Wissenschaftlerinnen zu kämpfen, die bei Agnesi letztlich wohl auch den Rückzug aus der Wissenschaft auslösten. Die strenge Verbindlichkeit des Bescheidenheitsideals, die sie dazu zwang, ihre Begabungen und Leistungen anderen Menschen gegenüber stets herunterzuspielen, führte auf die Dauer dazu, daß sie (ebenso manchmal auch ihre späteren Biographen) die zunächst rhetorisch gedachte geringe Meinung von sich allmählich als Wahrheit verinnerlichten. Für Agnesi und du Châtelet ist dies schlüssig nachgewiesen worden.[24]

Die Biographien von Agnesi und du Châtelet sind recht gut erforscht und bieten sich deswegen für einen Vergleich mit Bassi besonders an. Darüber hinaus hatte Bassi jedoch eine Vielzahl weniger bekannter wissenschaftlich aktiver Zeitgenossinnen, von denen einige abschließend vorgestellt werden sollen.

Faustina Pignatelli (gest. 1785), Principessa di Colubrano, stammte aus neapolitanischem Hochadel und war ebenso wie Bassi, Agnesi und du Châtelet Mitglied der Bologneser Akademie. Sie war 1732 nur wenige Monate nach Bassi aufgenommen worden, und zwar auf Grund ihres »erwiesenen großen und wunderbaren Wertes in Mathematik, namentlich Algebra«.[25] Im Gegensatz zu Bassi wird Pignatelli auch in den Folgejahren in den Akademieprotokollen erwähnt, da sie mit Francesco Maria Zanotti korrespondierte und von ihm, namentlich für ihre Stellung in der vis–viva–Debatte, hoch geschätzt wurde.[26] Pignatelli hatte durch einen Neapolitaner Mathematiker eine gründliche mathematische Ausbildung erhalten und war der Mittelpunkt einer Gruppe mathematisch–mechanisch orientierter Wissenschaftler in Neapel. Als zentrale Figur dieses Kreises stand sie auch in Kontakt mit der Académie des Sciences und mit Mme du Châtelet.[27] Wiewohl in äußerst schwierigen persönlichen Umständen lebend, war sie als Mitglied des Neapolitaner Hochadels für das kulturelle und wissenschaftliche Leben Neapels eine zentrale Figur. Eine umfassendere Studie über sie stellt ein dringendes Desiderat der italienischen Wissenschaftshistoriographie dar.

Während Pignatelli auf Grund ihrer sozialen Stellung mit du Châtelet vergleichbar ist, erinnert *Cristina Roccati* (1732–1797) aus Rovigo im Veneto an Agnesi. Auch Roccati erhielt ihre Ausbildung auf die Initiative eines ehrgeizigen Vaters hin.[28] Im Gegensatz zu Bassi und Agnesi absolvierte sie nach einigen Jahren Privatunterricht ab 1747 an der Universität Bologna – in steter Begleitung durch ihren Lehrer und eine Tante – ein regelrechtes Studium, das mit der Verleihung des Doktorgrades 1751 gekrönt wurde. Bassi war bei dieser Zeremonie anwesend, nahm jedoch nicht als Disputantin teil. Die Wahl der Roccatis war auf Bologna und nicht das näher gelegene Padua gefallen, weil man dort die Verleihung eines Doktorgrades abgelehnt hatte. Die Möglichkeit zu weiteren wissenschaftlichen Aktivitäten wurde Roccati jedoch durch die familiären Gegebenheiten, ironischerweise gerade durch ihren Vater, zunichte gemacht. Der war nämlich 1752 wegen finanzieller Veruntreuung in Ungnade gefallen und seines Amtes enthoben worden und hatte sich der Verhaftung durch die Flucht entzogen. Cristina Roccati blieb nichts anderes übrig, als in ihre Heimat, die Provinz-stadt Rovigo, zurückzukehren. Sie lebte die restlichen Jahre in bescheidenen fi-nanziellen Verhältnissen in Rovigo und machte sich mit ihren über 25 Jahre lang gehaltenen Privatvorlesungen, namentlich über die newtonianische Physik, einen Namen. Sie war nominell auch Mitglied der in Rovigo ansässigen *Accademia dei Concordi*, nahm an deren Sitzungen jedoch nicht teil. Zum Zeitpunkt ihres Todes 1797 war sie völlig unbekannt. Auch Roccati fand wie Agnesi, Bassi und du Châtelet ihre Lebensaufgabe in der Vermittlung der newtonianischen Na-turwissenschaft. Wegen ihrer schwierigen gesellschaftlichen Position war der Rahmen dafür allerdings enger gesteckt als bei den Zeitgenossinnen.

Aus der Bologneser Hocharistokratie stammte dagegen *Laura Bentivoglio Davia*. Sie heiratete mit dem Bologneser Senator Francesco Davia einen Neffen des Kardinals und katholischen Aufklärers Giovanni Antonio Davia. Dieser wurde für sie zu einer wichtigen Bezugsperson, zumal ihr Ehemann einen äu-ßerst schwierigen Charakter hattte.[29] Durch Giovanni Bianchi, der in Rimini im Haus des Erzbischofs, Laura Bentivoglio Davias angeheiratetem Onkel, eine private Akademie gegründet hatte, wurde sie in Philosophie, namentlich carte-sianischer und später newtonianischer Prägung, unterrichtet.[30]

Neben den aufgezählten, sozial privilegierten oder wissenschaftlich ambitionier-ten Lebensentwürfen gab es in Bologna im Umfeld der Wissenschaftler an der Akademie auch Frauen, die in einem demgegenüber deutlich reduzierten Maße an Gelehrsamkeit und Wissenschaft teilhatten. In ihrer zurückgenommenen, in-direkten Partizipation am wissenschaftlichen Leben der Stadt statuierten na-mentlich Frauen wie *Maddalena* (1673–1744) und *Teresa* (1679–1767) *Man-fredi*, Schwestern der häufig erwähnten Manfredi–Brüder, ein Vorbild, das für breitere Schichten nachvollziehbar und normgebend wirkte. Beide Schwestern, besonders aber Maddalena, unterstützten Eustachio Manfredi bei der Berech-nung astronomischer Tafeln, was von ihm im Vorwort seiner Ephemeridentafeln auch explizit erwähnt wurde. Auch in den Nachrufen und biographischen Skiz-zen Eustachios werden die Beiträge seiner Schwestern erwähnt.[31] Die dazu er-forderlichen Kenntnisse und Kompetenzen erwarben die Schwestern nicht an ei-ner Institution, sondern im alltäglichen Umgang mit den Brüdern und deren Freunden. Eine Voraussetzung für eine derart intensive Beeinflussung war das bei den Manfredis sehr ausgeprägte häusliche Zusammenleben, das sich aus dem Umstand ergab, daß von den insgesamt sechs Geschwistern nur ein Bruder ver-heiratet war.[32] Da Eustachio Manfredi, die führende Persönlichkeit des Haus-halts, als Senatsbeauftragter für Wasserangelegenheiten viel unterwegs war, hatten Maddalena und Teresa andererseits auch die Gelegenheit zur selbständi-gen Entwicklung und die Verpflichtung zu selbständigem Arbeiten. Im Vergleich zu Bassi hatten Frauen wie die Schwestern Manfredi durch das Zusammenleben mit ihren Brüdern nicht nur an der Wissenschaft Anteil, sondern von vornherein auch einen abgesicherten und anerkannten Platz in der Bologneser Gesellschaft.

Einen mit den Manfredis verwandten Lebensentwurf stellt die Biographie von *Lucia Galeazzi Galvani* (1743–1790) dar.[33] Sie war die Tochter des bekannten Anatomen und Physikers Galeazzi, der in Universität und Akademie eine zentrale Figur darstellte und Bassi ein wichtiger Freund war. Lucia Galeazzi war neben verschiedenen Lehrern von ihrem Vater selbst unterrichtet worden, allerdings mit einem klaren Schwerpunkt in den »klassischen weiblichen« Fächern wie Geschichte, Glaubenskunde, Orthographie (des Italienischen) und Deutsch. Sie entschied sich unter vielen Heiratskandidaten für Luigi Galvani, ebenfalls Mediziner und Wissenschaftler, und eröffnete sich damit die Möglichkeit zu einer weiteren Partizipation an wissenschaftlichem Leben. Im Gegensatz zu Bassi jedoch trat Lucia Galeazzi niemals als gelehrte Frau an die Öffentlichkeit. Da die allermeisten Forschungen Galvanis zu Hause durchgeführt wurden, hat Lucia jedoch vermutlich als eine der ersten den Effekt der »tierischen Elektrizität«, der zuckenden Froschenkel gesehen.[34]

Eine andere Zeitgenossin Bassis, die den Zugang zu Wissenschaft und Bildung zunächst über ihren Ehemann erhielt, später jedoch für ihre eigene Arbeit berühmt wurde, ist *Anna Morandi Manzolini* (1716–1774).[35] Sie stammte aus einer gutbürgerlichen Familie und erhielt die für solche Mädchen übliche Ausbildung in Italienisch, Geschichte, Hauswesen und Zeichnen. Da sie in letzterem ein außerordentliches Talent zeigte, wurde ihr von ihrer Familie eine umfassende künstlerische Ausbildung ermöglicht, die auch die Beschäftigung mit Skulpturen und Wachsfiguren einschloß. Anna Morandi lernte auf dieser Schule Giovanni Manzolini kennen, der sich auf anatomische Skulpturen spezialisiert hatte. Sie heirateten 1740. Um ihm, der wohl einen labilen Charakter hatte, zu helfen, erwarb auch sie – dank ihres »männlichen Geistes« (*virile animo*)[36] – das erforderliche Wissen und eine entsprechende Seziererfahrung. Diese Ausbildung war insofern im Einklang mit den gängigen Geschlechtsrollenzuschreibungen, als sie explizit der Unterstützung des Ehemanns diente. In der Folgezeit jedoch waren es ihre Werke, und nicht die ihres Ehemannes, die in ganz Europa berühmt wurden und schließlich 1769 von Joseph II. von Österreich als geschlossene Sammlung erworben wurden.

In Bologna lebte somit eine ganze Reihe von Frauen, die durch die Hausgemeinschaft mit wissenschaftlich aktiven Brüdern, Vätern oder Ehemännern selbst wissenschaftliche Kompetenzen und anerkannte Verdienste erwarben. Sie verkörpern eine zu Bassi komplementäre Art der Partizipation an Wissenschaft und Gelehrsamkeit und verdeutlichen gleichzeitig, daß in Bologna im 18. Jahrhundert neben der Ausnahmefrau Bassi auch eine umfassende, heute kaum noch aufzuspürende Subkultur weiblicher Gelehrsamkeit gedieh. Jene weniger herausragenden Frauen mögen aber durch ihre Existenz und Kompetenz ihre Brüder, Männer und Väter auch zu einem wohlwollenderen, offeneren Umgang mit Laura Bassi veranlaßt haben. Unter allen vorgestellten Biographien und Lebensformen für weibliche Gelehrsamkeit ragt Bassi jedoch als zeitlebens einzige Professorin Europas wegen ihrer hohen öffentlichen Sichtbarkeit deutlich und bleibend heraus.

3. Rezeption

Zu den spannendsten Aspekten der Rezeptionsgeschichte Bassis gehört die Beobachtung geschlechtsspezifischer Reaktionsmuster. Am auffälligsten ist der Umgang mit dem Bescheidenheitsideal, welches ausschließlich in den Reaktionen von Männern auf Bassi stets eine Schlüsselrolle spielt. In Texten von Frauen an oder über Bassi wird es hingegen überhaupt nicht thematisiert.

Bassis Lebensgeschichte ist voll von Zeugnissen für den Erwartungsdruck hinsichtlich der Bescheidenheitsnorm, der von Männern auf sie ausgeübt wurde. Eine der deutlichsten Äußerungen findet sich bei Giovanni Bianchi aus Rimini, dessen positiver Eindruck von Bassi ganz wesentlich darin begründet war, daß »es meiner Beobachtung nach bei diesem Mädchen jene Eitelkeit und Anmaßung nicht gibt, die bei allen Frauen üblich ist, die etwas wissen, oder die von sich glauben, daß sie etwas wissen«.[37] Gelegentlich wurde Bassi auch direkt auf ihre Bescheidenheit angesprochen und dafür gelobt:

Wenn es sich ergibt, daß von Ihnen die Rede ist [...], sage ich gewöhnlich, daß Sie sich nicht nur eine gelehrte und große Frau nennen können; sondern daß Sie sich, wenn Sie ein Mann wären, obwohl jung, mit Recht als gelehrter und großer Mann bezeichnen könnten; und das ist umso bewundernswerter, als man mit den einzigartigen Begabungen des Geistes die einzigartigsten Tugenden des Gemütes verbunden sieht. Besonders überrascht war ich von Ihrer Bescheidenheit, und zwar nicht jener, die Ihr Geschlecht ziert und jeder Frau zu eigen sein muß, sondern jener, die man so sehr wünscht und die in den gebildeten und gelehrten Personen so schwer zu finden ist, und die somit in einer gelehrten Frau noch viel wundersamer ist als in einem gelehrten Mann.[38]

Angesichts solcher immer wiederkehrenden Bestätigung, daß sie recht daran tut, ihre Fähigkeiten und Leistungen gering zu achten, ist es nicht verwunderlich, daß Bassi ein hohes Bedürfnis nach Absicherung hat, das selbst mit ihrer Etablierung als bezahltes Akademiemitglied nicht verschwindet. Noch 1748 schickt sie etwa ihren Akademievortrag, »den sie auf schlechteste Weise heruntergeschrieben hat« vorher an Ghedini zur Korrektur.[39] Unweigerlich verweist sie in solchen Briefen auf ihre geringen Fähigkeiten und die Kompetenz des Adressaten und schreibt damit die Auffassung von ihren geringen Fähigkeiten gerade in Zusammenhang mit ihren wissenschaftlichen Forschungen fort. Auch ihr »Perfektionismus« bei der Publikation von Vorträgen ist als Indiz für das Bewußtsein besonderer Verwundbarkeit und ein entsprechend erhöhtes Bedürfnis nach Absicherung zu werten.

Neben den vielen Anlässen, in denen sie ihre Fähigkeiten klein macht, gibt es jedoch vereinzelt auch Zeugnisse, daß Bassi durchaus ihren Stolz hatte und es möglichst vermied, sich Blößen gegenüber Außenstehenden zu geben. Ein Beispiel ist ihre Bitte an den befreundeten Kollegen Matteucci, sich für sie bei einem Bologneser Instrumentenmacher nach der Funktionsweise eines bestimmten mechanischen Gerätes zu erkundigen, an dessen korrekten Aufbau sie sich nicht mehr erinnerte. Sie schickte ihm die entsprechenden Teile und bat ihn,

mir den Gefallen zu tun und so zu tun, als ob Sie aus eigenem Antrieb sie hätten benutzen wollen [...] Vergeben Sie mir meine Kühnheit und ertragen Sie in diesem Fall mit Geduld die Belästigung zum Wohle unserer Physik, um die Sie sich so verdient gemacht haben.[40]

In Texten von Frauen über oder an Bassi findet sich hingegen kein einziges Lob für Bescheidenheit, häusliche oder charakterliche Tugend. Vielmehr wird Bassi durchgängig als »Glorie unseres Geschlechts« gesehen und verehrt, werden ihre wissenschaftlichen Errungenschaften, ihre Begabung und ihr Fleiß gepriesen. Davon zeugt neben den Briefen der Dichterin Francesca Manzoni an Bassi beispielsweise auch die ausschließlich von Frauen getragene Initiative nach Bassis Tod, zu ihrem Gedenken eine Büste von ihr anfertigen zu lassen und im *Istituto delle Scienze* aufzustellen.[41] Bassi hinwiederum benutzt selbst die gleiche Terminologie in ihrem Schreiben an Agnesi, deren *Istituzioni Algebraiche* ihr aus Mailand übersandt worden waren.[42] In ihrem Kontakt untereinander konzentrierten die Frauen sich somit darauf, Bewunderung füreinander und weibliche Solidarität zu artikulieren. Die Bewertungsmaßstäbe und normativen Vorgaben der Männerwelt waren in diesem Kontext (ausnahmsweise einmal) irrelevant.

Von besonderer Bedeutung schließlich war das Vorbild Laura Bassis für diejenigen Frauen, die einige Jahrzehnte nach ihrem Tod in ihre Fußstapfen traten und als Gelehrte hervortraten. Maria Dalle Donne erhielt 1800 nicht nur eine Professur für Medizin, sondern auch – unter Verweis auf Laura Bassi und Benedikts XIV. Dekret von 1745 – eine Stelle als »Accademica sopranumeraria« an der Akademie. Und für Clotilde Tambroni, die wenige Jahre später eine Professur für Griechische Sprache und Literatur erhielt, war die vor 30 Jahren verstorbene Laura Bassi gedanklich so nahe, daß sie sie als eine »zärtliche und liebe Freundin« bezeichnete.[43] Gerade die Biographien dieser beiden Frauen sind ein eindrücklicher Beleg für Bassis Bedeutung als Rollenvorbild und Identifikationsfigur für weibliche Gelehrsamkeit. Das Vorbild war so leuchtend, daß Bassi zwar keine direkte Dynastie von Wissenschaftlerinnen begründet hat – nach al-

lem, was wir wissen, hat sie dies auch niemals beabsichtigt –, daß sie aber 30
Jahre später zum Bezugspunkt einer Tradition von öffentlich anerkannten gelehrten Frauen in Bologna wurde.

Ich möchte die hier vorgelegte Biographie der Physikerin Laura Bassi schließen
mit einer 1732 verfaßten Ode von Christiane Marianne von Ziegler, die die beiden Aspekte vereint, die in der Rezeption Bassis durch Zeitgenossinnen vorrangig waren: den durch Bassi beförderten Ruhm des weiblichen Geschlechts
und ein ganz neues weibliches Selbstbewußtsein, das die Anerkennung der intellektuellen Leistungsfähigkeit von Frauen auch durch die Männer einfordert:[44]

Als die gelehrte Laura Maria Catharina Bassi in Bologna den Doctorhuth erhielt.

So still ihr Dichter unsrer Zeit!
Seyd ihr auf einmal stumm geworden?
Klingt denn gar keine Flöte heut
In eurem ganzen Musenorden?
Und ihr besonders, die ihr hier
In unsrer Linden Lustrevier
Die helle Leyer laßt erschallen,
Ist euch zum Dichten Sinn und Muth,
Lust, Neigug, Lieb und alle Gluth
Auf einmal gleich so schnell entfallen? [...]

Schmückt ihren Lehrstuhl tief gebückt,
Und setzet euch zu ihren Füssen,
Der Weisheit Nektar höchst beglückt
Von ihren Lippen zu geniessen.
Wer Ohren hat, der öffne sie;
Und habt ihr einst durch Fleiß und Müh
Minervens Heiligthum erstiegen;
So sprecht: Der Bassi kluger Kiel,
Der uns und aller Welt gefiel,
Gab uns die Kraft dahin zu fliegen.

Denkt nicht, als müsste Pallas nur
Vor Männer Ehrenkleider weben.
Meynt ihr, euch hätte die Natur
Das Recht dazu allein gegeben?
Ach weit gefehlt. Wisst ihr denn nicht,
Was Seneca von Weibern spricht?
Der kann euch euren Stolz benehmen.
Befragt nur diesen weisen Greis,
Ob nicht ein Frauenzimmer weis
Die Männer vielmals zu beschämen?

Ja wohl, sie haben nichts voraus:
Was fänden wir denn zu beneiden?
Der Körper nur, das Seelenhaus,
Kann uns von ihnen unterscheiden;
Sagt, wie viel Sinne habet ihr?
Zählt sie nur selbst: Nicht mehr als wir.
Wohnt Witz in einer Männer Stirne,
So hat auch dieser Satz sein Recht:
Es steckt dem weiblichen Gechlecht
Kein Spinngeweb in dem Gehirne. [...]

Anmerkungen

Einleitung

1 Als wichtigste neuere Arbeiten seien hier genannt SÖDERQVIST, *Projects*; HANKINS, *Defence*; WILLIAMS, *Life*. Dort finden sich auch weitere bibliographische Hinweise.

2 Für eine Analyse der Geschichte des Genres vgl. vor allem SÖDERQVIST, *Projects*, 3–10. Seitenzählung nach einem Typoskript des Autors, für dessen Überlassung ich ihm und Skuli Sigurdsson herzlich danke.

3 MANNING, *Apollo*; HIBNER KOBLITZ, *Convergence*; WEISS, *Physikotheologie*.

4 Der Standardaufsatz zur Einbeziehung von Geschlecht als historische Kategorie ist BOCK, *Geschichte*. Überlegungen zur Methodik finden sich ferner auch bei WUNDER, *Frauen*, in Einleitung und Schlußkapitel. Für Überlegungen zur wissenschaftshistorischen Frauenforschung vgl. SCHIEBINGER, *History*.

5 Manche Arbeiten verwenden auch den neutraleren (weil nicht von vornherein eine Differenz ausdrückenden) Ausdruck *Geschlechterverhältnis* oder *Geschlechterbeziehungen*.

6 Die wichtigsten Beispiele für solche Konstellationen ergeben sich 1732 und 1745 und werden in Kap. II.3 und IV behandelt.

7 Einen ersten Ansatz in dieser Richtung stellt CERANSKI, *Wissenschaftlerinnen*, dar.

8 Die wichtigste Sammlung von Briefen an Bassi ist CENERELLI, *Lettere*; Briefe von Bassi sind bei MELLI, *Epistolario*, zusammengestellt. Weitere einzelne Briefe bzw. Briefgruppen sind ediert in MASI, *Bassi*; MASETTI ZANNINI, *Bassi*; GENTILI, *Lettere*.

9 TOMMASI, *Documenti*.

10 Oft handelt es sich dabei lediglich um weitere Abschriften der auch im *Fondo Bassi* vorhandenen Texte. Namentlich die Berichte über Bassis Disputation finden sich in vielfachen Ausführungen. Eine Übersicht über die Bassi betreffenden Bestände der Bologneser Bibliotheken (einschließlich der Universitätsbibliothek, die nur vereinzelte Quellen besitzt) findet sich in SACCENTI, *Colonia*, I, 100–102; eine ältere, ausführlichere, aber nicht vollständige Beschreibung in FRATI, *Opere*, II, 1124–1129.

11 Quellen zur Geschichte der Bologneser Akademie bzw. Bassis in französischen Bibliotheken habe ich leider nicht finden können.

12 CERANSKI, *Carteggio*.

13 Weitere Briefe sind in Mailand (Biblioteca Ambrosiana) zu vermuten, waren wegen der Bibliotheksrenovierung während der Promotionszeit aber leider nicht zugänglich.

14 Die insgesamt 11 Bände von Fantuzzis *Notizie degli scrittori bolognesi* erschienen zwischen 1781 und 1794. Natürlich ist die von mir vorgeschlagene Grenzziehung zwischen Quellen und (Sekundär–) Literatur für einige spezielle Fragestellungen wie etwa die diachrone Rezeption Bassis nicht sinnvoll, hat sich insgesamt bei der Arbeit aber bewährt.

15 Unterschlagen habe ich einen isolierten Nachruf von 1806, MAGNANI, *Elogio*, der aber allenfalls für die Rezeptionsgeschichte interessant und im Informationsgehalt äußerst

dürftig ist. Von den drei Aufsätzen, die zwischen 1873 und 1881 erschienen, ist MASI, *Bassi* wohl am interessantesten, da er zwei Briefe von Voltaire an Bassi enthält. Die anderen Texte sind FRANCESCI FERRUCCI, *Vita* und VILLARI, *Women*.

16 CENERELLI, *Lettere*, vorangestellt ist GARELLI, *Biografia*.

17 COMELLI, *Bassi*, 200. Übersetzung, sofern nicht anders angegeben, von mir.

18 CAZZANI, *Iconografia* und MELLI, *Epistolario*. In der Zwischenzeit war mit BORSI, *Gloria* nur eine kleine Biographie erschienen.

19 Im Rahmen einer Magisterarbeit stellt das eine äußerst anspruchsvolle Aufgabe dar, zumal Cavazzuti auf Sekundärliteratur zur Bologneser Akademie und der damit verbundenen Wissenschaftskultur zu jenem Zeitpunkt nicht zurückgreifen konnte. Insofern ist kaum verwunderlich, daß ihre Analyse über weite Strecken eher eine Paraphrase von Aussagen Bassis oder der Sekundärliteratur darstellt.

20 Melli, der 1960 Bassis Briefe ediert hatte, zeigt sich 1988 in MELLI, *Ridiscussioni*, 71, enttäuscht, daß die Edition keine weiteren Studien zu Bassi hatte motivieren können.

21 RAZZINI ZUCCHINI, *Bassi*, ist nicht mehr als ein Kurzbeitrag zu einer Anthologie, während MELLI, *Bassi*, vor allem die von ihm 18 Jahre zuvor edierte Korrespondenz auswertet. KLEINERT, *Agnesi*, faßt ebenso wie ein Jahr später etwas ausführlicher ELENA, *Introduction*, den Forschungsstand zusammen und stellt die erste nichtitalienische Veröffentlichung über Bassi im 20. Jahrhundert dar.

22 FINDLEN, *Science* und BERTI LOGAN, *Desire*.

Kapitel I

1 BAB Fondo Bassi, cart. I, fasc. 1, d). Alle Übersetzungen aus dem Italienischen von mir. Dieser Text ist neben einigen anderen zentralen Quellen in Anhang VI im italienischen Wortlaut beigefügt.

2 Der Bericht Manfredis vom Februar 1737 wurde auf die Nachfrage eines gewissen Lemmermann aus Nürnberg verfaßt und von diesem in deutscher Übersetzung abgedruckt in *Der Wöchentlichen Historischen Münz–Belustigung 9. Stück, den 27. Februarii 1737*, 65–72. Ein Exemplar dieses Artikels liegt ebenfalls in der BAB, Fondo Bassi, cart. II, fasc. 6. Manfredis Bericht bildet außerdem den größten Teil einer anonymen Kurzbiographie Bassis, die ihn unter Angabe der Quelle zitiert. Er wird fortan zitiert als MANFREDI, *Notizie*; die Signatur des Manuskripts lautet BAB Fondo Bassi, cart. I, fasc. 1, a) *Notizie riguardanti la Sig. Laura Bassi Verati*. Das Manuskript Veratis stammt aus demselben Bestand, cart. I, fasc. 1, d). Dieser Posten enthält insgesamt fünf Fragmente mit biographischen Notizen über Bassi, darunter zwei Autographen von Verati, wobei das eine einen Entwurf für das andere darstellt. Das Manuskript von Verati ist leider undatiert und bricht mit Bassis öffentlichen Auftritten 1732 ab. Verati dürfte den Brief von Manfredi als Quelle gehabt haben; es ist äußerst unwahrscheinlich, daß umgekehrt Veratis Bericht die Quelle für Manfredis Brief darstellt, da er dann schon ein Jahr vor der Heirat mit Bassi geschrieben worden wäre. Manfredis Bericht ist wohl auch für die falsche Angabe des Geburtstages in verschiedenen biographischen Sammelwerken verantwortlich.

3 AAVB *Registro battesimale della cattedrale di Bologna*, anno 1711, f. 253v. Der Name der Mutter wird in den verschiedenen Registern Cesarei oder Cesari geschrieben; der Vorname des Vaters wird als Giuseppe oder Giuseffo angegeben. Den richtigen Geburtstag geben sowohl COMELLI, *Bassi*, 202f, als auch FANTUZZI, *Notizie*, 384, an; beide berufen sich auf das Taufregister und haben vermutlich selbst die entsprechenden Nachforschungen betrieben.

4   Eine Genealogie der Familie verzeichnet außer Laura noch drei Söhne von Gioseffo Bassi
    und Rosa Cesari: BAB B 704, 22: *Albero genealogico della famiglia Bassi*. Die parochia-
    len Personenstandsregister, die als deutlich verläßlichere Quellen einzuschätzen sind,
    verzeichnen jedoch etwa für 1732 als Haushaltsmitglieder nur Laura Bassi, ihre Eltern
    und eine Hausangestellte: AAVB *Status animarum per la Parrocchia di San Lorenzo di
    Porta Stiera* (die Familie gehörte zu dieser Parochie), anno 1732. Im Taufregister der
    Kathedrale San Pietro, wo alle Taufen der Stadt vorgenommen und eingetragen wurden
    (bzw. in den von Baldassare Antonio Carrati erstellten sehr zuverlässigen Kopien und
    Indices B 780 – 815 in der Biblioteca Comunale), habe ich nur zwei weitere Einträge zur
    Familie gefunden: Im August 1710 wurde ein Sohn Antonio Felice geboren, und 1715
    starb im Alter von zwei Jahren Antonio, Sohn von Gioseffo Bassi, d.h. der erste Sohn
    Antonio von 1710 wird ebenfalls verstorben sein. Die Durchsuchung der Sterberegister
    ist leider sehr mühsam, und die Personenstandsregister existieren immer nur für be-
    stimmte Jahrgänge. Da aber auch in allen Texten und Korrespondenzen Bassis keine
    Brüder erwähnt werden, halte ich es für sicher, daß Laura Bassi das einzige überlebende
    Kind war.

5   GARELLI, *Biografia*, 31, Anm. 1. Garelli beruft sich für seine Darstellung auf zeitgenössi-
    sche Dokumente und Familienchroniken, zu denen er Zutritt gehabt habe. Der Verbleib
    dieser Dokumente ist ungeklärt, ich habe sie in keinem Archiv nachweisen können. Ga-
    rellis Biographie ist generell als sehr zuverlässig einzuschätzen.

6   Der Terminus ist aus DE BENEDICTIS, *Patrizi*, 138. Zum Sonderstatus Bolognas vgl. auch
    CARAVALE/ CARACCIOLO, *Stato pontificio*, 525–531.

7   DE BENEDICTIS, *Governo*, 18.

8   Beide Zitate aus GIACOMELLI, *Dinamica*, 69f.

9   Einen Überblick über die Assunterien gibt DE BENEDICTIS, *Governo*, 20 ff.

10 Vgl. Kap. III, S. 80.

11 Die Ausdrücke sind übernommen von COLLIVA, *Bologna*, 13f.

12 Für einen historischen Abriß zu den Kriegen vgl. z.B. SEIDLMAYER, *Geschichte*, 334–
    339; WOOLF, *History*, 29–42; das umfassendste Werk zur italienischen Geschichte im 18.
    Jahrhundert ist VENTURI, *Settecento*.

13 Vgl. etwa die harsche Kritik Rousseaus an Tosinis *Traité de la liberté d'Italie*, wie bei
    VENTURI, *Settecento*, 11 zitiert.

14 DE BENEDICTIS, *Patrizi*, 141.

15 Zu Benedikts XIV. Politik gegenüber Bologna vgl. GIACOMELLI, *Economia*, 883.

16 Eine gewisse soziale Mobilität hatte es freilich immer gegeben. Denn Bologna war so
    stark durch Handel und Gewerbe geprägt, daß »die Idee, daß der Reichtum die sicherste
    Grundlage der Nobilität bilde« trotz der wiederholten Bemühungen um einen Nobilitie-
    rungsstop erhalten blieb. GIACOMELLI, *Dinamica*, 60. Vgl. ibid., 58f. zu den Vorausset-
    zungen für die Nobilitierung.

17 GIACOMELLI, *Dinamica*, 81. Vgl. dazu auch SEIDLMAYER, *Geschichte*, 187.

18 Während der Hungerkatastrophe 1764–67 machte der Senator Carlo Grassi, der schon
    bei den früheren Reformen federführend gewesen war, noch einmal einen umfassenden
    Reformversuch, der aber ebenso scheiterte wie die letzten Bemühungen dieser Art 1777
    durch Papst Pius VI. S. dazu GIACOMELLI, *Grassi*.

19 Zu den Kriegsfolgen in Italien vgl. etwa VENTURI, *Settecento*, 60f. Wie sehr etwa auch
    den zu jener Zeit amtierenden Papst Benedikt XIV. die Bedrückung der Bevölkerung
    durch den Österreichischen Erbfolgekrieg beschäftigte, geht aus seiner Korrespondenz
    hervor. Vgl. dazu PRODI, *Carità*, 456 f. und öfter. Für eine auf die Romagna, also die an-
    grenzende Provinz bezogene Darstellung vgl. MAMBELLI, *Settecento*, 11f.

20 CARAVALE/CARACCIOLO, *Stato pontificio*, 527f., sprechen von einer »città opulenta« und betonen die relativ hohe Produktivität der Bologneser Textilindustrie. Die wirtschaftliche Lage Bolognas wurde jedoch neben den erwähnten Krisen nicht nur durch die zahlreichen Feiertage belastet, sondern auch dadurch, daß die Geistlichen, von denen es in Bologna sehr viele gab (die Bevölkerung hatte nach Rom den zweithöchsten Klerikeranteil), keine Abgaben für Straßenpflasterung und andere öffentliche Aufgaben zu zahlen brauchten. Zwar nahm Benedikt XIV. sich auch dieser Mißstände an, aber selbst dieser energische Reformpapst konnte die Reduzierung der kirchlichen Feiertage nur mit mäßigem Erfolg durchsetzen; vgl. dazu VENTURI, *Settecento*, 136–161.

21 Vgl. dazu Bassi an Verati, 26. November 1746, ediert in GENTILI, *Lettere*, 227f. für die Beschaffung von Trockenobst; Caldani an Verati, um 1762, ediert in CENERELLI, *Lettere*, 204f., wo es ausführlich um die Beschaffung, Bezahlung und den sicheren Transport von Zucker geht.

22 Es gibt keine befriedigenden Arbeiten zur Bologneser Sozialgeschichte. Den relativ besten Einblick in Mentalität und Alltagsleben bietet FRATI, *Settecento*; Daten und Analysen zur sozialen Lage finden sich in GIACOMELLI, *Grassi*.

23 Quelle wie Anm. 1.

24 Die präzisesten Angaben zu Bassis erstem Unterricht liefert GARELLI, *Biografia*, 32, Anm. 2: Der erste Lehrer war Don Giuseppe Stegani, ein Cousin Bassis; nach dessen Tod 1721 übernahm sein Bruder Don Lorenzo Stegani den Unterricht in Grammatik und führte sie auch in die lateinische Sprache ein. Der Cousin ist eine typische Vermittlungsinstanz, so z.B. auch bei Luise Kulmus, verheiratete Gottsched; vgl. BECKER–CANTARINO, *Weg*, 181 f. Für die Bedeutung von Familienbeziehungen und Ehen für den Zugang von Frauen zu den Naturwissenschaften bis ins 19. und 20. Jahrhundert vgl. ABIR–AM und OUTRAM, *Careers*. Zur Mädchen– und Frauenbildung vgl. KING, *Frauen*, 197–205; MASETTI ZANNINI, *Motivi*, 7–70 und 117–129; speziell für das Bildungswesen in Bologna DERS., *Maestre*.

25 Zu den weiblichen Wunderkindern des italienischen Humanismus vgl. KING, *Cells*, sowie ausführlicher KING, *Frauen*. KRISTELLER, *Women*, bietet demgegenüber eine deutlich oberflächlichere Darstellung. Für ein prominentes deutsches Beispiel (die Peutingertöchter) vgl. WUNDER, *Frauen*, 64. Für eine Fülle von Namen und Traktaten vgl. MASETTI ZANNINI, *Motivi*, 31–54.

26 Die Rolle des sozialen Ehrgeizes der entsprechenden Familien und die Ausnutzung der betroffenen Mädchen betont z.B. LABALME, *Women*, 6. Im 18. Jh. bildete der Ehrgeiz der Väter, die mit ihren Töchtern gesellschaftliche oder pädagogische Reputation ernten wollten, z.B. in den Biographien von Maria Agnesi, Christina Roccati und Dorothea Schlözer die entscheidende Motivation zur Ausbildung der Töchter. Vgl. zu Schlözer SCHIEBINGER, *Mind*, 257ff.; zu Roccati FINDLEN, *Newtonianism*, 3; zu Agnesi KLEINERT, *Agnesi*, S.72f. und KLENS, *Mathematikerinnen*, 138f.

27 Vgl. zu den folgenden Ausführungen KING, *Frauen*, 225–244.

28 Der Ausdruck findet sich bei LABALME, *Women*, 4.

29 Vgl. KING, *Cells*, 69f.

30 Ein eindrückliches Beispiel dafür ist Isotta Nogarola (geb. 1418), die sich in eine klosterähnliche Zelle zurückzog und freiwillig in Armut und Keuschheit lebte. Vgl. KING, *Frauen*, 232–236.

31 KING, *Cells*, 74, betrachtet diese »innere Niederlage« als Hauptgrund dafür, daß die betroffenen Frauen oft gar keinen Versuch mehr machten, ihre Wünsche und Lebensentwürfe in der Auseinandersetzung mit ihrer Umwelt durchzusetzen.

32 Ausführlich dazu JED, *Thinking*, sowie KING, *Hand*.

33 Die Rezeption der neuen französischen Positionen in Bologna beschreibt TOSCHI TRAVERSI, *Inserimento*, 15–23. Für eine umfassendere Darstellung der italienischen Diskussion um die Rechte, Pflichten und Fähigkeiten der Frauen s. GUERCI, *Discussione*; speziell zu den Pflichten der Ehefrau auch GUERCI, *Sposa*.

34 FINDLEN, *Science*, 443f., ausführlich HARTH, *Women*.

35 FINDLEN, *Science*, 444f. Findlens Argument, daß in Italien stärker als anderswo das Modell der Renaissance–Akademie erhalten blieb, in dem Männer und Frauen miteinander kommunizierten, finde ich insofern nicht überzeugend, als z.B. die Bologneser Akademie auch in ihrer Organisationsform als private Akademie (*Inquieti*) ebenso wie auch die *Accademia del Cimento* oder die *Accademia dei Lincei* keine weiblichen Mitglieder hatte.

36 Zum Salon vgl. GOODMAN, *Salons*; zum Verhältnis zwischen Salonkultur und institutionalisiertem Wissenschaftsbetrieb vgl. auch SCHIEBINGER, *Mind*, 30–32, die die Beschränkung von Frauen auf Patronagerollen betont, sowie HARTH, *Women*, 15–33, für eine Deutung des Salons als diskursivem Raum.

37 So verbot etwa der venezianische Senat Cassandra Fedele (geb. 1465), einem Ruf von Isabella von Aragón an deren Hof zu folgen: Sie wurde in Venedig als »Symbol venezianischer Städteherrlichkeit« gebraucht (KING, *Frauen*, 237).

38 Es gibt zu Delfini Dosi keine größere biographische Arbeit. Eine ältere Darstellung ist ORIOLO, *Cultrice*; meine Darstellung folgt im wesentlichen der Analyse bei TOSCHI TRAVERSI, *Inserimento*, 23–29 und 34–37.

39 Die Juristin Betisia Gozzadini (1209–1261) hatte nach einem Studium der Philosophie und Rechtswissenschaften, das sie in der Verkleidung eines Mannes absolvierte, 1236 den Doktorgrad erhalten und hielt in der Folgezeit auch private und ab 1238 öffentliche Vorlesungen. Sie wurde jedoch im 17. und 18. Jahrhundert nicht als konkretes historisches Vorbild, sondern als mythologische Figur aus der glorreichen Frühzeit der Bologneser Universität betrachtet. Vgl. ANTONUCCI DAMIANO, *Gozzadini*. Zum Abbruch der Tradition gelehrter Frauen im 17. Jahrhundert vgl. KING, *Frauen*, 250f.

40 Zu Cornaro Piscopia vgl. DEZA, *Vita*; KING, *Frauen*, 251f. daneben FINDLEN, *Science*, 445; BERTI LOGAN, *Desire*, 790. Für den Beschluß, keine weiteren Frauen zu promovieren s. TOSCHI TRAVERSI, *Inserimento*, 24, 28, 35.

41 Für Beispiele aus der Biographie Bassis vgl. ihre Aufnahme in die Akademie, Kap. II, S. 47, sowie ihre Ernennung unter die Benedettini und die anschließenden Kontroversen in Kap. IV. Für ein Beispiel aus dem 19. Jh. vgl. PHILLIPS, *Lady*, 208f.

42 Zu Gozzadini vgl. oben Anm.39 .

43 ORIOLO, *Cultrice*, 31: »finì anch'essa per seguire il destino comune al proprio sesso, e si findanzò con un seguace di Marte.« Die Hochzeit mit einem Militärkapitän im Jahr 1737 wird als letztes Datum von Delfini Dosis Biographie genannt. Sie hatte sich aber lange vorher von den Wissenschaften zurückgezogen, so daß die Heirat in dieser Hinsicht keine Zäsur darstellt. Delfini Dosi ist damit eine weitere Frau, die wie viele der italienischen Humanistinnen ihre wissenschaftliche Tätigkeit unter dem Druck, keinen angemessenen Platz zu finden, vollständig aufgibt.

44 In der *Accademia dei Rocoverati* in Padua, die auch Frauen als Mitglieder hatte, wurde 1723 unter der Ägide des berühmten Anatomen Vallisneri die Frage, ob Frauen die Erlaubnis zum Studium der Wissenschaften und schönen Künste haben sollten, ausführlich diskutiert. Veröffentlicht wurde diese Diskussion als *Discorsi accademici di vari autori viventi intorno agli studi delle donne*, Padua 1729. S. auch GUERCI, *Discussione*, Kap. 4.

45 Die Angaben der verschiedenen Quellen über die Dauer des Unterrichts gehen auseinander. COMELLI (*Bassi*, 204) spricht von sieben Jahren Unterricht durch Tacconi, die allerdings wegen der vielfältigen Beschäftigungen Tacconis und der Zartheit des Mädchens immer wieder unterbrochen worden seien; nach GARELLI (*Biografia*, 12) wurde der Un-

terricht 1723 aufgenommen; VERATI (*Notizie*, BAB Fondo Bassi, I, fasc. 1 d), Nr. 3)
hinwiederum berichtet, daß Bassi 14 Jahre alt war, als Tacconis Unterricht begann. Auf
Grund dieser Angaben würde ich den Unterricht Bassis durch Tacconi auf die Zeit von
etwa 1724/25 bis Anfang 1732 festsetzen.

46 Quelle wie Anm. 1.

47 Der Stilisierung als Wunderkind dienen insbesondere die eingeführten Periodisierungen:
mit acht Jahren beherrschte Bassi die lateinische Grammatik vollständig, mit 14 Jahren
kannte sie die wichtigsten Autoren. Bassi kann sich damit zwar nicht mit den italienischen Wunderkindern der Frührenaissance oder ihrer Zeitgenossin Maria Agnesi messen,
aber zumindest ein Anspruch auf Aufnahme in ihre Reihen wird formuliert. Vgl. auch
die Ausführungen im nächsten Teilkapitel, S. 37.

48 COMELLI tradiert die ausführlichste »Entdeckungsgeschichte« von Bassis Talent, die er
wohl aus Bazzanis Rede zur Verleihung des Doktorgrades an Bassi übernommen hat:
Tacconi habe Laura Bassi eines Tages angesichts ihres Studieneifers aufgetragen, die
Krankheitsgeschichte ihrer Mutter nach seiner Erzählung aufzuschreiben. Sie habe ihm
darauf anderntags eine lateinische und eine französische Version präsentiert, woraufhin
er sich entschloß, sie in der Philosophie zu unterrichten. COMELLI, *Bassi*, 204, bzw.
BAZZANI, *Oratio*, 40, Anm. 25. Zu der Rede s. Kap. II, S. 50. Manfredis Bericht ist sachlicher, aber auch er widmet Tacconi mehr Worte als Verati: »Als Tacconi [von ihren La-
teinkenntnissen] hörte, riet er ihr, das Studium der Wissenschaften (scienze) aufzunehmen, und fügte dem Rat die Unterstützung hinzu, indem er selbst es auf sich nahm, sie in
Logik [...] zu unterrichten.« MANFREDI, *Notizie*, f. 1.

49 Die Universität von Bologna, gegen Ende des 11. Jahrhunderts als Rechtsschule entstan-
den, beansprucht zusammen mit der Medizinschule von Salerno den Titel der ältesten
Universität Europas. Auch nach der Angliederung der Mediziner– und Artistenfakultät
gründete sich das Universitätsprestige klar auf die Rechtsschule und brachte der Stadt bis
in das 16. Jahrhundert hinein Zulauf von Scholaren aus ganz Europa, auch wenn im 13.
und 14. Jahrhundert zahlreiche weitere italienische Unviersitäten gegründet wurden (u.a.
1264 die Konkurrenz–Universität Padua).

50 GIACOMELLI, *Dinamica*, 58.

51 Die Universität wird häufig *Studium* oder *Studio* genannt; ich behalte diese Bezeichnung
in den Zitaten bei und schreibe sonst Universität.

52 SIMEONI, *Storia*, 90.

53 Vgl. dazu FERRARI, *Public Anatomy*, 74, Anm. 84 (dort auch bibliographische Hinweise).

54 SIMEONI, *Storia*, 88. Auf der gleichen Linie liegt auch der ibid., 91 geschilderte Widerstand 1641 gegen die Eröffnung eines Jesuitenkollegs in Bologna.

55 Vgl. dazu ROSEN, *Academy*, 22–25. Auf den Zusammenhang der Reformdebatten mit den
Auseinandersetzungen zwischen Senat und Lektorenschaft um die politische Partizipation der Lektoren hat Giacomelli hingewiesen in GIACOMELLI, *Dinamica*, 69.

56 Das akademische Jahr ging von Anfang November bis Ende April und war unterbrochen
von Weihnachts– und Karnevalsferien und zahllosen Feiertagen; für detailliertere Angaben vgl. SIMEONI, *Storia*, 85–87. Die Mißstände und die daraus erwachsenen Privatvorlesungen werden – mit verschiedenen Gewichtungen – in SIMEONI, *Storia*, 85–87, 92–97;
HEILBRON, *Contributions*, 57ff.; FERRARI, *Anatomy*, 75 f. beschrieben.

57 TEGA, *Mens*, 75. Zur Rolle der Privatvorlesungen s. auch CAVAZZA, *Insegnamento*.

58 Ein wichtiger Reformvorschlag kam 1689 von Antonio Felice Marsili, Erzdiakon und
damit qua Amt Kanzler der Universität. In seiner *Memoria per riparare i pregiudizi
dell'Università dello Studio di Bologna* forderte er eine Reduzierung und strikte Lei-
stungskontrolle der Lektoren. Nach erfolglosen Auseinandersetzungen mit der Lektoren-

schaft verließ er schließlich erbittert die Stadt. Vgl. dazu SIMEONI, *Storia*, 97–100, sowie ausführlicher CAVAZZA, *Riforma*.

59　Zur *Teriaca* vgl. SIMEONI, *Storia*, 82 f. Eine anschauliche Beschreibung der Zeremonie bietet FRATI, *Settecento*, 151f.

60　Die öffentliche Anatomie war kein ausschließlich bolognesisches Phänomen, sondern fand auch in vielen anderen italienischen und europäischen Städten statt. In ihrer Ausprägung und Bedeutung war sie jedoch einzigartig. Über die Boloneser öffentliche Anatomie informiert FERRARI, *Public Anatomy*, 52, für einen Überblick über öffentliche Anatomien in anderen Ländern, namentlich Holland, s. RUPP, *Anatomical Theatres*.

61　Für die Anatomie spielte die Herausbildung der öffentlichen Anatomie als städtischer (nicht universitärer!) Veranstaltung eine zentrale Rolle in der Emanzipation vom bisherigen, ihr von der Medizin zugewiesenen niedrigen Status als »Handwerk«. Vgl. dazu BIAGIOLI, *Revolution*, 17–21, sowie FERRARI, *Public Anatomy*.

62　ASB, Gabella Grossa, Libri segreti, 1/4 (1628–1640), 287, 9. Okt. 1637: »in publicis scholis [theatrum erigendum est] pro decore ornamentoque ac honorifica necessitate ipsarum ac totius civitatis nostrae«. Zit. nach FERRARI, *Public Anatomy*, 75, Anm. 89. Die bereits aus der Antike geläufige Verknüpfung von *decus* und *necessitas*, von Zierde und Nutzen des Projekts, tritt als doppelte Motivation in der gesamten Diskussion während der Bauzeit immer wieder zutage.

63　Für eine anschauliche Schilderung vgl. FRATI, *Settecento*, 151f.

64　Daß die beteiligten Anatomen sich den Erwartungen der städtischen Öffentlichkeit anpaßten und ihre Darstellung nicht als Präsentation von Forschungsergebnissen, sondern als »Infotainment« konzipierten, zeigt etwa das Beispiel von Leopoldo Marc–Antonio Caldani, dem Francesco Algarotti vorwarf, nach einem »nützlichen und ruhigen« Anatomiekurs an der Universität im Winter das Katheder des anatomischen Theaters erklommen und einen »nutzlosen und zügellosen« Kurs begonnen zu haben. Francesco Algarotti: *Opere*, 10 Bde., Cremona 1778–84, Bd. X, Brief an Vallisnieri vom 5. Feb. 1760, 265–276. Solche Kritik rief wiederum Verteidiger auf den Plan. Vgl. dazu CAVAZZA, *Scienziati*, 431ff. Auch HEILBRON bewertet in HEILBRON, *Contributions*, 59f., im Fall von Galvani die öffentliche Anatomie als forschungsfördernd.

65　Ein prägnantes Beispiel dafür ist Marcello Malpighi, dessen Forschungen von der Royal Society so hoch geschätzt wurden, daß sie die Publikation aller seiner Werke übernahm. Methodenstreitigkeiten mit Bologneser Kollegen führten zu einem regelrechten Boykott seiner Arbeit in Bologna, ein Umstand den L.F.Marsili in seinem *Parallelo* bitter beklagte. Vgl. dazu CAVAZZA, *Settecento*, 133 f.

66　Quelle wie Anm. 1. Beide Autographen von Verati brechen an diesem Punkt leider ab; ob der Text ursprünglich noch länger war, ist nicht bekannt.

67　Vgl. zu diesem Thema auch Kap. II, S. 62.

68　Diesen taktischen Aspekt betont insbesondere FANTUZZI, *Notizie*, 385.

69　Für biographische Angaben über Peggi (1688–1780) s. FANTUZZI, *Peggi*, auch abgedruckt in KRAUS, *Briefe*, 175–188; ferner sind die dort publizierten Briefe für das Verhältnis zwischen Peggi und Benedikt XIV. sehr erhellend. Fantuzzi lobt vor allem Peggis Verdienste als Professor und Lehrer; dem entspricht, daß er über lange Jahre das höchste Professorengehalt der Bologneser Universität bezog.

70　Gemeint ist hier eine Patronagebeziehung *innerhalb* der wissenschaftlichen Welt, wie Bassi sie auch später unterhalten sollte. Zu Patronagebeziehungen im engeren Sinn (zwischen Wissenschaftlern als Klienten und Patronen außerhalb des wissenschaftlichen Bereichs) vgl. hingegen Kap. IV, S. 123.

71　Laura Bassi an Pier Francesco Peggi, 4. September 1730. BAV Autografi Ferraioli, raccolta Visconti, f.⁰ 679. Italienischer Wortlaut: »Non potendo l'umili:ᵐᵃ serva di

V.S.Ecc:^{ma} Laura M:^{a} Bassi per diversi motivi essere in persona a rassegnarle i proprij rispetti, e renderle divotis:^{e} grazie per le compartiteli con tanta bontà da V.S.Ecc:^{ma} si vale a compiere tal debito del Latore presente, cui (quando le sia in aggrado) potrà consegnare i Libri, che si mostrò disposta a favorirla; E mentre la supplica di sua continuata protezione, rinuova chi scrive a V.S.Ecc:^{ma} i suoi più ossequiosi doveri.« Eine angemessene und nicht die Wahrnehmung verzerrende Übersetzung der barocken Anrede– und Grußfloskeln ist nicht leicht. Die Formulierungen »Eure Excellenz« und »demütige Dienerin« sind auch unter Gleichgestellten allgemein üblich; charakteristisch für ein Patronageverhältnis ist jedoch die explizite Bitte um Protektion und schließlich auch der Inhalt: Peggi leiht Bassi Bücher; wie angenommen werden darf, zum Studium. Auch aus dem zweiten Brief vom Dezember 1730 geht hervor, daß Peggi Bassi Bücher geliehen hatte.

72 Bassi an Peggi, 2. Dezember 1732. BAB B 96, Nr. 4.

73 Diese Aufzählung folgt COMELLI, Bassi, 205; die ersten beiden werden auch von FANTUZZI, Notizie, genannt.

74 Die Anwesenheit Lambertinis geht etwa aus einem Brief Beccaris hervor: [5] Beccari [an Leprotti], April 1732. (Die Nummer in eckigen Klammern bezieht sich auf die Liste in Anhang III, auf der auch die Fundstellen nachgewiesen sind.) Beccari berichtet von Lambertinis Begeisterung nach einem Besuch in Bassis Elternhaus, die den Anfang einer intensiven Förderung Bassis durch Lambertini markiert. Vgl. dazu auch S. 66.

75 Zu Francesco Maria Zanotti vgl. S. 43.

76 Giovangrisostomo Trombelli (1697–1784) machte sich sowohl in der Theologie als auch in der Philologie einen Namen und wurde auch von Benedikt XIV. hoch geschätzt. In der Widmung seines Werkes Le Favole di Aviano Tradotte in Versi Volgari e le Favole di Gabia Tradotte in Versi Latini, e in Volgari preist Trombelli die Vorzüge der Philologie – und die Gelehrsamkeit Bassis. Eine Abschrift der Widmung findet sich in BAB B 3912, f. 41r–42r.

77 Matteo Bazzani (1674–1749) gehört zu der großen Gruppe von Bologneser Medizinern, die gleichzeitig auch Philosophie studiert hatten. Darüber hinaus war er als Literat bekannt. Als erster Sekretär des Instituts und der Akademie entfaltete er nur wenig Engagement; Protokolle, Korrespondenzen und Publikationen wurden erst von seinem Nachfolger F.M. Zanotti begonnen. Bazzani wurde vom Sekretär zum Präsidenten des Instituts (auf Lebenszeit) befördert und blieb, auch wegen seiner starken Stellung an der Unversität als Prior des Philosophenkollegs, eine zentrale Persönlichkeit für das Leben der wissenschaftlichen Institutionen in Bologna. Er war auch der Lehrer von Giuseppe Verati. Zu seiner Biographie vgl. auch PREDIERI, Bimestre, 55–58.

78 MANFREDI, Notizie.

79 FANTUZZI, Notizie, 385. Zu Fantuzzis Biographie vgl. S.17.

80 Zu den Bezeichnungen: Das Institut heißt Istituto delle Scienze, üblicherweise Istituto, Instituto oder Institutum (lat.) genannt und wird von mir als Institut oder Istituto bezeichnet. Mit »Institut« ist also immer diese konkrete wissenschaftliche Institution gemeint! Die Akademie heißt korrekt Accademia delle Scienze dell'Istituto di Bologna; im Text heißt sie außer bei der Gefahr von Mißverständnissen der Übersichtlichkeit halber nur Akademie.

81 Zur Aufgabenteilung vgl. HEILBRON, Elements, 120–122 und 126f.; Heilbron bezeichnet Göttingen und Bologna zwar als die einzigen Beispiele für eine konstitutionell angelegte Verbindung zwischen Akademie und Universität, de facto aber spielten Forschungsleistungen bei der Berufung von Professoren zunehmend eine wichtige Rolle.

82 Für eine ausführliche Darstellung der Geschichte des Instituts und der Akademie vgl. die Arbeiten von CAVAZZA, insbesondere der Aufsatzband Settecento inquieto; ferner DE

ZAN, *Accademia*, 205–217; TEGA, *Mens*, 65–82, sowie der Sammelband *Materiali*. Eine Zusammenstellung wichtiger Quellentexte und älterer historiographischer Literatur bietet der Sammelband *Memorie*.

83 *Parallelo dello stato moderno dell'Università di Bologna con l'altre di là de'monti.* Luigi Ferdinando Marsili war der jüngere Bruder von Antonio Felice Marsili, der sich als Kanzler der Universität ebenfalls – vergebens – in ihrer Reform versucht hatte; vgl. dazu Anm. 58 oben.

84 Marsilis von Bacon übernommenes Ideal einer engen Beziehung zwischen Wissenschaftlern und Handwerkern verlor zunehmend an Bedeutung: Schon die ersten Statuten von 1711 schwächten Marsilis Vorschläge stark ab, und bei einer Revision der Satzung 1723 verschwand der Passus, der Beziehungen zwischen Institut und Handwerkern vorsah, ganz. Zu der Frage, wie weit Marsilis Vorstellungen im Institut umgesetzt wurden, s. CAVAZZA, *Settecento*, 203–235, Kap. VI: La »casa di Salomone« realizzata?

85 Die Statuten sahen zunächst fünf Professoren vor, je einen für Naturgeschichte, Astronomie, Festungsbau, Experimentalphysik und Chemie. 1724 kam eine Professur für Geographie und Nautik hinzu, in der benediktinischen Reform der 1740er Jahre zwei für Chirurgie und Anatomie und 1757 schließlich eine für Geburtshilfe.

86 Zu den Anlaufschwierigkeiten des Instituts s. ROSEN, *Academy*, 50–57 sowie DE ZAN, *Accademia*, 211–219. Interne Schwierigkeiten gab es mit der Akademie der bildenden Künste, der Accademia Clementina, die z.B. anläßlich der Publikation des ersten Bandes der Annalen der Akademie der Wissenschaften protestierte, daß sie darin zuwenig Beachtung fand. Vgl. dazu DE ZAN, op. cit., 226.

87 Le Costituzioni dell'Istituto delle Scienze (1711), Kap. V, Art. 3. Die Statuten sind in den *Atti legali* abgedruckt (da die *Atti* keine durchgehende Paginierung haben, ist eine Seitenangabe nicht möglich).

88 Für detailliertere Angaben zur Geschichte der Bologneser Akademien im 17. Jahrhundert vgl. ROSEN, *Academy*, Kap. 1 und 2; CAVAZZA, *Settecento*, Kap. I, II und V. Eine interessante Quelle für die Geschichte der Inquieti ist auch der Bericht von Francesco Maria Zanotti im ersten Band der *Commentarii* (1731), *Praefatio*, 1–50.

89 Eustachio Manfredi (1674–1739) war der älteste von insgesamt drei Brüdern und zwei Schwestern, die das wissenschaftliche und literarische Leben Bolognas für Jahrzehnte entscheidend mitprägten. Eustachio Manfredi hatte ursprünglich Jura studiert, sich aber dann der Mathematik und Astronomie zugewandt. Er war wohl der bekannteste Bologneser Wissenschaftler seiner Zeit und als einer der wenigen Bologneser Mitglied ausländischer Akademien, und zwar sowohl der Académie des Sciences als auch der Royal Society. Er publizierte umfangreiche astronomische Tafeln, bei deren Berechnung ihm auch seine Schwestern geholfen hatten. Daneben beschäftigte er sich als *Soprintendente dell'Acque* auch mit praktischen Problemen der Hydromechanik. Sein Lehrbuch *Istituzioni astronomiche* ist ebenso wie seine Publikationen in den Annalen der Bologneser Akademie durch die Beschränkung auf reine Positionsastronomie und eine bewußte Distanz zur Himmelsmechanik gekennzeichnet. Diese Haltung ist angesichts der möglichen Konfrontationen mit der Kurie als Selbstzensur zu werten. Zu Manfredis Lehrbuch vgl. CASINI, *Newton*, 216–218; für eine kurze Einführung in Biographie und Teile der Korrespondenz GRANDI VENTURI, *Carteggi*, 48–56. Zu den Schwestern Manfredis vgl. Kap. VI, S. 196, zu Gabriele Manfredi Kap. III, S. 97 und zu Eraclito Manfredi Anm. 178 zu Kap. V.

90 Daß die Inquieti damit aus der Tradition der Bologneser Akademien heraustraten und mit ihnen eine neue Akademietradition beginnt, wird in der Literatur übereinstimmend betont. S. etwa TEGA, *Mens*, 72; MCCLELLAN, *Science*, 45; DE ZAN, *Accademia*, 211.

91 Eine ausgezeichnete Darstellung der Ereignisse und Hintergründe liefert DE ZAN, *Accademia*.

92 Die zentralen Persönlichkeiten waren in diesem Zusammenhang Antonio Leprotti und sein Patron, der Kardinal Giovanni Antonio Davia, der dem Institut auch Bücher und Instrumente stiftete. Beide standen den *cattolici illuminati* nahe, die eine kulturelle Neubelebung anstrebten.Antonio Leprotti (1685–1746) hatte in Bologna Medizin und Philosophie studiert, wo er auch in Kontakt mit den *Inquieti* kam. Von 1707–1710 unterrichtete er an der Bologneser Universität Mathematik und ging dann als Leibarzt des dortigen Bischofs Giovanni Antonio Davia nach Rimini. Er folgt Davia, der inzwischen Kardinal geworden war, 1715 nach Rom und wirkte dort als Leibarzt Davias und ab 1730 auch des Papstes Clemens XII. Auch für den 1740 neu gewählten Papst Benedikt XIV. übte er bis zu seinem Tod diese Funktion aus. Mit dem Einfluß Davias wuchs auch der Einfluß Leprottis; darüberhinaus war Leprotti freundschaftlich mit Benedikt XIV. verbunden. Zeitlebens nahm Leprotti intensiv am Geschehen in Bologna Anteil und unterhielt Briefkontakte mit zentralen Figuren des dortigen wissenschaftlichen Lebens. Für eine erste Einführung zu Leprotti vgl. GRANDI VENTURI, *Carteggi*, 45f.; für den Kontext der katholischen Aufklärer vgl. FERRONE, *Scienza*.

93 Zwar hatte die *Accademia del Cimento* ihre Forschungen in den berühmten und stark rezipierten *Saggi* veröffentlicht, doch die Akademie bestand zum Zeitpunkt der Publikation nicht mehr. Zur Accademia del Cimento vgl. MIDDLETON, *Experimenters*; für eine Deutung der Funktion der Saggi s. BIAGIOLI, *Scientific Revolution*, 25–32.

94 DE ZAN, *Accademia*, 257 bietet eine Aufzählung der Kontakte.

95 Zu Ursachen und Kennzeichen der Krise vgl. Kap. IV, S. 103f.

96 Für einen kurzen Überblick über F.M. Zanottis Biographie s. ROSEN, *Academy*, 60–66; eine ausführlichere, wenn auch ältere Darstellung mit vielen Details aus dem kulturellen Leben Bolognas bietet BOSDARI, *Zanotti*.

97 GAROFALO, *Dizionario*, 148.

98 NERI, *Mechanica*, 173. Vgl. zu Zanottis wissenschaftlichen Positionen Kap. V, S. 141ff. sowie S. 178f.

99 ROSEN, *Academy*, 64f. und DE ZAN, *Accademia*, 225. Auf seine Abneigung gegen den zur italienischen Hochsprache gewordenen toskanischen Dialekt geht unter anderem zurück, daß die Vorträge und die gesamten Publikationen der Akademie in Latein gehalten sind; freilich genügten nicht alle Aufsätze, die für die *Commentarii* eingereicht wurden, Zanottis strengen Maßstäben, so daß er gelegentlich selbst eine stilistische Überarbeitung vornahm.

Kapitel II

1 COMELLI, *Bassi*, 200f. Zu Comellis Biographie über Bassi vgl. S. 17.

2 Giampietro Zanotti an Padre Giampietro Riva, 9. April 1732. BAB B 382, Nr. 32. Hervorhebung von mir.

3 Zur Erleichterung des Überblicks dient die Zeittafel in Anhang I.

4 Abbondio Collina war von 1724 bis 1753 Professor für Geographie und Nautik am Institut in Bologna.

5 Protokoll der Akademiesitzung vom 20. März 1732. AAB *Registro degli Atti dell'Accademia* (fortan zitiert als *Atti*), fasc. 5, unter dem angegebenen Datum. Italienischer Wortlaut: »[...] Questo giorno sarà memorabile per essersi in esso aggregata al nummero de gli Academici onorarii, col pieno et unanime consenso di tutti gli Academici, la Sig.^ra Laura Bassi Giovinetta di 19 anni, per la relazione, che fecero all'Academia,

i Sig.^{ri} Eust.^{o} Manfredi, Beccari, P.d.Abundio Collina, et altri dell'infinita et incredibile dottrina dimostrata da questa giovane sopra il sesso e l'età sua, in molte conclusioni da lei sostenute più volte di tutta la Filosofia con tanto spirito, prontezza profitezza di dire, e profondità di dottrina; quanto non potrebbe credersi da chi udita non l'avesse. Furono deputati i Sig.^{ri} Beccari, e Francesco Zanotti a portarsi dalla Sig.^{ra} Laura Bassi per parteciparle l'aggregazione di Lei fatta al numero de gli Academici, e pregarla a gradire questa testimonianza dell'alta stima che l'Academia faceva dell'ingegno di Lei.

6   AAB *Atti* fasc. 5, Protokoll vom 20. November 1732. Die Akademie nahm an diesem Tag Faustina Pignatelli aus Neapel auf Grund ihrer mathematischen Verdienste auf und beschloß gleichzeitig, keine weiteren Frauen mehr aufzunehmen. Diesen Beschluß hielt sie bis zur Aufnahme Du Châtelets 1746 aufrecht.

7   FANTUZZI, *Notizie*, 385.

8   Die Berichte finden sich in Briefen an Francesco Algarotti, publiziert in FRANCESCO ALGAROTTI: *Opere*, Bd. XII, Venezia, Tip. Palese 1794, 412ff. Ein anderer zeitgenössischer Bericht findet sich in den *Avvisi di Bologna*, Nr. 17 vom 22. April 1732.

9   Zu den Inhalten der Thesen und der Disputation vgl. S. 65ff. sowie das vierte Teilkapitel.

10 »[Der Beleidiger] protesta sull'onor sua, che nella folla del Popolo, che si trovava nella Galleria del Palazzo il giorno 17 [aprile], non raffigurò il Sig.re Sen.re Marchese Cospi«. BAB B 3634, S. 49. Als Vemittler zwischen Beleidiger und Beleidigtem fungierte der Senator Filippo Aldrovandi, der einige Monate später in ähnlicher Funktion auch für Bassi in Erscheinung trat.

11 Die zeitgenössische ungedruckte Beschreibung BUB 212 (116), Nr. 23 (cc. 94–95) führt die erneute universale Beteiligung aller städtischen Instanzen und den Inszenierungscharakter der Zeremonie eindrücklich vor Augen.

12 Matthaei Bazzani Bononiensis Philosophi, & Medici ORATIO Ad Egregiam Virginem D. Lauram Mariam Catharinam Bassi... Die Rede wurde als Anhang mit dem *Elogio* Giovanni Fantuzzis publiziert in: *5 Biografie ed Elogi*. Stamperia di S.Tommaso d'Aquino, Bologna 1778. BAB Caps. B 3 Nr. 22. Die Seitenangaben beziehen sich auf diese Edition. Eine handschriftliche Fassung der Rede mit erweiterten Anmerkungen findet sich in BAB B 1330, f.º 4v–8v.

13 Es sei in diesem Zusammenhang auch an die Diskussion über historische Vorbilder im Zusammenhang mit der Debatte um Delfini Dosis Promotionsgesuch erinnert. Zu ihrem Kampf um den Doktorgrad vgl. Kap. I, S. 30.

14 »Nonne [...] fuit illi pro die nox, pro solatio labor, pro contubernio recessus, pro gymnasio domus, pro cibo meditatio, lectionis usus, & disputatio?« BAZZANI, *Oratio*, 31.

15 »Haec conspiratio mentis & manuum, haec officiorum concordia [...]« Ibid., 35.

16 Zum Ring vgl. auch Kap. III, S. 88. Den Pelzumhang trug Bassi bei allen offiziellen Auftritten; er wird von zeitgenössischen Berichten stets als Zeichen ihrer Doktorwürde erwähnt. Vgl. auch das Bassi–Portrait auf dem Buchtitel.

17 *Rime per la famosa laureazione ed acclamatissima aggregazione al Collegio filosofico della Illustrissima ed Eccellentissima Signora Laura Maria Catterina Bassi*, Bologna 1732. Ein weiterer Gedichtband, *Rime in lode della Signora Laura Maria Caterina Bassi*, vereinigte vornehmlich Gedichte von Nichtbolognesern (beide verlegt bei Lelio dalla Volpe, Bologna 1732). Eine dritte Sammlung wurde herausgegeben, als Bassi sich im Juni mit einer weiteren Disputation für eine Professur qualifizierte: *Rime per la conclusione filosofica nello Studio Pubblico di Bologna tenuta dall'Illustrissima, ed Eccellentissima Signora Laura Maria Caterina Bassi*, All'Insegna della Rosa sotto le Scuole, Bologna 1732. Zur Münze vgl. Kap. III, S. 87.

18 Auf die Bedeutung dieser sowohl adeligen als auch bürgerlichen Kreisen zugänglichen Orte als »neue« Begegnungsstätten für beide Kreise ca. ab dem Ende der 1720er Jahren verweist GIACOMELLI, *Dinamica*, 76f.

19 Vgl. dazu auch Kap. III, S. 84.

20 Vgl. etwa das Eingangszitat von Giampietro Zanotti, der die Professur schon im April ganz selbstverständlich als Station auf Bassis Erfolgsweg aufzählt. Auch Eustachio Manfredi spricht sich schon im Juli von Rom aus für eine Professur Bassis aus. Vgl. dazu S. 60.

21 FANTUZZI, *Notizie*, 386.

22 Die Auslosung und Vereidigung der Argumentanten wurde mit den üblichen standardisierten Formulierungen festgehalten. ASB Assunteria di Studio, Atti, Vol. 22: 1730–1735, unter dem 24. und 25. Juni. Unter den Argumentanten war auch Bazzani, der Bassi im Mai die Rede gehalten hatte.

23 *De aqua corpore naturali. Elemento aliorum corporum. Parte universi.* Zur Geschichte dieser Thesen s. Kap. II, S. 63ff., für eine inhaltliche Charakterisierung Kap. II.4, S. 71, dort auch eine Reproduktion des entsprechenden Einblattdrucks.

24 ASB Vacchettoni del Senato, 1731–1732, 25. August 1732, zitiert nach COMELLI, *Bassi*, 240f.

25 Zu seiner Schlichterrolle im Streit zwischen Bassi und Tacconi vgl. S. 87.

26 ASB Paritorum, Vol. 49, f. 49 v. Eine Abschrift findet sich auch in ASB Recapiti dell'Università (1708–1740), Vol. 402. Der Text lautet im Original: »[...] hoc tamen adito, ne *ratione sexus* publico in Archigymnasio doceat, nisi Superiorum Iussu.« Hervorhebung von mir.

27 Eine Briefliste findet sich in Anhang III. Da sie dort mit ihren Fundorten aufgeführt sind, sind hier in den Anmerkungen nur Daten und Nummern der Briefe genannt.

28 Der zitierte Brief ist einer aus einer ganzen Reihe von Briefen Beccaris, die alle ohne Adressat und oft ohne Datumsangabe sind. Die Briefe sind in den eher unüblichen, sehr formlosen und vertraulichen Anrede- und Grußfloskeln einheitlich und Gedankengänge aus früheren Briefen werden mehrfach wieder aufgenommen. Daraus schließe ich, daß alle Briefe dieser Reihe an denselben Adressaten gerichtet sind, die sich aus den Briefen ergebenden Informationen über ihn also zusammengenommen werden können. Aus dem sich dann ergebenden Bild (der Briefpartner lebt in Rom, hat gute Kontakte zur Kurie und zum Kardinal Davia und betreut den Papst ärztlich) folgt die Identität Leprottis zweifelsfrei; vereinzelt findet sich auch ein Adreßblatt an ihn, allerdings aus den Jahren 1711 und 1727. Leprotti hinwiederum teilt Bianchi im Mai 1732 mit, er sei über Bassi gut informiert; diese Informationen dürften dann aus Beccaris Briefen stammen.

29 [5] J.B. Beccari [an Antonio Leprotti]. Der Brief ist undatiert, läßt sich aber auf die Zeit zwischen dem 20. März und dem 17. April einengen.

30 [1] Beccari an Leprotti, 15. März 1732. Hervorhebung von mir.

31 [23] Beccari an Leprotti, 28. Juni 1732.

32 [30] Zanotti an Manfredi, 13. September 1732.

33 [31] Manfredi an Zanotti, 20. September 1732.

34 [32] Zanotti an Manfredi, 22. September 1732.

35 Ausführliche Beschreibungen finden sich z.B. in dem Brief [39] von Bianchi und in dem auf Bologneser Beschreibungen zurückgreifenden Bericht in der *Wöchentlichen Historischen Münz-Belustigung* von 1737. BAB Fondo Bassi, cart. II, fasc. 6.

36 [27] Giampietro Zanotti an Eustachio Manfredi, 22. August 1732. »L'aria della Campagna l'ha fatta diventar grassa assai più, e mi parve che le si vedessero alcune mammelle dove prima non v'era ne pure il segno, e la filosofia vuole averle grosse essendo quella che da il latte a tutte le altre scienze.«

37 Zu den weiblichen Personifikationen von Natur, Weisheit, Philosophie und anderen Wissenschaften vgl. SCHIEBINGER, *Mind*, 119–159, bes. 144–146 für die Frage nach der Identifizierung historischer Personen mit mythischen Gestalten. Für die Rolle der weiblichen Brust als Nährerin der Wissenschaften und Wissenschaftler vgl. SCHIEBINGER, *Mammals*, 21–30.

38 Vgl. dazu Kap. III, S. 87.

39 [7] Beccari an Leprotti; [18], [21], Davia an Bianchi. Zu Davia vgl. Kap. VI, S.196.

40 [40] Leprotti an Bianchi, 4. März 1733. Zu diesem Zeitpunkt war auch Bianchi, in dem Davia 1732 einen Gesinnungsgenossen gefunden hatte, zu einem Anhänger Bassis geworden, so daß Davia sich mit ihrer Verweigerung gegenüber Bassi stark exponierte.

41 BAB Fondo Bassi I, fasc. 1 h) *Particola di Lettera del S.r Can. Carelli a me, Gabrielle Manfredi.*

42 Für biobibliographische Informationen über Bianchi s. als erste Einführung FABI, *Bianchi*, sowie ausführlicher die einschlägige Biographie in TONINI, *Coltura*, Bd. II, 231–285.

43 TONINI, *Coltura*, II, 236.

44 Für einen Eindruck von Bianchis Korrespondenz s. FABI, *Bianchi*. Ein kleiner Teil der Bologneser Korrespondenz ist aufgearbeitet in SIMILI, *Carteggio*.

45 [11] Giovanni Bianchi an Antonio Leprotti, 18. Mai 1732.

46 Vgl. dazu die Diskussion zwischen ihm und Bassi um ihre Heirat, S. 90f.

47 [12] Leprotti an Bianchi, 28. Mai 1732.

48 [13] Pozzi an Bianchi, 28. Mai 1732.

49 Die von Tacconi postulierte und von Bianchi bestrittene Existenz von »canali cisteo-epatici« war Gegenstand einer anatomischen Kontroverse, die sie um 1725/26 ausgetragen hatten und die in den 1740er Jahren nochmals aufflackerte. Vgl. FABI, *Bianchi*, 105, sowie CERANSKI, *Carteggio*, 229f.

50 [24] Bianchi an Leprotti, 3. Juli 1732. Bianchis Briefpartner trug den Zusatz Giuseppe Pozzi di Carlo, um ihn von dem erwähnten anderen Pozzi, Giuseppe Pozzi (Zusatz: di Jacopo), zu unterscheiden.

51 Eustachio Manfredi an Giampietro Zanotti, 2. Juli 1732, BAB B 198, Nr. 106.

52 [32] Giamp. Zanotti an Eust. Manfredi, 22.9.1732.

53 [17] Francesco Maria Zanotti an Giampietro Zanotti, 14. Juni 1732.

54 Ein Beispiel ist der Bericht über sie in *Der Wöchentlichen Historischen Münz-Belustigung* vom 27. Februar 1737, aufbewahrt in BAB Fondo Bassi, cart. II, fasc. 6. Vgl. zu Wirkmächtigkeit und Wirkung des Bescheidenheitsideals auch die abschließende Bewertung in Kap. VI.

55 Vgl. für die Selbstdarstellung Bassis etwa S. 137 oder S. 172. Eine Verletzung des Bescheidenheitsideals wird 1776 bei ihrer Bewerbung um die Physikprofessur konstatiert, vgl. dazu S. 184.

56 [39] Bianchi an Leprotti, 19. Februar 1733.

57 Bassi an Senator Conte Filippo Aldrovandi, 14. Dezember 1732 und Tacconi an denselben, 15. Dezember 1732; beide publiziert in CENERELLI, *Lettere*, 183f.

58 So GARELLI, *Biografia*, 20.

59 So COMELLI, *Bassi*, 217f. FANTUZZI erwähnt das Zerwürfnis gar nicht, es paßte wohl nicht recht in seinen Nachruf. COMELLI und GARELLI kommentieren ihren Bericht beide mit einer Metapher, die die Unvollkommenheit der Welt ausdrückt: unter Hinweis darauf, daß auch an heiteren Tagen dunkle Wolken über dem Himmel hängen können (GARELLI) oder daß keine Rose ohne Dornen sei (COMELLI). Sie geben die Unverträglichkeit dieser Episode mit einer Heldinnengeschichte zu und betonen gleichzeitig ihre eigene Wahrhaftigkeit als Biographen.

60 J.B. Beccari, wohl an A.Leprotti (vgl. dazu Anm. 28). Die Anspielung auf die ersten Thesen zeigt, daß der Brief nach dem 17. April geschrieben worden sein muß. Vermutlich handelt es sich bei den moralphilosophischen Thesen, gegen die Bassi sich so wehrte, um die Thesen für die Bewerbung um den Lehrstuhl. Andere in großem Stil abgehaltenen Disputationen haben nach der Verleihung des Doktorgrades nicht mehr stattgefunden, und sowohl der Ort (Universität) als auch die Zahl der Thesen (12) stimmen mit Bassis späterer »Habilitationsdisputation« (nicht über Ethik, sondern über das Wasser) überein. Beccaris Ablehnung der moralphilosophischen Thesen, mit denen Bassi sich von naturphilosophischen Themen weg zu scholastischer Philosophie hin orientiert hätte, wurde von seinen Kollegen aus der Akademie geteilt, die für Bassi allesamt eine qualifizierte naturphilosophische Unterweisung forderten.

61 Matteo Bazzani an Laura Bassi, 6. August 1732. Ediert in: CENERELLI, Lettere, 46f.

62 [34] Giampietro Zanotti an Eustachio Manfredi in Rom, 18. November 1732. Italienischer Originaltext in Anhang VI, S. 272.

63 [35] Eustachio Manfredi, Rom, an Giampietro Zanotti, Bologna, 29. November 1732. Italienischer Originaltext in Anhang VI, S. 272.

64 [36] Giampietro Zanotti an Eustachio Manfredi in Rom, 11. Dezember 1732. Italienischer Originaltext in Anhang VI, S. 273.

65 Gaetano Tacconi an Conte Filippo Aldrovandi, 15. Dezember 1732. Ediert in CENERELLI, Lettere, 185.

66 Matteo Bazzani an Laura Bassi, 9. Juli 1733. Ediert in CENERELLI, Lettere, 48.

67 ASB Assunteria di Studio, Diversorum Vol. 2, b. 92, fasc. 5: Aumenti (1739): »Egli è stato l'unico Maestro nelle materie Filosfiche della Dottoressa Laura Bassi«.

68 D.O.M. Laura Maria Catharina Bassi Civis Bononiensis Academia Instituti Scientiarum Socia Se Suaque Philosophica Studia Humiliter D.D.D. (Thesen vom April, fortan zitiert als Philosophica Studia) bzw. Theses de aqua corpore Naturali. Elemento aliorum corporum. Parte universi D.D.D. Laura Maria Catharina Bassi [...] Socia (Thesen vom Juni, fortan zitiert als De aqua); beide Tipografia Lellio dalla Volpe, Bologna 1732. Es handelt sich in beiden Fällen um Einblattdrucke.

69 BAB Fondo Bassi, cart. II, fasc. 3: Tesi di fisica, metafisica e logica. Eventuell hat Bassi diese Thesen auch nur zu Übungszwecken zusammengestellt. Sie ähneln in der Zusammensetzung den Thesen vom April und sind lediglich im physikalischen Abschnitt etwas stärker an Newton orientiert.

70 Philosophica Studia, Ex Metaphysica, These VII: »Sed proprie sola efficiens sibi vindicat nomen causae«. These XIII: »Causa prima omnium Creaturarum Deus cunctas continet, conservat, moderatur, atque ad agendum movet immediato concursu, non physica praedeterminatione [...].«

71 Ibid., These IX: »Nullius Causae secundae ea vis est, ut agere possit in distans«. These XI: »Existentia Dei, si congenita, ut plerique loquuntur [...].«

72 Ibid., Ex Physica, These II.

73 Ibid., Thesen VIII und IX: »Intrinsecam [vim] non discernimus a gravitate ipsorum corporum naturaliter tendentium ad centrum gravium [...] Extrinsecam vero censemus imprimi corporibus per contactum, et impulsum circumprimentis medii [...].«

74 Ibid., Thesen X und XI.

75 Philosophica Studia, De Anima, These V: »Objectum sensibile visus, lucem, egredi opinamur a lucido corpore instar subtilissimi effluvii aetherogenei per celerrimam quamdam vibrationem emissi, non tamen momento temporis; diversosque habere refrangibiltatis gradus, quibus variae colorum species, et differrentiae oculis exhibentur.«

76 Rime per la famosa laureazione di Laura Bassi [...]. Auf S. 23–25 findet sich das Gedicht von Algarotti (Inc.: Non la Lesboa), auf S. 27–30 das Gedicht von Giuseppe Pozzi di Ja-

copo. Es handelt sich dabei um genau jenes Tacconi gewidmete Gedicht, das bei Bianchi so großes Erstaunen hervorgerufen hatte, vgl. Kap. II, S. 60. Für eine ausführlichere Diskussion vgl. CAVAZZA, *Settecento*, 249–254.
77 Vgl. zur Newtonrezeption in Italien und dem Einfluß der Zensur auf diesen Prozeß CASINI, *Débuts*, und die erweiterte Fassung dieses Aufsatzes in CASINI, *Newton*, 173–227, sowie umfassender FERRONE, *Scienza*.
78 *De aqua*, Thesen I und II. Vgl. dazu MAFFIOLI, *Galileo*, 256–262.
79 *De aqua*, These XI.
80 Bassi an Scarselli, 17. August 1743. Ediert in MELLI, *Epistolario*, 90f.
81 Ich folge den Texten in ihren Fassungen in BAB Fondo Bassi, cart. I, fasc. 2: *Appunti diversi di trattazioni scientifiche*. Darin f. 62r–67r: *Praelectio habita in publico Bononiae Archigimnasio ut ante adnotatum fuit a clarissima Domina Laura M.C. Bassi* (fortan *Praelectio*). Dies ist die Antrittsvorlesung. Auf diesen Text folgen f. 67r–69v: *Lectio prima* und f. 70r–72r: *Lectio secunda, quae propter inopinatum impedimentum recitata non fuit*. Weitere Abschriften finden sich im gleichen Faszikel, f. 32–57r; die Texte sind dort allerdings nicht ganz vollständig. Eine weitere Abschrift aller drei Vorlesungen ist enthalten in BAB B 1330, S. 24–68.
82 Bassi formuliert den Bezug auf Quintilians *Institutio oratoria* in *Lectio prima*, f. 67v.
83 *Praelectio*, 62v. »Quod cum ego vel ab ipso ad Philosophiam ingressu verissimum esse intellexerim, et quotidianis plurimorum exemplis confirmatum, nihil duxi antiquius mihi esse debere, quam ut animum ab immoderata philosophandi cupiditate temperarem, atque in eam rem eo vehementius eniterer, quo longius videtur abesse sexus noster ab ea constantia, et gravitate, quorum praesidiis laudabilis in rebus omnibus moderatio retinetur, et conservatur. Hanc igitur moderationem Orationis huius meae argumentum esse constitui, de qua tamen non ita dicere aggredior quasi recte philosophandi praecepta, et leges sim traditura, sed quasi exquirens judicium vestrum, num forte, quod ipsa de instituendis Philosophiae studiis sentio, idem et Vos optimarum quarumcumque disciplinarum optimi item institutores sentiatis.«
84 Ibid., 63v. »Non commemorabo in praesenti memoria existere Clarissimos Philosophos incredibili ingenii vi, atque acumine a subtilioribus Geometriae praesidiis munitos ... qui cum illam causarum indagationem nihilo sibi elicius, quam iis, qui praecesserunt, cessuram esse existimarent, totos se ad alia studia converterunt, in primis vero ad proprietates, quae in rebus elucent subtiliter venandas, sed multo etiam magis ad leges, quibus creatae res ab ignotis illis naturis, et causis reguntur, et mutantur, in lucem proferendas; quod nempe nec supra humanam solertiam, et multo minus utilissimum fore exerunt.«
85 Ibid., 65r. und v.
86 Ibid., 63v. Vgl. außerdem *Philosophica Studia*, Ex Logica, These VI: »Concipimus etiam Opinionem, Fidem & Scientiam esse judicia ejus generis, quae existere simul possunt in eodem Intellectu, respectu ejusdem objecti, & ejusdem actus, quem Opifiscientificum nominant.«

Kapitel III

1 Vgl. dazu Kap. II, S. 74.
2 ASB *Assunteria di Studio* Atti Vol. 22 (1730–1735), 9. Oktober 1733. Die Anordnung wurde am 2. Mai 1734 nochmals bestätigt.
3 ASB *Assunteria di Studio* Atti Vol. 23 (1735–1743), 5. und 9. Dezember 1739.

4 Ibid., 15. November 1741 für den Beschluß, eine Vorlesung Bassis anzusetzen. Über die Umstände, die seine Ausführung verhinderten, informiert Bassi selbst in einem Brief an Scarselli, 12. Mai 1745, ediert in MELLI, *Epistolario*, 105f.

5 ASB *Assunteria di Studio* Atti Vol. 24 (1749–1755) (Für 1744–1748 sind keine Protokolle erhalten.), Protokolle vom 22. Januar, 7. Februar, 10., 24. März, 21. Juli und 19. Dezember 1749 sowie 7. April 1750. Die Erwähnung der öffentlichen Anatomie im Zusammenhang mit Überlegungen zum Zeitpunkt von Bassis Vorlesung führt bei BERTI LOGAN, *Desire*, 796 zu dem Fehlschluß, daß Bassi die Erlaubnis zu Vorlesungen über Anatomie erhielt.

6 Zur These von einem Machtkampf im Hintergrund vgl. BERTI LOGAN, ibid.

7 DE BROSSES, *Lettres*, 267.

8 ASB *Assunteria di Studio*, Requisiti dei Lettori, Vol. 2, fasc. 21. Die insgesamt vier Texte aus den Jahren 1739, 1748 und 1750 sind in MELLI, *Epistolario*, auch ediert zugänglich. Bassis Formulierung ist, daß sie »jedes Jahr« (Requisiti 1748) oder »fast jedes Jahr« (1750) argumentiert hätte. Gestützt wird dies von den leider nur vereinzelt erhaltenen Aufzeichnungen über die an der Anatomie beteiligten Professoren, etwa ASB Assunteria di Studio, Diversorum, busta 91, Nr. 2 *Anotomia pubblica* fasc. 9 für die Jahre 1774 und 1778. Auf beiden Listen ist Bassi als Argumentantin genannt, 1778 für den 11. Februar, also noch neun Tage vor ihrem Tod. Andere Hinweise auf Bassis häufige Teilnahme an den Anatomien ergeben sich aus dem unten in Anm. 12 zitierten Manuskript *Funzioni*, das Bassis Beteiligung u.a. für 1734, 1736, 1738 (nur eine Woche nach ihrer Hochzeit) und 1743 vermerkt. Daneben gibt es unter den *Insignia degli Anziani* auch eine bildliche Darstellung Bassis, wie sie im anatomischen Theater vom Katheder aus disputiert.

9 Zur öffentlichen Anatomie vgl. Kap. I, S. 35.

10 Die These von der »Maskierung« Bassis durch ihre Gelehrsamkeit vertritt FINDLEN, *Science*, 452f.

11 Bassis Vorlesungen vom Dezember 1745 und März 1749 fanden dort statt. ASB *Assunteria di Studio*, loc.cit. (Anm. 5 oben).

12 Es gibt zwar in der BAB, Fondo Bassi, cart. I, fasc. 1 i) ein Manuskript *Serie delle Funzioni pubbliche avutesi dalla* [...] *Sig.ra Laura Bassi*, welches eine durchnumerierte Aufzählung von Anlässen zu sein scheint und von FINDLEN, *Science*, 451, als Evidenz für 105 öffentliche Disputationen Bassis angegeben wird. Durchnumeriert sind jedoch nicht die Anlässe, sondern die anwesenden Prominenten und Argumentanten, womit die Zahl der Anlässe erheblich zusammenschmilzt. Andererseits bildet dieses Manuskript mit Sicherheit keine vollständige Aufzählung von Bassis Aktivitäten und ist durch andere Quellen zu ergänzen.

13 Über eine solche berichtet Bassi ihrem Mann z.B. in einem Brief vom 26. November 1746. Vgl. auch die folgende Anmerkung. Disputationen bei adeligen Familien oder auch in ihrem Haus lassen sich z.B. aus dem Brief von Bazzani an Bassi vom 9. Juli 1733 (ediert in CENERELLI, *Lettere*, 48), der Korrespondenz mit Bianchi (ediert in CERANSKI, *Carteggio*) oder auch aus Reiseberichten wie etwa dem von DE BROSSES, *Lettres*, erschließen.

14 So berichtet Bassi ihrem Mann von einer Disputation Zanottis »über die Existenz der unendlichen Anzahl nach seinem Geschmack, und ich habe mich daran sehr gefreut«. Bassi an Verati, 26. November 1746. Ediert in GENTILI, *Lettere*, 227f.

15 Vgl. etwa den Bericht in den *Avvisi di Bologna* vom 6. November 1736, BAB Fondo Bassi, cart. I, fasc. 1 i).

16 BAB Fondo Bassi, cart. I, fasc. 1 d). Es handelt sich um ein Autograph von Bassi (!), das noch deutliche Spuren der Formulierungsarbeit aufweist. Das wirft die Frage auf, ob Verati möglicherweise von jemandem um einen Bericht gebeten worden war, den Bassi

dann für ihn und aus seiner Sicht schrieb. Leider müssen solche Überlegungen Spekulation bleiben.

17 Vgl. dazu GOMEZ, *Stone*.

18 Vgl. dazu Kap. VI, S. 189.

19 Zu den drei Gedichtsammlungen aus Anlaß der Promotion Bassis vgl. S. 50.

20 Vgl. Kap. II, S. 60.

21 Bassi wird um ein Gedicht gebeten, bittet ihren Briefpartner selbst um eines, bekommt eins zugesandt oder schickt eins zur Begutachtung weg. Von den insgesamt 87 Briefen zwischen 1732 und 1742 sind 17 mit solchen Angelegenheiten gefüllt.

22 [32] Giampietro Zanotti an Eustachio Manfredi, 20. September 1732.

23 Viele dieser Gedichte sind in den verschiedenen handschriftlichen Sammlungen enthalten, etwa BAB B 10, B 264 u.a. Für eine detaillierte Übersicht vgl. SACCENTI, *Colonia*, I, 100–102.

24 So finden sich in BAB B 264 ein Sonett an Giampietro Zanotti, das ihn als Dichter ehrt (S. 273), eines auf die erste Predigt von Emilio Manfredi, einem Bruder von Eustachio Manfredi (S. 275) und eines auf eine öffentliche Anatomie von Galeazzi (S. 280), der ein enger Freund der Familie werden sollte.

25 Die Einschaltung von Mittelspersonen hatte m.E. zwei Funktionen: Zum einen erhöhte sie die Erfolgschancen, ein Gedicht zu bekommen, wenn die Mittelsperson – im Gegensatz zum eigentlichen Sammler – die angefragte Person persönlich kannte. Zum anderen milderte sie, vor allem für höhergestellte Herausgeber, das Risiko an Gesichtsverlust, wenn man ohne Antwort blieb. Dies entspräche der klassischen Vermittlerfunktion in den Patronagebeziehungen (vgl. Kap. IV, S. 124), wie ja auch der Austausch von Gedichten durchaus als eine Sonderform der Pflege von Patronagebeziehungen verstanden werden kann.

26 Francesca Manzoni (1710–1743) aus Mailand (aus der Familie, aus der etwas später auch Alessandro Manzoni stammte), bat Bassi wiederholt um Gedichte und sah sie als Vorbild und Identifikationsfigur an. Auch sie galt in sprachlich–literarischer Hinsicht als Wunderkind. Ihre literarischen Studien in der Biblioteca Ambrosiana verwunderten Charles de Brosses bei seinem Mailandaufenthalt, da in Frankreich solche Forschungsstätten den Frauen nicht zugänglich waren. Manzoni heiratete 1741 den Venezianer Literaten Luigi Giusti und starb zwei Jahre später im Kindbett.

27 Francesca Manzoni an Laura Bassi, 26. Oktober 1736. Ediert in CENERELLI, *Lettere*, 84.

28 Giampietro Zanotti an Laura Bassi, 16. März 1737. Ediert in CENERELLI, *Lettere*, 166f.

29 Von den insgesamt etwa 220 Briefen nach 1742 befassen sich nur noch etwa 10 mit poetischen Angelegenheiten.

30 Bassi an Scarselli, 17. August 1743. Ediert in MELLI, *Epistolario*, 90f. Vgl. für den Zusammenhang auch den vorhergehenden Brief, ibid., 89, sowie die betreffenden Briefe Scarsellis, ediert in CENERELLI, *Lettere*, 105 und 106f.

31 Für die humanistische Tradition s. oben Kap. I, 2. Exkurs, S. 28.

32 MARCUS ANNAEUS LUCANUS: *De bello civili libri X*. Liber I, v. 598. Für die Identifizierung des Zitats danke ich voller Bewunderung Anja Wolkenhauer.

33 Zwei Kostproben aus den *Rime per la famosa laureazione* [...] mögen genügen: In einem Gedicht von Ghedini auf S. 10 heißt es: »[...] und Minerva gab Felsina [alter Name für Bologna] und eurem Geschlecht alten Ruhm zurück« ([...] e Minerva, antichi vanti / A Felsina rendette, e al vostro sesso) und auf S. 27 in dem auf S. 60 bereits erwähnten Lobgedicht Pozzis auf Tacconi: »ich weiß, daß diese Frau nicht ist, was sie uns scheint, sondern entweder die Tochter Jupiters in sterblichem Gewand, oder Arete oder Dama, o Mero. [...] und dir wurde zuteil, die weiseste, und ehrenhafteste Göttin von ihrem seligen Ort zu uns zu führen?« (io sò, che non è questa / Donna qual sembra a noi, / Ma, o la

figlia di Giove in mortal velo, / O Arete, o Dama, o Mero. / [...] E a te dunque fu dato / Condurne a noi la Dea più saggia, e onesta / Dal soggiorno beato?).

34 Zu Piscopia s. DEZA, *Vita*, 11; zu Christina s. ÅKERMAN, *Christina*, 103; zu Châtelet s. BADINTER, *Émilie*.

35 »Hic [annulus] enimvero foederis, & connubii index est, qui digito traditus de arctissimis, aeternisque cum virtute comparatis vinculis admonet, ut honestissimè in vita, quaecumque gerenda sunt, geras, honorem industria, studio dignitatem, officio gloriam sustenentes.« BAZZANI, *Oratio*, 36.

36 SCHIEBINGER, *Mind*, 259. Schlözers Biographie zeigt ebenfalls eindrücklich, daß weibliche Wunderkinder keine umfassende Lebensperspektive hatten. Ausführlicher zu ihr vgl. KERN, *Schlözer*.

37 Zur Identitätsproblematik gelehrter Frauen vgl. Kap. I, S. 28.

38 Beccari [an Leprotti], 28. März 1733. BSF Fondo Piancastelli, rac. Autografi sec. XIII–XVIII, alla voce Beccari. Beccari hatte sich ja bereits 1732 intensive Gedanken um Bassis weitere wissenschaftliche Ausbildung gemacht und scheint für die Folgezeit eine wichtige Bezugsperson für Bassi geworden zu sein. In einem undatierten, nach Beccaris Tod verfaßten Brief von Bassi an Beccaria, ediert in MASETTI ZANNINI, *Bassi*, 237, bezeichnet Bassi Beccari als ihren Lehrer. S. unten zu weiteren Kontakten Bassis zu Bologneser Wissenschaftlern nach 1732. Für biographische Angaben zu Beccari, dem nach Eustachio Manfredi bekanntesten Bologneser Wissenschaftler seiner Zeit, vgl. FANTUZZI, *Beccari*. Seine bedeutendste wissenschaftliche Leistung war die Entdeckung des Glutens.

39 Vgl. hierzu GUERCI, *Discussione*, Kap. 3, 89–140.

40 Bassi an Bianchi, 24. Mai 1738, ediert in CERANSKI, *Carteggio*, 226f. Die Äußerungen Bassis gegenüber Bianchis werden im folgenden noch diskutiert.

41 Für nähere Informationen über Verati s. unten S. 93.

42 BAB B 517 AMADEI: *Diario di Bologna dal 1732 al 1745*, f.⁰ 126v: »Questo matrimonio non parve di soddisfazione alla città che immediatamente se ne fece beffe non già per lo sposo che era giovine di tutto merito, ma piuttosto per la sposa la quale sembrava far meglio a starsene vergine in qualche ritiro.« Giovanni Giacomo Amadei war ein Bologneser Geistlicher. Seine Chronik ist durch harsche Kritik an allem charakterisiert, was die Privilegien und Gewohnheiten der Kirche berührte oder sonstwie als leichtfertig gedeutet werden konnte. Bezeichnend ist seine ungünstige Bewertung des Erzbischofs Lambertini, der es neben vielen anderen Reformen wagte, die Geistlichen für die Finanzierung öffentlicher Aufgaben mit heranzuziehen. Vgl. dazu FANTI, *Lambertini*, 167 und 170f.

43 BAB B 1330, letzte Seite, hier zitiert nach COMELLI, *Bassi*, 243f. Bassi [...] nupsit Joanni Josepho Verati, philosophiae et medicinae doctori, lectorique publico, at genere, opibus et scientia parum illustri. Possumus itaque Lauram alloqui quemadmodum Ecclesiasticus cap. 47 Salomonem »Impleta es quasi flumen sapientia et terram retexit anima tua. Ad insulas longe divulgatum est nomen tuum. In cantilenis et proverbijs et comparationibus et interpretationibus miratae sunt terrae. Dedisti maculam in gloria tua.« [Ecclesiasticus Kap. 47, V. 17, 18 und 21c. Der letztgenannte Vers lautet vollständig: »Dein Herz hängte sich an die Frauen, und du ließest dich durch sie beherrschen und beflecktest deine Ehre.«] Utinam sepulcrali ejus lapidi numquam affligatur quod Salomonis sepulcro in perpetuum ipsius dedecus eccclesiasticus idem insculpsit »Ed dereliquit post se de semine suo gentis stultitiam.« [Ibid., V. 27]

44 FANTUZZI, *Notizie*, 388.

45 COMELLI, *Bassi*, 220f.

46 Eine kommentierte Edition der insgesamt 17 Briefe zwischen 1733 und 1745 findet sich in CERANSKI, *Carteggio*.

47 Vgl. dazu auch die Ausführungen in Kap. II, S. 62. Zur Bedeutung Bianchis als Förderer und Patron für Bassi vgl. die Ausführungen S. 96.
48 Bassi an Bianchi, 26. April 1738. Ediert in CERANSKI, *Carteggio*, 224f. Hervorhebung von mir.
49 Bianchi an Bassi, 3. Mai 1738, ibid., 226.
50 Bassi an Bianchi, 24. Mai 1738, ibid., 226f.
51 Bianchi an Bassi, 3. Juni 1738, ibid., 227f.
52 Bei allen Gratulationen zu Bassis Hochzeit wird Bassi auch eine große, ihr würdige Kinderschar gewünscht. Neben dem Brief von Bianchi vom 19. April 1738 (vgl. Anm.) vgl. auch Ranier B. Fabbri an Bassi, 30. März 1739, BAB Coll. Autogr. XXVII, 7413. In diesen Kontext gehört auch ein undatierter, aber auf 1738 einzugrenzender Brief von Bazzani an Bassi mit der dringenden Bitte, sich im Hinblick auf ihren »neuen Zustand« zu vergewissern, daß sie nicht schwanger sei bzw. zu bedenken, daß das in der nächsten Zeit passieren könnte, und sich entsprechend zu schonen; s. CENERELLI, *Lettere*, 49f.
53 BAB B 3634 Raccolta di rime Nr. 17: Sonetto in occasione delle nozze Bassi/Verati. Für Mithilfe bei der Transskription und Entschlüsselung dieses Gedichtes aus dem Bologneser Dialekt danke ich den Bibliothekarinnen der Handschriftenabteilung und dem Bibliotheksdirektor. Der Originaltext lautet:
    La nostra Sgnora Laura è cumpati / S'li n'ha psù star più con la bocca sutta / Per dirla po qla quta d'tgnir viva Putta / La fà padir la Nott' piu ch' n's' fà al dì.
    E li hà fatt'benissm a tor Marì / Perch' senz al bsogn li n'si srè andutta / E sem figur, ch'in st'cas la srà stà instrutta / Dalla natura perch la fazza aqsuì.
    D'cò d'nov Mis mi j augur un bel fandsin / E che m'al srà nad prima d'zigar ua, / Mi i zugare, ch'al vol parlar latin.
    Figurav con ala Scienza al srà impastà, / Basta considerar d'in dov al vin, / Ch'lù n'pol s'int' una Toga esser avlupà.
54 Dies sind Lebensdaten und Namen der Kinder, soweit sie aus Tauf- und Sterberegistern ermittelt werden konnten: Giovanni, geb. 7.12.1738 noch im Jahr der Heirat, gest. 1800; Caterina, geb. 31.12.1739, gest. 1.5.1741, eine weitere Caterina, geb. 9.1.1742, gest. 17. desselben Monats; Ciro, geb. 3.2.1744, gest. 1827; Caterina, geb. 15.3.1745, gest. 27.9.1767 als Nonne; Giacomo, geb. 24.7.1749, gest. 1818; Flaminio, geb. 14.3.1751, gest. vor 1753, und Paolo, geb. 25.1.1753, gest. 1831. Giovanni und Giacomo wurden beide Geistliche. Von Ciro ist mir der Beruf nicht bekannt, er war aber kein Geistlicher, da aus Bassis Korrespondenz seine Heirat hervorgeht.
55 Paolos berufliches Leben ist stark durch die Umbrüche im Zusammenhang mit dem Einmarsch, Rückzug und erneuten Einmarsch der Franzosen geprägt. In der *Biblioteca Comunale* in Bologna sind drei Kartons mit Materialien über ihn erhalten, die jedoch in einem so schlechten Erhaltungszustand sind, daß sie nicht konsultiert werden können.
56 Veratis Akademievorträge wurden in seinen letzten Lebensjahren von seinem Sohn Paolo vorgelesen. Es gibt zu Verati keine biographischen Studien außer dem kurzen Nachruf in FANTUZZI, *Notizie*, IX, 193. Im Vergleich zu Bassi ist auch deutlich weniger Korrespondenz erhalten, dafür ist die Quellenlage bei den Publikationen und Vorträgen Veratis ergiebiger. Eine umfassende Studie zu ihm, die gerade im Kontext einer Kollektivbiographie über die zentralen Bolgoneser Wissenschaftler des 18. Jahrhunderts sinnvoll erscheint, steht noch aus. Die Forschungen Veratis zur Elektrizitätslehre werden in Kap. V, S. 163 ff. behandelt.
57 Zur Namensführung: Bassi trug nach ihrer Heirat, wie in Italien seit jeher und bis heute üblich, den Doppelnamen Bassi–Verati, wurde jedoch oft nur als Bassi bezeichnet, gelegentlich auch zusammen mit ihrem Mann als »Signori Verati«. Ich bleibe der Einfachheit halber bei der Bezeichnung Bassi.

58 Es handelt sich um vier Briefe Veratis an Bassi zwischen dem 22. August und dem 30. November 1746, ediert in CENERELLI, *Lettere*, 151–157, sowie um drei Briefe Bassis an Verati zwischen dem 26. November und 7. Dezember 1746, ediert in GENTILI, *Lettere*, 227–232. Aus diesen Briefen geht hervor, daß Bassi und Verati einander noch öfter geschrieben haben.

59 Domenico Gusmano Galeazzi (1686–1775) war ein für seine öffentlichen Anatomien hoch geschätzter und hochbezahlter Universitätsprofessor. Vgl. dazu MARTINOTTI, *Insegnamento*, 135–138. Daneben interessierte er sich rege für physikalische Themen und hatte 1734–1770 die Institutsprofessur für Experimentalphysik inne. Seine Tochter Lucia war mit Luigi Galvani verheiratet. Galeazzi war an Bassis Aufnahme unter die Accademici Benedettini 1745 wesentlich beteiligt; vgl. Kap. IV. Für eine mögliche Anregung Bassis durch Forschungsarbeiten Galeazzis vgl. Kap. V, S. 143; für eine Diskussion von Galeazzis Rolle in der Bologneser Physik vgl. Kap. V, S. 177ff.

60 Zu Laura Bentivoglio Davia vgl. S. 57, 196 und Anm. 29f. zu Kap. V; die Kontakte zwischen beiden ergeben sich aus Briefen Bassis an Bianchi von 1744 und 1745, CERANSKI, *Carteggio*, 229 und 231.

61 Benedikt XIV. an Paolo Magnani, 29. Januar 1744. Zitiert in PRODI, *Carità*, 458. Scarsellis Briefe an Bassi, etwa in CENERELLI, *Lettere*, 116, lassen gelegentlich durchblicken, daß seine Frau ihn mit ihren Krankheiten, die er für eingebildet hielt, terrorisierte. Das päpstliche Mitleid mit Scarselli mag auch auf das Wissen um Scarsellis häusliche Schwierigkeiten zurückzuführen sein, es entspringt sicherlich keinen misogynen Motiven.

62 So geht es etwa in den Briefen von März/April 1747 um ein Mädchen, das in ein Kloster eintreten wollte, jedoch die dafür erforderliche Mitgift nicht aufbringen konnte.

63 Vgl. dazu Kap. V, spez. S. 165.

64 Vgl. dazu auch FINDLEN, *Science*, 443, 465f. Der Einsatz für Familienangehörige oder andere Bekannte ist aber nicht an eine Stellung in der frühneuzeitlichen höfischen Kultur gebunden. So schrieben z.B. auch die italienischen Humanistinnen des 14. und 15. Jahrhunderts in den politischen oder sozialen Belangen ihrer Ehemänner, Söhne und Brüder kunstvolle Briefe und Reden an Fürsten und andere hochgestellte Persönlichkeiten. Vgl. KING, *Cells*, 69f.

65 Vgl. dazu auch den Epilog.

66 GALVANI, *Elogio*, 16ff. schildert ausführlich Lucias Gehorsam und Unterordnung.

67 Die Frage nach dem Verhältnis der Ehepartner, die durchgängig mit der Forderung des Gehorsams der Ehefrau beantwortet wird, ist Gegenstand einer ganzen Reihe von Traktaten im 18. Jahrhundert. Vgl. dazu GUERCI, *Sposa*.

68 Vgl. dazu Kap. II, S. 62.

69 Beccari [an Leprotti], 28. März 1733. BSF Fondo Piancastelli, rac. Autografi sec. XIII–XVIII, alla voce Beccari. Bianchi an Leprotti, 12. März 1733, 2. und 30. April 1733. Für den genauen Nachweis vgl. die Aufstellung in Anhang III.

70 Für eine Charakterisierung von Patronagebeziehungen vgl. Kap. IV, S. 123. Da Bassis Beziehungen zu Bianchi oder zu Beccari mit diesem Konzept sehr gut beschrieben werden können, liegt es nahe, den Begriff auch auf Beziehungen innerhalb der *scientific community* auszudehnen.

71 Bianchi macht darüber hinaus auch den Versuch, Bassi für die Verbreitung einer sehr polemischen Buchkritik zu benutzen. Vgl. dazu unten S. 98.

72 Giovanni Bianchi an Laura Bentivoglio Davia, 11. Juli 1733. BGR Sc–Ms 968: Minutario delle lettere di Giano Planco dal 1728 al 1735, f.⁰ 428.

73 [43], Bianchi an Leprotti, 2. April 1733.

74 In einem Brief an Bassi vom 6. März 1740 erkundigt Manzoni sich, ob und wie Bassi die Lizenz erhalten habe, »denn auf dem Weg, wie sie die Männer erhalten, kann man nicht darauf hoffen« (CENERELLI, *Lettere*, 89). In ihrem Brief vom 13. Juli 1741 (ibid., 93f.) berichtet sie, die Lizenz nicht erhalten zu haben. Daß Clelia Borromeo sich ebenfalls vergeblich bemüht hatte, schrieb Leprotti am 4. März 1733 an Bianchi [40].

75 Wie HALL, *Matematica*, 44 betont, wurde in Italien auch das Mathematikstudium durch die Zensur beeinträchtigt, da z.B. Descartes auf dem Index war.

76 Gabriele Manfredi an Laura Bassi, 29. Dezember 1734. BNF Autografi Gonnelli, n. 24/163. Ich danke Sandra Giuntini, Florenz, die an einer Biographie über Gabriele Manfredi arbeitet, für den Hinweis und die Überlassung ihrer Transskription des Briefes.

77 Vgl. dazu Kap. V, spez. S. 177 und 180.

78 Vgl. dazu die Darstellung und Bewertung in PEPE, *Calcolo*, insbes. 56–60; biographische Informationen über Gabriele Manfredi und seine Brüder auch in GRANDI VENTURI, *Carteggi*.

79 Daß Bassi als Schülerin Manfredis wahrgenommen wurde, zeigt sich etwa daran, daß sie darum gebeten wurde, ihre Unterrichtsunterlagen zur »Cartesianischen Algebra« auszuleihen: Cammillo Zampieri an Laura Bassi, 24. August 1740, ediert in CENERELLI, *Lettere*, 161f.

80 Vgl. dazu Kap. III, S. 80.

81 Vgl. zu dieser Episode sowie zum Verhältnis zwischen Bianchi und Bassi auch CERANSKI, *Carteggio*, 210f.

82 Bassi an Bianchi, 24. Mai 1738, ibid., 226.

83 Von Eustachio Manfredi leiht sie z.B. die Theodizee von Leibniz, wie aus einem Brief von Eraclito Manfredi an Bassi, 13. November 1737, BAB Ms. Manfredi, cart. I, fasc. 2, hervorgeht. Mit dem Venezianer Literaten und Aufklärer Apostolo Zeno hat sie 1736/37 einen intensiven Kontakt zur gegenseitigen Beschaffung von Büchern, wobei Zeno Bassi einen Kommentar zu Aristoteles' Rhetorik, den Text selbst, die Poetik von Scaliger, ein ethymologisches Wörterbuch und ähnliche Titel beschafft. Zeno an Bassi, 12. Mai 1736, CENERELLI, *Lettere*, 173.

84 Die Quellen für diesen Abschnitt sind die sog. *Requisiti* Bassis von 1738, 1748 und 1750, publiziert in MELLI, *Epistolario*, 87, 128, 144. *Requisiti* waren eine Art Lebenslauf und Aufzählung der eigenen Meriten, mit denen man sich um eine Gehaltserhöhung bei der Universität bewarb. Die *Requisiti* von Verati sind bislang unpubliziert und finden sich ebenso wie die Originale von Bassis im ASB Assunteria di Studio *Requisiti dei Lettori*, b. 57, fasc. 24 (Verati) bzw. b. 2, fasc. 21 (Bassi).

Kapitel IV

1 Zu dem Konflikt zwischen dem »privaten« und dem (durch die Publikation des ersten Bandes der *Commentarii* bekräftigten) »öffentlichen« Status der Akademie vgl. die Ausführungen weiter unten, daneben auch oben S. 43 und DE ZAN, *Accademia*, 256ff.

2 Vgl. zur zahlenmäßigen Entwicklung der abgelieferten Dissertationen Abb. IV. Der Rückgang der Aktivität mag mit dem Tod des Gründers und Patrons des Instiuts und der Akademie, Luigi Ferdinando Marsili, im November 1730 zusammenhängen. Vgl. ROSEN, *Academy*, 71.

3 Zu diesen Zahlen kommt ANGELINI, *Istituto*, 208f. durch die Auswertung der Sitzungsprotokolle und des Dissertationskatalogs der Akademie.

4 So vor allem ROSEN, *Academy*, 69–73.

5 Darauf verweist ANGELINI, *Istituto*, 207–209.

6 Vgl. dazu AAB Titolo I: *Registro degli Atti*, 15.4.1742.

7 Von einer wahrhaften Neugründung der physikalischen Abteilung des Instituts spricht Francesco Maria Zanotti in der *Praefatio* der *Commentarii*, Band II (1745), 30. Person und Pontifikat Lambertinis sind bisher leider nicht in einer umfassenden Studie aufgearbeitet worden. Den besten Überblick geben *Benedetto XIV.* sowie HAYNES, *Philosopher King.*

8 Vgl. Kap. I, S. 41 und Kap. II, S. 66. Lambertini wurde 1731 zum Erzbischof Bolognas ernannt. Für eine Charakterisierung seiner Amtszeit vgl. FANTI, *Lambertini*, 179.

9 Vgl. FANTI, *Lambertini*, 178f. wo auch Lambertinis ausgleichender, auf Kompromisse bedachter Charakter betont wird.

10 Über das Konklave vgl. Lambertinis eigenen Bericht in KRAUS, *Briefe*, sowie seinen Brief an den Senator Magnani vom August 1740, ediert in FANTI, *Lambertini*, 216f.

11 Mit seinem Engagement für Institut und Akademie und den Beweggründen beschäftigen sich ANGELINI, *Istituto*, 209–224; PRODI, *Carità*, 462–466; TEGA, *Introduzione.*

12 TEGA, *Introduzione*, 28.

13 Benedikt XIV. an Paolo Magnani, 16. November 1743. Die Briefe befinden sich im Privatarchiv des Marchese Camillo Malvezzi Campeggi und sind transkribiert, aber bislang nicht veröffentlicht worden. Ich danke Paolo Prodi, der mir Einblick in seine Transkription gewährt hat. Einige Zitate aus den Briefen finden sich in PRODI, *Carità*. Das Collegio Panolino war eine private Stiftung aus dem 17. Jahrhundert, die Kost, Logis und Unterricht einer bestimmten Zahl junger Männer aus Waisenhäusern finanzierte. Zur Interpretation des Testaments des Stifters durch Benedikt XIV. vgl. seinen Erlaß zur Umwidmung der Mittel des Collegio Panolino, das *Motuproprio con cui si sopprime il Collegio Panolino e se ne assegnano le entrate all'Instituto delle Scienze* in der Edition von ANGELINI, *Istituto*, 528–535, hier 530.

14 Benedikt XIV. an Paolo Magnani, 2. September 1744. Ein Teil des Zitats ist, ebenso wie andere vom November 1743 und Nov. 1744 mit dem gleichen Tenor, publiziert in PRODI, *Carità*, 463f. bzw. 466.

15 Benedikt XIV. an Paolo Magnani, 31. März 1745, ebenso 7. April 1745.

16 Über die Vorbereitung und Durchführung der Akademiereform gibt es keine Arbeiten und kaum direkte Quellen, da die Akademieprotokolle erst *nach* der Verkündung des Dekrets auf die Reform eingehen. Die geschilderten Abläufe und Maßnahmen gehen indirekt aus einem erstmals ausgewerteten Brief von Galeazzi an Scarselli, Mai 1745, BUB Mss. 72, 1; f. 60–61, hervor, der im nächsten Kapitel noch besprochen wird.

17 Für Bassis Kontakt zu Scarselli vgl. Kap. III, S. 94.

18 FINDLEN, *Science*, 460–463.

19 Bassi an Scarselli, 21. April 1745, ediert in MELLI, *Epistolario*, 103 f.

20 Die Zahl der Universitätsprofessuren war Ende des 17. Jahrhunderts begrenzt worden, so daß die Ernennung Bassis im Oktober 1732 eigentlich die Ernennung eines anderen – männlichen – Kandidaten verhindert hätte. Offensichtlich war man, um das zu vermeiden, in den Verhandlungen um ihre Berufung übereingekommen, sie »zusätzlich« zu ernennen. Aus dem Ernennungstext geht das allerdings nicht explizit hervor.

21 Zu Bassis Universitätsvorlesungen vgl. Kap. III, S. 80 sowie weiter unten in Kap. IV, S. 120 und Anm. 56 .

22 Scarselli an Bassi, 28. April 1745. Ediert in CENERELLI, *Lettere*, 108ff.

23 Bassi an Scarselli, 12. Mai 1745. Ediert in MELLI, *Epistolario*, 105.

24 Scarselli an Bassi, 29. Mai 1745. BAB Mss. Scarselli, cart. I, fasc. 5. Der Brief ist in Anhang VI im italienischen Original wiedergegeben.

25 Zu Galeazzi vgl. seine Vorstellung in Anm. 59 zu Kap. III.

26 Abbondio Collina war Professor für Geographie und Nautik von 1724 bis 1753, Francesco Vandelli Professor für Festungsbau von 1733 bis 1750, Marc' Antonio Laurenti Professor für Chemie von 1711 bis 1734.

27 Galeazzi an Scarselli, 15. Mai 1745. BUB Ms. 72 (Corrispondenza di Flaminio Scarselli), vol. 1, f. 60–61. Der italienische Originaltext ist in Anhang VI wiedergegeben.

28 Für die Details des päpstlichen Dekrets vgl. das nächste Teilkapitel.

29 Daß der italienische Begriff *virtù* hier mit Tugend und nicht mit *(intellektueller) Stärke* zu übersetzen ist, ist aus dem Kontext ersichtlich, da Galeazzi über Bassis wissenschaftliche Forschungen nicht als Entfaltung, sondern als Ergänzung ihrer *virtù* schreibt. Außerdem gebraucht er den Begriff niemals in bezug auf einen Mann.

30 Zu verweisen ist z.B. auf die zahlreichen, auch und gerade an weibliches Publikum gerichteten moralischen Schriften, in denen die Forderung nach weiblicher Tugend immer wieder neu entfaltet wird. Vgl. dazu MARTENS, *Botschaft*, für die deutschen und MENCK, *Auffassung*, für die englischen moralischen Wochenschriften. Für den italienischen Kulturraum s. GUERCI, *Discussione*, sowie speziell für den Bereich der Ehe GUERCI, *Sposa*.

31 Vgl. Kapitel V, S. 143 für eine Anregung Bassis durch Arbeiten von Galeazzi.

32 Ein wesentlicher und hier relevanter Aspekt dieser Festschreibung ist die Abwendung vom Ideal der »gelehrten Frau« zugunsten einer »gebildeten Gefährtin des Mannes«, die sich im 18. Jh. gerade in der moralischen Literatur vollzieht. Vgl. dazu neben der obengenannten Literatur zu den moralischen Schriften auch BECKER–CANTARINO, *Weg*, 149–200.

33 Scarselli an Bassi, 12. Juni 1745. BAB Ms. Scarselli I, fasc. 6: »Manco male, che a me solo è toccata tutta la gloria di promuovere, nella elezione di V.S.Ill.:ma in Accademica Benedittina sopra numero, i vantaggi della mia Patria e dell'Instituto, e dell'Accademia delle Scienze.«

34 Bassi an Scarselli, 19. Juni 1745. Ediert in MELLI, *Epistolario*, 109. Für ein anderes eindrückliches Beispiel für Bassis diplomatisches Geschick vgl. CERANSKI, *Carteggio*, 211, 219f.

35 Scarselli an Bassi, 26. Juni 1745. BAB Ms. Scarselli, cart.I, fasc. 7. »Il decoro della mia Patria e la gloria dell'Accademia mi sono stati dinanzi agli occhi, quando proposi la sua degna persona a N.S., e sono certo che l'opera sovrastarà il buon volere.«

36 Mit diesem Thema, u.a. auch mit der Frage, ob allen Professoren die gleiche Erhöhung gewährt werden sollte, hatte er sich wiederholt auseinandergesetzt. Vgl. Benedikt XIV.an Paolo Magnani, 25. März 1744.

37 Benedikt XIV: *Motuproprio con cui si sopprime il Collegio Panolino e se ne assegnano le entrate all'Instituto delle Scienze*, in der Edition in ANGELINI, *Istituto*, 534. Fortan zitiert als *Motuproprio*.

38 Für die ersten acht Jahre betrug die Prämie der Benedettini nur 50 Lire, da ein Teil der Stiftungsmittel noch für die letzten Studenten des Collegio Panolino gebraucht wurde.

39 *Motuproprio*, 534.

40 Vgl. oben S. 112.

41 ASB Assunteria di Studio *Atti* Vol 24 (1749–1755), Protokoll vom 3. Juli 1750. Vgl. dazu auch FINDLEN, *Science*, 459f.

42 Ich habe hier namentlich TRUESDELL, *Agnesi*, 127, im Blick, der sich der obskuren Bemerkung nicht entblödet, daß Benedikt XIV. Bologneser gewesen sei, »and the Bolognesi have been famous since the Middle Ages (or even earlier) for the value they put upon various services provided by women.« Auf erhellende Erläuterungen oder Begründungen verzichtete er.

43 *Findlen, Science*, 460, verweist auf die Befriedigung, die der Papst angesichts des Umstandes artikulierte, daß Frauen sich dem Fortschritt der Wissenschaften widmeten. Die Förderung der Wissenschaften ist demnach das übergeordnete Ziel.

44 AAB *Atti*, fasc. 9, 25. August 1745:»Aggiunge al sudetto numero, come sopranumeraria la Sig.ra Laura Bassi. [...] Assegna poi Sua Santità ai 24 suddetti Academici, e insieme alla sopranumeraria Sig.ra Laura Bassi, un premio di Lire 50 ogni anno per ciascuno.« Der Bericht schließt mit einer Liste der Benedettini, die Bassi nicht enthält.

45 Ibid., 28. August 1745.»[...] si stimò di fare [...] 24 academie, in ognuna delle quali recitasse un'academico Benedettino«. Durch das päpstliche Dekret waren eine öffentliche und 22 halb– oder nichtöffentliche Sitzungen vorgeschrieben. Vgl. *Motuproprio*, 532f.

46 AAB *Atti*, ibid.»Piacque ancora, che la Sig.ra Laura Bassi recitasse in un di que'giorni, che già erano destinati a gli altri academici Benedettini; e ciò per non accrescere il numero delle academie.«

47 Motuproprio, 533.

48 Für die Einzelheiten s. ROSEN, *Academy*, 78f.

49 AAB *Atti*, 23. November 1745.»Che la sessione convocata per tal'elezione non si abbia per legitima, se non vi intervengono almeno sedici academici Benedettini; e che i voti, con cui si farà l'elezione, debbano esser secreti. Spiegando anche il chirografo Pontificio, si intese, che la Sig.ra Laura Bassi dovesse essere esclusa dal metter voto nella elezione de gli academici Benedettini.«

50 Galeazzi an Scarselli, 24. November 1745. BUB Ms. 72, 1, f. 64–65.

51 Bassi an Scarselli, 27. November 1745. Ediert in MELLI, *Epistolario*, 115 f.

52 Scarselli an Bassi, 4. Dezember 1745. BAB Ms. Scarselli, cart. I, fasc. 9.

53 Bassi an Scarselli, 11. Dezember 1745. Ediert in MELLI, *Epistolario*, 117.

54 Galeazzi an Scarselli, 22. Dezember 1745. BUB Ms. 72, 1, f. 68–69. Italienischer Originaltext in Anhang VI. Soweit nicht anders angegeben, stammen auch die folgenden Zitate aus diesem Brief.

55 Dies ist nicht zu verwechseln mit *späteren* Akademiebeschlüssen, keine Frauen (mehr) aufzunehmen. Hier geht es um die *Gründungsstatuten* der Akademien. Zu diesem Thema vgl. SCHIEBINGER, *Mind*, 22–25.

56 Dies behauptet MELLI, *Ridiscussioni*, 74 und im Anschluß an ihn auch FINDLEN, *Science*, 457. Für Einzelheiten der Reform vgl. ANGELINI, *Istituto*, 171f. Auch die offizielle Aufhebung von Bassis Vorlesungsverbot durch den Senat im Dezember 1739 führte demnach nicht zu regelmäßigen Universitätsvorlesungen Bassis.

57 Da das Recht zur Wahl neuer Mitglieder grundsätzlich als Schlüsselkompetenz begriffen wurde, gab es auch in anderen Akademien Bestrebungen, es auf eine möglichst kleine Gruppe zu beschränken; dabei ging es aber um den Ausschluß ganzer Klassen von (ausschließlich männlichen) Mitgliedern, nicht um den einer Einzelperson. Vgl. dazu z.B. HAHN, *Anatomy*, 79f.

58 Ich beziehe mich auf ROSSITER, *Women*, hauptsächlich Kap. 4, 73–99. Dort finden sich zahlreiche Beispiele. Eine andere Möglichkeit, männliche Exklusivität zu garantieren, liegt in der Gestaltung des informellen, gesellschaftlichen Umgangs miteinander. Vgl. TRAWEEK, *Beamtimes*, 116f. für ein modernes Beispiel.

59 AAB *Atti* Nr. 9, Protokoll vom 3. März 1746.»Alla Sig.ra Laura Bassi non fu mandata la poliza.« Zu wählen waren zwei *Alunni*, also noch nicht einmal Mitglieder der Benedettini.

60 Die mit 18 von 24 für Bologneser Verhältnisse ungewöhnlich hohe Teilnehmerzahl wird auch vom Sekretär am Rande im Protokoll kommentiert. Auch Verati war bei dieser Sitzung anwesend.

61 AAB *Atti* fasc. 10, Protokoll vom 2. Juni 1750. Wie bei solchen Sitzungen üblich, ist erwähnt, daß zu jener Sitzung schriftlich eingeladen worden war; demnach scheint auch Bassi eine solche Einladung erhalten zu haben.

62 AAB *Atti* fasc. 15, 21. Januar 1768. Bassis Teilnahme wird nicht kommentiert.

63 Verati war 1742, 1753, 1759, 1764, 1766 und 1775 Vizepräsident, in den Jahren 1743 und 1756 Präsident. Er liegt damit eher unterhalb dessen, was andere Mitglieder aus dem Kern der Akademie als Amtszeiten aufweisen. Beccari und Galeazzi waren jeweils vier Mal Präsident; Eustachio Zanotti drei Mal, Laghi, Matteucci und Balbi wie Verati zwei Mal. In Bezug auf die Akademie kann somit von einer »gerontocracy, controlled by the husband–and–wife team of Giuseppe Verati and Laura Bassi« (FINDLEN, *Aldrovandi*, 357, Anm. 16) nicht die Rede sein – von einer Gerontokratie allerdings schon.

64 Streitpunkt war regelmäßig die Frage, wieviele der 24 (bzw. mit Bassi 25) Benedettini der Senat qua Amt bestimmte, und wieviele die Akademie selbst wählte. Da sich durch mehrfache Erweiterungen des Instituts die Zahl der Amtsträger erhöhte, bestand die Akademie darauf, auch die Zahl der Benedettini zu erhöhen, um nach wie vor 11 (später 10) von ihnen selbst bestimmen zu können. Der Kompromiß lautete schließlich, daß den neu hinzugekommenen Amtsträgern ein Status »sopra numero« analog zu Bassi verliehen wurde, d.h. ihre Position fiel bei ihrem Ausscheiden automatisch wieder weg. 1800 wurde Maria Dalle Donne unter expliziter Berufung auf Bassi zur »Accademica sopranumeraria« ernannt. Vgl. dazu Kap. VI, S. 199.

65 Meine Kritik an der Deutung in FINDLEN, *Science*, 460–463, setzt genau daran an, daß sie Scarsellis Unterstützung als rückhaltlos und unbedingt voraussetzt und weder die Grenzen seines Willens noch seiner Möglichkeiten zur Unterstützung Bassis thematisiert. Die komplexere Dynamik wird freilich erst bei Einbeziehung der ungedruckten Quellen, namentlich der Briefe Galeazzis an Scarselli, sichtbar.

66 Für einige Beispiele zur Einbindung Bassis in Forschungen mit anderen Akademiemitgliedern s. Kapitel V, S. 170f.

67 Vgl. Kap. V, S. 169 und 173f. für Beispiele, wie in Bassis Partizipation am Akademieleben Konzepte von Geschlechterdifferenz zum Tragen kamen bzw. ausgelöscht wurden. Für die »aufweichende« Wirkung von Bassis Forschungsjahren vgl. Kap. V, S.184.

68 So spricht BIAGIOLI, *Patronage*, 2, von einer »institution without walls« und formuliert darin den Anspruch des Konzeptes auf Gleichberechtigung mit den klassischen Institutionalisierungsprozessen. Meine Darstellung folgt im Wesentlichen den Arbeiten Biagiolis, der wohl den umfassendsten Entwurf zu diesem Thema vorgelegt hat. Für die Definition und Rechtfertigung des Patronagekonzepts ist BIAGIOLI, *Patronage*, die beste Einführung; einen Einblick über verschiedene Ausformungen des Konzepts gibt der Sammelband MORAN, *Patronage*.

69 Zur Anatomie vgl. auch Anm. 61 zu Kap. I. Eine parallele Entwicklung läßt sich auch im Bereich der Kunst beobachten, vgl. dazu WARNKE, *Hofkünstler* und KEMPERS, *Kunst*.

70 Die Analyse von Galileis Geschick, seine Entdeckungen dem dynastischen Mythos der Medicis anzupassen, ist Hauptgegenstand von BIAGIOLI, *Galileo*. Galileis Gespür für eine gute Abstimmung ist in dieser Darstellung ein zentraler Grund für seine Karriere.

71 So ist es z.B. eine gängige Form, Kontroversen in Form von Schreiben an einen gemeinsamen, von beiden Kontrahenten anerkannten Patron auszutragen. Dadurch wird die »objektive«, uneigennützige und somit ehrenvolle Position des Patrons rituell bestätigt. In Bassis Biographie findet sich eine solche Art der Konfliktlösung bei ihrem Zerwürfnis mit Tacconi 1732, das durch Briefe beider an den hoch angesehenen Bologneser Senator Filippo Aldrovandi beendet wird. Vgl. dazu Kap. II, S. 87f.

72 MCCLELLAN, *Science*, 14 verwendet dafür den Ausdruck »Renaissance–Akademie«. Für eine Interpretation der Publikation und Wirkungsweise der *Accademia del Cimento* und

anderer Akademien vor dem Hintergrund dieses Patronagemodells vgl. BIAGIOLI, *Revolution*, 23–39 und DERS., *Patronage*, 36–41. Zum Bewußtsein der Wissenschaftler, mit Leopoldos Tod einen herausragenden Patron verloren zu haben, vgl. MAFFIOLI, *Acque*, 43.

73 Vgl. oben Kap. I, S. 42 und die entsprechend angegebene Literatur für die Charakterisierung und Frühgeschichte der Bologneser Akademien im 17. und 18. Jahrhundert.

74 Das Attribut des aufgeklärten oder Philosophenpapstes hat Benedikt XIV. freilich nicht nur durch sein Engagement für die Bologneser Wissenschaft, sondern auch durch die Gründung oder Neubelebung zahlreicher anderer wissenschaftlicher Institutionen u.a. in Rom verdient.

75 Zur Berliner Akademiereform vgl. in diesem Zusammenhang TERRALL, *Culture*, insbes. 335f.; zum Verhältnis zwischen Benedikt XIV. und der europäischen Aufklärung CENACCHI, *Illuminismo*, dabei speziell 1089–1092 für das gute Verhältnis zwischen dem Papst und Voltaire, was wiederum eine Parallele zu Friedrich II. darstellt.

76 Vgl. dazu Kap. V, S. 172.

77 So empfiehlt Scarselli Bassi auf ein Bittgesuch für ihren Cousin hin als Strategie, einen Akademievortrag zu veröffentlichen und dem Papst zu widmen. Wenn sie dann wenig später ihre Bitte vortrüge wäre ihr, so Scarselli, die Erfüllung sicher. Scarselli an Bassi, 23. Oktober 1745, ediert in CENERELLI, *Lettere*, 110f.

78 Unmittelbar nach 1745 ist der päpstliche Patron darüber hinaus der Akademie in der Person des Legaten präsent, der häufig unangemeldet und uneingeladen zu Akademiesitzungen erscheint, wie von Zanotti mit unverhohlenem Mißfallen in den Protokollen festgehalten wird. Vgl. AAB *Atti*, fasc. 9, Februar 1746.

79 Zur Verbesserung der apparativen Ausstattung der physikalischen Abteilung und den Auswirkungen auf die Forschung vgl. ANGELINI, *Istituto*, 221ff. Einen Überblick über die Reiseberichte des 18. Jahrhunderts aus Bologna bietet CUSATELLI, *Viaggi*.

80 Vgl. ANGELINI, *Istituto*, 266f., die in diesem Zusammenhang auch die Bedeutung des Umstands betont, daß die Benedettini einen Teil ihrer Mitglieder selbst wählten.

81 Zur revolutionären Bedeutung dieser Neueinrichtungen vgl. ANGELINI, *Istituto*, 215–220. Gerade die letztere Maßnahme war wegen ihrer Neuheit nicht unumstritten.

82 Die Teilnehmerinnen der am Institut angebotenen Hebammen–Ausbildung mußten allerdings einen eigens für sie errichteten Hintereingang benutzen, um die Distanz zum übrigen Institutsbetrieb zu wahren.

83 Vgl. dazu ROSEN, *Academy*, 92ff. Zu den Benedettini, die ihren Pflichten nicht nachkamen, gehörte auch Peggi, der auch vorher nichts mit der Akademie zu tun gehabt hatte. Die Aufnahme unter die Benedettini gründet sich in seinem Fall vermutlich auf die persönliche Freundschaft mit dem Papst und auf seine Prominenz als Universitätsprofessor.

84 Die Wichtigkeit dieser Kerngruppe und ihre im Vergleich zu späteren Akademikergenerationen hohe Arbeitsmoral betont ROSEN, *Academy*, 92f., 131f. u. öfter. Laura Bassi ist in seiner Darstellung Teil dieser Kerngruppe.

85 Dazu nur ein Beispiel: Im Januar 1754 wurde Zanotti vor die Assunteria di Istituto zitiert und die baldige Publikation des neuen Bandes der *Commentarii* angemahnt. Zanotti verwies darauf, daß einige führende Mitglieder, darunter Beccari, ihre für die Publikation vorgesehenen Vorträge noch nicht überarbeitet hatten. Daraufhin wurde Beccari von der Assunteria zur baldigen Einreichung seiner Vorträge ermahnt: ASB Assunteria di Istituto *Atti* Vol. 5 (1754–1760), 18. und 24. Januar 1754. Band III der *Commentarii* (Imprimatur vom Juni 1754) erschien dann im folgenden Jahr.

86 Vgl. dazu die nach Disziplinen differenzierte Aufsatzsammlung in TEGA, *Enciclopedia scientifica*.

87 Vgl. NERI, *Mechanica*; URBINATI, *Physica* sowie die anderen entsprechenden Aufsätze in TEGA, *Enciclopedia scientifica*; daneben BALDINI, *Attività*, 492ff.
88 Vgl. TAGLIANINI, *Chymica*.
89 Vgl. BAIADA, *Astronomica*, 233, 241.
90 Vgl. MCCLELLAN, *Science*, 109f.; speziell zur Reform in Bologna 99–104.
91 Vgl. ROSEN, *Academy*, 120–126. Gerade in den 1740er und 1750er Jahren wurden jedoch immerhin, oft auf Veranlassung des Papstes, viele führende europäische Wissenschaftler und Wissenschaftlerinnen in die Akademie aufgenommen.
92 Zur Bedeutung der ersten Preisausschreibungen für Berlin und St. Petersburg vgl. MCCLELLAN, *Science*, 74 und 82f; zu den Berliner Preisfragen auch HARNACK, *Geschichte* [1901], 301–324. Zur Bedeutung der Preisfragen im Leben der Akademien vgl. ROCHE, *Siècle*, I, 324–355; insbesondere zu ihrer Steuerungsfunktion für die Wissenschaften auch HEILBRON, *Elements*, 124f.
93 Verifiziert habe ich dies für Berlin und Paris anhand der Angaben in Harnack, op.cit. und JAEGGLI, *Recueil*. Für eine umfassendere Übersicht vgl. DELANDINE, *Couronnes*. Da es in den Quellen und sämtlichen Biographien und Nachrufen der infrage kommenden Bologneser Wissenschaftler keine Erwähnung solcher Auszeichnungen gibt, habe ich auf eine vollständige Überprüfung verzichtet.
94 Die Charakterisierung ist aus MCCLELLAN, *Science*, 103, der jedoch keine Gründe für die Provinzialität Bolognas angibt.
95 Vgl. dazu z.B. S. 173 zum Bemühen Voltaires um Aufnahme in die Bologneser Akademie. In der Auflistung der auswärtigen Mitgliedschaften der Mitglieder der Académie des Sciences wird das Bologneser Institut stets nach Berlin, London und St. Petersburg noch vor Stockholm genannt, ist in der Rangfolge also ziemlich weit oben.
96 MCCLELLAN, *Science*, 34f. Die erste Gruppe der nationalen Akademien umfaßt in McClellans Rangfolge Paris, London, St. Petersburg und Stockholm; zu den wichtigen regionalen Akademien rechnet er neben Bologna auch Göttingen, Edinburgh und große französische Provinzakademien wie Dijon und Lyon.

Kapitel V

1   Von den rund 170 Briefen an oder von Bassi ab 1746 hängen etwa 110 mit wissenschaftlichen Aspekten (einschließlich Empfehlungsbriefen) zusammen. Der Rest ist literarischen oder persönlichen Themen sowie der Fürsorge für Schützlinge gewidmet, setzt also die Tradition fort, die ihre Korrespondenz vor 1746 dominiert hatte.
2   *De problemate quodam hydrometrico, Commentarii* Bd. IV (1757), 61–73; *De problemate quodam mechanico*, ibid., 74–79.
3   AAB *Atti*, fasc. 10, vermerkt für den 24.4.1749 einen Vortrag Laura Bassis »sopra il centro della gravità«, den sie dem Sekretär, wie üblich, im Anschluß überreichte.
4   Vgl. die Liste ihrer Vortragsthemen in Anhang II. Erst um 1760 trägt sie wieder über ein experimentelles Thema vor.
5   Zu den Einleitungen der Vorträge von 1747 und 1748 vgl. S. 150ff.
6   *De problemate quodam mechanico*, 74.
7   Ibid., 75. Bassis Formulierung ist ziemlich verklausuliert.
8   Ibid.: »[...] puncta a, & c, in quibus mobilia a punctis A, & C exeuntia primo temporis momento reperiuntur«.
9   *De problemate quodam mechanico*, 77.
10 Ibid., 78.
11 Ibid., 78f.

12 Eine sehr gute Zusammenfassung, allerdings ohne Kommentar, findet sich in TEGA,
    Anatomie, 273; die beste Einordnung bietet NERI, *Mechanica*, 178f. CAZZANI, *Cento an-*
    ni, 15, stellt Bassis Gedankengang hingegen nicht korrekt dar und verkennt insbesonde-
    re, da er sich auf ihr Beispiel der gleichförmigen Bewegung konzentriert, die Allgemein-
    heit ihres Ansatzes. CAVAZZUTI, *Testi*, 177f. übernimmt diese Darstellung fast wörtlich.
    BERTI LOGAN, *Desire*, 805f. beschränkt sich neben der (korrekten) Darstellung auf die
    von NERI übernommene Feststellung, daß Bassis Arbeit einen Trend der Akademiepubli-
    kationen widerspiegele, der jegliche Verwicklung in die vis–viva–Kontroverse strikt ver-
    meidet.

13 Einen Überblick über die Debatte in den *Commentarii* bietet NERI, *Mechanica*, 160–178.

14 Vgl. das erste Zitat dieses Kapitels, sowie unten S. 139.

15 Eindeutig ist die Zuordnung für die Jahre 1753 und 1754, in denen Bassi lt. DOMENICO
    PIANI: *Catalogo per autori dei lavori dell'Antica Accademia*, f. 15, über die »Aus-
    strömung des Wassers durch verschiedene Öffnungen« vortrug; die Thematik der Vorträ-
    ge von 1755 und 1756 wird lediglich mit »hydraulisch« angegeben. Da die Akademiepro-
    tokolle für diesen Zeitraum nicht vollständig sind, ist Pianis Katalog die beste Quelle für
    die Vortragsthemen.

16 *De problemate quodam hydrometrico*, 61. Hervorhebungen von mir. Ich habe die Sätze
    bewußt nicht zerlegt, um die Dichte von Bassis Darstellung wenigstens ansatzweise wie-
    derzugeben. Die hier nur auszugsweise zitierten ersten beiden Sätze machen fast die ge-
    samte erste Druckseite von *De problemate quodam hydrometrico* aus und übertreffen in
    Länge und Komplexität ihrer Konstruktion deutlich die im weiteren Verlauf formulierten
    Sätze. Bassis Anspruch auf kompetente Teilnahme am wissenschaftlichen Diskurs wird
    so auch rhetorisch unterstützt.

17 Alle wörtlich übernommenen Ausdrücke aus *De problemate quodam hydrometrico*, 61–
    62.

18 Poleni wurde in Bologna namentlich von Eustachio Manfredi nicht wahrgenommen.
    Manfredi aber war derjenige der bekannten Bologeser Hydromechaniker, den Bassi noch
    persönlich gekannt hatte. Zudem hatte Manfredi Guglielminis Hauptwerk neu herausge-
    geben. Es ist somit verständlich, daß Bassi von dieser Prägung her Poleni zunächst kaum
    zur Kenntnis genommen hat, obwohl sie sich später bemühte, seine sämtlichen hydrauli-
    schen Arbeiten zu bekommen (vgl. Bassi an Caldani, 29. Juli 1766; ediert in MELLI,
    Epistolario, 164). Zu den verschiedenen Forschungsrichtungen, insbesondere einer Ein-
    ordnung von Guglielmini und Poleni vgl. MAFFIOLI, *Guglielmini*; ders., *Acque*, 55–71.

19 Zum baconisch inspirierten Ideal vom öffentlichen Nutzen des Instituts vgl. Kap. I, S. 40
    und Anm. 84, ferner die dort angegebene Literatur.

20 Sie benennt auch explizit die Werke der Autoren, nämlich von Guglielmini; *Aquarum*
    Fluentium Mensura Nova Methodo Inquisita (Bologna 1690/91) und *Leggi e fenomeni/*
    regolazioni ed usi delle acque correnti (Venedig 1741) von Zendrini.

21 Die Formel ist übernommen aus *De problemate quodam hydrometrico*, 62. Da mir das
    angegebene Werk von Guglielmini leider nicht zugänglich war und sein hydrometrisches
    Hauptwerk *Della natura de' fiumi* die betreffende Formel nicht enthält, sondern (S. 28)
    auf *Aquarum Fluentium Mensura* verweist, konnte ich den Text, der Bassi zur Verfügung
    stand, nicht ermitteln. Die Formel läßt sich jedoch verständlich machen: Wie in weiten
    Teilen der hydromechanischen Literatur, ist hier $2g = 1$ gesetzt (g Erdbeschleunigung).
    Die Geschwindigkeit hängt nach dem Torricelli–Gesetz von der Höhendifferenz h des
    ausströmenden Wassers zur Wasseroberfläche ab: $v = v(h) = \sqrt{h}$,eigentlich $\sqrt{(2gh)}$. Die
    Stammfunktion dazu ist $F = 2/3\ h^{3/2}$. Einsetzen der Intervalleckwerte a+c und a–c und
    Division durch die Intervallänge 2c ergibt die angegebene Formel. Vgl. auch BLAY, *Loi*,
    sowie SZABÓ, *Geschichte*, 157ff.

22 *De problemate quodam hydrometrico*, 63.

23 Ibid., 65.

24 Sie nennt allerdings auch die Alternative, die Wurzeln aus Zähler und Nenner separat zu ziehen und durcheinander zu dividieren.

25 *De problemate quodam hydrometrico*, 67–68.

26 In der Literatur wird gerade dieser Aspekt hervorgehoben. Die sprachliche Eleganz wird in CAZZANI, *Cento anni*, 13f. betont, während die Eleganz des Lösungsverfahrens von einem Zeitgenossen gerühmt wird. Vgl. dazu den Brief von Pio Fantoni an Christoforo Amaduzzi vom 22. April 1778, BVR Vat.lat. 9038, ff. 114–115.

27 Marsilis Reformvorschlag für die Bologneser Universität sah die Ersetzung des geometrischen durch einen algebraischen Lehrstuhl vor; ROSEN, *Academy*, 44. Für den Umbruch von der klassischen geometrischen Tradition zu einer algebraisch–analytischen Orientierung in der italienischen Mathematik des 17. und 18. Jahrhunderts vgl. BALDINI, *Attività*, 492–499.

28 Vgl. dazu S. 177ff.

29 Skeptisch (allerdings ohne nähere Begründung) ist insbesondere CAZZANI, *Cento anni*, 13f.; BERTI LOGAN, *Desire*, 805f. verweist auf das in Anm. 26 schon angesprochene zeitgenössische Urteil, daß es sich um eine sehr elegante Lösung handele. Inwieweit diese Aussage, die offensichtlich kurz nach Bassis Tod auf die Bitte eines Zeitgenossen um Informationen über Bassis wissenschaftliches Werk hin formuliert wurde, möglicherweise nur eine Floskel ist (zumal sie stereotyp wiederholt wird), sei dahingestellt.

30 Besonders ausführlich leitet Bassi zur Ermittlung der Strömungsgeschwindigkeit an, wo sie die Aussage der Formel nochmals in Worten wiederholt (*De problemate quodam hydrometrico*, 66), während sie kein Wort über die Wahl des entscheidenden Parameters p verliert.

31 Der Verdacht, daß »diese Frau sich auf einer Höhe mit den berühmten Männern ihrer Stadt zeigen will« wird in CAZZANI, *Cento anni*, formuliert. Wie ersichtlich, ist dieser Aufsatz in der Bewertung von Bassis wissenschaftlichen Leistungen nicht eben enthusiastisch. Daß er im Fall von *De problemate quodam mechanico* den Clou von Bassis Gedankengang verkennt (vgl. Anm. 12), beeinträchtigt seine Aussagekraft allerdings empfindlich. M.E. ist die zitierte Einschätzung unzutreffend, da Bassi ja mit den meisten wichtigen Wissenschaftlern persönlich verbunden war. Wie das nächste Kapitel zeigt, stand sie darüberhinaus schon Mitte der 1740er Jahre unter der starken Protektion des Akademiesekretärs.

32 Zum besonderen öffentlichen Nutzen (und dem daraus resultierenden Impetus für die Forschung) der Hydromechanik vgl. ROSEN, *Academy*, 102–106; MAFFIOLI, *Acque*, 64–71; DERS., *Idrometria*.

33 Da auch die Abhandlungen insgesamt als *Commentarii* bezeichnet werden, verzichte ich der Eindeutigkeit zuliebe auf die originale Bezeichnung der Texte des Sekretärs als *Commentarius/i* und schreibe immer *Kommentar*. Mit *Commentarii* sind also stets die Abhandlungen der Akademie gemeint.

34 Genauer gesagt handelt es sich um den ersten Teilband des zweiten Bandes, der 1745 erschien. Der zweite und dritte Teilband des zweiten Bandes der *Commentarii* erschienen 1746 bzw. 1747. Der Text findet sich auf S. 347–353, zentrale Passagen sind in Anhang IV im lateinischen Originalwortlaut wiedergegeben.

35 Eine Zusammenfassung des Textes findet sich in TEGA, *Commentari*, 135; weitere Kommentare bei BERTI LOGAN, *Desire*, 806, BAIADA, *Meteorologia*, 189 und CAVAZZUTI, *Testi*, 174f.

36 Zu den Publikationskriterien vgl. unten Anm. 185. Daß die Forschungen 1745 noch nicht
    abgeschlossen waren, ergibt sich außerdem eindeutig aus einem Brief von Bassi an Scar-
    selli, 30. Oktober 1745, ediert in MELLI, *Epistolario*, 112f.
37 *De aeris compressione*, 347. Der gleichen Passage ist auch das Zitat in der Überschrift
    entnommen.
38 Zur Entdeckungsgeschichte des Boyle–Mariotte–Gesetzes s. PARTINGTON, *History*, Bd. 2,
    521–523; ROSENBERGER, *Geschichte*, 158, 204–205; HELLER, *Geschichte*, 171, 174f. für
    traditionelle Darstellungen. Wenig hilfreich ist die Darstellung bei MIDDLETON, *Barome-
    ter*, 69ff. Eine kritische und gründliche Auseinandersetzung mit den verschiedenen hi-
    storiographischen Positionen bietet AGASSI, *Boyle's Law*.
39 *Mémoires* der *Académie des Sciences*, Paris: Von der Erweiterung der Luft (1708). Hier
    zitiert nach der deutschen Übersetzung von STEINWEHR, Bd. 3, 232–240, 237. Zum
    Thermometer von Amontons vgl. BAIADA, *Meteorologia*; ROSENBERGER, *Geschichte*,
    256f. Amontons stellte das Thermometer in den Abhandlungen der Pariser Akademie
    von 1703 vor. Abhandlungen zum Boyle–Mariotte–Gesetz erschienen dort in den Jahren
    1705 und 1708.
40 Das Boyle–Mariotte–Gesetz gilt streng genommen nur für ideale Gase und ist daher für
    normale Luft, je nach deren relativer Feuchtigkeit, nur beschränkt gültig. Ein Beispiel für
    den relativ unkritischen Umgang mit Meßwerten findet sich in den *Mémoires* von 1705;
    Angaben zur Gültigkeitsgrenze (nämlich bei einem Viertel des Ausgangsvolumens) z.B.
    bei Musschenbroek. In der von Gottsched besorgten Übersetzung der 2. lateinischen
    Auflage (1743) seines Lehrbuchs *Elementa physicae* (*Grundlehren der Naturwissen-
    schaft*) von 1747 wird das Thema in §§ 1096–1097, S. 642f. abgehandelt. Dieselbe Gül-
    tigkeitsgrenze (ein Viertel des Ausgangsvolumens) wird auch von D'ALEMBERT, *Air*, 230,
    angegeben. 'SGRAVESANDE, *Elementa*, hingegen macht keine Angaben über einen einge-
    schränkten Gültigkeitsbereich. In der Sekundärliteratur zur Geschichte des Boyle–
    Mariotte–Gesetzes wird die Frage des Gültigkeitsbereiches durchweg nicht diskutiert.
41 Für den hier betrachteten Zusammenhang am wichtigsten ist der Kommentar *Observa-
    tiones physicae variae*, Bd. I, 208–212. Er beschreibt u.a. die Untersuchungen Rondellis
    von 1711 zum Zusammenhang zwischen Elastizität und Dichte der Luft, die letztlich auf
    eine Überprüfung des Boyle–Mariotte–Gesetzes hinausliefen. Geminiano Rondelli (1652–
    1739) war ab 1698 der Nachfolger von Guglielmini auf dem Lehrstuhl für Hydrometrie
    an der Bologneser Universität, seit 1714 Mitglied der Akademie und von 1720 bis zu sei-
    ner Emeritierung 1723 auch Professor für Festungsbau am Institut.
42 Unter dem Titel *De thermometris Amontonianis conficiendis* erschienen sowohl ein
    Kommentar Zanottis (Bd. II, 1, 303–307), als auch ein Opusculum Galeazzis (Bd. II, 2,
    201–209). Kurze Inhaltsangaben dazu in TEGA, *Commentari*, 131f. und 158. Die Bedeu-
    tung von Galeazzis Arbeit (der übrigens in seinen Forschungen von Beccari unterstützt
    wurde) liegt darin, daß Galeazzi die Relevanz der eingeschlossenen Luftvolumina für die
    Abweichungen verschiedener Thermometer voneinander erkannte und diese nicht mehr
    auf Unregelmäßigkeiten im Material (Glas) oder in der Form des Thermometers zurück-
    führte.
43 Zanottis Kommentar über Algarottis Experimente findet sich, gewissermaßen als Exkurs,
    in den *Commentarii*, Band I (1731), 181–205: *De lapide bononiensi*. Zu seiner rhetori-
    schen Struktur, namentlich der Vorbereitung von Algarottis Auftritt, vgl. TEGA, *Mens*,
    94ff. Eine parallele Konstruktion sieht derselbe Autor in der Darstellung der Kontroverse
    um die Irritabilität von Muskelfasern zwischen Laghi und Caldani im Jahr 1756, ibid.,
    101. In diesem Fall ist Caldani der Held des Geschehens. M.E. ist diese Deutung von Za-
    nottis Kommentar jedoch problematisch. Vgl. zu dieser Kontroverse unten S. 166 (dort
    auch Angaben zu Quellen und Literatur).

44 *De aeris compressione*, 347. Lateinischer Text S. 255.

45 Der erste Grenzfall besteht in einer so starken Kompression, daß die Luftteilchen einander berühren (und folglich nicht weiter zusammengedrückt werden können), der zweite hingegen im Fall unendlicher Abstände zwischen den Teilchen. Diese Grenzfälle wurden im Zusammenhang mit der Frage nach etwaigen Gültigkeitsgrenzen immer wieder diskutiert. Vgl. z.B. D'ALEMBERT, *Air*, 230f.

46 In der Tat wird der Einfluß des äußeren Luftdrucks bei 'SGRAVESANDE, *Physices Elementa Mathematica*, zwar in der vierten Auflage von 1748 (Bd. 2, 4. Buch, Cap. II, 577–585), aber noch nicht in der zweiten Auflage von 1725 (Bd. 1, 2. Buch, 3. Teil, Cap. XIV, 299–306) berücksichtigt.

47 *De aeris compressione*, 349. Lateinischer Text S. 256.

48 Ibid., 350. Lateinischer Text S. 256.

49 Ibid., 350f. Lateinischer Text S. 256.

50 Insofern kann ich Berti Logans Darstellung nicht folgen, daß Bassi das Gesetz für heitere Tage bestätigt, für feuchte Tage für ungültig befunden und daher auf den Einfluß von Feuchtigkeit auf die Elastizität geschlossen habe, und das alles »well before scientists had a detailed understanding of the behavior of vapor under pressure« (BERTI LOGAN, *Desire*, 806). Der Einfluß der Feuchtigkeit auf die Elastizität stand auf Grund von Galeazzis Experimenten schon vorher fest und war gerade ein Anstoß zur Durchführung der Meßreihen. Ob Bassi die Abhängigkeit der Abweichungen von der Luftfeuchte als Gesetz erkannt hat, wird nicht deutlich; jedenfalls wird eine solche Gesetzmäßigkeit im Text nicht formuliert.

51 Vgl. BAIADA, *Meteorologia*, 185–189; AGASSI, *Boyle's Law*, 247.

52 *De aeris compressione*, 352. Lateinischer Text S. 256.

53 Ibid. Lateinischer Text S. 257.

54 Boyle selbst schrieb Townley die Entdeckung für Drücke kleiner als Atmosphärendruck zu. Vgl. dazu und zu dem experimentiertechnisch bedeutsamen Unterschied zwischen Über– und Unterdrücken AGASSI, *Boyle's Law*, 247 u. öfter.

55 Ibid., 352–353; Hervorhebungen von mir. Lateinischer Text S. 257.

56 Ibid., 350: Haud scio, an haec Laurae metum fecerint.

57 Es handelt sich um S. 350 des Textes, namentlich die oben auf S. 144f. zitierten Passagen.

58 Vgl. dazu S. 150.

59 NERI, *Mechanica*, 172.

60 Die Unvoreingenommenheit Veratis lobt er z.B. in *De interitu animalium in aere interclusorum*, Bd. II, 2, 340–347; vgl. zu diesem Punkt auch URBINATI, *Physica*, 129. Das Zitat ist aus dem Kommentar *De quadam barometrorum varietate*, Com. II, 1, 307–311: »Physicis saepe accidit, & his maxime, qui manu, ut ita dicam, philosophiam excolunt, & omnia per experimenta tractant, ut rem quampiam explicare cum studeant, in aliam incidant explicatu difficiliorem.«

61 Vgl. Kap. III, S. 98.

62 Daß das Gesetz zur Elastizität der Luft nicht aus theoretischen Erwägungen ableitbar, sondern rein empirisch begründet war, ist für das Verständnis von Zanottis Haltung der entscheidende Punkt. Bei aller Propagierung eines vorurteilsfreien, sorgfältigen empirischen Vorgehens endete nämlich für Zanotti die Aussagekraft von Experimenten da, wo sie theoretisch wohlfundierten Gesetzen widersprechen. Im Grunde seines Herzens blieb Zanotti ein Leben lang Cartesianer. Vgl. auch unten S. 179 und die dort angegebene Literatur für eine weitere Charakterisierung seiner Position.

63 Für die Edition der Manuskripte einschließlich des editorischen Kommentars vgl. Anhang V, S. 258 ff. Der unter dem Titel *De immixto fluidis aere* publizierte Bericht findet sich im Bd. VII der *Commentarii* (1792), S. 44–47.

64 Eine äußerst irreführende Zusammenfassung des Kommentars findet sich in TEGA, *Commentari*, 422. BERTI LOGAN greift in *Desire*, 806–807, ausschließlich auf diese Zusammenfassung zurück. CAVAZZUTI, *Testi*, 180–199 diskutiert hingegen auch die Manuskripte; zur Problematik ihrer Arbeit vgl. Anm. 19 zur Einleitung.

65 [1748], 260. Die Angaben beziehen sich auf die in dieser Arbeit vorgelegte Edition; die Vorträge werden der leichteren Unterscheidung halber mit den Jahreszahlen anstatt der Titel benannt.

66 Der zweite Vortrag ist somit nicht nur elaborierter, sondern auch länger als der erste, der allerdings ungewöhnlich kurz ist. Sowohl Bassi als auch andere Benedettini trugen mehrfach in zwei aufeinanderfolgenden Jahren über dasselbe Thema vor. Zur Problematik einer durch den jährlichen Präsentationszwang verursachten Kurzatmigkeit der Forschungen vgl. ROSEN, *Academy*, 126f.

67 [1747], 260. Laut Akademieprotokoll hatte Bassi am 28. April 1746 über die Kompression der Luft, also ihre Forschungen zum Boyle–Mariotte–Gesetz, vorgetragen.

68 Vgl. dazu Kap. II, S. 62, sowie Kap. VI, S. 198f.

69 Zur Entstehungsgeschichte einer wissenschaftlichen Publikation in heutiger Zeit vgl. die Studie von KNORR–CETINA, *Fabrikation*, 185–196. Die dort beschriebenen Veränderungen im Text, speziell in der Einleitung, auf dem Weg zur Publikation sind durch einen ähnlichen Wandel von einer individuellen zu einer sachlich zwingenden, »objektiven« Motivation charakterisiert wie bei Bassi zwischen 1747 und 1748.

70 [1748], 260.

71 [1748], 261. Hervorhebung von mir.

72 Genau genommen unterscheiden die Texte sich noch dadurch, daß Bassi die Frage nach der Herkunft der Luft 1747 direkt nach dem ersten Satz stellt und kurze Zeit später unter Berufung auf Boerhaave wiederholt ([1747], 261, 262); 1748 formuliert sie die Frage später ([1748], 261) und erzielt damit einen organischeren Gedankengang.

73 Sie beobachtet nach dem sorgfältigen Abwischen des Gefäßes an den entsprechenden Wänden eine verminderte Bläschenbildung. Die Folgerung wird 1748 gar nicht mehr explizit formuliert. Vgl. dazu [1747], 262 und [1748], 262. Daß aus dem Wasser Luft entweicht, steht außer Frage; es geht um einen Zusatzeffekt der Wände.

74 Im 1748er Vortrag etwas ungeschickt eingeschoben erscheint die sich anschließende, beiden Vorträgen gemeinsame Frage, warum die Luftbläschen in verschiedenen Flüssigkeiten in verschiedener Zahl und zu verschiedenen Zeiten (also Luftdrücken) aufsteigen. Die Thematik der verschiedenen Flüssigkeiten wird nämlich zunächst nicht weiter verfolgt.

75 [1747], [1748], 265. Zu dem physikalischen Hintergrund ihrer Analogie vgl. S. 155.

76 Gleichlautend in [1747], [1748], 265.

77 Nur dieses erste Experiment ist in beiden Vorträgen enthalten, da der Vortrag von 1747 an dieser Stelle schließt.

78 [1748], 267.

79 [1748], 268.

80 [1748], 268.

81 [1747],[1748], 270. Der Schluß erinnert damit an Bassis Antrittsvorlesung von 1732, wo sie ja auch betont hatte, kein fertiges System, sondern Vorschläge zu präsentieren. Vgl. dazu Kap. II, S. 75.

82 Der hier wichtigste Text von Boyle ist sein Traktat von 1659 *New Experiments Physico-mechanical, touching the Spring of the Air* [...], der in der von Thomas Birch besorgten Werkausgabe von 1772 in Band 1 abgedruckt ist.

83 KERKER, *Boerhaave*, 44–47; LINDEBOOM, *Boerhaave*, 329f.; THACKRAY, *Atoms*, 106–113.

84 Der einschlägige Newton–Text ist Query 31 aus der zweiten lateinischen Auflage von 1717. Zum Einfluß der newtonianischen Konzepte in der Chemie vgl. außer den zitierten Arbeiten auch BROCK, *History*, und DONOVAN, *Chemistry*, 220f. Die newtonianische Verankerung von Hales, dessen *Vegetable Staticks* von 1727 Bassi vermutlich in der französischen Übersetzung von 1735 zugänglich war, betont vor allem THACKRAY, *Atoms*, 114–118. Für Bassi scheint mir diese Verankerung des newtonianischen Konzeptes in der Chemie wichtiger als Hales' eigentliche Forschungsinhalte, mit denen ihre Überlegungen direkt nichts zu tun haben, da sie sich nicht weiter für die Herkunft der Luft interessiert. Von den aufgezählten Forschern und Arbeiten dürften Bassi namentlich die Arbeiten Boerhaaves vertraut gewesen sein, der in Bologna intensiv rezipiert wurde. In den in Kapitel II wiederholt zitierten Briefen Beccaris an Leprotti aus dem Jahr 1732 kommt Beccari mehrfach auf das soeben erschienene chemische Hauptwerk Boerhaaves *Elementa Chemiae* zu sprechen.

85 CLAIRAUT, *Théorie de la figure de la terre* (1743). Sein Unvermögen, das mathematische Gesetz anzugeben, dem die Kräfte zwischen Wasser– und Glasteilchen folgen, empfand Clairaut als Scheitern. Vgl. HEILBRON, *Essay*, 4. Zu einem möglichen Einfluß von Clairaut auf Bassi s. weiter unten S. 156. Einen Überblick über die Forschungen zur Kapillarität gibt MILLINGTON, *Studies*, der auch (360–363) die Bedeutung des newtonianischen Programms betont.

86 Vgl. CANTOR, *Optics*, 26–42. Die Analogie stammt mit Sicherheit von Bassi selbst, da sie schon in ihrem Vortrag von 1747 enthalten ist, als sie mit der Literatur zum Thema noch nicht vertraut war.

87 Es handelt sich in dem Fall um Kohlendioxid, das wenige Jahre später von Black als »fixe Luft« bezeichnet werden wird.

88 Über den Einfluß der Form eines Leiters auf die Stärke der elektrischen Anziehung, namentlich über die besondere Kraft von Punkten, publizierten erstmals sowohl Nollet (in den *Mémoires* der *Académie des Sciences*) als auch Franklin im Jahr 1747. Daß Bassi diese Arbeiten zum Zeitpunkt ihrer eigenen Untersuchungen kannte, ist für Franklin mit Sicherheit und für Nollet mit hoher Wahrscheinlichkeit auszuschließen. Vgl. HEILBRON, *Electricity*, 327f., 352f. sowie die Ausführungen zur Elektizitätsforschung in Bologna in Kap. V, S. 163ff.

89 Gemeint sind hier vor allem Clairaut und Buffon als Newtonianer und Boscovich als eigenständiger Denker. Vgl. dazu THACKRAY, *Atoms*, 150–155; zu Boscovich auch MILLINGTON, *Studies*, 364ff.

90 Kap. II, S. 74.

91 In Teil I, Kap. X seiner Abhandlung *Theorie der Erdgestalt* (59–67 der deutschen Ausgabe) schätzt Clairaut (ohne explizite Annahmen über die entsprechenden Kraftgesetze) die relativen Kräfte von Wand und Wasserteilchen gegeneinander ab.

92 Ab 1749 trägt sie für mehr als zehn Jahre über mathematische, hydrometrische und theoretisch–mechanische Themen vor und beschäftigt sich mit der Luft – und diesmal der »fixen Luft« – erst wieder 1776. Für eine umfassendere Diskussion von Bassis Interessenprofil vgl. die nächsten Kapitel.

93 ASB Assunteria di Istituto *Atti* Vol. 5 (1754–1760), Eintrag vom 15. Juni 1754. »Dopo breve Prefazione del Seg.rio hà recitata la Sig.ra Dottoressa Bassi una dissertazione Fisi-

ca sopra le bolle, che in varie occasioni formansi, e s'alzano nei Liquori, di che cercando la cagione, hà proposta l'attrazione.«

94 Der erste von Canterzani besorgte Band VI war 1783 nach einer zwölfjährigen (!) Pause erschienen, d.h. Band VII ist auch der zweite nach Bassis Tod erschienene Band.

95 *De immixto fluidis aere*, 44.

96 *De immixto fluidis aere*, 45.

97 *De immixto fluidis aere*, 46.

98 Ibid.

99 Eine andere mögliche Erklärung, daß nämlich Bassi ihren Vortrag für die Publikation so stark umgearbeitet hätte, ist ebenfalls nicht überzeugend. Solche Umarbeitungen betrafen üblicherweise zum einen das sprachliche Niveau, zum anderen die Zusammenfassung mehrerer zum gleichen Thema gehaltener Vorträge. Unter beiden Gesichtspunkten aber bestand für den Vortragstext von 1748 kein Revisionsbedarf mehr.

100 Der Abriß findet sich in TEGA, *Commentari*, 422.

101 BERTI LOGAN, Desire, 807, konstruiert diesen Kontext nicht nur selbst, sondern findet ihn darüber hinaus auch bei Canterzani so referiert, was schlicht falsch ist. Ihre Schlußfolgerungen zu *De immixto fluidis aere* sind wegen dieser Prämissen und ihrer Unkenntnis der Manuskripte nicht überzeugend.

102 URBINATI, *Physica*, 126.

103 Die newtonianische Optik war z.B. ein prominentes Thema in Algarottis *Il newtonianismo per le dame* (1737), dem in Italien sicher bekanntesten populären Werk jener Zeit. Vgl. dazu sowie allgemeiner zur populären Literatur des 18. Jahrhunderts KLEINERT, *Physikbücher*; PEIFFER, *Engouement*, 203–210.

104 VAN HELDEN, *Air-Pump*, 171. Im 17. Jahrhundert wurde die Luftpumpe etwa bei Vorführungen der Royal Society für illustre Besucher eingesetzt, so auch für Margaret Cavendish, der ersten (und lange Zeit einzigen) Frau, die jemals zu einer Sitzung der Royal Society zugelassen wurde. Vgl. dazu und zur emblematischen Funktion der Luftpumpe SHAPIN/SCHAFFER, *Leviathan*, 30–35. In Italien allerdings hat die Luftpumpe für die populäre Wissenschaft keine Rolle gespielt, da es im Gegensatz zu England keine reisenden Experimentatoren gab und breitere Kreise somit nur auf literarischem Weg erreicht wurden.

105 So ein zeitgenössischer Nachruf BAB B 2727 *Pubblica Accademia di lettere avutasi nel Collegio Montalto*, sowie KLEINERT, *Agnesi*, 84.

106 Die dennoch auch für Physiker ungebrochene Faszination und Weite dieses Forschungsgebietes in der Mitte des 18. Jahrhunderts wird an d'Alemberts Encyclopédie-Artikel deutlich.

107 Vgl. dazu die Themenübersicht S. 175, sowie genauer die Themenliste in Anhang II.

108 Vgl. S. 156.

109 Zu den instrumentellen Voraussetzungen s. URBINATI, *Physica*, 138f. Für die Geschichte der Elektrizitätslehre s. das Standardwerk von HEILBRON, *Electricity*. Der umfassendste Text zur Entwicklung in Italien ist immer noch GLIOZZI, *Elettrologia*; interessant sind daneben noch PACE, *Franklin*, sowie STICHWEH, *Entstehung*, Kap. 4.

110 Zu den Grundannahmen der medizinischen Elektrizitätstheorien s. STICHWEH, *Entstehung*, 276f.; SCHAFFER, *Self Evidence*, 339–344 (bezieht sich vor allem auf Nollet), sowie, insbesondere für Jallabert, BENGUIGUI, *Théories*.

111 Diese Einschätzung vertritt auch URBINATI, *Physica*, 140–142.

112 Einen lebhaften Eindruck von dem Vertrauen in Veratis Zuverlässigkeit und von der eifrigen Aufmerksamkeit, mit der seine Forschungen verfolgt wurden, bieten die Briefe Zanottis an den Paduaner Medizinprofessor Morgagni in BAB B 181 *Lettere di F.M.Zanotti al dott. G.B.Morgagni*, z.B. Brief Nr. 99, 101–103.

113 »I Fisici hanno sempre riconosciuta nella materia elettrica la proprietà DI ATTRARE A
    SE I CORPI LEGGIERI; ANZI ERA QUESTO L'UNICO EFFETTO, che di essa agli
    antichi si era manifestato«. VERATI, *Osservazioni*, 126. Hervorhebung im Original. Die
    physikalischen Untersuchungen umfassen S. 126–141 seiner Abhandlung.
114 Vgl. URBINATI, *Physica*, 144 und TEGA, *Mens*, 103f. Zu der Kontroverse um Nollets
    Zwei–Fluida–Theorie s. ferner HEILBRON, *Electricity*, 344–372.
115 VERATI, *Osservazioni*, 127f.
116 Vgl. die Ausführungen zum Kontext von Bassis pneumatischen Arbeiten S. 154.
117 Vgl. dazu STICHWEH, *Entstehung*, 282 ff. sowie THACKRAY, *Atoms*, 73.
118 STICHWEH, *Entstehung*, 139f.
119 Die Newtonsche Optik war natürlich in Bologna Gegenstand der wissenschaftlichen All-
    gemeinbildung. Dies betrifft aber eher die Farbenlehre, nicht so sehr die von Verati ange-
    sprochenen Projektiltheorien, die vor allem von Newtons Schülern ausgearbeitet wurden.
    Verati hatte niemals explizit über Optik gearbeitet. In den Jahren 1746/47 beschäftigte er
    sich darüberhinaus gar nicht mit Physik, sondern erforschte im Auftrag des Bologneser
    Senates eine grassierende Rinderseuche, die auch Gegenstand seiner Akademievorträge
    war. Dies und die mit Bassi praktisch wörtlich übereinstimmende Formulierung bei der
    Beschreibung des Lichtverhaltens machen einen Einfluß Bassis auf Verati sehr plausibel.
120 *Observations*[...] Chez Henri–Albert Gosse et Comp., Genf 1750.
121 Eine faszinierende Deutung von Nollets Italientour, dessen Motivationen und Strategien,
    gibt SCHAFFER, *Self Evidence*, 338–349. Nollets bislang nicht ediertes Reisetagebuch
    Journal du Voyage de Piemont et D'Italie en 1749 liegt in der Bibliothèque Municipale
    de Soissons, Ms. 150, der Bericht über Bologna findet sich auf S. 110–116. Für die Pu-
    blikationen und Korrespondenzen Nollets zu diesem Thema s. die angegebene Literatur.
122 Algarotti an Verati, 3. Juli 1751 in CENERELLI, *Lettere*, 191ff.
123 Für die Auskünfte nach Frankreich vgl. BUB Ms. 72 Carteggio di Fl. Scarselli, I, f. 149f.,
    156, 161f., 178 (Briefe vom November 1748 bis April 1750). Für die übrigen Briefe s.
    CENERELLI, *Lettere*, 113–122; MELLI, *Epistolario*, 129–141, sowie BAB Ms. Scarselli,
    cart. I, fasc. 14–16. Scarselli erkundigte sich schließlich im Februar 1749 bei Bassi auch
    nach elektrischen Therapiemöglichkeiten für seine Frau.
124 Vgl. auch Kap. III, S. 94, sowie Kap. VI, S. 196 für andere Frauen, die männliche Ange-
    hörige in deren wissenschaftlicher Arbeit unterstützten. Im Gegensatz zu BERTI LOGAN,
    Desire, 803f. gehe ich, was die medizinische Elektrizität anbelangt, nicht von einer akti-
    ven inhaltlichen Kollaboration Bassis aus, weshalb es m.E. auch nicht verwunderlich ist,
    daß Verati Bassi in seinem Buch nicht erwähnt.
125 Die ausführlichste Beschäftigung mit Verati findet sich in URBINATI, *Physica*, 140–145,
    ROSEN, *Academy*, 118f. Verati hat deutlich mehr Arbeiten publiziert als Bassi, dafür ist
    jedoch von ihm nur wenig Korrespondenz zu finden.
126 Zur Geschichte des Blitzableiters s. URBINATI, *Physica*, 145; STICHWEH, *Entstehung*,
    278–282, sowie die dort angegebenen Quellen.
127 ASB Assunteria di Istituto, *Atti* Vol. 4 (1734–1753), Protokolle vom 31.7. und 19.8.1752.
128 *Commentarii*, Bd. III (1755), enthält einen Kommentar Zanottis *De electricitate caelesti*,
    94–100, sowie gleichlautende Opuscula von Verati (200–204) und Marini (205–216). Zu-
    sammenfassungen der Texte finden sich in TEGA, *Commentari*, 222f., 231, 232. Marini
    publizierte seinen Aufsatz 1753 auch separat.
129 Bassi an Beccaria, 13. April 1774. Ediert in MASETTI ZANNINI, *Bassi*, 238.
130 Ausführlicher zu dieser Kontroverse TEGA, *Mens*, 98–102; HOME, *Electricity*, 242–247;
    BERTI LOGAN, *Desire*, 804. Felice Fontana (1730–1805), Wissenschaftler in den Berei-
    chen Naturgeschichte und Physik, hatte eine Universitätsprofessur in Pisa inne und war
    Leiter des Museums für Naturgeschichte in Florenz.

131 Die Isolation Caldanis und den Hintergrund der Ablehnung der hallerianischen Theorien beschreibt ANGELINI, *Istituto*, 233f.; einen anderen Eindruck vermittelt TEGA, *Mens*, 100f. Für einen biobibliographischen Überblick vgl. BALDINI, *Caldani*.

132 Für eine Überblicksinformation s. PACE, *Beccaria*; ausführlicher ders., *Franklin*, 49–70; HEILBRON, *Electricity*, 344–372. URBINATI, *Physica*, 146–149. Italien wurde in dieser Zeit führend in der Elektrizitätsforschung, da die französische Wissenschaft durch die Dominanz Nollets und die Kontroverse um seine Theorie gelähmt war, während die Engländer die aus ihren Kolonien kommende Theorie Franklins lange nicht voll nahmen. Vgl. PACE, *Franklin*, 18ff.; STICHWEH, *Entstehung*, 253f.; HEILBRON, *Electricity*, 362.

133 Beccari starb im Januar 1766, war davor jedoch lange krank. In einem Brief vom 14. November 1759 trägt Beccaria Bassi die Rolle der offiziellen Bologneser Korrespondenzpartnerin an. Vgl. BCAB Coll. Autogr. VI, 1742.

134 Beccaria publizierte zur Verteidigung 1767 und 1769 das Konzept von der sogenannten Vindex–Elektrizität, über das Bassi 1771 in der Akademie vortrug. Die Beobachtungen Symmers wurden jedoch erst von Volta überzeugend als Induktionsphänomene erklärt. Bassis Festhalten am Franklinianischen System, auch als andere Anhänger wie etwa Felice Fontana zu zweifeln begannen, betont BERTI LOGAN, *Desire*, 809.

135 Zu letzterem s. die Briefe Bassis vom 21. März, ediert in MASETTI ZANNINI, *Bassi*, 234f. und 26. April 1769, BVR, *Autografi Patetta*, cart. 45, f. 6. Die neue Elektrisiermaschine war eine Entwicklung von Jan Ingenhousz. Bassi erwog wegen der langen Lieferzeit schließlich, die Maschine nach ihren Anweisungen, zunächst als Modell, in Bologna bauen zu lassen.

136 Bassi an Beccaria, 13. April 1774. Zitiert nach MASETTI ZANNINI, *Bassi*, 238.

137 Bassi an Beccaria, 26. April 1769, loc.cit.

138 Beccaria an Bassi, 11. Oktober 1772. BVR *Autografi patetta*, cart. 48, f.° 2f. »Dubito di averla irritata; e Dio me liberi dell'ira delle Sig.e massime dottissime come ella è V.S.Illma.«

139 Als weiteres Gebiet ist noch die Pneumatik zu nennen. Vgl. dazu unten S. 170.

140 Vgl. S. 180ff.

141 Nollet an Bassi, 30. März 1753, ediert in CENERELLI, *Lettere*, 97f. BERTI LOGAN, *Desire*, 804, konstruiert einen Zusammenhang zwischen diesen Prismen und Bassis Vortrag von 1763 über die Korrektur der chromatischen Aberration bei Teleskopen. M.E. ist dieser Schluß etwas gewagt, da wegen der zeitlichen Nähe eine Anregung Bassis durch die erfolgreiche Herstellung in London und durch Beccaria viel wahrscheinlicher ist.

142 Über die Beschäftigung mit dem isländischen Glas berichtet er in einem Brief vom 18. Mai 1761, BAB *Coll. Autogr.* VI, 1743; die Zusendung der Prismen geht aus seinem Brief vom 18. Oktober 1765, BVR *Autografi patetta*, cart. 48, f. 79 hervor.

143 Der Vortrag von 1762 (am 29. April) ist nur durch den Katalog von Piani bezeugt, da die Protokolle aus diesem Zeitraum verloren gegangen sind.

144 Bei den öffentlichen Akademien trugen ein bis zwei Mitglieder vor, gegen die anschließend zwei andere Akademiker als Kontrahenten auftraten. Canterzanis Argumentation gegen Bassi ist also Teil des Rituals und nicht Ausdruck eines Dissenses. Für den ausführlichen Bericht über diese Sitzung s. AAB Atti, fasc. 14, Protokoll vom 14. Juni 1763.

145 Targioni an Bassi, 11. März und 8. Juli 1775. Ediert in CENERELLI, *Lettere*, 144f. Ibid., 158f. der Brief Voltas an Bassi vom 15. Juni 1777. In ihrer Antwort vom 20. September, ediert in VOLTA, *Epistolario*, 187, entschuldigt Bassi sich für die Verspätung mit dem Hinweis auf mehrere schwere Krankheiten, die sie und ihre Familie heimgesucht hatten. Sie starb fünf Monate später. Für Überlegungen, ob Bassi in die Kontroverse um die Phlogistontheorie involviert war oder worden wäre, vgl. BERTI LOGAN, *Desire*, 811.

146 Thomae Laghii [Tommaso Laghi]: *De rubentibus lignorum cineribus*, Comm. II, 3 (1747), 397–403. Der Aufsatz wird referiert in TEGA, *Commentari*, 197f.

147 Der Marchese Gregorio Casali (um 1725–1802), von 1750 bis 1802 Institutsprofessor für Festungsbau, war eines der wenigen aktiven Akademiemitglieder aus dem Bologneser Adel.

148 Die entsprechenden Veröffentlichungen Casalis finden sich beide in Bd. V, 2 (1767) der *Commentarii*, und zwar *De ictu pulveris pyrii* S. 357–371, mit den Hinweisen auf Bassi und Verati S. 362f., 371, und *De quorumdam vitrorum fracturis*, 169–185, Erwähnung Bassis und Veratis S. 184. Zusammenfassungen dazu in TEGA, *Commentari*, 348f., 359.

149 Der Briefwechsel zwischen Bassi und Spallanzani ist neben den älteren Sammlungen in der *Edizione nazionale*, Bd. I, 170ff. komplett neu ediert.

150 Vgl. BERTI LOGAN, *Desire*, 804f.

151 Das Schreiben Spallanzanis an die *Accademia delle Scienze di Bologna* ist publiziert in *Edizione nazionale*, Bd. I, 8 (dort auch das Zitat) f.

152 Vgl. die Ausführungen zu Bassis Philosohie in Kap. II, S.74. Die enge Verknüpfung zwischen Lockeanismus und Newtonianismus, vor allem in Algarottis lebhaft rezipiertem *Newtonianismo per le dame* betonen DE ZAN, *Messa*, bes. 137; TEGA, *Mens*, 95f.

153 So fragte sie ihn in einem Brief vom 30. April 1768, ediert in *Edizione nazionale*, Bd. I, 176f., nach dem Einfluß der Elektrizität auf die Reproduktion der Schnecken, sowie nach dem Verhalten von Amphibien im Vakuum oder stark verdünnter Luft. Zu letzterem Thema hatte Verati umfangreiche Versuchsreihen angestellt.

154 Diese Vermutung gründet sich auf die Forschungsgebiete der Physikprofessoren jener Zeit, Galeazzi (1734–1770) und Balbi (1770–1772). Zu deren Interessen vgl. S. 177. Die Verfassung des Instituts ließ den Professoren volle Freiheit bei der Themenwahl und schrieb lediglich die experimentell–empirische Methode verbindlich fest. Die Unterrichtsgegenstände sind nur lückenhaft belegt, weisen aber für die überlieferten Zeiträume auf enge Zusammenhänge zwischen Lehrangeboten und Forschungsthemen der Professoren hin. S. dazu CAVAZZA, *Insegnamento*, 172f. Dort, 170, sowie bei BERTI LOGAN, *Desire*, 797–799 wird auf die Ersatzfunktion von Bassis Vorlesungen verwiesen. Zu Bassis Privatvorlesungen vgl. auch CAVAZZA, *Bassi*, wo auch ein Inventar von Bassis physikalischem Kabinett reproduziert wird. Dies stammt allerdings aus dem 19. Jahrhundert, so daß nicht klar zu ermitteln ist, welche Instrumente sich bereits in Bassis Besitz fanden.

155 Bassi erhielt von der Universität 1750, also ein Jahr nach Beginn ihrer Vorlesungen, eine Gehaltserhöhung von 660 auf 760 Lire, 1760 wurde es auf 1000 Lire erhöht. Dies blieb Bassi Endgehalt bis zu ihrem Tod. Sie rangiert damit klar in der obersten Gehaltsklasse; Verati etwa verdiente 1750 400 und 1765 550 Lire. Galeazzi war mit 1200 Lire (1751–1774) der Spitzenreiter, was vor allem seinen häufigen und brillanten öffentlichen Anatomien zuzuschreiben sein dürfte. Um 1760 waren er, Bassi und Peggi die einzigen Universitätslekoren mit vierstelligen Gehältern. Alle Angaben aus den Gehaltslisten ASB *Riformatori dello Studio* Vol. 45: *Quartironi degli stipendi*.

156 Bassi an Scarselli, 16. Juli 1755. Ediert in MELLI, *Epistolario*, 150f.

157 Aufschlußreich sind in diesem Zusammenhang auch die Nachrufe, die ihren Einsatz als Lehrerin sehr betonen.

158 Bassi an Caldani, 2. August 1768. Ediert in MELLI, *Epistolario*, 168f.

159 Insbesondere der erste Brief Voltas an Bassi, 15. Juli 1777, ediert in CENERELLI, *Lettere*, 157f. ist in einem Duktus gehalten, der Bassi als Autorität hofiert. Zu Volta s. auch S. 170; der Brief von Campi an Bassi, 8. August 1774, BAB Coll. Autogr. XIII, 3868, nennt den Titel des Werkes nicht, aber der Kontext ist eindeutig. Vgl. zu Campis Rolle in der italienischen Franklin–Rezeption PACE, *Franklin*, 72ff.

160 Landriani an Bassi, 4. Juli 1777, BAB Coll. Autogr. XXXVII, 10054. Landriani errichtete als erster Mailänder auf seinem Haus einen Blitzableiter. S. PACE, *Franklin*, 39ff.

161 Die Briefe Voltaires an Bassi sind erstmals ediert in MASI, *Bassi*, 166–171; mittlerweile auch in der historisch–kritischen Edition von THEODORE BESTERMAN: *Voltaire's Correspondence*, 107 Bände, Institut et Musée Voltaire, Genf 1953–1965. Zu den Beziehungen zwischen Voltaire und der Bologneser Akademie vgl. DE ZAN, *Voltaire*.

162 Diese These wird im Fall Voltaires durch die historiographische Literatur des 19. Jahrhunderts unterstützt, die das Klischee vom »allmächtigen Einfluß Bassis auf die Herzen ihrer Kollegen« ungebrochen fortschreibt. Vgl. MASI, *Bassi*, 167.

163 Ibid., 171: »Le dimando la licenza di salutare [...] il suo degno ed illustrissimo sposo. Cè dunque Apollo che s'è accasato con Minerva.«

164 Für einen Überblick über Reiseberichte aus der Emilia–Romagna vgl. CUSATELLI, *Viaggi*. Vgl. dazu ibid., I, 27, den Überblick über die französischen Reiseberichte; neben dem Bologneser Institut wird auch Bassi als prägendes Charakteristikum der Stadt erwähnt. Bei wissenschaftlich interessierten Besuchern wie etwa Lalande wird Bassi neben anderen Bologneser Wissenschaftlern und stets mit dem Hinweis auf die Bolgoneser Tradition gelehrter Frauen erwähnt. LALANDE, *Voyage*, II, Ch. XIX, 352f. in der zweiten Auflage von 1786. Lalande erwähnt dort auch, daß er Bassi seinerzeit bei Experimenten assistiert habe und daß sie mittlerweile gestorben sei.

165 Besonders schroff ist diese Bitte um weitere Vermittlung an und dann durch Verati in den Empfehlungsbriefen von Nollet aus den Jahren 1750, 1751 und 1762, alle abgedruckt in CENERELLI, *Lettere*, 95f. und 98f. Sie findet sich aber auch in einem Empfehlungsbrief des Geistlichen Pio Fantoni von 1775, ediert ibid., 75f.

166 Für die Empfehlung Beccarias s. Giuseppe Bartoli an Bassi, 16. August 1755, ediert in CENERELLI, *Lettere*, 45f. Beccaria an Bassi, 19. Juni 1765, BAB Coll. Autogr. VI, 1746 enthält die Empfehlung von De Lalande ders. an Bassi, BVR *Autografi patetta*, cart. 48, f. 71, die von De Saussure. Bassis Empfehlung von Marie du Boccage läßt sich aus dem Antwortbrief ihres Korrespondenzpartners erschließen: Ferdinando Bassi an Laura Bassi, 4. Juli 1757, BAB Coll. Autogr. VI, 1607. Vgl. zum Besuch von du Boccage auch BERTI LOGAN, *Desire*, 804.

167 Lesage ließ Bassi seinen *Essai de Chymie Méchanique* durch einen Bekannten als Einführung übermitteln. Die Schrift liegt heute in BAB Mss. Bassi, cart. I, nr. 4. Der erhaltene Briefwechsel setzt erst mit Bassis Antwortbrief an Lesage vom 13. Oktober 1768, BPU Genf, Ms. suppl. 512, f. 46, ein, und umfaßt nur noch zwei weitere Briefe von Lesage an Bassi, in denen es neben Erläuterungen zu seinem Werk auch um Neuigkeiten vom wissenschaftlichen Büchermarkt geht.

168 Bassis Versuche mit Spallanzanis Schnecken sind, soweit ich es überblicke, als einzige nicht durch einen Vortrag dokumentiert. Alle anderen Themen, auch ihrer Korrespondenz, sind vertreten. Die Themenliste in Anhang II, auf die ich mich hier beziehe, beruht auf dem Katalog von Piani, AAB.

169 Die Vorträge von 1747/48, 1753/54 und 1772/73 sind eindeutig als zusammenhörig identifizierbar; 1755/56 ist ein Zusammenhang zu vermuten. Viele Akademiemitglieder trugen oft in zwei aufeinanderfolgenden Jahren über identische oder eng benachbarte Themen vor. Vgl. dazu die Liste der Akademievorträge in ANGELINI, *Istituto*, 313–409.

170 Wenn nicht ausdrücklich anders gesagt, meint »Mechanik« immer das Gebiet, das wir heute als »Theoretische« oder »Klassische« Mechanik bezeichnen, also eine stark abstrahierende mathematische Beschäftigung mit Grundbegriffen wie Bewegung, Kraft usw.

171 ELENA, *Introduction*, 515f.

172 So bittet sie in einem Brief an Caldani vom 29. Juli 1766, ediert in MELLI, *Epistolario*, 164, um die Beschaffung sämtlicher hydraulischer Werke von Poleni und beabsichtigte, ihre hydromechanischen Vorträge von 1767/68 in den *Commentarii* zu veröffentlichen. Vgl. zu letzterem Kap. VI, S. 188.

173 Vgl. in diesem Zusammenhang auch die Bemerkungen über Bassis Bemühen um Anwendungsnähe in ihrem hydromechanischen Aufsatz, S. 139f.

174 KUHN, *Traditions*. Nach Kuhn können die klassischen Wissenschaften als mathematisch, die baconianischen als experimentalphilosophisch bezeichnet werden. Der Grenze zwischen diesen Traditionen entspricht bei Kuhn auch eine Teilung ihrer Anhänger zwischen den Wissenschaftlern in den Institutionen (klassische Wissenschaften) und den Amateuren (baconianische Gebiete), die in der Hierarchie der wissenschaftlichen Institutionen bestenfalls Randpositionen einnahmen, soweit sie überhaupt dazu gehörten.
Als Alternative zu Kuhn hat HAKFOORT, *Optica*, Kap. 6, ein historiographisches Modell entwickelt, das neben der mathematischen und der experimentellen eine dritte, von ihm naturphilosophisch genannte Tradition umfaßt. Für die Beschreibung der Bologneser Wissenschaft ist dieses Modell allerdings nicht geeignet. Als Resultat der Auseinandersetzung mit der Zensur und durch das Bemühen um strikte metaphysische Neutralität ist die Physik dort nämlich vollständig durch die zwei von Kuhn ausgeführten Traditionen zu beschreiben. Ich danke Gerhard Wiesenfeldt für die Übersetzung dieses Kapitels aus Hakfoorts Arbeit. Inzwischen ist mit HAKFOORT, *Optics*, auch eine überarbeitete englische Fassung erschienen.

175 »Physik« verwende ich in diesen Zusammenhängen, der Problematik anachronistischer Begriffsbildungen wohl bewußt, dennoch der Übersichtlichkeit halber als Kurzform für die Disziplin in heutigem Sinn, also insbesondere für eine Integration mathematisch–theoretischer und experimenteller Aspekte.
Meine Analyse beruht auf dem von Angelini besorgten »Diario scientifico«, einer Auflistung aller in der Akademie gehaltenen Vorträge auf der Basis der Akademieprotokolle und des Katalogs von Piani in ANGELINI, *Istituto*, 313–409.

176 Bei Beccari fehlen Elektrizitätslehre, Magnetismus und Hydromechanik, bei Galeazzi chemische und optische Themen. Als Physiko–Mediziner bezeichne ich alle Wissenschaftler mit einer doppelten universitären Ausbildung in Medizin und (Natur–) Philosophie.

177 Beccari war Physikprofessor von 1711 bis 1734, als er auf die – ihm auch mehr entsprechende – Chemieprofessur wechselte. Sein Nachfolger Galeazzi wurde erst 1770 emeritiert. Balbi, Vertreter und Nachfolger Galeazzis, hat nur wenige Vorträge gehalten, war aber ebenfalls Arzt. Vgl. zur Charakterisierung der Bologneser Physik URBINATI, *Physica*, 150ff.; ROSEN, *Academy*, 117ff.

178 Petronio Matteucci (um 1720–1800) war zunächst Stellvertreter, von 1782 bis 1800 als Nachfolger Eustachio Zanottis Inhaber der Astronomieprofessur am Institut. Wichtige Abhandlungen zur Mechanik verfaßte auch Eraclito Manfredi (1683–1759), der jüngste der drei wissenschaftlich aktiven Manfredi–Brüder, der aber ausschließlich über mathematische und mechanische Themen arbeitete und deshalb für die hier diskutierte Fragestellung uninteressant ist. Manfredi hatte an der Universität eine Professur für Mathematik und war seit 1735 auch am Institut Assistent von Beccari, also für Chemie, somit ein Beispiel für die enge personelle, auch disziplinäre Grenzen transzendierende Verknüpfung der Institutionen. Vgl. auch unten Anm. 182. Eine Verbindung mathematischer und experimenteller Themen bietet der im vorigen Teilkapitel schon erwähnte Gregorio Casali (vgl. S. 170), Professor für Festungsbau von 1750 bis 1782. Sowohl seine experimentalphysikalischen als auch seine mathematischen Arbeiten orientieren sich aber an den Bedürfnissen seiner eigenen Disziplin.

179 Die Differenzierung bezieht sich, wohlgemerkt, nur auf die erklärtermaßen der
»modernen« Naturphilosophie anhängenden Wissenschaftler und ihre entsprechenden
Aktivitäten an Institut und Akademie. Die an der Universität nach wie vor offiziell ge-
pflegte Naturphilosophie aristotelischer Prägung bleibt also unberücksichtigt.

180 Zur Struktur der Akademie vor 1745 s. ROSEN, *Academy*, 67ff. Die alte Kerngruppe der
zwölf *Ordinarii* hatte aus je zwei Vertretern aus Physik, Chemie, Mathematik, Anatomie,
Medizin und Naturgeschichte bestanden und und entsprach somit in etwa den Institutsprofessuren.

181 Vgl. URBINATI, *Physica*, 126f.

182 Allein die unten behandelte Debatte um die Besetzung der Physikprofessur 1772 bietet
mehrere Beispiele für die Veränderlichkeit der Zuordnungen im Institut. So war der erste
Kandidat der amtierende Professor für Nautik und Geographie und für eine Beförderung
Veratis wurde entweder die Physik oder eine andere Professur ins Auge gefaßt. Ein dritter Kandidat, dem es nur darum ging, qua Amt zu den Benedettini zu gehören, sollte sogar zum Stellvertreter in irgendeinem beliebigen Gebiet gemacht werden. Vgl. die Darstellung weiter unten sowie die dort angegebenen Quellen. Ein krasses Beispiel für eine
unzutreffende Zuweisung ist ferner der erwähnte Eraclito Manfredi, der ausschließlich
über mathematisch–mechanische Themen arbeitete, aber offiziell stellvertretender Professor für Chemie war. Die Liste ließe sich beliebig verlängern.

183 Möglich war hingegen die Kombination einer Instituts- und einer Universitätsprofessur,
was für praktisch alle führenden Wissenschaftler am Institut einschließlich des Sekretärs
zutrifft. Die Komplementarität von Universität und Institut impliziert damit eine spezifische Variante der Ämterhäufungen, wie sie auch im deutschen Universitätswesen häufig
zu finden war. Auch die häufigen Wechsel zwischen Fakultäten bzw. Disziplinen sind in
beiden Kontexten zu beobachten. Allerdings bewegen sie sich in Bologna ausschließlich
innerhalb der medizinischen und naturphilosophischen Bereiche und sind nicht durch
Fakultätshierachien motiviert, während an den deutschen Universitäten die (natur–) philosophischen Professuren für ambitionierte Wissenschaftler lediglich ein Durchgangs-
stadium auf dem Weg zu einer Position an den höheren Fakultäten darstellten.

184 Die Reihenfolge der mathematischen Wissenschaften ist dabei variabel. Die einzige in
dem hier besprochenen Zusammenhang relevante Ausnahme bildet Band III (1755), der
die mathematischen Wissenschaften summarisch als *Mathematica* präsentiert und die
Mechanik unter die *Physica* subsummiert. Dies stellt den einzigen Fall dar, in dem ein
theoretisch–mechanischer Aufsatz unter der Rubrik *Physica* referiert wird. Für einen
Überblick über die Gliederungen und Inhalte der *Commentarii* s. TEGA, *Commentari*,
455–480.

185 *Commentarii* I (1731), 53–62: *De iis, quae in Bononiensis Instituti Academia, Ad disci-
plinas varias illustrandas tractata sunt. Commentarii. Praefatio.* Zanotti äußert sich
darin zum Aufbau der *Commentarii* sowie zu den Kriterien für die Auswahl der Dissertationen zur Veröffentlichung. An diese Kriterien (keine vorherige Publikation des Aufsatzes, keine unabgeschlossenen Forschungen, keine Arbeiten zu noch laufenden Kontroversen, an denen jemand Anstoß nehmen könnte) hat Zanotti sich allerdings durchaus
nicht immer gehalten, wie ja auch Bassis Beispiel beweist. Eine ähnliche Freiheit nahm
er sich auch im Umgang mit den disziplinären Einordnungen der einzelnen Forschungen.

186 Zur disziplinären Einteilung der *Commentarii* s. auch ANGELINI, *Instituto*, 182f. und öfter; TAGLIANINI, *Chymica*, 93; DE ZAN, *Accademia*, 223f.

187 Für die Bologneser Mechanik, namentlich die vis–viva–Debatte vgl. NERI, *Mechanica*
und ANGELINI, *Instituto*, 226ff. Für den überregionalen Kontext der vis–viva–Debatte vgl.
HANKINS, *Attempts*; PAPINEAU, *Controversy*.

188 KUHN, *Traditions*, 48, bezeichnet die fehlende Kompetenz in höherer Mathematik als grundlegendes Charakteristikum der baconianischen Physiker wie Boyle, Franklin, Nollet u.a., von denen Bassi somit eindeutig abzugrenzen ist.

189 HEILBRON, *Experimental Natural Philosophy*, 362.

190 Bassi an Beccaria, 13. April 1774, ediert in MASETTI ZANNINI, *Bassi*, 238. Bassi bezieht sich auf Beccarias Brief an sie vom 7. Juli 1773, BAB Coll. Autogr. VI, 1750: »Intanto, se non la annoierò, comincerò a scriverle certo calcolo dell'azione dell'atmosfere elettriche, con cui potrà passare giocondamente qualche ora geometrizzando insieme, e sperimentando.«

191 Vgl. dazu STICHWEH, *Entstehung*, Kap. II; LIND, *Physik*, 233–250; HANKINS, *Science*; KRAFFT, *Weg*; HEILBRON, *Elements*, 207ff. speziell zur Quantifizierung der Elektrizität.

192 Die Person Balbis bleibt relativ blaß. Obwohl qua Amt 1745 Accademico Benedettino geworden, hielt er nach 1746 keinen einzigen Vortrag mehr und besuchte die Sitzungen nur äußerst selten. Verati war es denn auch, der 1771 bei der Assunteria d'Istituto die Überholung und Neuanschaffung mehrerer physikalischer Instrumente beantragte, womit er, der Stellvertreter, eine Aufgabe des Professors wahrnahm. Vgl. ASB Assunteria d'Istituto *Atti* Vol. 6 (1761–1775), 28. Juni 1771.

193 ASB Ibid., 21. Januar 1773.

194 ASB Atti Vol. 7 (1776–1779), 11. April 1776. »Fatti vari riflessi, e vedute alcune difficoltà tanto nel progetto di eleggere la Bassi, quanto in quello di trasferire il Palcani a questa Camera.« Da den einzelnen Disziplinen im Palazzo Poggi, dem Institutsgebäude, jeweils ein bestimmter Raum bzw. eine bestimmte Zimmerflucht zugewiesen war, gibt es den Sprachgebrauch »Zimmer der Physik«, der synonym für die Professur bzw. die ganze Abteilung verwendet wurde.

195 Ibid.: »Aggiungendo ancora il ripiego di separare se fosse stato possibile le materie dell'Elettricità dalle altre, che dell'Elettricità trattasse il Dott:[e] Veratti ora primo sostituto, e fosse poi come compagno al Professore che si eleggesse.«

196 ASB Ibid., 25. April 1776. Was unter einem »Koadjutor« (Coadiutore) zu verstehen sei, wird von der Kommission nicht erklärt. Gemeint ist aber wohl ein Status, der mehr ist als ein Vertreter, aber etwas weniger als ein gleichberechtigter Partner.

197 ASB Assunteria di Istituto *Diversorum* b. 15, fasc. 42: *1776 Professori della Camera Fisica*. Der Faszikel enthält zwei Dokumente, das eine ist auf den 25. April 1776 datiert und enthält den geschilderten Vorschlag.

198 ASB, loc. cit. »Il Bonacorsi così avvanzato, và ad ottenere un luogo di Accademico Benedettino, da esso ardentem.te desiderato, e da cui allontanato fin'ora per l'intrusione del Verati in qualità di p.mo ajutante, e stato in causa di molta sua amarezza, e di poca premura, ed attenzione per le Camere Fisiche, tanto più che il Verati, hà negligentato sempre di chiamarlo, e communicare con esso sù gli esperimenti da farsi.«

199 Vgl. ANGELINI, *Istituto*, 271–274. Dort wird die Debatte um Bonacorsi unter dem Aspekt der in Frage gestellten Autonomie der Akademie analysiert.

200 ASB op.cit. »Il Sig.r Verati chiamato dal Sig.r Lambertini diede al medesimo quella risposta, che il suddetto Sig:[r] Senatore riservrà alle SS.[rie] VV. Ill.me, ed Eccelse.«

201 ASB Assunteria di Istituto *Atti* Vol. 7 (1776–1779), 25. April 1776. »E fatte molte gravi riflessioni sopra d:[o] progetto. E particolarm:[te] per le risposte, che in voce riferì aver avute il Sig:[r] Sen:[e] Lambertini dal Dott:[e] Veratti, di cui aveva destram:[te] espiato il sentimento sopra tale progetto, di non addattarvisi egli forse pienam:[te], onde non pareva sperabile di ottenere la necessaria quiete nei soggetti di quella camera.«

202 Ibid. »Fu finalm:[te] rammemorata la proposizione altre volte fatta di dividere la Camera Fisica in due, formandone una di Elettricità, e l'altra del restante della Fisica e stante tal divisione collocare poscia per l'Elettricità la Dottoressa Bassi, ed il Dott:[e] Veratti quale

di lei Sostituto, mettendo poi il Canterzani per Professore in capite di Fisica, ed il Bonacorsi per Sostituto.«

203 Nach diesen Quellen kam der Anstoß zur Teilung der Professur eindeutig nicht von Verati, sondern aus dem Senat. Dies wird auch durch die weitere Entwicklung bestätigt. ANGELINI, *Instituto*, 256–258, schreibt den Vorschlag zur Separierung der Elektrizität Verati zu. Aldrovandi stammte aus derselben Familie wie Bassis Jugendpatron, der Senator Filippo Aldrovandi, und war vermutlich dessen Nachfolger im (erblichen) Senatorenamt.

204 Aldrovandis Überlegungen, datiert auf den 6. Mai 1776, finden sich ebenfalls in ASB Assunteria di Istituto *Diversorum* b. 15, fasc. 42.

205 Canterzanis Vorschlag findet sich als Autograph in ASB Assunteria di Istituto *Diversorum* b. 15, fasc. 26.

206 Aldrovandi, loc.cit. (s. Anm. 204). »Il terzo finalmente di appagare, se mai si possa, le domande della Sig:[ra] Laura Bassi la quale sebbene non abbia verun diritto di essere ammessa fra i Professori dell'Istituto, tuttavia richiedendo Ella ciò da ben tre Anni, essendole stata fatta concepire più d'una volta qualche speranza, essendo poi Donna celebre conosciuta da tutta la Repubblica Letteraria, e che fa veramente molto onore alla Patria, appare che meriti perciò i benigni riflessi di questa Ecc.lsa Assunteria.« Ich habe in der Übersetzung zwei Varianten angegeben, weil der italienische Text doppeldeutig ist und entweder Wohlwollen oder Mißfallen gegenüber Bassis Ansinnen auszudrücken vermag. Aus meiner Sicht ist keine Entscheidung möglich, welche Lesart die plausiblere ist.

207 Die Mechanismen der Ausdifferenzierung von Teilgebieten und der Binnendifferenzierung einer Disziplin als Strategie für die Bewältigung großer Stofffülle und Heterogenität beschreibt STICHWEH, *Entstehung*, Kap. I.

208 PRIESTLEY, *History*, Kap. XVIII. Vgl. dazu STICHWEH, *Entstehung*, 287 ff.

209 Im Band VI der *Commentarii* (1783) beschreibt Canterzani im historischen Teil *De Professoribus Instituti* (S. 5–11) die Aufteilung der Professur, die hier mit der Unmöglichkeit begründet wird, die gesamte Physik weiterhin in nur einem Kurs angemessen zu unterrichten. Die beiden Teilbereiche charakterisiert Canterzani als »quae physicae pars arctiorem cum geometria conjunctionem habet« (»physica generalis«) bzw. »quae vero plura, conquisitioraque experimenta requirit« (»physica particularis«) (S. 7).

210 Für eine Darstellung der physikalischen Ausbildung am Institut nach der Teilung der Professur vgl. CAVAZZA, *Insegnamento*, 160–163 bzw. 173–175.

211 *Commentarii* VII (1792), 9–14: *De Professoribus Instituti*. Der jüngste Sohn von Gisueppe Verati und Laura Bassi, Paolo Verati, war ab 1786 Canterzanis Stellvertreter für den Bereich der experimentellen Physik und setzte damit die Familiendynastie fort. Ähnliche Generationsfolgen gab es auch in anderen Bereichen, beispielsweise in der Naturgeschichte, wo Vater und Sohn Giuseppe und Gaetano Monti die Institutsprofessur zusammen für 75 (!) Jahre (1722–1760 und 1760–1797) innehatten.

212 Vgl. dazu die Beschreibung der jeweiligen Gegenstandsbereiche im Universitätscurriculum von 1803, abgedruckt in ANGELINI, *Istituto*, 550–561, hier 553.

213 Für einen Überblick über die Geschichte von Institut und Akademie nach dem Einmarsch der Franzosen vgl. ROSEN, *Academy*, 150–162. Umfassendere Arbeiten zu dieser Phase stehen bislang noch aus.

Kapitel VI

1 Der Totenschein ist bei ihren Requisiti aufbewahrt in ASB Assunteria di Studio, *Requisiti dei Lettori*, Buchstabe B, Vol. 2, fasc. 21. Im *Registro dei Morti* BAB B 917, einem Aus-

zug der Bologneser Sterberegister, wird berichtet, daß Bassi am folgenden Tag in der Kirche Corpus Domini zu Bologna beigesetzt wurde. FANTUZZI, *Notizie*, 389, berichtet ebenfalls über das Begräbnis. Ihr Tod wird auch in den *Avvisi di Bologna* vom 25. Februar 1778 gemeldet und mit einem Nachruf verbunden. Ein Exemplar der entsprechenden Nummer der *Avvisi* findet sich in BAB Fondo Bassi, cart. II, fasc. 8. In einer ebendort aufbewahrten Ausgabe vom 10. Juni 1778 berichten die *Avvisi* von einer Gedenksitzung zu Bassis Ehren, die die *Accademici Abbandonati* veranstaltet hatten. Diese waren an einer kirchlich–theologischen Ausbildungsstätte, dem *Pontificio Collegio Montalto* angesiedelt. Bassi war dort offiziell Lehrerin für Experimentalphysik gewesen; allerdings war dieses Amt nicht mit einer Professur verbunden, sondern die Studenten des Kollegs hatten an ihren Privatvorlesungen teilgenommen. Vgl. dazu BERTI LOGAN, *Desire*, 799.

2   Eine Begriffsklärung vorab: Für das Verständnis dieses Kapitels ist wichtig, daß »wissenschaftliche Tätigkeit« nicht als Synonym für »Forschung«, sondern in einem umfassenderen und im weiteren Verlauf dieses Kapitels genauer entfalteten Sinn verwendet wird.

3   FANTUZZI, *Notizie*, 390; ELENA, *Introduction*, 516ff.; BERTI LOGAN, *Desire*, 807f.

4   BERTI LOGAN, *Desire*, 807f. Der Regestenband (TEGA, *Commentari*) zu den *Commentarii* enthält kein nach Autoren gegliedertes Verzeichnis; ein solches findet sich als Anhang bei PREDIERI, *Bimestre*.

5   Dies berichtete Verati, der dem Vorbereitungsausschuß angehörte, in der Sitzung am 1. Juni 1768. Am 15. Juli 1769 (!) wurde nach der Sichtung der Vorträge u.a. beschlossen, Bassis Vorträge von 1766 und 1767 zusammenfügen zu lassen. Vgl. AAS *Atti* Nr. 15, unter den entsprechenden Daten. Dies ist das erste Mal, daß die Vorbereitungen für die Veröffentlichung in den Akademieprotokollen dokumentiert sind, was wohl durch die Amtsübernahme Canterzanis als Akademiesekretär bedingt ist.

6   Dies ist zumindest die Aussage Veratis nach ihrem Tod. Vgl. dazu BERTI LOGAN, *Desire*, 808. Berti Logan kommentiert dies mit der Bemerkung, daß Bassi wohl perfektionistisch veranlagt gewesen sei. M.E. ist dieser Perfektionismus jedoch die Folge einer tieferen Unsicherheit. Vgl. dazu auch die Bemerkungen weiter unten S. 194.

7   Vgl. dazu etwa Tozzi an Bassi, 21. April 1745 (ediert in CENERELLI, *Lettere*, 149f.), der sein Bedauern ausdrückt, Bassi oder Verati jedesmal krank anzutreffen. Bassi hatte Anfang 1745 (neben der Geburt einer Tochter) an einer längeren Augenkrankheit gelitten. 1746/47 litt sie mehrere Monate an einer Hautkrankheit; vgl. dazu Bassi an Scarselli, 22. März 1747, ediert in MELLI, *Epistolario*, 119, sowie die Briefe zwischen Bassi und Verati, die in Kap. III, S. 93 besprochen wurden. Auch in späteren Jahren war Bassi oft krank; in ihrem Brief an Spallanzani vom 19. Mai 1771 (ibid., 172f.) erwähnt sie z.B. wiederum Augenprobleme; in ihrem Brief an Volta vom 20. September 1777, ediert in VOLTA, *Epistolario*, 187, berichtet sie sowohl von einer eigenen langwierigen Krankheit als auch von einer lebensgefährlichen Erkrankung ihres Sohnes Paolo Verati.

8   Dies hebt vor allem MAGNANI, *Elogio*, 40 sowie in der Einleitung hervor. Aber auch der oben erwähnte Nachruf in den *Avvisi* und die Biographie von FANTUZZI, *Notizie*, 388, betonen Laura Bassis unfehlbare Pflichterfüllung.

9   *Wöchentliche Historische Münz–Belustigung* vom 27. Februar 1737, 71. (BAB Fondo Bassi, cart. II, fasc. 6.)

10   VILLARI, *Women*, 196. Der Artikel ist durch heftige Angriffe gegen die Verhinderung des Frauenstudiums in England sowie gegen das Bildungsengagement der katholischen Kirche (die die Mädchenbildung vernachlässige) in Italien gekennzeichnet. Gleichzeitig läßt er erkennen, daß um das Bildungs– und Studienrecht der Frauen mittlerweile auf breiter Front erbittert gestritten wurde.

11   Gleiches galt schon für die Rezeption von Bassis Eheschließung in Kap. III, S. 90f.

12 Sie hielt 1754 und 1763 einen Vortrag während der öffentlichen Sitzung, obwohl sie in diesen Jahren ihrer Vortragspflicht bereits Genüge getan hatte. Dies zeigt, daß Bassi bewußt für die öffentlichen Sitzungen ausgewählt wurde. (Aus den Quellen geht nicht hervor, wer diese Auswahl traf, ich vermute aber, daß das Sache des Sekretärs und des Institutspräsidenten war.) In den Jahren 1765 und 1771 trug sie bei sog. halböffentlichen Sitzungen vor, zu denen nur Legat, Gonfaloniere und Senatoren zugelassen waren, nicht aber die breitere Öffentlichkeit. Nur Francesco Maria Zanotti trug wie sie mehrfach bei öffentlichen Akademiesitzungen vor, andere Wissenschaftler nur einmal.

13 Besonders denkwürdig für die Bologneser Öffentlichkeit war der Besuch von Kaiser Joseph II. im Mai 1769, der in allen Nachrufen und Biographien Bassis erwähnt wird.

14 Vgl. dazu das Zitat auf S. 184 im Zusammenhang mit der Verleihung der Physikprofessur.

15 PEPE, Calcolo, 60. Kraft seines Amtes als Senatssekretär konnte Manfredi sich nicht nur für Bassis Vorlesungsrecht einsetzen, sondern z.b. auch die Akademie bei ihren Auseinandersetzungen mit dem Senat, die ihre Autonomie bedrohten, unterstützen.

16 Namentlich Biagiolis in Kap. IV, S. 123 vorgestelltes Patronagekonzept stellt eine Möglichkeit dar, die »rein wissenschaftlichen« und die »sozialen« Aspekte einer Wissenschaftlerexistenz in der Frühen Neuzeit zusammenzufügen.

17 MANNING, Apollo, 101.

18 So in einer extremen Form bei WILLIAMS, Life, 209 (Hervorhebung von mir): »[...] The life of science depends upon minds with new insights and new theories. [...] All good biographies of scientists focus on those who push back the frontiers.«

19 SÖDERQVIST, Projects, 35ff.

20 Als Einführung s. KLEINERT, Agnesi; VETTORI SANDOR, Opera. Die erste quellenkritische Biographie stellt ANZOLETTI, Agnesi, dar. KLENS, Mathematikerinnen, bietet die ausführlichste und qualifizierteste Diskussion von Agnesis wissenschaftlichen Leistungen, während TILCHE, Scienziata, sich auf Agnesis humanitäres Engagement konzentriert. Eine in manchem zutreffende, in manchem äußerst verzerrte Darstellung bietet TRUESDELL, Agnesi.
Agnesis Vater scheint Bassi im Herbst 1733 in Bologna regelrecht besichtigt zu haben; jedenfalls ist ein Empfehlungsbrief für ihn erhalten: Pietro Busenello an Bassi, 20. September 1733, BAB Coll. Autogr. XI, 3446.

21 Vgl. KLENS, Mathematikerinnen, 135. Auch OPITZ, Frau, 311ff., betont den sozialen Druck und die Gefahr, als »Monstrum« betrachtet zu werden, die für gelehrte Frauen auch im 18. Jahrhundert bestand und ihnen viel psychische Kraft abverlangte.

22 Zu Du Châtelet vgl. als Einführung SCHIEBINGER, Mind, S. 59–65; ausführlicher neben KLENS, Mathematikerinnen, auch BADINTER, Émilie, und KAWASHIMA, Idées; speziell zu ihren physikalischen Prinzipien auch KAWASHIMA, Participation.

23 Die Nähe einer vermittelnden Tätigkeit zu den gängigen Geschlechtsrollenzuschreibungen betont auch FINDLEN, Translating, 18. Ich danke Paula Findlen herzlich für die Überlassung des Manuskripts vor der Veröffentlichung. Zu Du Châtelets und Agnesis Begründungen vgl. KLENS, Mathematikerinnen, 47f.

24 Vgl. KLENS, Mathematikerinnen, 45–51. Klens wertet die Einhaltung der Bescheidenheitsetikette als Strategie der Frauen zur Konfliktentschärfung, um nicht noch mehr Anstoß zu erregen. Auf die Verinnerlichung der Selbsterniedrigung im Fall einiger gelehrter Humanistinnen weist KING, Frauen, 252f. nachdrücklich hin.

25 AAS Atti fasc. 5, 20. November 1732. »Fu aggregata all'Academia tra gli Academici Onorarii la Sig.ra Faustina Pignatelli Principessa di Colubrano Napolitana, avendo attestazioni certissime del grande, e maraviglioso valore di questa Sig.ra nella matematica, e specialmente nell'Algebra.«

26 BRIGAGLIA und NASTASI, *Bologna*, 223ff.; NERI, *Mechanica*, 173.

27 BRIGAGLIA und NASTASI, *Bologna*, 226.

28 FINDLEN, *Newtonianism*, 3. Meine Kenntnisse über Roccati verdanke ich diesem Aufsatz und danke Paula Findlen für seine Überlassung vor der Publikation.

29 So hatte er 1713, um sich von der Treue seiner Ehefrau zu überzeugen, in der Verkleidung eines Priesters eine Messe zelebriert und ihr sowie den anderen Gemeindegliedern anschließend die Beichte abgenommen. Als der Schwindel aufflog, kam es zu einem Riesenskandal mit Prozeß und Verurteilung des Marchese. Vor der Haftstrafe rettete ihn jedoch die schützende Hand seines Onkels. Vgl. FANTI, *Lambertini*, 172f. Dort wird auch der Beileidsbrief von Benedikt XIV. an Laura Bentivoglio Davia zitiert, den er ihr 1753 zum Tod ihres Mannes geschrieben hatte. Der Papst bedauert die Gräfin darin für den Umstand, daß sie 45 Ehejahre mit diesem Menschen hatte aushalten müssen. Es ist mithin kein Wunder, daß Bentivoglio Davia zu den ersten italienischen Frauen gehörte, die in der Rezeption libertinistischen Gedankengutes mehr Freiheiten für Ehefrauen forderten.

30 Für nähere Informationen wäre u.a. der Briefwechsel zwischen Bianchi und Davia auszuwerten, der in Rimini (BGR) aufbewahrt wird. MASETTI ZANNINI, *Bassi*, 229, hat 1979 eine Arbeit über Laura Bentivoglio Davia angekündigt, die bis jetzt meines Wissens jedoch leider nicht erschienen ist.

31 MAGNANI CAMPANACCI, *Cultura*, 46. Meine Kenntnisse über die Schwestern Manfredi und Zanotti beziehe ich aus diesem informativen und anregend zu lesenden Aufsatz.

32 Verheiratet war nur Gabriele Manfredi, der uns u.a. als Lehrer Bassis begegnet ist. Eine Eheanbahnung für Teresa scheiterte, weil die Familie die Mitgift nicht aufbringen konnte.

33 Eine allererste, freilich kritisch zu lesende Einführung ist GALVANI, *Elogio*. Meines Wissens gibt es über Lucia Galeazzi sonst keine biographischen Arbeiten.

34 Eine Beteiligung Lucia Galeazzi Galvanis an der Entdeckung der tierischen Elektrizität hält HEILBRON, *Contributions*, 67, aufgrund einer zeitgenössischen Quelle für denkbar.

35 Zu Morandi Manzolini vgl. MONTANARI BALDINI, *Morandi Manzolini*; OTTANI und GIULIANI-PICCARI, *Opera*.

36 Dieser Ausdruck stammt aus einem Nachruf Luigi Galvanis auf Morandi Manzolini, zit. in OTTANI und GIULIANI-PICCARI, *Opera*, 83. Der Nachruf ist als Anhang zu diesem Aufsatz, ibid., 96–103 publiziert worden.

37 [39] Bianchi an Leprotti, 19. Februar 1733. »[...] ho osservato in questa fanciulla non esserci quella vanità, e quella presunzione che è ordinaria in tutte le donne che sanno, o che si credono di sapere qualche cosa.« Zur Bedeutung und Verbindlichkeit des Bescheidenheitsideals für Bassis Biographie vgl. auch die Ausführungen in Kap. (II–2), S. 62 und Kap. (VI–2).

38 Concina an Bassi, 17. September 1737. Ediert in CENERELLI, *Lettere*, 63f. Niccolò Concina (1692–1763), Angehöriger des Dominikanerordens, war Mathematikprofessor an der Universität von Padua. Etwas weniger nachdrücklich, aber immer noch sehr deutlich sind auch die Bewertungen Bassis in der *Wöchentlichen Historischen Münz-Belustigung* vom 27. Februar 1737 und in MAGNANI, *Elogio*, 11, 28 und öfter.

39 Bassi an Ghedini, 23. April 1748 (es handelt sich um den in Kap. (V–2) analysierten Vortrag), BSF *Fondo Piancastelli*, rac. Autografi sec. XIII–XVIII, unter *Bassi*: »[Bassi] si avanza a mandargli i primi fogli della dissertaz:[ne] che è costretta ad avere in pronto per Giovedì prossimo, e che ha stesa giù a la peggio, supplicandola di volerla emendare intanto ch'essa termina il rimanente [...].« Ferdinando Antonio Ghedini (1684–1768), der Ausbildung nach Mediziner, war 1719–1722 Institutsprofessor für Naturgeschichte gewesen und ein geschätzter Literat und Dichter. Die Antrittsvorlesung hatte Bassi 1732

hingegen von Peggi Korrektur lesen lassen: Bassi an Peggi, 2. Dezember 1732, BAB B 96, Nr. 4.

40 Bassi an Matteucci, 23. Februar 1756. Ediert in MELLI, *Epistolario*, 158.

41 Zu Francesca Manzoni vgl. Kap. III, S. 85, 97 und die entsprechenden Anmerkungen. Die Initiative für eine Büste Bassis ist durch entsprechende Anträge an die Assunteria d'Istituto bezeugt, ASB Assunteria di Istituto, *Diversorum* b. 6, fasc. 2: *Concorso al Monumeto per Laura Bassi*. Der Faszikel enthält insgesamt drei Texte aus den Jahren 1778–1781, aus denen hervorgeht, daß die Frauen nur beschränkte finanzielle Mittel aufbringen konnten. Ob die Büste jemals angebracht wurde oder sogar noch erhalten ist, war nicht zu ermitteln.

42 Bassi an Agnesi, 18. Juni 1749. Biblioteca Ambrosiana Mailand, Ambr. ms. 201 sup., c. 10. Ich danke Paula Findlen, die mir ihre Transskription dieses Briefes überlassen hat.

43 Zitiert nach CAVAZZA, *Bassi*, 735. Zu Dalle Donne vgl. SANLORENZO, *Dalle Donne*, zu Tambroni TOSI, *Tambroni*.

44 ZIEGLER, *Schriften*, 56. Ich danke Beatrix Niemeyer, die mich auf das Gedicht aufmerksam gemacht und mir den Text zugänglich gemacht hat. Vgl. zu diesem Gedicht sowie zur Rezeption Bassis durch deutsche Frauen auch ihre Arbeit, NIEMEYER, *Adaption*.

Anhang

Anhang I

Zeittafel

Die Zeittafel soll vor allem dem Überblick über diejenigen Jahre dienen, die für Bassis Laufbahn als Wissenschaftlerin sehr folgenreich waren. Auf ihnen liegt darum das Schwergewicht.

29. Oktober 1711	Laura Bassi wird in Bologna geboren
Juli 1722	Öffentliche Disputation von Maria Delfini Dosi
1723/24	Tacconi beginnt mit dem Unterricht Bassis
20. März 1732	Aufnahme Bassis in die Bologneser Akademie
17. April 1732	Erste öffentliche Disputation Bassis
12. Mai 1732	Zweite öffentliche Disputation mit Verleihung des Doktorgrades
27. Juni 1732	Öffentliche Disputation zur Habilitation
29. Oktober 1732	Ernennung zur Universitätsprofessorin für *Philosophia universalis*
18. Dezember 1732	Bassis Antrittsvorlesung
April 1734	Aufnahme Veratis in die Bologneser Akademie
Oktober 1737	Verati habilitiert sich für Medizin
6. Februar 1738	Heirat von Laura Bassi und Giuseppe Verati
um 1739	Bassi beginnt einen privaten wissenschaftlichen Salon
	Verati beginnt mit einer Privatvorlesung in Experimentalphysik
April 1745	Bassi bemüht sich um eine bezahlte Akademiestelle
Mitte Mai 1745	Galeazzi schreibt für Bassi nach Rom
Ende Mai 1745	Berücksichtigung von Bassis Bitte
Sommer 1745	Akademiereform
	Publikation von *De aeris compressione* in den *Commentarii*
Ende 1745	Kontroverse um Bassis Wahlrecht
1747–49	Verati engagiert sich in der Elektrotherapie
1749	Bassi beginnt mit Privatvorlesungen in Experimentalphysik
1772	Physikprofessur am Institut wird vakant
1776	Ernennung Bassis zur Physikprofessorin am Institut
1778	Laura Bassi stirbt in Bologna

Anhang II

Übersicht über Bassis Akademievorträge

1746: Sopra la compressione dell'aria
1747: Sopra le bollicelle che si osservano ne' fluidi sgravandosi della pressione dell'aria
1748: De aere in fluidis contento
1749: De problemate quodam mechanico
1750: Thema unbekannt
1751: Sopra due problemi d'Idrometria
1752: Dissertazione matematica
1753: De problemate quodam hydrometrico
1754: De problemate quodam hydrometrico
1755: De problemate quodam hydrometrico
1756: De problemate quodam hydrometrico
1757: Dissertazione algebraica
1758: Sopra materie analitiche
1759: Sopra i fluidi sgorganti da un foro
1760: Dissertazione idraulica
1761: Sopra alcune esperienze di elettricità
1762: Sopra il vetro islandico
1763: Sopra la maniera di correggere nei telescopi l'inconveniente che nasce dalla diversa refrangibilità dei raggi, i quali vanno ad unirsi in diversi punti dell'asse secondo il diverso loro colore
1764: Sopra alcuni fenomeni dei fluidi ricevuti nei tubi di diversa materia
1765: Esperimenti e osservazioni idrometriche, e idrostatiche
1766: Sopra alcune sperienze idrometriche concernenti certe osservazioni del Genetté
1767: Sopra le velocità dell'acqua venuta da un influente in un recipiente
1768: Sopra la elettricità
1769: Prodromo d'una serie di sperienze da fare per perfezionare l'arte della tentura
1770: Sopra l'elettricità
1771: Sopra l'elettricità vindice
1772: Sopra un esperimento proposto dal Villanova Spagniuolo
1773: Molti esperimenti fatti per ispiegare il fenomeno ... della ripulsione cioè delle festuche innatanti sopra la superficie dell'acqua prodotta dall'espressione d'una goccia di fuco di titimalo
1774: Sopra l'elettricità, e specialmente sopra alcuni esperimenti dell'Hales
1775: Sopra il fuoco, e la facilità delli varii fluidi di riceverlo
1776: Su la relazione della fiamma all'aria fissa
1777: Sopra la proprietà che hanno molti corpi, che ritenendo più degli altri il calore, retiengono più degli altri ancora l'elettricità

Anhang III

Briefe über Bassi von 1732/33

Nr.	Datum	Absender	Empfänger[1]
[1]	15.03.32	Jac.B. Beccari / Bol	Anto. Leprotti / Rom[2]
[2]	18.03.32	Fra.M. Zanotti / Bol	Gi.B. Morgagni / Pad[3]
[3]	05.04.32	G.di Ca. Pozzi / Bol	Giova. Bianchi / Rim[4]
[4]	09.04.32	Giamp. Zanotti / Bol	Pad. Gia. Riva / Mil[5]
[5]	ca.10.04.32	Jac.B. Beccari / Bol	Anto. Leprotti / Rom
[6]	16.04.32	G.di Ca. Pozzi / Bol	Giova. Bianchi / Rim
[7]	ca.20.04.32	Jac.B. Beccari / Bol	Anto. Leprotti / Rom
[8]	03.05.32	G.di Ca. Pozzi / Bol	Giova. Bianchi / Rim
[9]	10.05.32	Fra.M. Zanotti / Ven	Giamp. Zanotti / Bol[6]
[10]	17.05.32	Can. Garelli / Wien	Gabr. Manfredi / Bol[7]
[11]	18.05.32	Giova. Bianchi / Rim	Anto. Leprotti / Rom[8]
[12]	28.05.32	Anto. Leprotti / Rom	Giova. Bianchi / Rim[9]

1 Informationen über Absender und Adressaten werden jeweils bei der ersten Diskussion der Korrespondenz geboten. Die entsprechenden Stellen sind anhand des Namensindexes leicht zu erschließen.

2 BAB Collezione degli Autografi VI, 1730. Aus der gleichen Reihe sind die Briefe Nr. [5] (VI, 1736), [7] (VI, 1734), [14] (VI,1737) und [23] (VI, 1730).

3 BAB B 181 Lettere di F.M. Zanotti al Dott. G.B. Morgagni, Nr. 66. Morgagni lehrte in Padua Medizin.

4 BGR Fondo Gambetti *Lettere autografe al Giovanni Bianchi* unter POZZI DI CARLO, GIUSEPPE. (Die Briefe an Bianchi sind alphabetisch nach Absendern sortiert.) Die gleiche Angabe gilt für die Briefe [6], [8], [13] und [28].

5 BAB B 382, Nr. 32. Brief [20] ist in der gleichen Sammlung als Nr. 34 zu finden.

6 BAB B 180, Nr. 38. Obwohl der Brief von 1733 datiert ist, muß es sich dabei um eine Verschreibung handeln, da der Inhalt eindeutig auf die Geschehnisse des Frühjahrs 1732 Bezug nimmt. Brief [17] findet sich als Nr. 33 auch in B 180.

7 Diesen Brief habe ich als Auszug gefunden in BAB Fondo Bassi I, fasc. 1 h) *Particola di Lettera del S.r Can. Garelli a me Gabriello Manfredi di Vienna li 17. Maggio 1732.*

8 BGR GIANO PLANCO: *Lettere autografe a Monsig. Leprotti dal 1717 al 1732.* Die Briefe [11], [15], [19] und [24] finden sich in diesem Band unter ihren Daten, die Briefe [39], [41], [44] und [45] entsprechend im Folgeband *Lettere autografe ... dal 1733 al 1745,* ebenfalls BGR.

9 BGR Fondo Gambetti *Lettere autografe al Giovanni Bianchi* unter LEPROTTI, ANTONIO. Der in der BGR aufbewahrte Briefwechsel umfaßt über 400 Briefe in jeder Richtung, also mehr als 800 Briefe, die eine einzigartige Quelle für die italiensiche Geistesgeschichte bilden. Aus dieser Sammlung sind auch alle anderen Briefe von Leprotti an Bianchi, also [16], [22], [25], [40] und [42].

Nr.	Datum	Absender	Empfänger
[13]	28.05.32	G.di Ca. Pozzi / Bol	Giova. Bianchi / Rim
[14]	Mai/Juni 32	Jac.B. Beccari / Bol	Anto. Leprotti / Rom
[15]	01.06.32	Giova. Bianchi / Rim	Anto. Leprotti / Rom
[16]	11.06.32	Anto. Leprotti / Rom	Giova. Bianchi / Rim
[17]	14.06.32	Fra.M. Zanotti / Ven	Giamp. Zanotti / Bol
[18]	14.06.32	M. Laura Davia / Bol	Giova. Bianchi / Rim[1]
[19]	15.06.32	Giova. Bianchi / Rim	Anto. Leprotti / Rom
[20]	22.06.32	Giamp. Zanotti / Bol	Pad. Gia. Riva / Lug
[21]	24.06.32	M. Laura Davia / Bol	Giova. Bianchi / Rim
[22]	25.06.32	Anto. Leprotti / Rom	Giova. Bianchi / Rim
[23]	28.06.32	Jac.B. Beccari / Bol	Anto. Leprotti / Rom
[24]	03.07.32	Giova. Bianchi / Rim	Anto. Leprotti / Rom
[25]	09.07.32	Anto. Leprotti / Rom	Giova. Bianchi / Rim
[26]	15.08.32	Giamp. Zanotti / Bol	Eust. Manfredi / Rom[2]
[27]	22.08.32	Giamp. Zanotti / Bol	Eust. Manfredi / Rom
[28]	29.08.32	G.di Ca. Pozzi / Bol	Giova. Bianchi / Rim
[29]	30.08.32	Giamp. Zanotti / Bol	Eust. Manfredi / Rom
[30]	13.09.32	Giamp. Zanotti / Bol	Eust. Manfredi / Rom
[31]	20.09.32	Eust. Manfredi / Rom	Giamp. Zanotti / Bol[3]
[32]	22.09.32	Giamp. Zanotti / Bol	Eust. Manfredi / Rom
[33]	04.10.32	Giamp. Zanotti / Bol	Eust. Manfredi / Rom
[34]	18.11.32	Giamp. Zanotti / Bol	Eust. Manfredi / Rom
[35]	29.11.32	Eust. Manfredi / Rom	Giamp. Zanotti / Bol
[36]	11.12.32	Giamp. Zanotti / Bol	Eust. Manfredi / Rom
[37]	19.12.32	Eust. Manfredi / Rom	Giamp. Zanotti / Bol
[38]	31.12.32	Giamp. Zanotti / Bol	Eust. Manfredi / Rom
[39]	19.02.33	Giova. Bianchi / Rim	Anto. Leprotti / Rom
[40]	04.03.33	Anto. Leprotti / Rom	Giova. Bianchi / Rim
[41]	12.03.32	Giova. Bianchi / Rim	Anto. Leprotti / Rom
[42]	23.03.33	Anto. Leprotti / Rom	Giova. Bianchi / Rim
[43]	29.03.33	M. Laura Davia / Bol	Giova. Bianchi / Rim
[44]	02.04.33	Giova. Bianchi / Rim	Anto. Leprotti / Rom
[45]	30.04.33	Giova. Bianchi / Rim	Anto. Leprotti / Rom

1 BGR Fondo Gambetti *Lettere autografe al Giovanni Bianchi* unter DAVIA, LAURA. Ebenso Brief [21] und der letzte in der Tabelle aufgeführte Brief, der nur indirekt auf Bassi Bezug nimmt.
2 BAB B 163, Nr. 217; [27] hat in demselben Band die Nr. 218, [29] und [30] sind Nr. 219 und 220, [32]/[33]/[34] sind Nr. 221/222/223, [36] und [38] Nr. 224 und 225.
3 BAB B 198 *Lettere di Eustachio Manfredi al Giampietro Zanotti*, Nr. 112. Ferner aus diesem Band [35] und [37] unter den Nr. 112 und 114.

Anhang IV

Auszüge aus
Zanotti: *De aeris compressione*

[1]Physicorum est naturae leges ponere aeque ut tollere; nam & quae experimentis respondent, ponendae sunt, & sit quae positae sunt, quae non respondeant, tollendae; quorum alterum tanto magis est necessarium, quanto turpius est leges retinere, quae experimentis non respondeant, quam nullas ponere. Laura Bassia, mulier clari nominis, cum aeris elasticitatem experimentis tentasset quamplurimis, velletque maxime, huius elasticitatis leges aut constituere, aut constitutas ab aliis confirmare, neutrum potuit; fecit igitur, quod erat reliquum, & omnes sustulit. Sic femina ingeniosissima, conturbans omnia, rem physicam praeclare gessit. Huius doctae studium transire non debeo; sed est sumenda longius oratio. Hinc ergo ordiar.

Nemo ignorat, eam primum legem a praeclarissimis physicis in aeris elasticitate explicanda fuisse positam, ut si quo pondere comprimeretur aer, is in spatium adduceretur tanto minus, quanto pondus esset maius; ut pondera spatiis reciproce responderent. Nam cum tubum duo crura habentem constituissent, & aerem in breviori crure interclusum, affuso per crus longius hydrargyro, magis magisque compressissent, numquam non eam, quam dixi, proportionem invenerunt. Erat autem proportio brevis, & simplex , & ad physicorum usus maxime accomodata. Non ergo videbatur illis eripienda.

Sed sunt quidam molesti, qui incommoda in omnibus aucupantur. Et alii quidem verentur, ne, si aer usque eo comprimatur; donec partes omnes sese contingant, proportio tunc demum deficiat; non enim , si partes omnes sese contigerint, pondus augere proderit ad compressionem augendam. [...]

[S. 348] Sunt alii, qui incommodum in infinitate quaerunt; nam si aer tanto latius se explicat, quanto minori premitur pondere; cum pondus minui in infinitum possit, videtur quoque aer, quantuluscumque sit, in infinitum posse explicari: quam illi infinitatem mirum quantum refugiunt. [...]

[S. 348] Illud magis propositae legis auctoritatem minuit, quod aeris elasticitas, non una, sed multis caussis continetur. Nam praeter quam quod aer elasticus ipse per se esse creditur, sit etiam magis elasticus a calore; ac si humores attraxerit; his quoque, ut sunt varii, varios accipit gradus elasticitatis: quorum quanta sit inconstantia, cum aliorum experimenta nos docent, tum illa in primis, quae in hoc libro ex Galeatio retulimus. Quis putet, in tam multiplici elasticitatis ratione unam semper valere legem? Nemo sane; nisi si experimentorum accuratissimorum consensio id ostenderit.

Ac iam res tota ad experimenta spectat; quae cum diligentius in dies facta fuerint, visa est primum reciproca illa spatiorum, & ponderum proportio non nihil offendere, simul ut aer in tertium usque spatii sui partem coactus esset; quamquam Boyleus incusare se ipse maluit, quam proportioni diffidere. Aliis postea visa est proportio illa, non ad tertiam usque partem con-

---

1 *Commentarii*, Bd. II,1, S. 347–353. *De aeris compressione* steht bei den Berichten über die Arbeit der Akademie, die stets vom Sekretär verfasst wurden. Deshalb wird Zanotti als Autor nicht eigens genannt. Für die Textanalyse vgl. Kap. V.2.

servari, sed finiri in dimidia; ut essent pondera spatiis reciproca, donec aer in dimidium spatium cogeretur; si ultra dimidium, non essent; ac tum maiora requirerentur, quam spatiorum ratio postularet. Fecit ergo physicorum inconstantia, ut de inconstantia quoque legis, vel potius de lege ipsa, dubitaretur; nulla enim lex est, si constantia absit. [...]

[S. 350] Videant etiam multi, ne cum experimentum in certo aere fecerint, ex una qualitate iudicantes statim de omnibus, nimium festinaverint; nam quod illis in humido accidit, non idem fortasse in sicco accidisset, neque quod in frigido, id etiam in calido. Quae omnia si minus animadverantur, fieri casu potest, ut in aeris elasticitate aut lex appareat, quae nulla sit, aut non appareat, quae sit aliqua.

Haud scio, an haec Laurae metum fecerint; sed certe hos physicos, qui elasticitatis leges generatim in omni aere tradiderant, non ausa est statim sequi; verum experimenta iterare ante voluit, & nova adiungere, & ea praesertim cavere, quae ipsi non cavissent. Atque, haec nobis scribentibus, mulier sedula instabat operi, & minimas quasque differentias in omni experimento perquirebat. Quod cum faceret, tenere se interdum non poterat, quin physicus succenseret, quod leges scilicet posuissent, quae neque cum experimentis, quae ipsa caperet, neque omnino cum veritate consentirent. Eisque in primis irasci videbatur, qui cum reciprocam spatiorum & ponderum proportionem, si aer ultra dimidium spatium contrahatur, nullam esse concedant, eamdem tamen valere affirmant, si contrahatur ad dimidium. Videntur enim debuisse in utroque eadem moveri ratione. Sibi quippe & saepius expertae, & diligenter, & coram multis, numquam contigit, ut proportionem talem inveniret, nec ultra dimidium, nec in dimidio.

Quae experimenta considerans, & omnia multis modis studiose versans, illud etiam mirabatur, quod, cum pondera a proposita proportione manifestissime aberrarent, erat etiam aberrationis modus incertus & varius, ut videretur ne aberrandi quidem lex esse ulla. Quo magis apparet, in qualitatibus quoque aeris, quae in horas, atque adeo in momenta, mutantur, esse aliquid. Quod si omnia, quae adhuc mulier versat animo, experimenta fecerit, & inconstantia ubique apparuerit, lex ulla nusquam, quis tandem dubitabit, physicis relictis omnibus, hanc unam Musarum alumnam sequi? Quis inconstantiam non amet, quam haec probaverit? Interim dum experimenta alia pergit sumere, ex his, quae adhuc fecit, paucula exponam.

Per autumni tempus, cum caelum pluvium esset, velletque mulier quodam die interclusum aerem ad dimidium spatium contrahere, duplo pondere non potuit. Oportuit duplo super addere hydrargyri lineas undecim. Liquor in barometro ad viginti septem digitos, lineam unam constiterat. Reaumuriano thermometro is calor ostendebatur, qui mitissimam caeli temperiem duobus gradibus superaret.

Cum esset iam annus provectior, rediit Laura ad experimentum. Erat tum dies paullo humidior. Barometri altitudo non ultra digitos viginti septem & lineas quatuor ferebatur; in thermometro gradus numerabantur fere sex supra gelu. Eo die cogi aer in dimidium spatium non potuit, nisi uno ipso hydrargyri digito ad duplum pondus addito. Cur non putemus, humoribus id factum esse, qui admisti aeri elasticitatem eius auxerint? Eamdemque caussam in superiori etiam experimento valuisse? Nam cum res ipsa per se veri similis valde est, tum vero experimentis Galeatii apprime convenit. [...]

[S. 351] Neque vero, cum haec nobiscum Laura communicaret, experimenta alia praeteribat, quibus sibi visa esset ad eam, quam physici receptam habent, proportionem quamproxime accedere, ut prope iam illis ignosceret, qui experimentis quibusdam ducti commodissimam opiniomem suscepissent, sed ferre non poterat, experimenta alia, eaque tam multa, ab [352] his negligi; quibus experimentis, si animum advertissent, intelligere facile poterant, eam, quam sequerentur, proportionem minime constantem esse. Eamdemque fere inconstantiam invenisse se, aiebat, non modo cum aerem usque ad dimidium spatium, sed etiam cum infra dimidium constringere voluisset. Nam in his quoque minoribus constrictionibus modo plus ponderis adhibere opus fuerat, quam physicorum ratio postularet, modo minus; [...] nullumque inconstantiae genus huic experimento abesse.

Hae scilicet vicissitudines, proportionumque in constrictione omni varietates usque adeo Lauram sollicitabant, ut se physicis committere non auderet; neque his assentiri, qui perpetuam quamdam spatiorum & ponderum rationem constituentes, modum certum ponunt rei incertae. Concedit ergo, eam esse aeris elasticitatem, ut, si varie comprimatur, inter pondera & spatia proportio constans aliqua esse possit; sed valde veretur, ne tam multa interponantur, quae legem conturbent, ut, etiamsi sit aliqua, cognosci tamen experimento non possit. Nam quamvis pondera & spatia reciproce inter se proportionalia interdum visa sint; potuit id ipsum fieri, non quod aeris elasticitas legem hanc sequeretur, sed quod, aliam sequens, in hanc aberasset. Quid est enim, quod haec proportio servari primum in omni aeris constrictione physicis visa est; post non in omni, sed in ea tantum, quae aerem non ultra tertiam spatii partem adigeret? Quod ipsum postea, cum experimenta non responderent, mutare iterum oportuit, & proportionem ad dimidiam [353] tantum spatii partem retinere. Ac ne id quidem Laurae ferunt experimenta.

His adhuc dubitationibus tenebatur mulier ornatissima, cum haec scriberem; in quas numquam incidisset, si physicis, quemadmodum fieri solet, fidere voluisset; sed illa experimentis insistens rem ipsam sequi maluit, quam physicos.

Edition von Bassis wissenschaftlichen Manuskripten

1. Editionsbericht

Beide der hier edierten Manuskripte stammen aus dem Archiv der *Accademia delle Scienze* in Bologna, der Nachfolgeorganisation der *Accademia delle Scienze dell'Istituto* des 18. Jahrhunderts, die das Archiv der Akademie, soweit erhalten, übernommen hat. Sie sind im Bestand der alten Akademievorträge eingereiht und tragen damit die gemeinsame Signatur
AA (Antica Accademia), Titolo IV, Sezione I,
Manuscritti delle Memorie dell'Accademia 1746–1753,
alphabetisch unter Bassi–Verati, Laura, einsortiert. Es handelt sich bei den Manuskripten um Bassis Akademievorträge aus den Jahren 1747 und 1748, wobei der zweite Text direkt vom Schreiber mit Überschrift und Vortragsdatum versehen wurde; bei dem ersten Text fehlt der Titel, und das Datum ist möglicherweise von einer anderen Hand. Beide Texte tragen außerdem jeweils einen kurzen Vermerk von Domenico Piani, der sich auf die Provenienz bzw. spätere Publikation der Manuskripte bezieht.[1] Beide Texte sind auf beidseitig beschriebene Doppelbögen geschrieben; am Ende des Textes sind jeweils noch einige Seiten frei.

Der Text von 1747 ist ein Autograph Bassis mit nur wenigen Streichungen (etwa eine pro Seite) und praktisch ohne Verschreibungen. Es weist auch keine Randkorrekturen auf und ist in sehr gleichmäßigem Duktus geschrieben; es handelt sich offenbar um eine von Bassi selbst angefertigte Reinschrift.

In deutlichem Kontrast dazu steht der Text von 1748. Er ist weder von Bassi noch von Verati geschrieben worden und zeigt deutliche Korrekturen durch eine zweite Hand. Überwiegend handelt es sich dabei um Korrekturen von elementaren Orthographie– bzw. Sprachfehlern (etwa die Streichung oder Hinzufügung einer Akkusativendung –m). An zwei Stellen sind von der zweiten Hand am Rand mehrere Worte eingefügt worden, die eine eindeutige Identifikation des Korrektors als Bassis Ehemann Gisueppe Verati ermöglichen. Die Korrekturen sind relativ zahlreich (im Schnitt drei bis vier pro Seite) und weisen wegen ihrer Elementarität auf einen im Lateinischen wenig bewanderten Schreiber. Dieser Eindruck wird durch einige von Verati nicht korrigierte Schreibfehler im Text noch verstärkt, die so sinnentstellend sind, daß die Lateinkenntnisse des Schreibers als praktisch nicht vorhanden eingeschätzt werden müssen. In der Edition sind sie korrigiert worden, wobei der ursprüngliche Wortlaut in einer Fußnote wiedergegeben wird. Kommentarlos wurden hingegen einfachere Orthographiefehler oder Inkonsistenzen in der Schreibweise korrigiert. Diese lassen sich in folgenden Gruppen zusammenfassen:

---

1   Domenico Piani, hat sich um das Akademiearchiv außerordentlich verdient gemacht, indem er als Sekretär zwischen 1850 und 1870 die Bestände der alten Akademie sortiert und durch Kataloge erschlossen hat. Zur Arbeit von Piani sowie als ersten Einblick in die wechselvolle Geschichte des Archivs s. PALLOTTI, *Carte*.

– Kleinschreibung zu Beginn eines Satzes (zweimal).

– Einfaches e statt ae in *praeter, praecipue, praesertim, saepe, haec, quae, bullulae, atmosphaerae*; insgesamt 14 mal geändert. Da in dem Autograph Bassis von 1747 konsequent ae verwendet wird, sind die Inkonsistenzen in diesem Text durch den Schreiber und nicht durch mögliche Inkonsistenzen der Textvorlage bedingt.

– Fälschliche Getrenntschreibung: *quaedam* (zweimal) und *adhaerescere* (einmal) (ebenfalls in Abweichung von Bassis eigenem Manuskript).

– Flüchtigkeitsfehler (z.B. *adcribendas* statt *adscribendas*) (sechsmal).

– Besondere Schwierigkeiten bereitete dem Schreiber das Wort *superficies*, das sich in mindestens drei Varianten findet (siebenmal korrigiert).

Die in den Texten verwendeten Abkürzungen wurden durchweg aufgelöst. Dabei handelt es sich einerseits um die gängigen Abbreviaturen für bestimmte Einzelwörter wie *non, enim, etiam, quod* und andererseits um Verkürzungen im Wortinneren, etwa *observ.ones* für *observationes* usw. In einigen Fällen sind in dem Manuskript von 1748 falsch wiedergegebene bzw. verwechselte Abbreviaturen korrigiert worden. Der häufigste Fehler ist hier die Verwechslung von *non* und *enim*.

Da die Texte über weite Strecken vollständig oder weitestgehend wörtlich übereinstimmen, sind sie im Spaltendruck nebeneinander wiedergegeben, um die Parallelen und Differenzen deutlicher hervortreten zu lassen.

2. Die Texte von Bassis Akademievorträgen

[1747]

Recitata il 27 aprile 1747 dalla Sig:^{ra} Laura Bassi
Riferita T. VII, p. 44
MS. donato nel 1857 dal Prof. Medici[1]
Cum de aeris elaterio superiori anno in Academia disseruissem, vobisque, Sodales Clarissimi, comunicassem experimenta, quibus in illam reciprocam spatiorum, et ponderum aerem comprimentium rationem Boyliana dumtaxat methodo inquirendum putaveram, susceptae disquisitionis ordo postulabat, ut novis eam experimentis, iuxta Solertissimorum Virorum Mariotti, et Musschenbroekij methodos essem prosecuta, ut si quae, pro diversa aeris conditione, varietates in his etiam contingerent observarem, quaeque observassem ea item omnia pro studio nostro erga Academiam vobis exponerem. Quoniam vero aeris vicissitudines, quae hoc anno occurrerunt, neque adeo variae, atque multiplices extitere, neque, ut opus erat, pluries acciderunt, propterea non potui, quas cupiebam, observationes instituere; Sed opportunitate experiundi data non praetermittam. Interim, ne officio plane deesse videar, observatiunculas quasdam, quae et ipsae ad aerem spectant, brevissime exponam.

[1748]

Adi 25. Aprile 1748
Recitata dalla Sig.^a Laura Bassi Verati[2]
De aere in fluidis contento

Aeris consideratio non mediocri saepe cum utilitate, maxima vero semper cum iucunditate coniuncta Physicorum ingenia exercuit, industriamque excitavit.

Postquam enim primarias eius affectiones gravitatem nempe, et elaterium luculentissimis experimentis confirmaverint, mirum sane quantum in reliquis admirabilis huius fluidi proprietatibus retegendis cum Boyleus in primis, tum Parisienses Academici, ac tandem postremis hisce temporibus Boerhavius, et Halesius elaboraverint. Profecto cum aer universale illud agens existat, quo infinitae propemodum mutationes in rerum natura contingunt, sive ille in corporibus lateat, et eorum pars sit, sive ea undique ambiat omnia, ac libere plurima pervadat, ut in alijs quidem veluti vitae principium spectari possit spiritum quasi aemulans, in alijs praecipua motus caussa minimarum particularum reciprocas promovens oscillationes, in cunctis denique innumerabilium effectuum auctor, et agens merito censeatur, maiori cum studio, ac diligentia perlustrari ab ijs praesertim postulat, qui quae sensibus observantur contemplanda sibi sumpserunt, quaeque Sapientissimus rerum Opifex Deus in hominum utilitatem /1v/ condidit, atque oblectamentum; maxime cum multae adhuc aeris proprietates et vires in abdito lateant quarum effectus perspectos habemus longa indagine, et experiundi solertia aliquando forsitan retegendae, quod ideo commemoro ne videar rem literatissimo hoc caetu plane indignam protulisse, cum vobis hodierna die de aerearum particularum e fluidis evolu-

---

1 Diese Anmerkungen stammen alle von (mehreren) fremden Händen, die letzte von Piani.
2 Diese beiden Zeilen stehen als Randglosse neben den ersten Textzeilen.

Cum enim olim versarer in iis capiendis experimentis, quae in diversis liquoribus vacuo conclusis a Physicis haberi solent, ut latentem aerem ex ipsis educant, non mediocriter sum delectata observando, quod aeris particulae, quae bullarum forma exibant, omnes vel a vasis fundo, vel ab eius lateribus prodirent. Cum haec animadvertissem suspicari ab initio caepi num aer, qui ope vacui a fluidis extricatur, revera in iisdem latitaret, an potius ex eo esset, qui inter duas superficies vasorum, et aquae contentae absconderetur. Etenim, ut scimus, aer Corporibus quibuscumque lentore satis notabili adhaerescit. Inter haec vero praecipue vitrum est.

Si ergo vas vitreum vel aqua, vel vini spiritu, aut alio simili fluido replcatur, atque ope antliae pneumaticae aerem ab ipso educere curemus, continuo sub primis aeris illius, qui in recipiente concluditur, rarefactionibus, exilissimae /1v/ bullulae, iucundo sane spectaculo, confertissimae e fundo vasis oriri observantur. Paulo post innumerae aliae conspicuae fiunt, quae vasis parietibus adhaerescunt. Hae vero Vitrum non deserunt priusque debitam magnitudinem sint adeptae; tunc enim auctis earum elaterio, et mole coguntur per liquorem obliquis, ac flexuosis incessibus attolli. Non idem porro iis accidit, quae e fundo errumpunt; Nam hae recta per liquorem ad superficiem ascendunt, quo cum pervenerint exploduntur, minutissimasque fluidi particulas per aerem dispergunt. Est etiam aliud, quod in huiusmodi observatione non parum admirationem movet, nempe omnes fere aeris particulas, quae in fluidis absconduntur, ita ad fundum vasis separari ut ab uno, eodemque fundi puncto non modo centenae, sed et millenae prodire conspiciantur, quae recta per fluidum ascendentes vix conspicuas alias in eodem fundi puncto semper relinquunt, ex quibus novae iterum, iterumque bullulae exurgunt. Placuit itaque paulo curiosius inquirere unde revera aer tanta copia gigneretur quotiescumque occasione ablati ponderis athmosphaerae e fluidis corporibus videtur

tione verba fecerim.

Itaque cum olim versarer in huiusmodi capiendis experimentis, quae a Phijsicis institui solent, ut latentem aerem e fluidis educerem, observare mihi contigit, quod ab alijs quoque observatum legeram, aeris particulas, quae bullarum forma exibant, vel a vasis fundo, vel ab eius lateribus prodire omnes.

Si enim vas vitreum aut aqua, aut vini spiritu, aut alio non dissimilis indolis fluido repleatur, et aer qui eidem superincumbit ope antliae Pneumaticae rarefiat, continuo vel in ipsis primis aeris rarefactionibus exilissimae bullulae, jucundo sane spectaculo, confertissimae, e fundo vasis oriri observantur. Paulo post innumerae aliae conspicuae fiunt inter concavam vitri et convexam aquae superficiem, quae vasis parietibus adhaerescunt. Hae vero laterales vitrum non deserunt priusquam debitam magnitudinem sint adeptae; tunc auctis earum elaterio et mole pro aucta aeris in recipiente conclusi rarefactione coguntur per liquorem obliquis et flexuosis incessibus attolli, dum quae e fundo erumpunt recta per /2r/ liquorem ad superficiem ascendunt quo cum pervenerint, exploduntur, minutissimasque fluidi particulas per ambientem aerem undequaque dispergunt. Est etiam aliud quod in hac re non parum admirationem movet, nempe omnes fere aeris particulas, quae in fluidis absconduntur, ita ad fundum vasis separari, ut ab uno eodemque fundi puncto non modo centenae, sed et millenae prodire conspiciantur, quae recto tramite per fluidum assurgentes vix conspicuas alias in eodem fundi puncto semper relinquunt, ex quibus novae iterum iterumque emergunt. Quae equidem animadvertens, atque attente considerans dubitavi num aer ille, qui ita e errumpere. Fecit vero ut id diligenti examine dignum putare Clarissimi viri Boerhavij summa auctoritas, qui et ipse in huiusmodi dubitationem incidens, rem hanc non parvipendit: Num sc. vere aer educatur ex aqua, caeterisque Corporibus fluidis, an potius tantum prodeat de interstitijs inter superficiem vitri, et aquae quemadmodum oculis apparet.

Ut ergo particularum huiusmodi aerearum originem invenirem simplicissimis usa sum artificijs, quibus curavi aerem a vitrorum superficie, quantum fieri posset abradere. Primum itaque antequam vas cylindricum, quod saepius in hisce experimentis adhibueram, aqua replerem, interiorem eius superficiem omnem linteo pluries diligentissime detersi; affusa ~~deinde~~ aqua vas sub excipulo Machinae Pneumaticae collocavi, atque educto aerem observavi, quod longe pauciores bullulae tum ad latera, tum ad vasis fundum apparebant, /2r/ deinde quod hae ipsae non nisi maxima inducta in aerem rarefactione, quae ope Machinae haberi potuit, in conspectum venirent; ex quo sane experimento visum est mihi hoc in primis colligi posse, quod non omnis certe aer, quem in aqua abscondi hucusque creditum est, revera in eodem contineatur, sed non modica eius vis superficiei vitri adhaerens, sublato aere per antliam se expandat bullarum formam aquirens. Hoc ut certius cognoscerem vas aliud cylindricum sumpsi, cuius interiorem superficiem ad dimidium usque pluries linteo detersi, reliquam plane non attigi. Eo deinde aqua repleto, et sub recipiente concluso, dum aer educeretur, bullulae ad fundum quidem congerebantur, et ad vasis latera, qua parte illud non deterseram, at in superficie detersa fere nullae apparuerunt.

Ulterius perrexi, et alio modo tentavi

fluidis educitur, revera in ijsdem latitaret, an ex eo esset, qui inter duas superficies vasorum, et fluidi contenti prius delitescens, imminuto atmospherae pressu expansus bullarum forma prosiliret. Nam observatione saepe repetita compertum est, aerem corporibus quibuscumque lentore satis notabili adhaerescere: inter quae[3] praecipue vitrum est. Quaerendum deinceps videbatur quid caussae esset, cur e fundis vasorum longe diutius, et copiosius emitterentur, quam ab ipsorum parietibus, eaeque regenerari quodamodo viderentur atque aliae alijs sibi mutuo succederent.

Ad primum quod attinet ut particularum huiusmodi aerearum originem aliquanto diligentius perscrutarer simplicissimis usa sum artificijs, /2v/ quibus curavi aerem e vitrorum superficie, quantum fieri posset abradere. Primo quidem easdam superficies linteo pluries solertissime detersi, tuncque vasibus aqua repletis, et sub excipulo machinae Pneumaticae collocatis dum aer educeretur longe pauciores bullulae tum ad latera, tum ad vasis fundum apparuerunt, quae nonnisi post summam aeris circumpositi rarefactionem se prodiderunt. Idem accidit dum vas alterum iampridem per plures vices bene lotum similiter deterseram. Verumtamen [sic] ut certior adhuc fierem vas aliud cilindricum adhibui, cuius concavam superficiem ad dimidium usque pluries linteo detersi, qua vasis oram respiciebat, inferiorem plane non attigens: eo deinde aqua repleto, et sub recipiente, ut antea feceram concluso aereae bullulae ad fundum congerebantur, et ad vasis latera, qua parte illud non deterseram, at in superficie detersa fere nullae visae sunt.

---

3   ursprünglich im Manuskript: *interque*

aerem, si fieri posset, ab alterius vasis vitrei superficie separare. Vasculum igitur sumpsi, illudque per plures vices aqua bene lotum similiter detersi, tum repletum aqua plano Machinae imposui, atque idoneo recipiente conclusi. Tunc rarefacto aere difficilius ab aqua, et parcius adhuc aereae bullae errumpere visae sunt, ut appareret iam maiorem aeris copiam non ab aqua, sed a concava vitri superficie esse repetendam. Verum quod in eumdem finem caepi sequens experimentum rem adhuc in dubium revocavit.

Aliud itaque medium adhibui, nempe ignem, cui maximam inesse vim ad extricandum aerem non solum e fluidis corporibus, sed etiam e solidis experientia constat; Propterea demerso vase vitreo intra aquam igni implitam sivi ut ad aliquod temporis spatium haec ebulliret; Postea refrigerata aqua, et vase ipsum eduxi alia aqua replens, atque sub recipiente concludens post unam, vel alteram aeris exantlatioonem adnotavi, aereas bullulas a fundo, et parietibus undique oriri multo copiosiores, ac in prae/2v/cedentibus experimentis accidisset. Quid ergo in causa fuit ut cum ignem adhibuerim, qui medium est ceteris valentius ad aerem e Corporibus educendum, adhuc tamen maior aeris vis a lateribus, et fundo vasis exierit?

Aliud tandem medium adhibui, nempe ignem, cui maximam inesse vim ad extricandum aerem non solum a fluidis, sed etiam e solidis corporibus experientia constat: propterea modo vase vitreo ad ignem calefucto [sic], et aqua repleto usa sum, modo eodem demerso intra aquam dum illa ebulliret, postea refrigerata aqua, et vase ipsum nova aqua replens in experimentum adduxi, ac post unam vel alteram aeris exantlationem adnotavi semper aereas bullulas undique a fundo, et parietibus oriri multo /3r/ copiosiores, ac in praecedentibus experimentis accidisset. Quid ergo in causa fuit, ut cum ignem ad vasorum interiores facies ab aere expurgandas adhibuerim, qui medium est caeteris ad id valentius, adhuc tamen maior aeris vis a lateribus, et fundo vasis exierit? insuper quod fluida quaedam maximam bullarum copiam emittant, interim dum alia licet eodem vase contenta, medio aeque rarefacto, paucas. Videant qui attrahenti virtuti multum tribuunt, num forte huic eidem a calore excitatae effectus iste refferri possit? Num scilicet validius aeris particulae a calefactis vitri superficiebus trahantur adeoque ipsis citius etiam quam soleant adhaerescant; nisi quis bullarum illarum naturam in dubium revocans, easdem fluido alicui elastico, quod ignis in corpora secum adferat, potius quam aeri tribuere mallet. Caeterum tum ab hucusque modo relatis experimentis, tum ab alijs plurimis, ac diversis quae brevitatis gratiam praetereo, visum est mihi hoc in primis colligi˙posse aliquid aeris e vasorum quidem interioribus superficiebus, maximam autem eius vim a contentis fluidis suppeditari, ut quae ad vasorum parietes bullulae apparent, eae ad aerem vasorum interiora prius circumambientem pertineant fere omnes: tum enim serius apparent ac illae quae ad fundum conspiciuntur, minus augentur mole, egrius vitri superficiem deserunt, nec ubi deseruerint novae aliae succedunt earum quasi locum implentes. At cum majorem bullarum copiam /3v/ a vasis fundo, quam a reliquis partibus attolli constanter observaverim, et eas quae a fundo omnium primas ceterisque grandiores apparere, cogitare tunc caepi de latente aliqua vi ad easdem a fluidorum particulis separandas idonea, quod sublato, aut imminuto atmosphaerae ponderi id omnino tribui vix posse existimaverim. Quid enim causae esset cur decrescente externi aeris pressu, non illae in primis aereae particulae fluidis commixtae a pondere levarentur, quae paulo infra summam liquoris superficiem subsistunt, atque adeo in bullas expansae extra fluidum erumperent, priusquam ceterae inferiora loca occupantes, maxime vero ad altioris vasis fundum latentes extricari possent?

Quid quod fluida quaedam maximam bullarum copiam emmittant, dum interim alia, licet eodem vase conclusa, medio aeque rarefacto paucus [sic] admodum fundunt? Oleum enim tartari per diliquium paucissimas dat bullulas vel post plures exantlationes, easque parvas adeo ut vix nudis oculis sint conspicuae: aqua, spiritus vini aliaque innumera confertissimas exhibent et satis magnas. Quid tandem quod ex alijs citius, tardius ex alijs hae prodeant? Sic ex aqua oriri incipiunt primis fere rarefactionis gradibus, ab oleo nonnisi post maximam rarefactionem eliciuntur?

Quid insuper quod fluida quaedam maximam bullarum copiam emmittant dum interim alia licet eodem vase contenta, medio aeque rarefacto, paucas admodum fundunt? Oleum enim tartari per deliquium paucissimas dat bullulas vel post plures exantlationes, easque parvas adeo ut vix nudis oculis sint conspicuae; aqua, spiritus vini, aliaque innumera confertissimas proferunt, et satis magnas. Quid tandem quod ex alijs citius, tardius ex alijs hae prodeant? Sic ex aqua oriri incipiunt primis fere rarefactionis gradibus: ab oleo non nisi post maximam rarefactionem eliciuntur. Hinc profecto concludi posse videtur quod quamquam ex ijs, quae supra descripsi, observationibus constaret, non parum aeris a vasorum interioribus superficiebus expediri, adhuc tamen non modica eiusdem quantitas aquae caeterisque fluidis insit, e quibus pro varia circumstantiarum ad id concurrentium ratione facilius, aut aegrius eliciatur.

Haec porro cum attentius meditarer suspicio oborta est num forte vasorum interiores superficies ad aerem, qui in fluidis continetur, extricandum peculiari quadam virtute concurrant, qua particulas aereas trahentes ipsas tandem a consortio illarum, quae fluida componunt, avellant. Hinc coniectari caepi simile quid aeri in fluidis delitescenti obvenire, ac lucis radijs per medium diffusis, sc. ut quemadmodum hi proprias patiuntur reflexionum, et refractionum vicissitudines cum ad confinia mediorum diversae densitatis perveniunt ubi attractionis, aut repulsionis viribus aguntur, ita particulae aereae subdivisae, et aliorum fluidorum moleculis consociatae qua in parte superficiem densioris medij contingunt /3r/ attractionem eius persentiant, cui tamen parere non possunt nostri cum imminuta athmosphaerae pressione imminuuntur etiam contactus, quos cum fluidorum particulis habent, quo facilius ab earum complexu exsolvantur, aut forte etiam sui elateris exercitio recuperato, eoque ampliores factae maiores contactus cum densiori medio acquirunt, cuius attrahenti virtute validius percitae ipsi obtemperare incipiunt, simul uniuntur plures, atque in bullulas conformatae per liquorem assurgunt, ac in egressu exploduntur. Verum quae ex illis aereae particulae arctius medio trahenti adhaeserunt, ibi remanent, aliasque sibi similes allicientes novas bullulas procreant; hinc perennis ille bullularum excursus ab eodem puncto, et per easdem quasi vias ascensus, residuis fere semper tenuissimis alijs, quibus assurgentium locus impleatur.

Ne autem coniecturae huic meae observationes deessent, quibus mira haec diversorum mediorum facultas ostenderetur, cogitavi nonnulla experimenta facere in liquoribus diversae densitatis, quae nec misceri facile invicem possent, nec eodem tempore omnia contentum aerem exclude-

Hoc poro cum attentius meditarer in suspicionem incidi num forte vasorum interiores superficies ad aerem illum qui in fluidis continetur, eliciendum peculiari quadam virtute concurrant, /4r/ qua particulas aereas traentes ipsas tandem a consortio illarum, quae fluida componunt avellant: hinc coniectata sum simile quid aeri in fluidis latenti obvenire ac lucis radijs per medium diffusis, nempe ut quemadmodum hi proprias patiuntur reflexionum, refractionum et inflexionum vicissitudines cum ad confinia mediorum diversae densitatis perveniunt ubi attractionis, aut repulsionis viribus aguntur, ita particulae aerae subdivisae, et aliorum fluidorum moleculis consociatae, qua in parte superficiem densioris medij contingunt attractionem eius persentiant, cui facilius parere tunc possint, cum imminuta atmosphaerae pressione imminuntur etiam contactus, quos cum eisdem fluidorum particulis habent, quo facilius ab earum complexu exsolvuntur; tum vero ingeniti sui elateris exercitio recuperato eoque ampliores factae maiores contactus cum densiori medio aquirunt, cujus attraenti virtute validius percitae simul uniuntur plures, atque in bullulas conformatae per liquorem assurgunt, ac in egressu exploduntur. Verum⁴ quae ex illis aereae particulae arctius medio trahenti adhaeserint, ibi remanent, alias sibi similes allicientes novas bullulas procreant; hinc perennis ille bullularum excursus ab eodem puncto, et per easdem quasi vias ascensus, residuis fere semper tenuissimis alijs, quibus assurgentium locus impleatur. /4v/

Ne autem coniecturae huic meae observa-tiones deessent, quibus mira⁵ haec diversorum mediorum facultas ostenderetur, cogitavi nonnulla experimenta facere in liquoribus diversae densitatis, quae nec misceri invicem facile possent, nec eodem

---

4   vom Korrektor aus *virum* verbessert
5   ursprünglich im Manuskript: *mea*

rent. Nam sive unum, sive alterum ex his accidisset omnia facile conturbari intelligebam.

Primum itaque experiri volui quid in aqua, et oleo olivarum communi contingeret; Conclusi itaque vas, quod ambo haec fluida capiebat sub recipiente Machinae. Primis exhantlationibus aer de more extricari ab aqua caepit e fundo vasis prosiliens; Cum autem oleum tardius in vacuo bullas emmittere soleat, nihil tunc temporis praebere aeris visum est; Interim bullulae e fundo vasis exortae intra aquam attollebantur, et initio quidem ad inferiorem olei superficiem consistebant, donec, nova inducta aeris per Machinam rarefactione, grandiores /3v/ factae oleum transgrediebantur, atque ad summam superficiem evectae prosiliebant; Postea experimentum persequuta, iterumque rarefacto aere caepit oleum bullas aereas proprias exhibere, quae, ut illae, quae in aqua sunt, e vasis fundo, sic hae quoque a contingentibus se se eiusdem olei, et aquae superficiebus eadem prorsus ratione prodibant omnes. Haec in aquae et olei se mutuo tangentium superficiebus acciderunt.

Experimentum aliud in oleo tartari[7], et vini spiritu rectificatissimo sum aggressa. Delegi ad id oleum tartari tum quod spiritu vini ponderosius sit, tum multo magis quod in vacuo paucas, easque exilissimas aeris bullas exhibeat, cum ex adverso vini spiritus, et multas, et grandescentes explodat. Sub primis exhantlationibus caeperunt in confinijs superficierum horum fluidorum bullulae aereae a vini spiritu extricari, quibus universa statim olei tartari superficies obtegebatur, alijsquoque interstitia inter vini spiritum, et vasis parietes circumquaque occupantibus, mox rarefacto adhuc aere ascendebant priores illae minutioribus alijs de more in eodem loco post se relictis. Tandem cum e recipiente

tempore omnia contentum aerem excluderent.

Primum itaque aqua et oleum olivarum commune adhibui. Conclusi itaque vas, quod ambo hec [sic] fluida capiebat sub recipiente machinae. Primis exantlationibus aer de more extricari ab aqua caepit, e fundo vasis prosiliens: Cum autem oleum tardius in vacuo bullas emittere soleat, nihil tunc temporis praebere aeris visum est: Interim bullae e fundo vasis exortae intra aquam attollebantur, et initio quidem ad inferiorem olei superficiem consistebant, donec iteratis aeris rarefactionibus grandiores factae oleum trasgrediebantur,[6] atque ad superiorem superfeciem evectae prosiliebant. Postea experimentum persequuta, iterum rarefacto aere caepit oleum bullas aereas proprias exhibere, quae a communi utriusque fluidi Superfecie eadem prorsus ratione prodibant omnes. Haec in aquae et olei finibus acciderunt.

Oleum deinde tartari, et vini spiritum ad idem experimentum sumpsi. Delegi ad id oleum tartari, tum quod spiritu vini ponderosius sit, tum multo magis, quod in vacuo paucas, easque exilissimas aeris bullas exhibeat, cum exadverso vini spiritus, et multas, et grandescentes explodat. Sub primis exantlationibus /5r/ caeperunt in confinijs superficierum horum fluidorum bullulae aereae a vini spiritu, quod quia levius superstat, extricari, quibus universa statim gravioris olei tartari superficies obtegebatur, alijs quoque interstitia inter vini spiritum, et vasis parietes circumquoque occupantibus: mox rarefacto amplius aere ascendebant priores illae maioribus alijs post relictis. Tandem e re-

---

6   Beispiel für Italianismus in der Schreibweise
7   oleum tartari = Weinsteinöl = wässrige Kaliumcarbonatlösung, vgl. SCHNEIDER, *Chemikalien*, 38.

pluries educto aere mercurius ad digitos sex supra viginti ascendisset, minutissimae ad vasis fundum apparuerunt bullulae, paucissimae ad eius latera, qua oleum tartari contingebant, quae et ipsae sursum elatae extra liquores protrudebantur.

Apparet ergo fluida quoque corpora, in quibus experimenta sumpsimus, pro diversa densitate, forte etiam pro alijs eorum affectionibus idem relate ad particulas aereas fluidis commixtas praestare ac Vasorum interiores superficies; ipsarum sc. separationem promovere, atque adiuvare, quod coniecturae, quam mox indicavi non /4r/ mediocriter favere videtur.

cipiente, quo ad eius potuit[8], educto aere, minutissimae ad vasis fundum apparuerunt bullulae, paucissimae ad eius latera, qua oleum tartari contingebant, quae et ipsae, ut solent, sursum elatae extra liquores protrudebantur.

Vasculum aliud vitreum ad dimidium usque hijdrargiro, reliquum aqua replevi, eoque sub recipiente collocato bullae inter aquae, et hidrargiri confinia multo citius, et longe confertiores se prodiderunt, quam in vasorum vitreorum fundo contigat, dum Sola aqua repleta sint quibus sursum elatis similes aliae innumerae ab ijsdem punctis enascebantur, quod usque ad experimenti exitum deprehensum est. Pluries observationes eodem successu interavi [sic], nimirum cum hijdrargiri superficies pulvere obtegeretur, tunc affusa aqua, et consuetis peractis aeris rarefactionibus maxima quidem apparuit bullarum copia, quae pro imminuto athmosphaere pressu, mole continenter augebantur, at paucae admodum loco dimotae sursumque evectae sunt. An non /5v/ ex his maiorem videlicet aquae et hijdrargiri confinijs quamin illis aquae, et vitri ad aerem educendum vim inesse rationabilius conjectabimur? an non etiam pulverem fortius adhuc ad se aeris particulas rapere censibimus? ut appareat in capiendis experimentis minimas quasdam conditiones locum interdum habere, de quibus vix ulla cogitandi ratio animum subijsset. Accidit quoque ut cum observationes in vini spiritu instituueram, inter plura vascula, quae ipso replevi, unum adesset, in cuius fundo parvus quidem obscurae nescio cuius materiei circellus fortuito efformatus fuerat, qui circumquaque vasis latera attingebat, reliquo fundo perpolito existente: Post eas aeris rarefactiones, quas inducere opus est, pulcrum visu fuit bullas fere omnes, quae ab imo vasis prodibant, ab huiusmodi circello enasci paucissimis exceptis, quae a ceteris fundi punctis ascenderunt. Pluries circellos simi-

8   gemeint ist wohl: *quoad eius potuit*; *eius* als partitiver Genitiv. Korrekter wäre allerdings *quod eius* [...] oder *quoad potuit*.

les ex diversi generis unctuosis Subtantijs [sic] vasorum fundis interius consulto applicuimus, semperque res eodem recidit. Unde a hoc nimirum, quia aetherogenea [sic] illa circelli mat[erial]es plus in aere traendo, ac a spiritus vini particulis separando quam vitrum ipsum valeret? Casu quoque experimentum alium se obtulit nobis prae ceteris opportunissimum. E vase in quo oleum olivarum continebatur, proiecto ipso oleo, et aqua repleto /6r/ vase ad summam aquae superficiem residuae nonnullae innatarunt olei guttulae. Hae cum vacuum fieret circumquaque minuissimis aereis bullis cingi caeperunt, immo et quae bullae a vasis fundo sursum per liquorem ascendebant interdum in huiusmodi guttularum centrum impingentes continuo ab earum limbis magna vi attrahebantur: quo multo magis confirmari visa est opinio illa de attrahente vi quam possident mediorum diversae densitatis confinia. Ex hac quoque observatione in suspicionem similiter incidi quam etsi levissima est, proponere tamen non dubito, ut vestris, academici doctissimi, animadversionibus illustretis. Cum enim viderim, ut dixi, particulas aeris celerrime ad limbas oleosarum guttullarum accurrere, de alia quadam analogia suspicari tum caepi, praeter illam, qua cum luce convenire videtur aer, quod ambo haec subtilissima fluida in confinijs mediorum diversae densitatis attractionis, et repulsionis viribus obtemperent, nempe de proprietate illa cogitavi, quae non modo luci sed electricitati quoque comunis est, quod scilicet ad corporum extremitates, angulosque ferri, ac veluti in ijsdem cumulari soleat. Cum postea tria, vel quattor diversa fluida, quae invicem non miscerentur, eodam [sic] contenta vase vacuo commisissem, quod pluries tentavi, mercurium, oleum tartari, vini spiritum, petroleum, aliaque huiusmodi adhibens, /6v/ ut mediorum diversorum confinia multiplicarem, sic et pluna [sic] aerem secernentia, semper observari, in quibus singulis flui-

di[9] plano superincumbentis indoli pro
maiori parte responderet, de reliquo densi-
tati etiam, et sulphurae praesertim neque
eius, qui substaret.

Tentare tandem libuit num diversa
corpora, quibus vasorum fundum consti-
tueretur, quid quam ad experimenti
exitum conferrent. Quattuor idcirco vasa
vitrea construi curavi quorum unum aeneo
fundo instructum erat, alterum ferreo, tertium plumbeo, quartum argenteo. His
aqua repletis innumerae, ac minutissimae
bullulae sub primis exantlationibus ex
singulorum vasorum fundis emittebantur,
multo tamen confertiores ex fundo plumbeo, atque ex argenteo, idque observatio-
nis progressu semper eodem modo
processit, immo super fundo plumbeo citius quoque bullulae intumescere ceperunt,
grandioresque ceteris pro maiori parte
factae sunt: quod simili prorsus eventu
non semel tentavi, ut videretur quodamo-
doin hoc phenomeno diversam horum
corporum densitatem locum habere. Verum longe plura instituere oporteret in diversi generis corporibus temtamina, ut si
quid in ipsis super hac re constans sit, atque perpetuum, deprehendatur. Metalla
reliqua, semimetalla, varias [sic] lapidum
species, ligna glutinibus varijs oblinita
aliaque multa exploranda ad huc restant,
/7r/ quae longum nimis esset ennumerare;
quam indaginem omni Studio, ac diligentia consectari non desinam, si operam in
ipsa non improbe collocatam fore iudica-
veritis.

Atque haec quidem in vacuo. At ubi in
pleno e fluidis aereae particulae bullarum
forma extricantur, est ne eadem plane illis
indoles, ingenium idem, ut ad mediorum
diversae densitatis confinia semper appa-
reant? Sic equidem futurum putabam,
quod tamen ut certius cognoscerem diligenter explorare volui quid effervescenti-
bus fluidis cum solidis, aut cum alijs fluidis eveniret. Notum est enim effervescen-
tias, quae per liquores praesertim spiri-
tuosiores habentur maiores saepe, et diu-

turniores in aperto aere fieri, quod cita nimium evaporatio mobiliorum particularum athmosphaere pressione compescatur; hinc metallicis lamellis in aquam fortem[10] conjectis tumultu illo primo, quo omnia confunduntur sedato, vidi semper bullulas aereas, quae dum metallum solvitur tum [a fluido solvente tum][11] a metallo forte ipso emittuntur a vasis fundo omnes, praeter illas, quae parietum sunt, superficiei vasis probabilius adcribendas [sic], atque a confinijs metalli, et liquoris oriri, ubi maxime, ad acies lamellarum confertissimae deprehenduntur, quemadmodum semper evenit, cum circa Solida in fluidis demersa conspicuus se prodit aer, limbos enim corporum appetere videtur /7v/ angulosque, et acies veluti consectari. Tum vero in vase vitreo supra oleum tartari affusa aqua forti, qui duo liquores invicem non permiscentur, oleo tartari graviore ad fundum vasis perstante, copiosissimae illico, et minimae caeperunt aeris bullulae erumpere e plano aquam fortem ab oleo dirimente, quae perenni effluxu recta sursum decurentes, nisi cum agitatio summa particularum fluidi, eas aliquando a recto tramite detorquebat et ab ijsdem fere punctis ortae, fonticulos quasi quosdam, seu jactus perpetuos constituebant: immo cum termometrum mixturae immisissem ad calorem, qui in huiusmodi effervescentijs augetur metiendum, circa bulbi fundum, et iuxta eius superficiei inequalitates plures similiter bullularum aerearum fonticuli, et iactus oborti sunt. Sed de his satis.

Quid autem de coniecturis, quas fidentius fortasse ac liciter super haec proferre ausa sum, eas excipiatis sic velim Academici Lectissimi, ut non systema quasi videar protulisse, quo phenomena omnia ad amussim explicarentur, sed cogitatum quoddam quod animadversionibus vestris, atque ulterioribus etiam experimentis perfici ad huc postulet aut emendari.

Ne putetis vero, Academici Praestantissimi, me vobis eam sic proponere quasi Systema, quo Phaenomenon hocce ad amussim explicetur, sed ut cogitatum quodam, quod animadversionibus vestris, atque ulterioribus experimentis perfici postulet, aut emendari.

---

10 *aqua fortis* = ca. 50 %ige Salpetersäure.
11 eingeklammerte Worte von Verati ergänzt

Anhang VI

Italienische Originaltexte
wichtiger unpublizierter Quellen

Hier werden die italienischen Originaltexte einiger Quellen reproduziert, die für die Darstellung und Deutung von Bassis Biographie eine zentrale Rolle spielen. Kürzere wichtige Passagen wurden im Anhang direkt in der jeweiligen Anmerkung reproduziert.

Verati über Kindheit und Jugend von Laura Bassi

BAB Fondo Bassi I, fasc. 1 d), Nr. 2 (Vorschrift) und Nr. 3 (Reinschrift), beides Autographen von Verati. Hier wird der Text der Reinschrift wiedergegeben, von der Vorschrift nur der letzte Absatz, der von der Reinschrift merklich abweicht.

La Sig.^{ra} Laura Maria Caterina Bassi riconosce i suoi natali da una civile famiglia, già da molto tempo stabilita in Bologna. Nacque ella dal Sig.^r Dottor Giuseppe Bassi, e Sig.^{ra} Rosa Cesarei l'anno 1711 li 30 Ottobre. Il Padre suo è laureato in ambe le leggi, ed hà esercitate varie Giudicature, Governi, ed altre cariche riguardevoli attinenti alla sua legale professione. Tra suoi congiunti altri ve ne sono addottorati nelle Leggi Civili, e canoniche, altri nella sacra teologia, ed altri nella Medicina.

Crebbe in lei con gli anni non meno l'ingegno, che una singolare saviezza, moderazione, ed ingenuità d'animo, e ciò che devessi piu considerata la ragguardevole pietà, e divozione, la quale hà sempre conservata anche nella sua adulta età, ed in molte occasioni, e da tanti insigni Personaggi onorata, e singolarmente distinta.

Cominciò in età molto tenera dimostrare una particolare inclinazione alli studj delle lettere, impiegando tutto quel tempo, che le avenzava da' lavori domestici nel leggere avidamente quanti libri le venivano alle mani. Scortosi adunque in lei sin de' suoi piu teneri anni l'acutezza grande dell'ingegno, volle un sua attinente di sangue instruirla nella lingua latina, e la ridusse in brieve tempo in istato d'intenderla, e di parlarla. Frattanto i prudenti di lei Genitori non trascurarono punto ogni diligenza per renderla ben pratica in tutti quei lavori, ed agende, che ad una ben nata, e civile donna congengonsi, le quali non hà tuttavia giammai tralasciate, riuscendovi in tutte eccellentemente. Dalla età di otto anni nella uale imparate avea tutte le regole grammaticali della lingua latina, sino a quello di 14 impiegò sempre le ore, che avanzavano ai domestici suoi lavori nel leggere i piu eccellenti autori, che avevano scritto in questa lingua.

Giunta perciò all'età detta di anni 14, e riconosciutasi da suoi Genitori in essa una singolare prontezza in apprendere tuttociò, che le veniva proposto, e spezialmente in quelle cose, che appartengono alle lettere non ebbero difficoltà di permettere al Sig.^r Gaetano Tacconi, D.^r di Filosofia, e Medicina, e Pubblico Professore in questa Università di Bologna, il quale aveva occasione di frequentare la casa in grado di medico, che egli intraprendesse ad instruirla nella Logica, nella Metafisica, e nella Filosofia naturale. I progressi che ella fece in tutte queste Facolt nel corso di tre anni furono cosi rapidi, che superarono l'aspettazione dello stesso suo maestro, il quale la giudicò [ben tosto] capace di esporsi al cimento delle dispute; ma ostava a ciò l'indole vereconda della Giovane, lontanissima dal lasciar apparire, non che dall'ostentare prerogative si rare al suo sesso: onde per qualche anno non furono note che a lui solo. Ma un'improvisa malattia d'ochi sopragiuntale, che durò molto tempo, e che doppoi fu seguita da fierissima, e pericolosissima disenteria l'obbligò quasi per un'anno intero ad astenersi da ogni genere di studio. Ristabilitasi adunque da si gravi, e lunghe malattie, e ripigliati che ebbe i suoi studj, avendo quasi compito il 18 anno della sua età, procurò di bel nuovo il suo Maestro ch'ella vincesse le repugnanze, che avea di farsi sentire, soltanto che fosse udita da uno scelto, e ristretto numero di Professori, a motivo di dare le occasioni di esercitarsi in ciò, che aveva studiato. (Ende des Ms.)

Letzter Absatz von Nr. 2 (Vorschrift):

Ristabilitasi [...] tornò di bel nuovo il suo [...] Più adunque per soddisfare alle instanze, che le veniva fatte continuamente dal Sig.^{r} Tacconi, che per comparire instrutta nelle Filosofie, le quali aveva apprese solamente per suo diletto, e per compiacere a se stessa cominciò a dar saggio del suo sapere ad alcuni pochi Professori della Università. (Ende des Ms.)

Giampietro Zanotti an Eustachio Manfredi, 18. November 1732

BAB B 163, n. 223

[...] Gli è assai tempo, che la Signora Laura s'adopera perchè il Dottor Tacconi torni a praticarla in quella guisa che facea, no più vegga il mondo questa alienazione mostruosa, che non può vedersi senza taccia, o dell'una parte, o dell'altra; ma il Dott. Tacconi non s'avvende a qualunque istanza, e per sostenere, che appunto il suo modo è secondo ciò che vuol la prudenza, dice di così aver fatto, e di fare, col consiglio d'uomini di giudicio, e di probità, e ad alcuni suoi stretti Amici ha nominato voi, e il Sig. Bazzani, e sopra ciò pare che stabilisca la sua ragione. Ora mo si vorrebbe sapere il vero, non credendosi, che ancorche gli avete, come ha detto, biasimoto quelle frequenti dispute, e conversazioni letterarie, che si sono fatte in casa della Sig^{ra} Bassi, gli abbiate dato consiglio, che da lei s'allontani così in un colpo, e con si poc'onore d'amendue le parti. [...] Credetemi, che per riguardo vostro io ho un sommo desiderio, che si sappia il vero, e se si puo che anche con l'opera vostra si ratoppi questa facenda. [...] V'hò così scritto perchè ne sono stato pregato dalla Sig^{ra} Laura, la quale vorrebbe pure tornare in amicizia col suo Maestro, per dar fine a mille mormorazioni.

Eustachio Manfredi an Giampietro Zanotti, 29. November 1732

BAB B 198: Lettere di Eustacio Manfredi a Giampietro Zanotti, Nr. 114

[...] In proposito della S.ra Laura, sappiate in tutta confidenza esser io stato avvisato che il Dott. Tacconi, dopo essersi quasi totalm.e ritirato dalla casa e dalla conversaz.e di essa, richiesto delle cagioni di tal compiomento [?], risponde essere stato a ciò consigliato dei suoi amici, e quelle che è peggio, nomini me fra gli Autori d'un tal consiglio. Io non posso creder tal cosa, e perciò vorrei che segretam.^{te} vedeste di scoprire qual fondamento abbia una simil cioncia, la quale vi confesso che non poco mi disturba, non piacendomi punto di passar per Autore di una stravaganza la maggior del mondo qual si è questa. Ma acciocché sappiate tutto quello che fra il S.r Tacconi e me si è ragionato intorno alla S.ra Laura, noi ne abbiamo parlato una sola volta, e ciò fu per istrada, e facendoci casualm.e incontro sotto il portico della casa ove abita il S. Bazzani. Il Dr. Tacconi mi fece un lungo sfogo sopra ciò che alcuni si erano da qualche tempo onogata una specchia d'autorità sopra la giovane, intimando e disintimando ne giorni, e nella maniera, che più ad essi piacevano, le dispute private che essa allora teneva in sua casa, ed oltre ciò faccendo spontaneam.^{te} dei posti e degli ufícij irregolari concernenti la pubblica disputa, che poi si fece nella Galeria dei Sig.i Anziani, senza ne pure operar di concetto fra loro, non che con esso lui, dal che altro non potea nascere che imbarazzo, e confusione. Mi ricordo che io dissi allora, e credevo di dir vero, che tali cose dovevano lasciarsi fare a lui solo, come Maestro della giovane, e gli altri soltanto doveano in ciò intramettersi, quando fossero da lui pregati; ma che forse col lasciarli per qualche tempo sbizzarrire, e non prendersi egli alcun pensiero se non quello d'assistere alle funzioni, ove dalla S.^{ra} Laura o da suoi fosse richiesto, si sarebbero stancati, non potendo durar le cose, ne andar ben regolate sotto tanti capi, e fra loro discordi. Ecco tutto quello che io so d'aver detto a lui in un tal proposito, ne mai più ne ho parlato con esso lui, e certo poco avrei aver potuto parlargliene, perciocche fra non molto partij di Bologna per il accenno, e poi anco per Roma. Mi sovviene ora d'aver detto oltre questo, ne ciò solo col Tacconi, ma eziandio con altri, che io credeva quella povera giovane per tal modo assediare, e affaticare gli continue istanze che da tanti le venivano fatte di disputare ora in pubblico, ora in privato, ora in latino, ora in volgare, ora in forme di conclusioni, ora di semplice conversazione, che se la cosa durava gran fa__o l'avrebbero ammazzata, e può essere che io soggiugnesi al S.r Tacconi, che anco per questa cagione era bene non andar da essa se non quanto ella medesima lo richiedesse, intendendo io per tal modo, con toglierle la continua presenza dell'assistente, di sottrarla alla necessità di disputare ogni giorno, ed ogni notte, come avea cominciato; e comecche io sapessi che ella era capacissima di farlo da se, e senza alcuna assistenza, sapevo tuttavia che non l'avrebbe voluto fare, o almeno avrebbe avuto il pretesto d'astenersene. Or ecco tutto quello che io ho detto in tal proposito. [...] Tenetemi raccomandato nella buona grazia della S.^{ra} Laura quante volte avrete occasione di parlarle. Addio.

Giampietro Zanotti an Eustachio Manfredi, 11. Dezember 1732

BAB B 163, n. 224
[...] Ho ricevuto la vostra dolcissima lettera, e per quello che riguarda il negozio della Sig^{ra} Laura; io ho parlato seco, e le ho letta ancora la lettera, ma interompendone la lettura con alcune mie osservazioni, che rendevano a farle sempre più credere la innocenza vostra intorno alla lontananza del Tacconi. Già Ell'era persuasa quanto mai può dirsi dell'onestà del vostro procedere, onde non mi fu difficile il persuaderle, che voi quel tale consiglio non deste. [...] Ella avrebbe desiderato, che voi scriveste al Tacconi, che mai non consigliaste ad allontanarsi da lei, e ch'egli molto male intese le vostre parole. Io intorno a ciò le dissi, che essendo voi quì, e incontrandovi nel Tacconi avveste potuto dolcemente dir qualche cosa su questo andare, ma che non vedea, che aveste luogo a farlo con iscrittura. Ella restò paga di ciò che dissi, e quel suo Prete, che a tutto era presente. Elle mille volte mi pregò, che mille volte per lei vi salutossi, e il conciliabolo in questa maniera si sciolte.

Scarselli an Bassi, 29. Mai 1745

BAB Fondo Scarselli, cart. I, fasc. 5
[...] I fogli del Sig. Card. Leg. per l'Instituto sono venuti. N.S. si è degnato di comunicarmeli, e con mio sommo dispiacere non ho trovato, che vi si faccia menzione di lei. Quindi argomento, che o niun mezzo sia stato costì interposto presso di S. Em:za, o che S. Em:za non abbia stimato a proposito di parlarne. Ma doppoicchè fortunatam.te è avvenuto, che la Santità Sua non solo mi partecipa i fogli, ma concedami ancora la libertà di notare intorno ad essi ciò, che alla mia debolezza sembrato fosse conveniente di suggerire, tra alcune altre osservazioni ho ricordato il suo nome, e posta in prospetto la congruenza di lasciare a lei pure aperto, e libero il campo di prodursi colle pubbliche stampe negli Atti dell'Accademia, alla quale è da tanto tempo aggregata, dichiarandola fuori, o sopra del numero degli Accademici pensionari Benedettini, come fu praticato per la Lettura. Piaccia a Dio, che la Santità Sua abbia questo mio

giusto suggerimento, e cotanto onorevole per la Patria, e per l'Instituto, in quel conto che merita. Per non dovere rimproverare alcuna cosa a me stesso, già ho prevenuto e persuaso a favor della massima chiunque sta intorno a N. S. Ben vivamente la prego a non passare ad altri la confidenza, fuorche al Sig. Suo Consorte, della cui segretezza mi fido, e a rimaner contenta, se non d'altro, del mio buon volere, o più tosto dell'onesto genio di accrescere per mezzo delle virtose fatiche di V.S.Ill:ma l'ornamento e il decoro della mia patria, e dell'Accademia delle Scienze. [...]

Scarselli an Bassi, 4. Dezember 1745

BAB Ms. Scarselli, cart. I, fasc. 9

E superfluo, che io lungamente trattenga V.S.Ill:^{ma} sulla quistione, che l'altrui sottigliezza, o malevogliezza ha costì eccitata, dopo che a sigillo alzato le invio la risposta che rendo al Sig. Galeazzi. Mons. Leprotti, ed io siamo restati sopresi, per non dir nauseati, delle stravaganti difficoltà, alle quali certamente il Moto proprio non potrà dare ragionevole fondamento. Io desidero per altro, che la cosa amichevolmente compongasi, e in ciò potrà valer molto la destrezza, e il credito del Sig. Galeazzi, perciocche quantunque la ragione per lei sia evidente, chi sa quanto l'altrui mal animo fosse capace d'intorbidarla? Ella intanto mi compatirà se l'autorità e l'esempio di Mons. mi trattiene dal parlarne a S. S. a cui la petizione non potrà non comparire soverchia, se non ancora sconveniente. E distintam.^{te} riverendola in nome di mia Moglie ed al Sig. suo Consorte raccomandandomi [...]

Galeazzi an Scarselli, 15. Mai 1745

BUB Mss. 72, 1; f. 60–61

[...] Ciò poi che non peranche si è potuto bastantem:^{e} dal Sig:^{r} Beccari rappresentare al Sig:^{r} Card:^{e}, e per cui principalm:^{e}, anche per parte sua, io Le scrivo, è il torto manifesto, che si fa ad Alcuni Soggetti o Professori dell'Instituto, o Benemerenti dell'Accademia di non comprenderli nel numero de 20 destinati alle pred:^{e} Dissertazioni, restandone esclusi il P:^{e} Lettore Collina Professore di Nautica, il Sig:^{r} Abb:^{e} Vandelli Professore delle Fortificazioni, l'Uno e l'Altro de quali, oltre il merito di essere Professori nell'Instituto, hanno ancor quello di avere piu volte recitate le sue dissertazioni nell'Accademia, il Sig:^{r} Dott.^{e} Laurenti Professore una volta di Chimica nell'Instituto, ed uno de piu Anziani dell'Accad:^{a}, avendo per questa anche piu volte faticato; La Sig:^{ra} Laura Bassi Donna insigne per la sua virtù, e per le notizie che va preparando da communicare all'Accad:^{a}, a cui già da gran tempo è aggregata, ed Altri di simil tempra. A un tale inconveniente potrebbesi rimediare coll'ampliare il numero degli Eletti almeno sino alli 24, numero, se bene ho inteso, su le prime sia di costi proposto. Se nel parlarne con Sua Santità, e nel communicarle che Essa forsi farà la relazione di S.Em:^{a}, speditale che sarà da Bologna, Ella truovi luogo d'insinuare nella mente di N:^{o} Sig:^{e} l'ampliazione di un tal numero, non diverso da quello che si dice fosse giá da Lui stesso ideato, potrà avere luogo di proporre i menzionati Soggetti, la esclusione de quali pare ingiuriosa a Loro, e svantaggiosa all'Accademia, ed il Sig:^{r} Beccari, ed Io, anzi l'Accademia tutta (non che i d:^{i} Soggetti che di questa nostra proposta nulla sanno) Le ne avremmo obbligazione. Condonni le mie lunghe dicerie [...]

Galeazzi an Scarselli, 24. November 1745

BUB Mss. 72, 1, f. 64–65

[...] Sò che in questo medesimo Ordinario, in cui scrivo a V.S.Ill:^{ma}, il Sig:^{r} Dott.^{e} Veratti, o la Sig:^{ra} Laura sua Consorte Le scriveranno circa la quistione nata in una particolare congregazione, in cui intervennero i soli Accademici Benedettini per discutere alcuni punti spettanti al buon regolam:^{o} di esso Corpo, e di tutta l'Accademia. A tale congresso non intervennero li sud:^{i} due Sig:^{i}, benche dal Segreatrio chiamati con polizze distinte: La Quistione fu se in vigore del Chirografo pontificio, che sopra il numero di 24 Benedettini admette ancora la Sig:^{a} Laura, possa questa non solamente intervenire agl'esercizj litterarj, recitare dissertazioni, e godere degl'emolumenti che per ciò agl'Altri Benedettini la Clemenza di NS:^{e} ha concesso, ma ancora aver luogo in tutti gl'altri congressi che riguarderanno l'elezione del Presidente dell'Accademia, di Altri Accad:^{i} Benedettini in mancanza de Presenti, metter fava [?] optare i Magistrati ecc. La maggior Parte per non dire Tutti li congregati furono di sentim:^{o}, che dalle Parole del Chirografo ciò non si potesse dedurre, ma piu tosto dovesse intendersi il contrario: cioè che non dovesse intervenire, ed aver luogo se non negl'esercizj litterari, e godere del vantaggio che per questi gli Altri Benedettini ne ricaveranno, si come è espresso in d:^{o} Chirografo; ma come che l'interpretare la mente del Principe in una cosa forsi non del tutto chiara non spetta a Sudditi, di commune consenso fu stimato necessario il ricercare in questo particolare la Mente, e l'Intenzione di N:^{o} Sig:^{e}. Si rivolsero per tanto a me, e mi incaricarono di procurare o per mezzo di Monsig:^{e} Leprotti, o per mezzo di Lei una tale dichiarazione, per togliere l'occasione di ogni differenza, e dissensione. La medesima instanza Le sarà forsi fatta da Sud:^{i} Sig:^{i} Veratti; io non mi esprimo di vantaggio sopra lo stato della Quistione, mentre piu espresam:^{e} l'ho scritta a M:^{e} Leprotti, avendolo pregato a intendersela seco su questo particolare. Supplico altresi Lei se da questa mia, o da ciò che Le avranno scritto i Sig:^{i} Veratti, non Le resti bastantem:^{e} rischiarato il mottivo che essi, ed il Corpo de Benedettini, forsi per diverse ragioni, fanno questa ricerca, a farsi leggere quanto piu difusam.^{e} ho scritto a Monsig:^{e}, e poi unitam:^{e} pensare al modo, e al tempo opportuno di esporla ai piedi di N:^{o} Sig:^{e}.

Io intanto La prego a perdornarmi l'incommodo che per obbedire ad Altri, e per contribuire alla Quiete commune mi conviene reccarle, e ringraziandola ancora nuovam:^{e} di questo a prò de nominati nella sua Lettera ella oprò, gia che vedo essi (se bene opportunam:^{e} avvisati da me di quanto V.S.Ill:^{ma} avea oprati in suo vantaggio con N:^{o} Sig:^{e}) aver mancato al suo dovere, mi ristringo a pregarla delle mie riverenze con la Sua Sig:^{a}, e a dichiararmi quale con tutta stima, e distinzione mi prottesto [...]

Galeazzi an Scarselli, 22. Dezember 1745

BUB Mss. 72, 1, f. 68–69

[...] Ho partecipato il contenuto della Lettera delli 4 Corrente, inviatami da V.S.Ill:^{ma} in risposta della mia spettante l'affare della Sig:^{a} Laura, a molti degl'Accademici Benedettini, ed in specie a quelli, che, ò intervenero alla consaputa Sessione, in cui si discusse, se la Sud:^{a} dovesse esserer chiamata, e admessa in tutte le congregazioni spettanti al regolam:o di quel Ceto, o solam:^{e} nelle radunanze, ed esercizj litterarj; overo ne Loro sentimenti si mostrorono uniformi al parere piu commune, per non dire universale di Que'Congregati; e se bene le difficoltà, che allora accedentalm:^{e} e senza alcun previo discorso, nacquero su tal punto, non restino appianate dalle savie ragioni da Lei proposte, tuttavia non stimano a proposito il fare per questo affare alcun formale ricorso a Sua Santità; non avendo Essi voluto apioggiare una tale ricerca se non a Persone, che avessero potuto con prudenze, e destrezza intendere la

Mente di N:^{o} Sig:^{e} per servirsene opportunam:^{e} di regola nella Loro condotta, e non già mettere, come si suol dire, l'affare sul Tapeto.

Per altro poi il dire, che l'Accademia Filosofica, ed il Collegio di Filosofia abbiano ammessa la Sig:^{a} Laura col voto, non è già l'allegare un fatto, che dia stato alle ragioni addotte in favore della Sig:^{a} Laura; mentre al Collegio non può andare se non chiamata, ed il Collegio non La chiama se non in occasione di qualche insigne Dottorato, e non può già Ella aver parte ne congressi particolari che riguardano il regolam:^{o} del Collegio, l'elezione di Altri Collegiati ecc. L'Accademia poi Filosofica L'ha admessa, come ammette tutte l'Altre persone insigni in lettere, in dignità ecc. ma non già perche debba poi assumere i Magistrati, perche debba trovarsi in tutti i congressi, impicciarsi in tutti gl'affari dell'Accademia, ecc. non parendo conveniente alla decenza, ed onestà del suo Sesso l'essere sempre sola in mezzo a un congresso d'Uomini, e il dovere udire tutti i Loro discorsi, le Loro brighe ecc

Questi, ed altri simili motivi sono stati quelli, che han fatto credere a tutto quasi il Ceto Benedettino, che la mente di N:^{o} Sig:^{e}, nell'ammettere la Sig:^{a} Laura in questo ceto, potesse essere bensì stata, perche Essa godesse di tutti gl'onori ed emolumenti, che godono gl'Altri ammessi in tal ceto, ma che poi non dovesse aver parte in tutti quegl'altri congressi, che non riguardano il punto litterario, onorifico & di d:^{o} Ceto. Dissi esser stata questa l'opinione di quasi tutto il Ceto; perche io non ho udito Altri che il Sig:^{r} Dott.^{e} Veratti, e la Medesima Sig:^{a} Laura essere di sentimento contrario; e non solam:^{e} nell'animo de piu Giovani, e meno esperti del sud:^{o} Ceto, ma anche in quello de piu Vecchi, e prudenti, come sono i Sig:^{i} Bazzani, Beccari, Laurenti, Manfredi, Can:^{o} Peggi & e parsa ragionevole, e verisimile l'interpretazione della Mente di N:^{o} Sig:^{e} in questo senso; e tali Soggetti certam:^{e} non sono stati mossi da alcuna ostilità, o durezza contro la Persona della Sig:^{a} Laura (mentre Tutti han sempre cooperato ad illustrare, e far rissaltare agl'occhi del Mondo la dottrina, e la gloria della Sig:^{a} Laura) ma bensì dalla convenienza, e aggiustatezza del fatto: Non parendo Loro decente, che una Sig:^{a} benche maritata, debba sempre, come dissi, essere in mezzo a tutte le brighe, e discorsi degl'Uomini; e che una Donna, eccetuata dalle Leggi, abbia a aver parte in tutti i Loro congressi, quando non vi sia una espressa volontà del Principe supremo che L'abiliti. E gl'Emin:^{e} Legati di questa Città anche nell'affare della Lettura si vede che hanno qualche riguardo a questo punto, mentre non Le permettono il leggere su le pubbliche Scuole, se non commandata da Essi, e in qualche raguardevole occasione, come di passaggio di Principi &c

Io però non ebbi altro carico dall'Accademia, che di pregare V.S.Ill:^{ma} e M:^{r} Leprotti a fare la sud:^{a} ricerca, pensando che il farla non fosse cosa di si lieve momento, come Ella scrive: stante che il sapere in ciò la mente di N:^{o} Sig:^{e} avrebbe levato luogo ad ogni controversia, e disensione. Ma poiche a Loro non par bene il arla, ne Essi vogliono questo impaccio, io lascierò che l'Accademia prenda essa quelle rissoluzioni, che stimerà piu a proposito: Ciò che a Me preme è, che Ella non partecipi ad Alcuno, fuor che a M:^{r} Leprotti, quanto io Le scrivo, e che mi dia nuova di Lui, mentre ho inteso, che nel principio del corrente Mese egli non godesse buona salute; e benche di ciò non mi abbia Ella scritto cosa alcuna, il non aver mai avuto risposta all'ultima mia mi ha fatto credere, esser vera la voce da Altri udita di qualche sua indisposizione. Lo riverisca distintam:^{e} per parte mia, e Gli dica, che non sarò consolato, ne assicurato del buon stato di sua salute, finche non veda sue Lettere. Mi conservi Ella il suo affetto, e mi onori di presentare le mie riverenze alla sua Sig:^{a}, e augurando all'Una, ed all'Altro la pienezza delle celesti Benedizioni in queste S.^{e} Feste di Natale, con piena stima, ed affetto mi prottesto [...]

Anhang VII

Bibliographie

Ungedruckte Quellen

Den Bezeichnungen der Archive sind jeweils die Abkürzungen vorausgestellt, die in den Anmerkungen verwendet wurden.

AAB Archivio dell'Accdemia delle Sciene di Bologna
Alle Unterlagen aus dem Bestand *Antica Accademia*
– Registro degli Atti dell'Accademia [Sitzungsprotokolle]
– Manoscritti delle Memorie [wissenschaftliche Manuskripte]
– Lettere ricevute / Lettere scritte [Korrespondenz]

AAVB Archivio Arcivescovile di Bologna
– Registro battesimale della cattedrale di Bologna [Taufregister]
– Status animarum per la Parrocchia di San Lorenzo di Porta Stiera [Personenstandsregister]
– Registro dei morti per la Parrocchia di San Lorenzo di Porta Stiera [Totenbücher]

ASB Archivio di Stato di Bologna
Assunteria di Istituto:
– Atti, Vol. 4–7 (1734–1779)
– Diversorum: Vermischte Unterlagen aus dem Institutsbetrieb einschließlich Personalakten
Assunteria di Studio:
– Atti, Vol. 22–25 (1730–1777, allerdings 1744–1748 nicht dokumentiert)
– Recapiti dell' Università, Riformatori dello Studio
[Bestände mit verschiedenen Universitätsakten wie Gehaltslisten, Ernennungsurkunden usw.]

BAB Biblioteca Comunale dell'Archiginnasio, Bologna
Fondo speciale Bassi–Verati, Laura
Für eine Beschreibung des Bestandes vgl. Tommasi, *Documenti*; für eine Auflistung der verstreuten Texte von oder über Bassi (Lobgedichte etc.) vgl. Saccenti, *Colonia*, I, 100–102.
Fondo speciale Manfredi
Fondo speciale Scarselli
Ungedruckte Brief– und Gedichtsammlungen aus dem 18. Jahrhundert
Collezione degli Autografi

BEM Biblioteca Estense, Modena
Autografoteca Campori [bedeutende Autographensammlung]

BGR Biblioteca Gambalunghiana, Rimini
Ms. Gambetti [Autographensammlung 18. Jahrhundert],

speziell die Korrespondenz von Giovanni Bianchi

BNF **Biblioteca Nazionale, Florenz**
Rac. Gonnelli [Autographensammlung 18. Jahrhundert]

BSF **Biblioteca Comunale Alessandro Safi, Forlì**
Fondo Piancastelli: Rac. Autografi sec. XIII–XVIII und Carte romagna.
Beim Fondo Piancastelli handelt es sich um eine der größten Sammlungen von Autographen mit Bezug auf die Emilia–Romagna. Schwerpunkt auf dem 18. und 19. Jahrhundert.

BUB **Biblioteca Universitaria, Bologna**
Ms. Canterzani [Briefe, wiss. Abhandlungen, Unterlagen zur Geschichte der Akademie, Papiere von F.M. Zanotti]
Ms. Scarselli [insbesondere seine Korrespondenz]
Autographensammlung

BVR **Biblioteca Apostolica Vaticana, Rom**
Autografi Patetta

Gedruckte Quellen

Der in den Anmerkungen verwendete Kurztitel ist jeweils durch Fettdruck, Zeitschriften durch Kursivdruck kenntlich gemacht.

Atti legali per la fondazione dell'Istituto delle Scienze. Stamperia San Tommaso d'Aquino, Bologna 1728, reprographischer Nachdruck CLUEB, Bologna 1981

G. CENERELLI (Hg.): Lettere inedite alla celebre Laura Bassi scritte da illustri italiani e stranieri con biografia. Tipografia di G. Cenerelli, Bologna 1885

D'ALEMBERT, JEAN LE ROND: Air. Encyclopédie ou Dictionnaire raisonné des sciences, des arts et des métiers, Bd. 1, Paris 1751, repr. Nachdruck Stuttgart 1966, S. 225–236

DE BROSSES, CHARLES: Lettres familières sur l'Italie. Publiées p. Yvonne Bezard, Paris 1931

GALVANI, LUIGI: Elogio della moglie Lucia Galeazzi Galvani. Testo latino con la traduzione italiana [übersetzt von Pietro Ferrarino, herausgegeben von Carlo Alberto und Giuseppe Ghillini], Cooperativa Tipografica Azzoguidi, Bologna 1937

GENTILI, GIULIO: Alcune lettere inedite di Laura Maria Caterina Bassi Verati. Strenna Storica Bolognese 40 (1990), S. 221–233

GRAVESANDE, WILLEM JACOB VAN 'S: Physices Elementa Mathematica, experimentis confirmata sive Introductio ad Philosophiam Newtonianam. Leiden [1]1717, [2]1725, [4]1748

GUGLIELMINI, DOMENICO: Della natura de' fiumi. Trattato fisico–matematico del Dott. Domenico Guglielmini. Nuova edizione con le annotazioni di Eustachio Manfredi, Bologna 1739 (von Manfredi bearbeitete Neuauflage der Originalausgabe von 1697)

KRAUS, FRANZ XAVER: Briefe Benedicts XIV an den Canonicus Pier Francesco Peggi in Bologna (1729–1758). Akademische Verlagsbuchhandlung J.C.B.Mohr, Freiburg i.Br. [2]1888, [1]1884

LALANDE, JOSEPH–JERÔME DE: Voyage en Italie [...]. Paris [1]1769 [2]1786

MELLI, ELIO: Epistolario di Laura Bassi Verati. Edizione critica, introduzione e note, in: Studi e inediti per il primo centenario dell'Istituto Magistrale Laura Bassi, STEB, Bologna 1960, S. 53–187

MUSSCHENBROEK, PIETER VAN: Grundlehren der Naturwissenschaften. Nach der zweyten lateinischen Ausgabe [...] ins Deutsche übersetzt von Johann Christoph Gottscheden, verlegt bei Gottfried Kiesewetter, Leipzig 1747.
Lat. Originalausgabe: Elementa physica conscripta in usus academicos, Leiden 1734

PRIESTLEY, JOSEPH: The History and Present State of Electricity, with Original Experiments. 2 Bände, London [3]1775 ([1]1767), Reprographischer Nachdruck durch Johnson Reprint Corporation New York/London 1966

SIMILI, ALESSANDRO: Carteggio inedito di illustri bolognesi con Giovanni Bianchi riminese. L'Archiginnasio LVII (1962), S. 82–170

SPALLANZANI: Edizione nazionale delle opere di Lazzaro Spallanzani. Parte prima: Carteggi, a cura di Pericle Di Pietro, Bd. 1– , Enrico Mucchi Editore, Modena 1984–

STEINWEHR, W.B. ADOLPH VON: Der Königlichen Akademie der Wissenschaften in Paris Physische Abhandlungen [...]. Johann Jacob Korn, Breslau 1748–

TROMBELLI, GIOVAN–CRISOSTOMO: Le Favole di Aviano Tradotte in Versi volgari e le Favole di Gabia Tradotte in Versi latini, e in Volgari. Stamperia Francesco Pitteri, Venedig 1735

VERATTI, GIO. GIUSEPPE: Osservazioni fisico–mediche intorno alla Elettricità. Stamperia Lelio dalla Volpe, Bologna 1748

VOLTA, ALESSANDRO: Epistolario. Edizione nazionale sotto gli auspici dell'Istituto Lombardo di Scienze e Lettere e della Società Italiana di Fisica, Bd. 1, Zanichelli Editore, Bologna 1949

ZIEGLER, CHRISTIANE MARIANNE VON: Vermischte Schriften in gebundener und ungebundener Rede, Leipzig 1739

Literatur

Es sind nur die in den Anmerkungen enthaltenen Bücher und Artikel angegeben. Der in den Anmerkungen verwendete Kurztitel ist jeweils durch Fettdruck, Zeitschriften durch Kursivdruck kenntlich gemacht. Innerhalb eines Autors sind die Titel chronologisch geordnet. Sammelbände mit mehr als drei Herausgebern oder ohne Herausgeber sind unter dem ersten Substantiv ihres Titels alphabetisch eingereiht..

Verwendete Abkürzungen

DBI	Dizionario Biografico degli Italiani, hg. vom Istituto per la Enciclopedia Italiana, Bd. 1–, Rom 1961 –
HSPS	Historical Studies in the Physical and Biological Sciences
Str.Sto.Bol.	Strenna Storica Bolognese
Stud.Hist.Phil.Sci.	Studies in History and Philosophy of Science
Stud.Mem.Bol.	Studi e memorie per la storia dell'Università di Bologna

ABIR–AM, PNINA und DORINDA OUTRAM (Hgg.): Uneasy **Careers** and Intimate Lives. Women in Science, 1789–1979, Rutgers University Press, New Brunswick und London 1987,[2]1989

AGASSI, JOSEPH: Who Discovered **Boyle's Law**? *Stud.Hist.Phil.Sci.* 8 (1977), S. 189–250

ÅKERMAN, SUSANNA: Queen **Christina** of Sweden and her Circle. The Transformation of a Seventeenth–Century Philosophical Libertine, Brill's Studies in Intellectual History Vol. 21, Brill, Leiden u.a. 1991

Alma Mater Studiorum: La presenza femminile dal XVIII al XX secolo, CLUEB, Bologna 1988

ANGELINI, ANNARITA: Anatomie accademiche Vol. III. L'**Istituto** delle Scienze e l'Accademia, Cultura e vita civile nel Settecento, Il Mulino, Bologna 1993

ANTONUCCI DAMIANO, FRANCA: Bitisia **Gozzadini**. In: CANTELLI, **Donne**, S. 10–11

ANZOLETTI, LUISA: Maria Gaetana **Agnesi**. Editrice L.F. Cogliati, Mailand 1900

BADINTER, ÉLISABETH: **Émilie**, Émilie. L'ambition féminine au XVIIIe siècle, Flammarion, Paris 1983

BAIADA, ENRICA: Da **Beccari** a Ranuzzi: la meteorologia nell'Accademia bolognese nel XVIII secolo. In: Finzi, Roberto (Hg.): Le meteore e il frumento. Clima, agricoltura, meteorologia a Bologna nel '700, Il Mulino, Bologna 1986, S. 99–249

—— : »Geographica et **Astronomica**«. In: TEGA, **Enciclopedia scientifica**, S. 225–248

BALDINI, UGO: **Caldani**, Leopoldo Marcantonio. DBI 16 (1973), S. 553–555

—— : L'**attività** scientifica nel primo Settecento. In: Micheli, Gianni (Hg.): Scienza e tecnica nella cultura e nella società dal Rinascimento a oggi, *Storia d'Italia, Annali* 3 (1980), S. 465–529

BECKER–CANTARINO, BARBARA: Der lange **Weg** zur Mündigkeit. Frauen und Literatur in Deutschland von 1500 bis 1800, Deutscher Taschenbuch Verlag, München 1989 (geb. Ausgabe J.B. Metzlersche Verlagsbuchhandlung und Carl Ernst Poeschel Verlag, Stuttgart 1987)

Benedetto XIV (Prospero Lambertini). Convegno Internazionale di studi storici, Cento, 6–9 Dicembre 1979, 2 Bde., Centro Studi »Girolamo Baruffaldi«, Cento 1981/82

BENGUIGUI, ISAAC: **Théories** électriques du XVIIIe siècle. Correspondance entre l'abbé Nollet (1700–1770) et le physicien Genevois Jean Jallabert (1712–1768), Genf 1984

BERSELLI, ALDO (Hg.): **Storia** della Emilia Romagna, 2 Bde., Bd. II: L'età moderna, University press Bologna und Edizioni Santerno, Imola 1977

BERTI LOGAN, GABRIELLA: The **Desire** to Contribute: An Eighteenth–Century Italian Woman of Science. *American Historical Review* 99 (1994), S. 785–812

BIAGIOLI, MARIO: Galileo's System of **Patronage**. *History of Science* 28 (1990), S. 1–62

—— : **Scientific Revolution**, Social Bricolage, and Etiquette. In: Porter, Roy und Mikulas Teich (Hgg.): The Scientific Revolution in National Context, Cambridge University Press, Cambridge 1992, S. 11–54

—— : **Galileo** Courtier. The Practice of Science in the Culture of Absolutism, University of Chicago Press, Chicago/London 1993

BLAY, MICHEL: La **loi** d'écoulement de Torricelli et sa réception au 17e siècle. In: De Gandt (Hg.): L'oeuvre de Torricelli: science galiléenne et nouvelle géometrie. Publications de la faculté des lettres et sciences humaines de Nice Nr. 32, Nizza 1987, S. 79–110

BOCK, GISELA: **Geschichte**, Frauengeschichte, Geschlechtergeschichte. *Geschichte und Gesellschaft* 14 (1988), S. 364–391

BORSI, ADA: Una **gloria** bolognese del secolo XVIII (Laura Bassi). Tipografia Cuppini, Bologna 1915

BOSDARI, FILIPPO: Francesco Maria **Zanotti** nella vita bolognese del Settecento. *Atti e Memorie della R. Deputazione di Storia Patria per le Romagne*, Quarta serie, Vol. XVIII (1928), fasc. 1–3

BRIGAGLIA, ALDO und PIETRO NASTASI: **Bologna** e il Regno delle Due Sicilie. Aspetti di un dialogo scientifico (1730–1760). In: CREMANTE und TEGA: **Scienza e letteratura**, S. 211–232

BROCK, WILLIAM H.: The Fontana **History** of Chemistry. Fontana Press, London 1992

CALDELLI, MARIA LUISA: »**Analytica**, Geometrica, Mathematica, Aritmetica«. In: TEGA, **Enciclopedia scientifica**, S. 185–203

CANTELLI, MARINO (Hg.): **Donne** a Bologna. FILDIS, Bologna 1987

CANTOR, GEOFFREY N.: **Optics** after Newton. Theories of light in Britain and Ireland, 1704–1840, Manchester University Press, Manchester 1983

CARAVALE, MARIO und ALBERTO CARACCIOLO: Lo **Stato pontificio** da Martino V a Pio IX. Storia d'Italia, diretta da Giuseppe Galasso Bd. XIV, Unione Tipografico–Editrice Torinese, Turin 1978

CASINI, PAOLO: Les **débuts** du Newtonianisme en Italie, 1700–1740. *Dix–huitième Siècle* 10 (1978), S. 85–100

—— : **Newton** e la coscienza europea. Il Mulino, Bologna 1983

CAVAZZA, MARTA: **Riforma** dell'Università e nuove accademie nella politica culturale dell'arcidiacono Marisili. In: Boehm, Laetitia u. Enzio Raimondi (Hg.): Università, Accademie e Società scientifiche in Italia e in Germania dal Cinquecento al Settecento, Il Mulino, Bologna 1981

—— : **Scienziati** in Arcadia. In: SACCENTI, **Colonia**, Bd. II, S. 425–461.

—— : **Settecento** Inquieto. Alle origini dell'Istituto delle Scienze di Bologna, Il Mulino, Bologna 1990

—— : L'**Insegnamento** delle Scienze sperimentali nell'Istituto delle Scienze di Bologna. In: Pancaldi, Giuliano (Hg.): Le Università e le Scienze. Prospettive storiche e attuali, Relationi presentate al convegno internazionale a Bologna [...] 1991, Università di Bologna, 1993, S. 155–168. In englischer Sprache: The teaching of the experimental sciences at the Institute of Sciences in Bologna, ibid., S. 169–179

—— : Laura **Bassi** e il suo gabinetto di fiscia sperimentale: realta e mito, *Nuncius* 10 (1995), S. 715–753

—— : La **biografia** ha un sesso? *Intersezioni* XV, (1995), S. 175–179

CAVAZZUTI, LUISA CATERINA: Nuovi Testi sull'Attività Scientifica e Filosofica di Laura Bassi. Tesi di Laurea, Relatore Paolo Rossi, Università degli Studi di Bologna, Facoltà di Magistero 1964/65 (unveröffentlichte Abschlußarbeit)

CAZZANI, PIETRO: I cento anni dell'Istituto magistrale »Laura Bassi«. In: Studi e inediti per il primo centenario dell'Istituto Magistrale Laura Bassi, STEB, Bologna 1960, S. 3–15

—— : Iconografia di Laura Bassi. Ibid., S. 43–52

CENACCHI, GIUSEPPE: Benedetto XIV e l'Illuminismo. In: Benedetto XIV, S. 1077–1102

CERANSKI, BEATE: Il carteggio tra Giovanni Bianchi e Laura Bassi, 1733–1745, Nuncius 9 (1994), S. 207–231

—— : Wissenschaftlerinnen in der Aufklärung: Überlegungen zu einem vergleichenden Ansatz. In: Meinel, Christoph und Monika Renneberg (Hgg.): Geschlechterverhältnisse in Medizin, Naturwissenschaft und Technik, GNT–Verlag, Stuttgart 1996

COLLIVA, PAOLO: Bologna dal XIV al XVIII secolo: »governo misto« o signoria senatoria? In: BERSELLI, Storia, S. 13–34

COMELLI, GIAMBATTISTA: Laura Bassi e il suo primo trionfo. Stud.Mem.Bol. 3 (1912), S. 197–256

CREMANTE, RENZO und WALTER TEGA (Hgg.): Scienza e letteratura nella cultura italiana del Settecento. Cultura e vita civile nel Settecento, Il Mulino, Bologna 1984

CUSATELLI, GIORGIO (Hg.): Viaggi e viaggiatori del Settecento in Emilia e in Romagna. 2 Bände, Il Mulino, Bologna 1986

DE BENEDICTIS, ANGELA: Governo Cittadino e riforme amministrative a Bologna nel '700. In: Famiglie, S. 9–54

—— : Patrizi e comunità. Il governo del contado bolognese nel Settecento, Il Mulino, Bologna 1984

DELANDINE, FRANÇOIS: Recueil des prix proposés par les sociétés savants... Cuchet, Paris 1787

DEZA, MASSIMILIANO: Vita di Helena Lucretia Cornara Piscopia. Venedig 1686

DE ZAN, MAURO: La messa all'Indice del »Newtonianismo per le dame« di Francesco Algarotti. In: CREMANTE und TEGA, Scienza e letteratura, S. 133–147

—— : Voltaire e Mme du Châtelet, membri e corrispondenti dell'Accademia delle Scienze di Bologna. Stud. Mem.Bol., Nuov. Ser. 6 (1987), S. 141–158

—— : L'Accademia delle Scienze di Bologna: l'edizione del primo tomo dei »Commentarii« (1731). In: Predaval Magrini, Maria Vittoria (Hg.): Scienza, filosofia e religione tra '600 e '700 in Italia. Ricerche sui rapporti tra cultura italiana ed europea, Franco Angeli Libri, Mailand 1990, S. 203–259

DONOVAN, ARTHUR: Pneumatic Chemistry and Newtonian Natural Philosophy in the Eighteenth Century: William Cullen and Joseph Black. Isis 67 (1976), S. 217–228

ELENA, ALBERTO: »In lode della filosofessa di Bologna«: An introduction to Laura Bassi. Isis 82 (1991), S. 510–518

FABI, ANGELO: Bianchi, Giovanni. In: DBI 10 (1968), S. 104–112

Famiglie senatorie e istituzioni cittadine a Bologna nel Settecento. Atti del I coloquio Bologna, 2–3 Febbraio 1980, Istituto per la storia di Bologna, Bologna 1980

FANTI, MARIO: Prospero Lambertini arcivescovo di Bologna (1731–1740). In: Benedetto XIV, Bd. I, S. 165–233

FANTUZZI, GIOVANNI: Notizie degli scrittori bolognesi. 11 Bde. Stamperia di S. Tommaso d'Acquino, Bologna 1781–1794. Darin:

—— : Laura Bassi. Bd. I (1781), S. 384–391 [wird zitiert als Fantuzzi, Notizie]

—— : Jacopo Bartolomeo Beccari. Bd. II (1782), S. 31–39

—— : Pier Francesco Peggi. Bd. VI (1788), S. 323–329

FERRARI, GIOVANNA: Public Anatomy Lessons and the Carnival: The Anatomy Theatre of Bologna, Past and Present 117 (1987), S. 50–106

FERRONE, VINCENZO: **Galileo**, Newton e la Libertas Philosophandi nella prima metà del XVIII secolo in Italia. *Rivista Storica Italiana* XCIII (1981), S. 143–185
—— : **Scienza** natura religione. Mondo newtoniano e cultura italiana nel primo Settecento. Jovene, Neapel 1982
FINDLEN, PAULA: From **Aldrovandi** to Algarotti: the contours of science in earla modern Italy. Essay review, *British Journal for the History of Science* 24 (1991), S. 353–360
—— : **Science** as a Career in Enlightenment Italy. The Strategies of Laura Bassi, *Isis* 84 (1993), S. 441–469
—— : **Newtonianism** in the Provinces: Cristina Roccati at the Accademia dei Concordi in Rovigo. Vortrag auf der Tagung der History of Science Society Santa Fe 1993, Typoskript
—— : **Translating** the New Science: Women and the Circulation of Knowledg in Enlightenment Italy, Typoskript
FRATI, LODOVICO: Il **Settecento** a Bologna. Atesa Editrice, Bologna 1979, reprographischer Nachdruck der Originalausgabe bei R. Sandron, Mailand 1923
—— (Hg.): **Opere** della bibliografia bolognese che si conservano nella Biblioteca Municipale di Bologna. 2 Bde, Nicola Zanichelli, Bologna 1889
GARELLI, ANTONIO: **Biografia**. In: Cenerelli, G. (Hg.): Lettere inedite alla celebre Laura Bassi scritte da illustri italiani e stranieri con biografia, Tipografia di G. Cenerelli, Bologna 1885, S. 11–39
GAROFALO, SILVANO: Gianfrancesco Pivati's *Nuovo Dizionario*. In: Kafker, Frank A. (Hg.): Notable encyclopedias of the seventeenth and eighteenth centuries: nine predecessors of the Encyclopédie. Studies on Voltaire and the Eighteenth Century Bd. 194, Oxford 1981, S. 197–219
GIACOMELLI, ALFEO: Carlo **Grassi** e le riforme bolognesi del Settecento. I. L'età lambertiniana, II. Lo sviluppo del riformismo lambertiniano e la contestazione dell'ordine antico, *Quaderni culturali bolognesi* 3 (1979), Nr. 10 und 11
—— : La **dinamica** della nobiltà bolognese nel XVIII secolo. In: **Famiglie**, S. 55–112
—— : **Economia** e riforme a Bologna nell'età di Benedetto XIV. In: **Benedetto XIV**, S. 871–913
GIULIANI–PICCARI, GABRIELLA und V. OTTANI: L'**opera** di Anna Morandi Manzolini nella ceroplastica anatomica bolognese. In: **Alma Mater Studiorum**, S. 81–103
GLIOZZI, MARIO: L'**elettrologia** fino al Volta. 2 Bde, Loffredo, Napoli 1937
GÓMEZ, SUSANA: The Bologna **Stone** and the Nature of Light: The Sciences Academy of Bologna, *Nuncius* 6 (1991), S. 3–32
GOODMAN, DENA: Enlightenment **Salons**: The Convergence of Female and Philosophic Ambitions, *Eighteenth–Century Studies* 22 (1989), S. 329–350
GRANDI VENTURI, GRAZIELLA: I **carteggi** di Antonio Leprotti e dei Manfredi tra i fondi speciali dell'Archiginnasio. *L'Archiginnasio* LXXXI (1986), S. 45–60
GUERCI, LUCIANO: La **discussione** sulla donne nell'Italia del Settecento. Aspetti e problemi, Tirrenia Stampatori, Torino 1987
—— : La **sposa** obbediente. Donna e matrimonio nella discussione dell'Italia del Settecento, Tirrenia Stampatori, Torino 1987
HAHN, ROGER: The **Anatomy** of a Scientific Institution. The Paris Academy of Sciences, 1666–1803, University of California Press, Berkeley und Los Angeles 1971
HAKFOORT, C.: **Optica** in de eeuw van Euler. Opvattingen over de natuur van het licht, 1700–1795, Editions Rodopi, Amsterdam 1986
—— : **Optics** in the Age of Euler: Conceptions of the Nature of Light, 1700–1795, Cambridge University Press, Cambridge u.a. 1995, englische Überarbeitung
HALL, A.RUPERT: La **matematica**, Newton e la letteratura. In: CREMANTE und TEGA: **Scienza e letteratura**, S. 29–46

HANKINS, THOMAS L.: Eighteenth–Century **Attempts** to Resolve the Vis viva Controversy. *Isis* 56 (1965), S. 281–297
—— : In **Defence** of Biography: The Use of Biography in the History of Science, *History of Science* 17 (1979), S. 1–16
—— : **Science** and the Enlightenment. Cambridge University Press, London/New York 1985
HARNACK, ADOLF: **Geschichte** der Königlich Preußischen Akademie der Wissenschaften zu Berlin. 3 Bände, Berlin (Reichsdruckerei) 1900. Daneben gibt es auch
—— : **Geschichte** der Königlich Preußischen Akademie der Wissenschaften zu Berlin. Ausgabe in einem Band, Verlag Georg Stilke, Berlin 1901
HARTH, ERICA: Cartesian **Women**. Versions and Subversions of Rational Discourse in the Old Regime, Cornell University Press, Ithaca/London 1992
HAYNES, RENÉE: **Philosopher King**: The Humanist Pope Benedict XIV. Weidenfeld & Nicolson, London 1970
HEILBRON, JOHN L.: **Electricity** in the 17th and 18th Centuries. A study of early modern physics, Berkeley / Los Angeles 1979
—— : **Experimental natural philosophy**. In: Porter, Roy und G.S. Rousseau (Hgg.): The ferment of knowledge. Studies in the Historiography of Eighteenth–Century Science, Cambridge University Press, Cambridge u.a. 1980, S. 357–387
—— : **Elements** of Early Modern Physics. University of California Press, Berkeley und Los Angeles 1982
—— : Introductory **Essay**. In: Tore Frängsmyr, J.L Heilbron, Robin E. Rider (Hgg.): The Quantifying Spirit in the 18th Century. University of California Press, Berkeley u.a. 1990
—— : The **contributions** of Bologna to Galvanism. *HSPS* 22 (1991), S. 57–85
HELLER, AUGUST: **Geschichte** der Physik von Aristoteles bis auf die neueste Zeit. 2 Bde, Bd.II: Von Descartes bis Robert Mayer, Verlag Ferdinand Enke, Stuttgart 1884
HIBNER KOBLITZ, ANN: A **Convergence** of Lives. Sofia Kovalevskaia: Scientist, Writer, Revolutionary, Birkhäuser, Basel/Boston 1983
HOME, RODERICK W.: **Electricity** and the Nervous Fluid. *Journal of the History of Biology* 3 (1970), S. 235–351
JAEGGLI, ALVIN EUGEN: **Recueil** des pièces qui ont remporté le prix de l'Académie Royale des Sciences depuis 1720 jusqu'en 1772. *Gesnerus* 34 (1977), S. 408–414
JED, STEPHANIE H.: Chaste **Thinking**: The Rape of Lucretia and the Birth of Humanism, Indiana University Press, Bloomington/Indianapolis 1989
KAWASHIMA, KEIKO: La **Participation** de Madame du Châtelet à la Querelle sur les Forces Vives. *Historia Scientiarum* 40 (1990), S. 9–28
—— : Les **idées** scientifiques de Madame du Châtelet dans ses *Institutions de physique*: un rêve de femme de la haute société dans la culture scientifique au Siècle des Lumières, Teil I und II, *Historia Scientiarum* 3 (1993), S. 63–82 und 137-155
KEMPERS, BRAM: **Kunst**, Macht und Mäzenatentum. Kindler, München 1989
KERKER, MILTON: Herman **Boerhaave** and the Development of Pneumatic Chemistry. *Isis* 46 (1955), S. 36–49
KERN, BÄRBEL und HORST KERN: Madame Doctorin **Schlözer**: Ein Frauenleben in den Widersprüchen der Aufklärung. Beck, München 1990
KING, MARGARET L.: Book–Lined **Cells**: Women and Humanism In The Early Italian Renaissance. In: LABALME, **Women**, S. 66–90
—— : Her Immaculate **Hand**: Selected Works by and about the Woman Humanists of Quattrocento Italy. Center for Medieval and Early Renaissance Studies, Binghamton, N.Y. 1983
—— : **Frauen** in der Renaissance. (Originalausgabe: Le Donne Nel Rinascimento, Edit. Laterza, Rom/Bari 1991) Verlag C.H. Beck, München 1993

KLEINERT, ANDREAS: Die allgemeinverständlichen **Physikbücher** der französischen Aufklärung. Verlag Sauerländer, Aarau 1974
—— : Maria Gaetana **Agnesi** und Laura Bassi. Zwei italienische gelehrte Frauen im 18. Jahrhundert, in: WILLI SCHMIDT und CHRISTOPH J. SCRIBA (Hgg.): Frauen in den exakten Naturwissenschaften. Festkolloquium zum 100. Geburtstag von Frau Dr. Margarethe Schimank (1890–1983), Franz Steiner Verlag, Stuttgart 1990, S. 71–85
KLENS, ULRIKE: **Mathematikerinnen** im 18. Jahrhundert: Maria Gaetana Agnesi, Gabrielle–Emilie DuChâtelet, Sophie Germain. Fallstudien zur Wechselwirkung von Wissenschaft und Philosophie im Zeitalter der Aufklärung, Centaurus–Verlagsgesellschaft, Pfaffenweiler 1994
KNORR–CETINA, KARIN: Die **Fabrikation** von Erkenntnis. Zur Anthropologie der Naturwissenschaft, Suhrkamp, Frankfurt 1984.
Revidierte und erweiterte Fassung von: Dies.: The Manufacture of Knowledge. An Essay on the Constructivist and Contextual Nature of Science, Pergamon Press, Oxford 1981
KRAFFT, FRITZ: Der **Weg** von den Physiken zur Physik an den deutschen Universitäten. *Berichte zur Wissenschaftsgeschichte* 1 (1978), S. 123–162
KRISTELLER, PAUL OSKAR: Learned **Women** of Early Modern Italy: Humanists and University Scholars, in: LABALME, **Women**, S. 91–116
KUHN, THOMAS S.: Mathematical versus Experimental **Traditions** in the Development of Physical Science. In: Ders.: The Essential Tension. Selected Studies in Scientific Tradition and Change, University of Chicago Press, Chicago / London 1977, S. 31–65. Erstveröffentlichung: *The Journal of Interdisciplinary History* 7 (1976), S. 1–31
LABALME, PATRICIA H. (Hg.): Beyond Their Sex: Learned **Women** of the European Past, New York University Press, New York 1980
LIND, GUNTER: **Physik** im Lehrbuch 1700–1850. Zur Geschichte der Physik und ihrer Didaktik in Deutschland, Springer Verlag, Berlin u.a. 1992
LINDEBOOM, GERRIT ARIE: Herman **Boerhaave**. The man and his work, London 1968
MCCLELLAN, JAMES E.III: **Science** Reorganized. Scientific societies in the eighteenth century, Columbia University Press, New York 1985
MAFFIOLI, CESARE S.: **Guglielmini** vs. Papin (1691–1697). Science in Bologna at the end of the XVIIth century through a debate on hydraulics, *Janus* 71 (1984), S. 63–105
—— : Domenico Guglielmini, Geminiano Rondelli e la nuova cattedra d'**idrometria** nello Studio di Bologna (1694). *Stud.Mem.Bol.* N.S. 6 (1987), S. 83–93
—— : Sul filo delle **acque**. Aspetti delle scienze fisiche in Italia tra Seicento e primo Settecento, *Nuncius* 8 (1993), S. 41–74
—— : Out of **Galileo**. The science of waters 1628–1718, Erasmus Publishing, Rotterdam 1994, Nieuwe Nederlandse bijdragen tot de geschiedenis der geneeskunde an de natuurwetenschappen 49
MAGNANI, ANTONIO: **Elogio** di Laura Bassi bolognese. Stamperia Palese, Venedig 1806
MAGNANI CAMPANACCI, ILARIA: La **cultura** extraccademica: le Manfredi e le Zanotti. In: **Alma Mater Studiorum**, S. 39–67
MAMBELLI, ANNA MARIA: Il **settecento** è donna. Indagine sulla condizione femminile, Mario Lapucci, Ravenna 1985
MANNING, KENNETH R.: Black **Apollo** of science. The life of Ernest Everett Just, Oxford University Press, Oxford/New York 1983
MARTENS, WOLFGANG: Die **Botschaft** der Tugend. Die Aufklärung im Spiegel der deutschen Moralischen Wochenschriften, J.B. Metzlersche Verlagsbuchhandlung, Stuttgart 1968
MARTINOTTI, GIOVANNI: L'**insegnamento** dell'anatomia in Bologna prima del secolo XIX. *Stud.Mem.Bol.* 2 (1911), S. 3–146

MASETTI ZANNINI, GIAN LUDOVICO: **Maestre** bolognesi nei secoli XVII–XVIII. *Str.Sto.Bol.* 28 (1978), S. 253–292

—— : **Laura Bassi** (1711–1778). Testimonianze e carteggi inediti, *Str.Sto.Bol.* 29 (1979), S. 219–241

—— : **Motivi** storici della educazione femminile. Scienza, lavoro, giuochi, M.d'Auria Edit., Neapel 1981

MASI, ERNESTO: Laura **Bassi** e il Voltaire. In: ders.: Studi e ritratti, Nicola Zanichelli, Bologna 1881, S. 157–171

I **materiali** dell'Istituto delle Scienze. CLUEB, Bologna 1979

MELLI, ELIO: Laura Bassi Veratti: **Ridiscussioni** e nuovi spunti. In: **Alma Mater Studiorum**, S. 71–79

Memorie intorno a Luigi Ferdinando Marsigli, Bologna 1930

MENCK, URSULA: Die **Auffassung** der Frau in den frühen moralischen Wochenschriften. Dissertation an der Universität Hamburg, Hamburg 1940

MIDDLETON, W.E.KNOWLES: The History of the **Barometer**. John Hopkins University Press, Baltimore 1964

—— : The **Experimenters**: A Study of the Accademia del Cimento, John Hopkins University Press, Baltimore 1971

MILLINGTON, E.C.: **Studies** in Capillarity and Cohesion in the Eighteenth Century. *Annals of Science* 5 (1941–1947), S. 352–369

MONTANARI BALDINI, ANNA: Anna **Morandi Manzolini**. In: CANTELLI, Donne, S. 14–17

MORAN, BRUCE T.(Hg): **Patronage** and Institutions. Science, Technology, and Medicine at the European Court 1500–1750, Boydell Press, New York u. Woodbridge/Suffolk 1991

NASTASI, PIETRO und ALDO BRIGAGLIA: **Bologna**. S. BRIGAGLIA

NERI, LUIGI: »**Mechanica**«. In: TEGA, Enciclopedia scientifica, S. 155–183

NIEMEYER, BEATRIX: Zur **Adaption** des bürgerlichen Weiblichkeitsbildes. Eine exemplarische Untersuchung an Frauenbriefen des 18. Jahrhunderts. Dissertation 1994

OPITZ, CLAUDIA: Die **Entdeckung** der gelehrten Frau. Zur Debatte um die Frauenbildung in Deutschland zwischen 1500 und 1800, in: Ansorge, Rainer (Hg.): Schlaglichter der Forschung. Zum 75. Jahrestag der Universität Hamburg 1994, Hamburger Beiträge zur Wissenschaftsgeschichte Bd. 15, Dietrich Reimer Verlag, Berlin/Hamburg 1994, S. 305–319

ORIOLI, EMILIO: Una **cultrice** di diritto a Bologna nel secolo XVIII. *L'Archiginnasio* 6 (1911), S. 25–31

OTTANI, VITTORIA und GABRIELLA GIULIANI-PICCARI: **Opera**. S. GIULIANI-PICCARI

PACE, ANTONIO: Benjamin **Franklin** and Italy. Memoirs of the American Philosophical Society 47, Philadelphia 1958

—— : **Beccaria**, Giambatista. DBI 7 (1965), S. 469–471

PALLOTTI, VINCENZO: Le **carte** settecentesche nell'archivio dell'Accademia delle Scienze dell'Istituto di Bologna. In: CREMANTE und TEGA: Scienza e letteratura, S. 545–566

PAPINEAU, DAVID: The Vis Viva **Controversy**: Do Meanings Matter? *Stud. Hist. Phil. Sci.* 8 (1977), S. 111–142

PARTINGTON, J.R.: A **History** of Chemistry. 4 Bde, Macmillan & Co, London u.a., Bd. 2 (1961) u. 3 (1962)

PEIFFER, JEANNE: L'**engouement** des femmes pour les sciences au XVIIIe siècle. In: Danielle Haase–Dubosc und Eliane Viennot (Hgg.): Femmes et pouvoirs sous l'Ancien Régime. Rivages, Paris und Marseille 1991

PEPE, LUIGI: Il **Calcolo** infinitesimale in Italia agli inizi del secolo XVIII. *Bollettino di Storia delle Scienze Matematiche* 1 (1981), S. 43–101

PHILLIPS, PATRICIA: The Scientific **Lady**. A Social History of Women's Scientific Interests 1520–1918, Weidenfeld & Nicholson, London 1990

PREDIERI, PAOLO: Un **bimestre** in villeggiatura ovvero relazione storica e cronologica sulle cariche dell'Accademia delle Scienze dell'Istituto di Bologna [...]. Tipi Gamberini e Parmeggiani, Bologna 1870

PRODI, PAOLO: **Carità** e galateo: la figura di papa Lambertini nelle lettere al marchese Paolo Magnani (1743–1748). In: **Benedetto XIV**, Bd. I, S. 445–471

RAZZINI ZUCCHINI, GABRIELLA: Laura **Bassi** Veratti. In: CANTELLI, **Donne**, S. 11–13

ROATTI, MASSIMO: La **cultura** scientifica tra conservazione e innovazione. In: BERSELLI, **Storia**, Bd. II, S. 397–414

ROCHE, DANIEL: Le **siècle** des lumières en province. Académies et académiciens provinciaux, 1680–1789, 2 Bände, École des Hautes Études en Sciences Sociales, Civilisations et Sociétés 62, Mouton Editeur, Paris und La Haye 1978

ROSEN, RICHARD LEONARD: The **Academy** of Sciences of the Institute of Bologna, 1690–1804. Ph.D. Dissertation, Case Western University 1971

ROSENBERGER, FERDINAND: Die **Geschichte** der Physik. 2 Bde, Braunschweig 1882 und 1884, Bd. II: Geschichte der Physik in der neueren Zeit. Reprografischer Nachdruck und Ausgabe in einem Band, Georg Olms Verlagsbuchhandlung, Hildesheim 1965

ROSSITER, MARGARET W.: **Women** Scientists in America. Struggles and Strategies to 1940, John Hopkins University Press, Baltimore und London 1982

RUPP, JAN C.C.: Matters of life and death: The social and cultural conditions of the rise of **anatomical theatres**, with special reference to seventeenth century Holland, *History of Science* 28 (1990), S. 263–287

SACCENTI, MARIO (Hg.): La **Colonia** Renia. Profilo documentario e critico dell'Arcadia bolognese, 2 Bände, I: Documenti bio–bibliografici, II: Momenti e problemi, Mucchi Editore, Modena 1988

SANLORENZO, OLIMPIA: Maria **Dalle Donne** e la Scuola di Ostetricia nel secolo XIX. In: **Alma Mater Studiorum**, S. 147–156

SCHAFFER, SIMON und STEVEN SHAPIN: **Leviathan** and the Air–Pump. Hobbes, Boyle, and the Experimental Life, Princeton University Press, Princeton 1985

—— : **Self Evidence**. *Critical Inquiry* 18 (1992), S. 327–362

SCHIEBINGER, LONDA: The **History** and Philosophy of Women in Science: A Review Essay, Signs 12 (1987), S. 305–332

—— : The **Mind** Has No Sex? Women in the Origins of Modern Science, Harvard University Press, Cambridge, MA und London 1989

—— : Why **Mammals** Are Called Mammals. Gender Politics in Eighteenth–Century Natural History, Hamburger Institut für Sozialforschung, Diskussionspapier 4–92, Hamburg 1992. Zugleich *American Historical Review* 98 (1993), S. 382–411

SCHNEIDER, WOLFGANG: Lexikon zur Arzneimittelgeschichte. Sachwörterbuch zur Geschichte der pharmazeutischen Botanik, Chemie, Mineralogie, Pharmakologie, Zoologie, 6 Bde, Bd. 3: Pharmazeutische **Chemikalien** und Mineralien, Govi–Verlag u. Pharmazeutischer Verlag Frankfurt a.M. 1968

SEIDLMAYER, MICHAEL: **Geschichte** Italiens. Vom Zusammenbruch des Römischen Reiches bis zum ersten Weltkrieg mit einem Beitrag »Italien vom ersten zum zweiten Weltkrieg« von Theodor Schieder, Alfred Kröner Verlag, Stuttgart 1962

SHAPIN, STEVEN und SIMON SCHAFFER: **Leviathan** s. Schaffer

SIMEONI, LUIGI: **Storia** della Università di Bologna, Vol. II: L'età moderna (1500–1888), Nicola Zanichelli, Bologna 1940

SÖDERQVIST, THOMAS: Existential **Projects** and Existential Choice in Science: Science Biography as an Edifying Genre. Erscheint in: Richard Yeo und Michael Shortland (Hgg.): Telling Lives: Studies of Scientific Biography. Cambridge University Press

SORBELLI, ALESSANDRO: **Storia** della Università di Bologna, Vol. I: Il Medioevo (sec.XI–XV), Nicola Zanichelli, Bologna 1940

STICHWEH, RUDOLF: Zur **Entstehung** des modernen Systems wissenschaftlicher Disziplinen. Physik in Deutschland 1740–1890, Suhrkamp Verlag, Frankfurt am Main 1984

SZABÓ, ISTVAN: **Geschichte** der mechanischen Prinzipien und ihrer wichtigsten Anwendungen. Birkhäuser Verlag, Basel u.a. 1979

TAGLIANINI, SILVANA: »**Chymica**«. In: TEGA, **Enciclopedia scientifica**, S. 87–121

TEGA, WALTER und RENZO CREMANTE (Hgg.): **Scienza e letteratura**. S. CREMANTE

—— : **Mens** agitat molem. L'Accademia delle scienze di Bologna (1711–1804). In: CREMANTE und TEGA: **Scienza e letteratura**, S. 65–108

—— : (Hg.): Anatomie accademiche Vol. I. I **Commentari** dell'Accademia delle Scienze di Bologna, Cultura e vita civile nel Settecento, Il Mulino, Bologna 1986

—— : **Introduzione**. In: DERS. (Hg.), **Commentari**, S. 9–43

—— : (Hg.): Anatomie accademiche Vol. II. L'**Enciclopedia scientifica** dell'Accademia delle Scienze di Bologna, Cultura e vita civile nel Settecento, Il Mulino, Bologna 1987

TERRALL, MARY: The **Culture** of Science in Frederick the Great's Berlin. History of Science 28 (1990), S. 333–364

THACKRAY, ARNOLD: **Atoms** and Powers. An Essay on Newtonian Matter–Theory and the Development of Chemistry, Harvard Monographs in the History of Science Bd. 4, Harvard University Press, Cambridge/MA 1970

TILCHE, GIOVANNA: Maria Gaetana **Agnesi**. La scienziata santa del settecento, Rizzoli, Milano 1984

TOMMASI, RAFFAELLA: **Documenti** riguardanti Laura Bassi conservati presso l'Archiginnasio. L'Archiginnasio 57 (1962), S. 319–324

TONINI, CARLO: La **coltura** letteraria e scientifica in Rimini dal secolo XIV ai primordi del XIX, Rimini 1884

TOSCHI TRAVERSI, LUCIA: Verso l'**inserimento** delle donne nel mondo accademico. In: **Alma Mater Studiorum**, S. 15–37

TOSI, RENZO: Clotilde **Tambroni** e il classicismo tra Parma e Bologna alla fine del XVIII secolo. In: **Alma Mater Studiorum**, S. 119–134

TRAWEEK, SHARON: **Beamtimes** and Lifetimes. The World of High Energy Physicists, Harvard University Press, Cambridge (MA) und Londen 1988

TRUESDELL, CLIFFORD: Maria Gaetana **Agnesi**. Archive for History of Exact Sciences 40 (1989), S. 113–142

URBINATI, NADIA: »**Physica**«. In: TEGA, **Enciclopedia scientifica**, S. 123–154

VAN HELDEN, ANNE C.: The Age of the **Air–Pump**. Tractrix 3 (1991), S. 149–172

VENTURI, FRANCO: **Settecento** riformatore. Vol. 1: Da Muratori a Beccaria. Biblioteca di cultura storica, Einaudi, Turin 1969, ^{2}1972

VETTORI SANDOR, CARLA: L'**opera** scientifica ed umanitaria di Maria Gaetana Agnesi. In: **Alma mater studiorum**, S. 105–118

VILLARI, ?: Learned **Women** of Bologna. International Review März/April 1878, New York, S. 185–197

WARNKE, MARTIN: **Hofkünstler**. Zur Vorgeschichte des modernen Künstlers, Köln 1985

WESTFALL, RICHARD S.: Never at **Rest**: A Biography of Isaac Newton, Cambridge University Press, Cambridge u.a. 1980

WEISS, BURGHARD: Zwischen **Physikotheologie** und Positivismus. Pierre Prevost (1751–1839) und die korpuskularkinetische Physik der Genfer Schule, Europäische Hochschulschriften, Reihe III: Geschichte und ihre Hilfswissenschaften, Bd. 353, Verlag Peter Lang, Frankfurt a.M. u.a. 1988

WILLIAMS, PEARCE L.: The **Life** of Science and the Science of Lives. Physis 28 (1991), S. 199–213

WOOLF, STUART: A **history** of Italy 1700–1860. The social constraints of political change, Methuen & Co, London 1979

Personenindex